U0807061

山东大学亚太研究所 山东大学亚太经济合作组织研究中心区域国别研究论文专辑

亚太发展研究

（第 9 卷）

杨鲁慧　赵玙佳　钟　诚　主编

山东大学出版社
SHANDONG UNIVERSITY PRESS
·济南·

图书在版编目(CIP)数据

亚太发展研究.第9卷/杨鲁慧,赵玙佳,钟诚主编
.—济南:山东大学出版社,2024.5
ISBN 978-7-5607-7874-7

Ⅰ.①亚… Ⅱ.①杨… ②赵… ③钟… Ⅲ.①亚太地区—文集 Ⅳ.①D730.0-53

中国国家版本馆CIP数据核字(2023)第127732号

责任编辑 谭学秋 孙艳凤 刘晓燕
封面设计 张 荔

亚太发展研究(第9卷)
YATAI FAZHAN YAN JIU

出版发行 山东大学出版社
社 址 山东省济南市山大南路20号
邮政编码 250100
发行热线 (0531)88363008
经 销 新华书店
印 刷 济南华林彩印有限公司
规 格 787毫米×1092毫米 1/16
17.25印张 395千字
版 次 2024年5月第1版
印 次 2024年5月第1次印刷
定 价 68.00元

版权所有 侵权必究

前言

本卷文集是山东大学亚太研究所举办的第18届国际学术研讨会的会议研究成果。

2022年11月5日，山东大学亚太研究所等机构与日本山口大学东亚研究院共同举办的国际学术研讨会在山东省青岛市成功举行。日本山口大学副校长葛崎伟教授出席开幕式并致辞。本次研讨会以“世界格局变革期与东亚地区合作发展新动向”为主题。大会开幕式由山东大学亚太研究所所长杨鲁慧教授主持。

教育部高校区域国别研究工作秘书处执行主任罗林教授在致辞中提出，新时期的区域国别研究工作应以人才培养为核心、学科建设为牵引、智库建设为突破，并且对山东大学的区域国别研究工作给予充分肯定和鼓励。

山东大学青岛校区党工委书记孔令栋教授在致辞中介绍了山东大学与山口大学校际合作的历史，以及近年来青岛校区学科建设取得的成果，并强调东亚地区的安全与发展正面对一系列严峻挑战，学术界对这些问题的探讨必将为我国进一步推动东亚发展与合作提供重要思路。

葛崎伟教授在致辞中认为，山口大学与山东大学有着悠久的校际合作历史，山口大学东亚研究院和山东大学亚太研究所曾多次在中日两国共同举办国际学术研讨会。两校的专家学者坚持长期的学术交流，实现了制度化运作及学科优势互补，对于促进东亚地区问题研究、推动中国与东亚国家关系建设具有重要的理论和现实意义。

山东大学政治学与公共管理学院副院长朱贵昌教授主持了上午的大会主旨报告。中国社会科学院学部委员、山东大学讲席教授、山东大学国际问题研究院院长张蕴岭作了题为“国际区域合作新趋势与博弈”的报告，从区域化视角提供全球治理的新思路。他首先回顾了全球治理的历史发展脉络，从现代民族国家兴起到二战后联合国体系建立，再到2008年金融危机后G20峰会作用凸显，人类追求和平与发展的意愿贯穿始终。但当前全球治理却陷入共识“难产”与实践受阻的双重困境。他认为，作为全球层面与民族国家间的中间结构，国际区域对于破解全球治理困境具有重要意义,长期以来却没有受到足够的重视。区域构建为应对全球治理面临的问题提供了新的思路,区域共治与全球治理是平行互补的关系,区域化成为各国追求稳定与发展的重要选择。然而,将"区域"作为本位进行构建应具备相应的理论体系,需要重新界定"国际区域治理""国际区域组织""区域观"等相关概念。以东盟与APEC的发展历史为案例,张蕴岭分析认为,区域构建强调以集体的力量建立起一种协商合作的国际关系,以平衡大国在本地区的竞争博弈。当前,以非对抗性博弈为参与方式、竞争性合作为主导的区域构建已成为国际区域合作的新趋势。中国作为有影响力的大国,有责任在区域构建的潮流中发挥积极重大的作用,使区域化沿着更好的方向发展。这就要求我们培养一批具有区域国别学知识与视野的新型综合性人才,建构中国特色的区域国别学理论体系。

山东大学讲席教授、外交学院原院长秦亚青发表了题为"坚持真正多边主义,促进东亚地区合作"的演讲。他表示,当今世界正面临对抗冲突与和平发展的"十字路口",何去何从将取决于国际社会选择怎样的相处模式和治理方式。两极对抗、集团政治和强权主义将会把世界推向冲突动荡的深渊,唯有以包容、协商、合作为内涵的真正的多边主义才是人类社会走向稳定繁荣的有效治理方式,其发展标志着世界政治文明的进步。结合党的二十大报告中推动构建人类命运共同体的有关论述,秦亚青表示,原有的以权力为核心的国际治理模式已经被事实证明无法保障稳定和平与可持续治理,多边主义既是国家在相互交往中的需求,也是世界文明发展的一种体现。真正的多边主义具备非排他性、平等参与、协商共治的基本特征。以东盟为例,秦亚青分析认为,多边主义原则的实践和发展是东亚地区保持和平与稳定的重要原因。东亚各国只有践行真正的多边主义,才能保持区域合作进程的不断发展和有效的区域治理。当前,中国也正在积极参与全球治理体系改革与建设,必须坚持真正的多边主义,推动全球治理格局朝着更加公平合理的方向发展。

清华大学国际关系学系刘江永教授作了题为"倡导全球协同主义,谋求东亚可持续安全"的发言。当前,各国面临全球范围内经济、能源、粮食、金融、民生等一系列危机。他认为,人类社会需要冷静下来,审视反思既有的决策思维惯性,摒弃权力政治、地缘争夺和冷战思维,倡导全球协同主义,支持以联合国为中心,共同构建包括传统安全与非传统安全的国际安全合作系统。他还表示,21世纪的区域合作应强调全球协同主义的全球性、和平性、公益性、开放性和协调性,各国应为建立与呵护人类命运共同体而加强各自的国内协同、双边协同、区域协同和全球协同。

外交学院卓越特聘教授、外交学院原副院长江瑞平的报告题目为"世界大变局中的中日韩合作”。他认为，当今中日韩合作与世界百年未有之大变局之间具有强烈的互动性，具体表现为四种不同互动路径：其一，与新兴市场群体崛起同步；其二，与大国实力对比调整并行；其三，与世界经济中心转移共振；其四，与全球治理体系变革互动。他提出，在新兴市场群体快速崛起的背景下，中日韩三国发挥了重要的引领作用；中日韩合作迎来新机遇，中国经济的快速崛起、中国作为新兴市场为中日韩合作奠定了坚实的基础，新兴市场整体崛起为“中日韩十”合作提供了巨大的空间和全新机遇。他表示，大国之间的实力对比调整也为中日韩合作提供了新的契机，中美实力对比关系导致日韩对外经济依赖由美国转向中国；在世界经济中心快速向东亚转移的进程中，中日韩应相向而行，引领东亚经济快速崛起，每个国家都应该在其中发挥应有的作用。江瑞平强调，伴随着区域合作框架蓬勃兴起，中日韩合作成为三国共同的需要，三国应当携手促进全球治理变革，为世界格局注入东方智慧，并肩引领东亚区域治理，打造新型东亚发展模式。东亚合作助益全球治理变革。

中国社会科学院日本研究所副所长吕耀东作了题为“坚持‘中日四个政治文件’与双边关系发展”的报告。他首先回顾了中日邦交正常化50年来中日关系的发展，并表示，历史事实表明“中日四个政治文件”是维护两国关系稳定的政治基础。他表示，在冷战中、冷战后和21世纪初期的重大历史变动时期，中日两国关系的发展并不顺畅，随着中日两国利益交织的加深和力量对比的变化，深层次矛盾凸显；但是，不同历史阶段形成的“中日四个政治文件”，确保了中日双边关系的缓和、稳定与发展。他强调，“中日四个政治文件”的历史承接性就在于其不可割裂的整体性、连续性，体现出的“历史的、逻辑的”特质，未来它们仍将是维护中日关系大局的政治基础，我们需要充分认识中日关系“不确定性”的长期性和复杂性，通过构建良性双边互动的渠道探寻双边共同利益的契合点。

下午的研讨共设四个分会场，展开多角度的东亚合作发展问题研究。聚焦的主题分别为“东亚战略稳定与安全合作”“东亚经济发展与产经合作”“东亚社会文化交流与合作”“东亚生态治理与环境能源合作”。与会专家学者以文会友，切思励学，从不同的学科领域、不同的专业背景、不同的知识体系，聚焦世界格局变化与东亚地区合作发展这一深具时代特点的主题展开深入讨论。专家学者们在交流研讨中，深入探讨了东北亚的和平安全稳定之道、中国的海外基建与大国博弈、美国“印太经济框架”的战略目标及本质、中国自由贸易区的制度与实践演变、东亚地区公共外交机制的构建、儒家情感哲学的内在演进及对东亚地区的影响、东亚超大城市的气候协同治理等重要学术议题。会议评论人就主题发言人的学术观点进行了富有针对性的剖析和评论，使研讨会成为思想交锋的前沿、观点碰撞的场所、学术交流的平台。

本次国际学术研讨会的与会学者发表了自己的真知灼见和独特的学术观点，体现了国内外亚太研究领域学者们的前沿性学术思考，极具思想性和启发性。会议的举办为国内外学者展示研究成果、交流思想、凝聚智慧、探讨未来发展提供了重要的学术平台，也为中青年学者提供了一次分享学术、激荡智慧、拓宽视野、助力发展的机会。

杨鲁慧

（山东大学亚太研究所所长、教授）

目　录

区域合作新趋势与政治战略博弈

张蕴岭*

区域合作是当前国际关系发展中的一个重要潮流。区域合作有多种形式，包括建立区域组织、签署合作协议、实施灵活的合作项目和倡议等。在全球多边合作进程遇阻的情况下，区域合作则呈现出加速发展的趋势，成为各国对外关系的重点选择。从各国的政策取向看，区域合作大体分为三类：一是双边选择，主要基于双方利益的认同；二是近地缘选择，这类安排最多；三是战略利益选择，这类安排不限于某一单一地缘区域。一个国家往往同时参与不同的区域合作安排。因此，从全球范围看，区域合作机制有着复杂的相互交叉性，不同的安排和规则交互并存。区域合作不是对国际多边合作的替代，二者相互支持、相辅相成，共同构成全球合作的体系。

区域合作的新趋势与新特点

现代意义上的区域合作，主要起源于二战后，并从20世纪80年代至今加速发展。当前，区域合作出现了许多新的趋势和特点，深刻影响国际合作的未来发展方向和区域国家的政策选择。

一是经济合作不断向深度和广度拓展。一方面，自贸区的构建逐渐由“浅层协议”(Shallow Agreement)转向“深层安排”(Deep Agreement)。前者着眼于市场准入，主要包括降低关税和降低交易成本；后者着眼于规则制定，涉及竞争政策、政府采购、劳工标准、环保、知识产权等诸多所谓“边界内”(Behind Border)领域。比如，美国推动的《跨太平洋伙伴关系协定》(TPP)不仅市场开放度高，而且包含诸多严格的“边界内”准入标准。在美国退出后，日本领衔签署的《全面与进步跨太平洋伙伴关系协定》(CPTPP)保留了原协议中绝大部分内容。东盟发起的《区域全面经济伙伴关系协定》(RCEP)虽然在市场开放和规则制定方面的标准较低，但也在数字经济等领域制定了许多新规则。而在《美墨加贸易协定》中，甚至包含了有关在墨西哥生产产品数量的具体规定和工资标准等。另一方面，经济合作所涉及的领域越来越多，形式多样，从综合性合作到功能性合作都得到长足发展。在功能性合作方面，现在的区域经济合作重点是推动包括公路铁路、通信、数字等基础设施网络的建设；在综合性合作方面，现在的区域经济合作更加注重综合发展环境与发展方式转变。例如，中国通过“一带一路”倡议，以共商、共建、共享的建设方式推动新型发展合作，旨在改善区域发展环境，提升区域经济发展活力，从而实现共同

* 张蕴岭，中国社会科学院学部委员，山东大学国际问题研究院院长。

发展。

二是安全因素越来越受到重视。传统上,区域经济合作更加看重开放水平和效率。如今,受到发展不平衡、新冠肺炎疫情大流行以及世界经济下行等影响,区域合作中的安全因素增强。安全因素涉及很多方面,在微观层面,包括个人就业、生活安全,公司经营安全,特别是供应链安全等;在宏观层面,包括国家总体安全、发展安全、社会安全等。在开放竞争环境下,一方面市场空间扩大,促进了贸易和投资,从而推动经济发展;另一方面资本对社会控制力加强,经济安全甚至国家安全可能受到威胁。在此情况下,无论是政府还是社会、企业以及个人都强化了安全意识。在当下的区域经济合作中,各方更加关注和强调安全问题,并且体现在政府政策、公司经营策略和个人行为上。例如,政府在开放安排上加入安全条款,在政策上加强对本国市场、企业和个人的保护。特别是在信息化、数字化和网络化飞速发展的情况下,网络安全的重要性更为突出。值得关注的是,在强调安全的同时需要避免"安全泛化",即把许多不相关的问题都与安全挂钩,以"安全"为借口制定单边规则,重拾单边主义和贸易保护主义,对他者进行限制甚至制裁,这将对区域经济合作造成不利影响。

三是"价值观政治"嵌入合作议程。现代区域经济合作的一个突出特点是政治包容性,即把有不同价值观、政治制度的成员纳入共同参与的合作机制中,共同制定规则与合作议程,实现共同利益。以亚太经合组织(APEC)为例,尽管美国与中国、东盟一些成员有着不同的价值观和政治制度,各方还是走到了一起。为了规避政治敏感问题,APEC把参与成员称为"经济体",把领导人会议称为"领导人非正式会议",以提高参与上的灵活性,共同的目标是推动形成区域开放的大市场,实现经济的共同发展。但是,美国打破了"开放的地区主义"的合作原则,先后推动构建了 TPP、"印太经济框架"(IPEF)以及半导体和供应链联盟,旨在排斥和遏制中国。目前,出于不同考虑,部分亚太国家加入了这些机制,使亚太地区经济合作陷入一种"结构性分离"状态,以 APEC 为主轴的区域经济合作制度安排面临着失去聚合力的风险。

区域合作中的战略博弈

区域合作都有着鲜明的政治驱动,主要是出于区域整合的政治考虑,通过把区域成员吸纳到区域合作平台,建立区域合作机制、制定区域规则与合作议程,实现区域的和平、稳定与发展。同时,不同的区域合作也都有着清晰的战略博弈考虑和设计,其动因和目标较为复杂。

美国在推动区域合作上向来有着强烈的战略博弈动机和目标设计。比如,面对欧洲统一大市场的构建,美国曾推出两大区域战略。一是 1993 年推动召开 APEC 领导人会议,提出构建亚太共同体,通过与东亚地区建立紧密的经济关系、构建亚太大市场来确立美国在亚太地区的领导地位,对冲欧洲统一大市场的影响。彼时,美国欢迎中国加入 APEC。但面对中国综合竞争力大幅提升的现实,美国减少了对 APEC 的投入,摒弃了"开放的地区主义"原则,转而推动构建排斥中国的 TPP,后又推出旨在遏制中国的"印太战略"。事实上,"印太战略"不是着眼于区域合作构建,而是着眼于对抗性的战略博弈,通过强调价值观和战略认同,与中国进行全面战略竞争。二是 1994 年美国提议构建美洲自贸区，旨在建立包括多数美洲国家的大市场，以此来平衡欧洲统一大市场的影响。美洲自贸区原设想在2005年建成，但由于分歧太大，在经过几轮谈判后就夭折了，美国统合美洲的战略企图并没有实现。

欧洲的区域合作始于西欧，其政治驱动是构建区域合作组织，把包括德国在内的成员吸纳到一个区域框架中，制定共同遵守的规则，对区域重要事务进行管理，实现成员间的友好相处和地区的持久和平与发展。西欧国家开展合作的战略博弈有双重设计：一是现实的考虑，主要是在冷战期间以合作求自保；二是长远的考虑，主要是增强欧洲的自立，逐步摆脱美国对欧洲的控制，重塑欧洲在世界上的强势地位。冷战结束后，欧盟加快了吸收中东欧国家入盟的步伐，把大多数欧洲国家吸纳到欧盟。尽管英国在2021年脱离欧盟，但欧盟的地区中心地位并没有发生根本性改变。欧洲与美国的战略博弈虽是以非对抗的思考与设计进行的，主要是通过增强区域的内在凝聚力和能力建设来实现，但美国对欧洲统一大市场建设、欧元的使用以及欧洲联合军事力量的构建均怀有高度战略警惕，并采取措施加以对冲。当前，受俄乌冲突影响，在战略和安全上欧盟对美国的依赖有所增强，但是欧盟减少对美依赖、改变美国主导的战略努力并没有改变。

东南亚国家推动区域合作也有着鲜明的政治与战略博弈考量。一方面，希望通过成立东盟把东南亚国家纳入一个区域合作机制中，实现区域国家间的友好相处与合作发展，改变地区对抗、冲突的历史。东盟在发展中逐步提升，由构建自贸区到建设共同体，创建了包容、开放与合作的"东盟模式"，成为亚洲区域合作的成功典范。另一方面，东盟的战略考量主要体现在以区域整合为平台，维护本地区的自主和主体性，从而在大国地缘战略博弈中获得主动，维护其自主和中心地位。东盟的战略博弈是非对抗性的，在坚持"以东盟为中心"的基础上，创建广泛对话合作网络，不陷入大国冲突旋涡，拒阻他国在该地区策动争斗，特别是战争。东盟构建了"东盟＋1"（合作伙伴国）、"东盟＋3"（中日韩）和东亚峰会、亚欧会议、东盟地区论坛等开放性合作框架，引领构建了RCEP，从而获得战略博弈上的主动。东盟的非对抗性战略博弈不仅维护了本地区的和平发展，也对缓冲东亚以及印太地区的战略博弈起到积极作用。

以推动开放合作为驱动的政治战略博弈与以对抗性竞争为驱动的政治战略博弈不同，前者利己和利他并行，称之为"良性驱动"；后者只是为了利己，称之为"非良性驱动"。近年来，排他性的政治与战略竞争被嵌入区域经济合作进程中，导致区域合作中的政治化、安全化。在这种导向下，一些区域性议程强调合作伙伴的意识形态、价值观和战略认同，把认定的对手排斥在外，并且制定歧视性规则，甚至不惜推动所谓"脱钩"。美国是区域合作战略化、政治化的始作俑者，目前主要是基于对华战略竞争的考量，是一种零和战略博弈，与以包容、开放和互利为主要特征的现代区域合作精神及实践相背离。

中国的区域合作战略定位

中国一向重视参与和推动区域合作。作为一个区域大国，中国有着清晰的地缘区域定位、战略与政策。中国把周边作为对外关系的首要，积极推动多方位的区域合作，参与和推动构建中国—东盟自贸区、中国—韩国自贸区、中国—巴基斯坦自贸区和RCEP，引领成立上海合作组织,积极参与"东盟+1"、"东盟+3"、东亚峰会、亚欧会议等对话合作机制,提出"睦邻、安邻、富邻""亲、诚、惠、容"和周边命运共同体等重要合作理念。中国推动构建的周边区域合作机制不是排他性的,更不是对抗性的。以上海合作组织为例,其建立初衷是与俄罗斯和独立后的中亚国家构建新型合作关系,以共同安全、合作安全为导向,创建和平、稳定、发展的区域。如今,上合组织已经成为新型区域合作组织,各成员国通过协商与合作创建区域安全与发展环境,实现合作共赢。

作为世界性大国,中国的区域合作定位具有世界视野。除了积极参与和推动近地缘区域合作外,中国还积极参与和推动同其他区域的合作,有些是通过双边渠道,有些是通过区域合作机制。例如,中国积极推动与非洲、拉美等区域的合作关系,推动构建了中非合作论坛、中国—拉美和加勒比国家共同体论坛、中国—太平洋岛国经济发展合作论坛等合作机制。中国参与和推动区域合作的重点是发展领域,也有改善对外关系、发挥大国影响力、推动构建新型国际关系的政治与战略考量。中国的区域合作战略不针对第三方,也不搞选边站,旨在聚焦共同设定的合作议程实现共同发展。

针对区域合作的新趋势和新特点,中国将坚持开放、包容的区域合作原则,坚持合作发展、共同发展的方向。一方面主动与现行的区域合作机制对接,比如中国提出申请加入 CPTPP 和《数字经济伙伴关系协定》(DEPA),就是着眼于与新规则对接;另一方面提出符合新时代需求的方案,比如中国在制定《关键信息基础设施安全保护条例》《数据安全法》等自身数字安全规则和法律的同时,倡导共同保护数据安全与数字经济安全。针对各国对开放中发展安全、社会安全的高度关注,中国应更加重视区域合作中的共同发展、合作发展议程设计和落实,既重视硬件项目合作,也重视"软件"合作。比如,构建更加安全的资金链供应链体系,构建基于认同的"友好圈"保障机制。

美国在对华开展全面战略竞争下,通过推动基于"价值观认同"的合作圈,排除中国的参与,在关键技术和重要供应链方面与中国"脱钩",参与者既有美国的盟友,也有基于利益考虑的机会寻租者。但对多数国家来说,考虑到与中国关系的重要性,并不会唯美国马首是瞻,而是进行多方选择,坚持"不选边站"原则。针对这种情况,中国在参与和推进区域合作中应采取更为灵活的方式,把推动项目合作和功能性规则制定作为重点。例如,考虑到供应链的重要性,中国可积极推动供应链安全保障的构建,制定在正常情况下和非正常情况下维护供应链的相关规则。

当前世界百年未有之大变局加速演进,不确定、不安定因素和冲突发生的风险增大。中国经济的长期稳定发展有赖于稳定的供应链体系,因此,要把维护和保证供应链的安全平稳运行作为重中之重。供应链有着很强的区域性集聚特征。在此背景下,需要制定有针对性的供应链安全机制,可将中国—东盟以及中日韩三国的供应链安全保障构建作为重点。同时,针对供应链的专业分工特征,选择关键性的节点予以重点保障,比如积极推动中德之间的汽车供应链、中韩之间的半导体供应链、中日之间精密部件供应链构建等。

总之,在全力支持多边体系发挥效能的同时,面对区域化的新形势和新特点,中国应该把参与和推动区域经济合作作为对外经济战略的重点,根据不同地区的形势、特点和利益,制定不同的规划和行动议程,积极应对国际政治经济形势变化。

New Trend of Regional Cooperation and Political Strategic Game

ZHANG Yunling

Abstract: Regional cooperation represents a significant trend in the current development of international relations, manifesting itself in various forms such as the establishment of regional organizations, bilateral negotiations for cooperation agreements, implementation of flexible cooperative projects and initiatives, and more. In the face of obstacles to global multilateral cooperation, regional cooperation has rapidly intensified and emerged as a pivotal choice for countries in their foreign relations. Based on policy orientation, regional cooperation can be broadly categorized into three types: the first is bilateral cooperation primarily grounded in mutual interests recognition; the second, sub-regional cooperation, which is the most widely embraced form; and the third, strategic cooperation, which is not restricted to a particular sub-regional area. Countries often simultaneously participate in different regional cooperation arrangements. Thus, from a global perspective, regional cooperation mechanisms exhibit a complex intersectionality, with different arrangements and rules coexisting and interacting with each other. Nevertheless, regional cooperation does not supplant international multilateral cooperation, but rather, both support and complement each other, together constituting the framework for global cooperation.

坚持多边主义,促进东亚合作

秦亚青*

当今世界再一次走到了一个十字路口。是朝着对抗冲突甚至战争的方向发展,使人类再次陷入灾难和痛苦之中,还是走向包容合作、和平稳定的秩序,建设人类命运共同体,这是事关世界前途的大事情,也是对人类文明的严峻考验。出现哪一种结局,在很大程度上要看世界选择什么样的治理方式。两极对抗、新冷战、零和冲突、强权政治无疑会将世界推向第一种结局,也表现了世界政治文明的倒退;而以包容、协商、合作为内涵的真正多边主义则是人类走向第二种结局的有效治理方式,标志着世界政治文明的进步。“坚定维护国际公平正义,倡导践行真正的多边主义”①,是实现世界稳定发展、有效全球治理和人类持续进步的重要保证。

一

简单而言,多边主义可以分为权力型和协商型两种。在世界近现代国际关系的历史中,权力型多边主义是国际关系中常见的一种治理形态。现代国家体系的确立是在欧洲国际关系的实践中产生的,权力也一直被视为治理和秩序的一个根本要素。不列颠霸权的权力高度集中形态、欧洲协调的势力均衡体系,都是以权力的分布作为治理的基本依据和秩序特征的,并且这种权力总是一种迫使别人做原本不愿意做的事情的能力,是强制性权力。② 威斯特伐利亚体系中,国际治理始终是与国家的强制性权力和国际体系中的权力分布直接相关的。

无论是霸权治理还是大国协调,虽然被视为国际治理的重要途径,但都无法保障稳定和平与可持续治理。恰恰是在欧洲这个现代国家体系确立、现代国际关系发展起来的地方,也是对国际关系中权力讨论高度充分和使用高度频繁的地方,爆发了人类现代历史上最大的两次世界大战。无论是霸权还是均势,在历史发展的关键时刻,总是体现大国的利益和矛盾,也往往出现冲突大于合作的情景,并且在很多时候显现出来的结果是战争。一战、二战的爆发无疑表明了以强制性权力为标识的国际治理是难以奏效的。

多边主义是国际社会的一种发明,是国家在相互交往中的实践需求,也是世界政治

---

* 秦亚青,山东大学政治学与公共管理学院教授。

① 习近平:《高举中国特色社会主义伟大旗帜　为全面建设社会主义现代化国家而团结奋斗——在中国共产党第二十次全国代表大会上的报告》,载《人民日报》2022年10月26日。

② Robert Dahl, “The Concept of Power,” *Behavioral Science*, Vol.2, No.3, 1957, pp.201-215.

文明发展的一种表现。按照起初对多边主义的狭义界定，这是一种三个或三个以上国家之间协调政策、达成妥协、合作共处的方式。当然，多边主义本身并不是什么新的发明，在漫长的国际关系历史中，不同方式定义的多边主义一直存在。欧洲协调从某种意义上讲，是欧洲几个大国之间的政策协调和利益妥协，包含了多边主义的内容。一战、二战和冷战期间，两大对抗集团内部各自也表现出多边主义的行为方式，由多个国家不断协调政策，采取应对敌对集团的共同战略。但从根本上说，这种狭义定义的多边主义是一种旧多边主义，其根本标识就是围绕权力形成的集团式多边主义，集团式多边主义不是真正的多边主义。

二

联合国的建立标志着一种新的多边主义形式，既是世界秩序的重要基石，也标志着一种新的世界政治文明形态。虽然联合国在二战后的实际环境中也作出了许多妥协性安排，但这一多边主义形态放弃了集团政治，构建了二战之后世界秩序的基本规范，包含了真正多边主义的一些基本原则，包括普遍代表性、平等参与、民主决策等重要内容。这种以普遍性、平等身份和民主决策为基本原则的多边主义可以称为“协商型多边主义”。

第一是普遍代表性。普遍代表性意味着非排他性，亦即其成员资格是非排他的。也就是说，只要是得到国际社会普遍承认的主权国家，承认多边国际组织的章程并履行义务，都可以参加到多边主义制度里面，成为其成员，并具有代表性。世界秩序和全球治理的主体是构成国际体系的世界各国和国际社会成员，而不是世界的某一个部分和某一类国家。比如，二战之后的去殖民化运动使许多原来的欧洲列强的殖民地成为独立的主权国家，并且以主权国家的身份进入联合国，参与全球事务。这是一种共治的理念，是一种国际关系民主化的思路，也反映了当今国际社会的实际状况。当前，国家依然是国际体系的主要行为体，因而全球治理的多元主体首先指的是不同发展水平、文化传统和社会政治体制的各个国家，同时也包括其他的非国家行为体。

第二是平等参与。平等参与要求多边主义的实践主体在参与全球治理的过程中享有平等地位。国家无论大小强弱，无论具有什么文化社会背景，都是多边制度中平等的一员。虽然普遍性国际多边制度也会根据实际情况作出妥协性安排，虽然在当今多边安排和运行之中也有着不少不平等现象，甚至出现以强压弱、以权谋私的情景，但平等参与是一条根本的原则，平等参与的实施是对以权力为核心、以权力集团为标识的旧多边主义的否定。世界各国，无论地理位置、种族文化、社会形态，在参与多边主义过程中，都具有获得平等的话语权、决策权和受益权。

第三是协商决策。协商型多边主义是以协商进行决策的，是世界各国作为平等成员共同协商国际事务的平台。多元主体平等参与全球治理需遵循民主协商的原则。全球治理应该是一个协商过程，“共商”就是通过平等协商解决不同问题领域的责任分担和利益共享问题，为合作求共性，寻求和扩大共同利益。世界是多元的、多样的，这就意味着对国家利益的界定和轻重缓急的认识不同，所以在很多全球问题领域意见并非一致。正因为如此，协商解决是合法性的关键，强加于人则会起反作用。无论在程序上还是在实质问题上，平等协商都是实现有效全球治理的必要条件。

三

东亚地区是世界重要的地区之一。虽然当今世界现实主义回潮、权力博弈加强，民族主义上升，东亚地区虽然也受到强烈冲击，但保持了基本的和平与稳定。这并非说东亚地区是一个天然平和之地，恰恰相反，东亚地区战略位置重要、环境复杂多变、国家与社会呈高度多元化形态，并且历来是大国博弈的场所和地缘政治的要冲。如果说东亚地区依然能够保持基本和平与稳定，并具有巨大的发展能力，协商型多边主义实践是一个重要的原因。

这方面一个典型的例子是东盟。从某种意义上讲，人们说东盟的发展是一个“奇迹”。[①] “舒适度规范”(comfort level)是东盟一个独具特色的区域合作规范，是协商型多边主义的典型表现。[②] 东盟的决策过程是通过让每个参与者都感到舒适，以便达成完全意义上的共识。这已经不仅仅是容忍的问题，而是几近无条件的尊重，充分尊重每一个参与者的立场。舒适度规范比较充分地表现了非排他性、平等参与和协商决策的原则。根据这样一种思路，东盟成员无论政治、社会、经济、宗教等方面有多大差异，都不会被排斥于集体行动之外，都可以真正平等地参与到决策过程之中，在充分协商一致的基础上实施共同治理。作为一种由来已久的做法，东盟成员国专注于维持合作进程而不是获取即时效果，专注于寻找共同点而不是扩展分歧，注重照顾每一成员的舒适度而不是将多数成员的决定强行通过。并且，东盟的对话伙伴机制几乎包括了所有世界大国，并且所有大国都公开承认东盟的主导地位。

真正多边主义是通过普遍公平参与和协商共治打造一种伙伴关系。伙伴关系要求参与全球治理的国际行为体超越单纯的自我利益高于一切的心态，超越利益攸关方的单向度思维，将其他参与者在心态上视为伙伴，在实践中结为伙伴。伙伴关系要求作为伙伴的一方要将另一方视为治理活动中的伙伴，一荣俱荣，一损俱损；要充分尊重合作伙伴的利益，“达己达人”，“己所不欲，勿施于人”。伙伴关系是命运与共的关系，在一个命运共同体中，伙伴关系是促进实现共同体持久和平与繁荣的角色身份。因此，伙伴关系既是真正多边主义的必然要求，也是实施真正多边主义的重要保障。

作为一个高度多样性和多元化的地区组织，东盟具有灵活性和持久力。东盟不仅在东南亚地区发挥了主导性作用，而且在协调大国关系的地区进程中居于“驾驶员”位置。正因为如此，东盟主导的合作进程也更不容易破裂，在维护地区合作进程中发挥了重要作用。而东亚地区只有实施协商型多边主义，才能保持地区合作进程和有效治理。

四

在世界局势日渐复杂甚至日趋紧张的情势之下，地缘政治再度成为国际政治的重要内容，单边主义不断表现在一些国家的政策之中，全球治理和多边主义都受到重大挑战，人类政治文明面临严峻考验。面对这种考验，以真正多边主义为核心的全球治理代表了

① 参见[新加坡]马凯硕、孙合记:《东盟奇迹》，翟坤、王丽娜等译，北京大学出版社 2017 年版。

② 参见秦亚青:《世界政治的关系理论》，上海人民出版社 2021 年版，第 169～170 页。

人类文明的方向。真正多边主义是世界和平与稳定的重要路径，因为只有真正多边主义得以实施，才可能实现有效全球治理不可或缺的合作。这就要求国际社会成员从人类命运和全球共同体的视角，结成命运共同体的伙伴关系。

当今世界是一个多元多维的世界，同时又是一个巨变中的动荡世界。一方面，权力政治的回归和大国竞争的加剧使真正多边主义面临挑战，人类文明发展出现挫折。也正因为如此，全球多边制度中的共识将更为困难，协商型多边主义的实施并非容易的事情，需要秉持坚定的政治意愿和持续的艰苦努力。但是，从另一方面来看，人类文明总是向前发展的，世界政治文明也是在不断向前发展的。以协商共治代替强权政治，以伙伴关系代替集团对抗，以协商型多边主义代替霸权治理和强权控制，才能实现有效的全球治理和持续稳定的世界秩序。

Upholding Multilateralism to Promote East Asian Cooperation

QIN Yaqing

Abstract: The world today stands at a crossroads once again. Will it head towards confrontation, conflict, and even war, plunging humanity into disaster and suffering? Or will it strive for inclusive cooperation, a peaceful and stable order, and the construction of a shared future for mankind? This is a significant matter concerning the future of the world and a severe test for human civilization. The outcome largely depends on the type of governance chosen by the world. The polarization, new Cold War, zero-sum conflicts, and power politics undoubtedly lead to the first outcome, indicating a regression in the world's political civilization. On the other hand, genuine multilateralism, characterized by inclusiveness, consultation, and cooperation, represents an effective means of governance that steers humanity towards the second outcome, signifying progress in the world's political civilization. To protect/safeguard firmly international fairness and justice, advocate and practice true multilateralism, is a crucial guarantee for achieving global stability, effective global governance, and sustainable human progress.

倡导全球协同主义　谋求东亚可持续安全

刘江永*

当今世界，新冠肺炎疫情和俄乌冲突引发或派生出全球经济、能源、粮食、金融、民生等一系列问题。然而，在如何应对上述危机考验方面，世界各国还未形成必要的共识甚至彼此尖锐对立。这是很危险的。

东亚地区目前处于相对和平状态，但也潜藏着冲突的隐患。人类需要冷静下来审视一些决策思维惯性中有无值得反思之处，摒弃权力政治、地缘争夺与冷战思维，提倡全球协同主义，支持以联合国为中心共同构建包括传统安全与非传统安全的国际安全合作系统。如何通过全球协同主义，应对人类面临的上述挑战，争取实现可持续安全，也是摆在东亚各国面前的重要课题。

一、可持续安全的构建与全球协同主义

中国共产党第二十次代表大会报告提出，构建人类命运共同体是世界各国人民前途所在。中国提出了全球发展倡议、全球安全倡议，愿同国际社会一道努力落实。① 笔者认为，要实现全球发展与全球安全，就需要提倡全球协同主义。中国积极参与全球治理体系改革和建设，践行共商共建共享的全球治理观，坚持真正的多边主义，推进国际关系民主化，推动全球治理朝着更加公正合理的方向发展，也离不开全球协同主义。因为当今世界作为一个"地球村"，无论在应对气候变化还是在维护世界和平方面，任何国家都难以独善其身。人类要获得可持续发展与可持续安全，就要提倡和实行全球协同主义。

所谓全球协同主义，是指在全人类的大系统中，世界各国、各地区、各民族、各阶层、各领域、各行业、个人与社会、人类与自然等，谋求和谐共生的理念、实践、路径、方式的总和。它不是以某个国家或国家集团具有控制全球的权力或垄断全球资源、财富、战略要地等为战略目标，不是以资本和利润为最高价值，不是脱离实际的空想，而是鼓励人心向善，扶弱济贫，引导人类善于发现共同利益、共同安全、共同发展、共同价值而相互合作的一种思想体系。可持续发展与可持续安全，作为科学的发展观和科学的安全观，既是全球协同主义追求的目标，也是其具体体现。

在中国，"协同"一词有协调、协作、和谐、团结、互促、合作等含义。中国汉代永元十

---

* 刘江永，清华大学国际关系学系教授。

① 参见习近平：《高举中国特色社会主义伟大旗帜　为全面建设社会主义现代化国家而团结奋斗——在中国共产党第二十次代表大会上的报告》，载《人民日报》2022 年 10 月 26 日。

二年(公元 100 年)许慎编纂的《说文解字》,将“协同”解释为“协,众之同和也;同,合会也”,即谐调一致,和合与共。在中文中,“协同”与“和谐”是近义词。2600 多年前的《管子》便指出:“和合能谐,谐故能辑,谐辑以悉,莫之能伤。”①这是中国古典中最早论述“和谐”的一段话。其大意是,和睦合作就能和谐,和谐就能相互协同。努力做到这一点,就可抵御任何敌人的伤害。

人们对各种事物可以有独立思考和不同看法,但这并不影响人类沿着正确的方向同心协力,大步向前。正所谓“和而不同”。伴随人类科技进步与发展,“协同”概念不仅包括人与人之间的协作,也包括不同应用系统、数据资源、终端设备、应用情景、人机之间等全方位的整合与协同。现在流行的电子支付、互联网、物联网、产业链、区块链、元宇宙等,都离不开系统内外“一分为多、多合为一”的相互协同。

在国际上,“协同”一词来源于希腊文,语义与中文相近,意为共同工作。德国斯图加特大学教授、物理学家哈肯(Hermann Haken)是协同学(Synergetic)理论的创始人。他在 1971 年指出,自然界和人类社会的各种事物普遍存在有序或无序的现象。在一定条件下,有序和无序会相互转化,无序就是混沌,有序就是协同,这是一个普遍规律。全球协同主义堪称是有利于促进国际秩序形成的思想体系。

从辩证思维和系统思维角度看,协同现象在宇宙间一切领域中普遍存在。在一个系统内,若各种子系统(要素)不能很好协同,甚至互相拆台,这样的系统必然呈现无序状态,发挥不了整体功能而终至瓦解或被新的系统所取代。相反,若系统中各子系统(要素)能很好配合、协同,多种力量就能集聚成一个总力量,形成大大超越原各自功能总和的新功能。这就是运筹学与系统工程的哲学解释。人类作为高级动物成为地球的主宰者,不仅在于会劳动,而且在于会在劳动中相互协同,不断创造物质世界和精神产品。没有协同,人类就不能生存,生产就不能发展,社会就不能前进。

同时必须指出,如果仍坚持权力政治现实主义或地缘政治霸权思维逻辑或以“价值观”划线的两极对抗,协同主义不仅不可能有助于世界和平与发展,还可能适得其反,因为协同主义好比一种工具谁都可以使用。例如,两次世界大战前人为制造封闭的经济集团和称霸世界的军事集团,其内部都有反动的各种协同。

值得人们注意的是,人类社会的发展是曲折的,有时会出现反复或前进中的倒退。就东亚或亚太地区合作而言,日本不同的当政者便出现不同的国家利益认知和区域战略构想。从中日关系的视角看,无非是对中国包容的、合作的还是排斥的、对抗的两条路线。从 2016 年安倍晋三提出“自由与开放的印太”以来,菅义伟内阁和岸田文雄内阁都继承了这一对外战略。“自由与开放的印太”已成为目前日本对外战略和国家安全战略的标志性口号,并被美国所接受且主导。其实质是将印度、澳大利亚等国纳入排斥和对抗中国的地缘战略协同,并以所谓“开放”为名拉拢欧盟、东盟国家参与。这完全背离了当年大平正芳首相的对华友好合作政策与包括中国的开放协同区域合作路线,成为现阶段东亚共同体难以实现的主要政策性障碍。

早在冷战时期的 1979～1980 年,时任日本首相大平正芳便提出具有远见与协同精

① 《管子·兵法》第十七。

神的“环太平洋合作构想”。其要点是:第一,地球作为一个共同体相互依存度在升高,正迎来“地球社会时代”,所有问题都必须从地球社会整体考虑;第二,太平洋各国发展显著,加之科技发展,广阔的太平洋也将连成一体,21世纪将是太平洋时代;第三,太平洋地区具有多样性,各国发展水平不同,难以照搬欧盟,只能形成松散开放的共同体,而非排他的地区主义;第四,环太平洋合作不仅是经济,还要包括政治、外交、文化等所有领域。① 大平的上述构想与努力,为太平洋经济合作委员会(PECC)和亚太经合组织(APEC)的诞生作出了重要贡献,并与习近平提出的构建人类命运共同体理念高度契合。衷心希望日本现在及未来的当政者能重温大平正芳的治国之道,切勿一错再错。

笔者认为,21世纪的国际安全与合作必须强调全球协同主义的全球性、和平性、公益性、开放性与协调性。各国应为建立与呵护人类命运共同体而加强全球协同、区域协同。当今时代各国领导人和国际组织的决策者要想在世界上有所作为而不辱使命,就应该让全球协同主义成为自己的一种思维习惯。

二、全球防疫需要全球协同主义

据不完全统计,截至2022年11月1日,全球累计新冠肺炎确诊病例超过6.2亿例,累计病逝658万例。这一人类历史上罕见的全球公共卫生安全问题,不仅是对医疗卫生领域提出的严峻挑战,也需要从国际政治、国际关系角度进行思考。然而,迄今在美欧长期流行的国际政治理论却似乎无一能有效回答国际社会应如何应对公共卫生健康系统面临的这场危机。

笔者曾要求清华大学国际关系专业的学生尝试用权力政治现实主义、相互依存理想主义、文化认同建构主义三大理论,解释人类如何应对新冠疫情,结果没有人能给出理想的答案。

在这种情况下,笔者建议学生从协同主义理论出发,以共同防疫、综合防疫、合作防疫和可持续防疫为界定标准,对本国的防疫措施和效果进行比较,从中引出各国防疫的共性规律。结果,2020年以来有三名学生(一位韩国留学生、一位马来西亚留学生和一位中国学生)撰写的论文,正式发表在《外国问题研究》杂志上。

这说明,理论首先要从实践与历史经验的规律性探讨中获得。因此,首先要实事求是地面对现实和眼前的真问题,抽象归纳出新的概念和理论框架,如果能合理自洽地解释现实中的矛盾并阐明解决的办法,就可以作为一种新的观念在国际社会普遍推广,借以指导实践,并在实践中完善发展,从而为国际社会开辟一条通向全球协同主义的道路,形成全球协同的机制与规则。

关于近三年来中国大陆采取的防疫模式,笔者称之为“可持续的协同防疫”,即采取外防输入、内防反弹、分区防控、动态清零等一系列科学有效的防疫救治措施,最大限度地保护了人民的卫生健康、生命安全和复工复产。中国社会在单位、学校和家庭之间有居委会(志愿者)等社会中间环节相连,有智能手机大数据的即时管理,有免费的定期全面核酸检测,有对感染者“应收尽收,应治尽治”的城乡医疗体制和政策,从而构成全社会

① [日]大平正芳:『大平正芳全著作集』第5册、講談社、2011年、第342～343頁。

协同防疫的社会机体和技术保障。正如中共二十大报告指出的："面对突如其来的新冠肺炎疫情，我们坚持人民至上、生命至上，坚持动态清零不动摇，开展抗击疫情人民战争、总体战、阻击战，最大限度保护了人民生命安全和身体健康，统筹疫情防控和经济社会发展取得重大积极成果。"①

作为21世纪全球治理面临的新课题，建立人类卫生健康共同体，通过全球协同主义实现可持续防疫的观念至关重要。全球协同主义与可持续安全观，对全球防疫等全球治理课题具有重要指导意义。共同防疫、综合防疫、合作防疫、可持续防疫，可以构成全球防疫四项原则。共同防疫是指面对传染途径多样、传染速度极快的新冠肺炎变异病毒，世界各国应不分彼此，共同遵守必要的防疫规则，采取有效的防疫措施，全员共同参与防疫。综合防疫是指通过综合手段、统筹协同，提高防疫与救治实效。新冠肺炎传染渠道的多样性与危险性，决定了防疫措施、防疫体系必须具有综合性。合作防疫是指世界各国加强彼此之间的防疫协同合作，相互提供防疫物资支援，分享防疫经验，协调出入境政策，共享疫苗研发成果。

在上述全球协同防疫原则的基础上，还需形成和不断完善全球防疫的具体规则。世界卫生组织可以在这方面发挥更大作用。高效可持续的全球公共卫生体系需要预警、资金、物资等硬国力和软国力支撑。世界各国国情不同，防疫规则不可能完全一致，但可相互借鉴，在纠偏中不断完善。可持续防疫有赖于处理好防疫与复工的关系，尽量减少疫情反复带来的损失。人类卫生健康共同体的建立需要"思想清障"，排除意识形态偏见的干扰和片面、虚假信息的误导。

人类要共同守护人类生命健康，彻底战胜新冠肺炎疫情还需付出艰苦努力。各国要相互支持，加强防疫措施协调，完善全球公共卫生治理，形成应对疫情的强大国际合力。要坚持疫苗作为全球公共产品的属性，确保疫苗在发展中国家的可及性和可负担性。截至2022年5月，中国已向120多个国家和国际组织提供超过21亿剂疫苗，将继续向非洲、东盟分别援助6亿剂、1.5亿剂疫苗，为弥合"免疫鸿沟"作出积极努力。

与此同时，全球协同主义提倡各国要在防疫中复工复产，在复工复产中坚持防疫，共同建立开放型世界经济，维护全球产业链、供应链稳定，促进发展，保障民生，稳步推进落实全球发展倡议。中国也不例外。尽管由于上海、深圳、西安等地因疫情防控措施而造成临时经济损失，但总体上恢复较快。据世界银行预测，2022年美、欧、日经济增长率将分别为2.5%、2.5%和1.7%，而中国则为4.3%。

2021年9月21日，习近平主席在联合国大会上首次提出全球发展倡议。其要点是：第一，我们必须战胜疫情，赢得这场事关人类前途命运的重大斗争。第二，我们必须复苏经济，推动实现更加强劲、绿色、健康的全球发展。第三，我们必须加强团结，践行相互尊重、合作共赢的国际关系理念。第四，我们必须完善全球治理，践行真正的多边主义。世界只有一个体系，就是以联合国为核心的国际体系。② 这表明新时代中国外交的新理念、

① 习近平：《高举中国特色社会主义伟大旗帜　为全面建设社会主义现代化国家而团结奋斗——在中国共产党第二十次代表大会上的报告》，载《人民日报》2022年10月26日。

② 参见习近平：《坚定信心　共克时艰　共建更加美好的世界》，2021年9月21日，中国政府网，http://www.gov.cn/xinwen/2021-09/22/content_5638597.htm。

新方向，即从提倡世界“多极化”，转向提倡以联合国为中心，通过全球协同、全球治理，应对人类社会面临的共同挑战，实现“多元一体”的人类命运共同体。

三、俄乌冲突下的东亚需要可持续安全

俄乌冲突暴露了欧洲安全“有机制缺灵魂”的弊端。① 其战略决策思维似乎仍停留在现实主义权力政治的逻辑框架，误以为拥有全球最大的军事集团、最强的军事实力，并控制海陆要地，就可确保自身安全，主宰世界。

然而，冷战后 30 多年来，从海湾战争、阿富汗战争、伊拉克战争、利比亚战争、叙利亚战争，特别是 1999 年美国为首的北约发动科索沃战争，北约发动或介入多场局部地区战争，制造了大量战争碳排放。这种“暴力多边主义”的结果，导致欧洲出现战后以来最大难民潮，欧洲各国暴力恐怖袭击事件明显增加，英国退出欧盟，甚至在欧洲腹地爆发激烈的热战。俄乌冲突、西方制裁俄罗斯及美国的加息政策等，导致欧元大幅贬值，各国面临能源危机、滞胀风险，国内政局动荡不安，欧洲在世界格局中地位下降。

事实证明，尽管欧洲并不缺少多边安全合作的机制，但由于缺乏科学的安全观，所谓现实主义权力政治和传统地缘战略决策思想则导致欧洲安全机制失灵，安全成本不断上升，而安全质量却不断下降，出现安全政策异化现象，冷战被热战所代替并可能危及世界和平。冷战时期建立的欧安会组织等欧洲安全机制业已失灵，北约持续东扩、北扩不仅难以给欧洲及全球带来和平与安全，甚至可能加剧内部分歧，产生相反效果。

东亚地区要警惕这种倾向的出现：美国一方面试图利用乌克兰战争拖垮俄罗斯，另一方面仍把中国视为主要战略竞争对手。拜登总统于 2022 年 5 月 20 日首次访问韩国、日本，试图恢复昔日美日韩三角安全体系的同时，通过美日澳印四国峰会，启动“印太经济框架”，推动所谓“自由开放的印太构想”，在台海、东海、南海进一步威慑和制约中国。日本对此积极响应。

发展下去，这可能形成东亚版的“北约”并在日本修宪后与北约合流，成为全球“暴力多边主义”的温床和未来东亚战争与冲突的渊薮。俄乌冲突爆发后，日本积极参与制裁俄罗斯，并扬言介入台湾海峡局势，将防卫费增加到 GDP 的 2%。这导致日俄关系严重恶化，中日关系紧张，国际能源、粮食价格上涨，美国为抑制通胀而不断加息，日本物价上涨，日元大幅贬值，一度跌至 152 日元兑 1 美元，而国际旅游业则因新冠疫情蔓延而难以复兴，日本经济回升乏力。日本似乎已进入经济萎缩而军力膨胀的“经缩军膨”时代。这对东亚和平与安全来说绝不是一件好事。

将国际社会以所谓“共同价值观”划线，以所谓的“民主体制与集权国家”界定是非，人为制造对立，其结果是不仅全球防疫难以有效推进，本应通过对话协商解决的国际纠纷也会演变为战火硝烟。残酷的现实又可能对一些国家的决策者产生追求甚至使用军事力量的心理诱惑。为避免这种恶性循环导致第三次世界大战，世界各国决策者应重温《联合国宪章》，通过全球协同主义谋求可持续安全与可持续发展。

中国在俄乌冲突爆发后，不火上浇油，不借机出口军火，而是坚持劝谈促和，积极提

① 参见刘江永：《世界大变局与国家安全学》，载《亚太安全与海洋研究》2019 年第 6 期。

供人道主义援助,倡导可持续安全的新全球安全观。习近平主席先后与俄罗斯、法国、德国、美国领导人通电话,表明中方立场和中国的安全关切。在这些通话中,中国领导人强调:我们向来从事情本身的是非曲直出发,独立自主作出判断,倡导维护国际法和公认的国际关系基本准则,坚持按照《联合国宪章》办事,主张共同、综合、合作、可持续的安全观。这些大的原则是中方处理乌克兰危机的立足点。

共同安全就是所有国家的安全战略、政策和措施必须兼顾本国安全与邻国的共同安全;综合安全就是通过综合手段和方式,既维护和平,确保传统领域的安全,也确保非传统安全领域的安全,即国际总体安全;合作安全就是努力通过国内国际协同合作,共同维护本国和邻国的综合安全;可持续安全就是要通过共同、综合、合作的安全路径与方式,确保较低成本的高质量安全的长期有效性。我们衷心希望俄乌冲突早日结束,在联合国的旗帜下世界各国通过全球协同主义,共同努力构筑人类可持续安全共同体。

全球协同主义的目的是各国共同维护世界和平与安宁。为此,2022 年 4 月 21 日,习近平主席在博鳌论坛发表讲话提出全球安全倡议并强调:坚持共同、综合、合作、可持续的安全观,共同维护世界和平和安全;坚持尊重各国主权、领土完整,不干涉别国内政,尊重各国人民自主选择的发展道路和社会制度;坚持遵守《联合国宪章》宗旨和原则,摒弃冷战思维,反对单边主义,不搞集团政治和阵营对抗;坚持重视各国合理安全关切,秉持安全不可分割原则,构建均衡、有效、可持续的安全架构,反对把本国安全建立在他国不安全的基础之上;坚持通过对话协商以和平方式解决国家间的分歧和争端,支持一切有利于和平解决危机的努力,不能搞双重标准,反对滥用单边制裁和"长臂管辖";坚持统筹维护传统领域和非传统领域安全,共同应对地区争端和恐怖主义、气候变化、网络安全、生物安全等全球性问题。①

作为中共十九大报告提出的治国方略之一,共同、综合、合作、可持续的全球新安全观,体现出中国的安全哲学。共同安全有利于避免过度谋求单方面绝对军事优势和绝对安全而损害别国安全,从而造成本国的安全困境或安全政策异化,导致难以享有持久的和平与安全。综合安全既考虑到安全威胁来源的多样性、多元性,也强调应对安全威胁手段的系统性、预防性、综合性和协同性。合作安全既看到各国之间安全利益有矛盾与竞争的一面,又看到各国共同安全利益和协同合作的必要性与可能性。可持续安全不仅强调捍卫持久和平,而且注重维护和平状态下国家、社会和个人安全状态,居安思危,防患未然。这一全球新安全观有利于降低各国安全成本,实现高质量安全的可持续性。它与美国为首的西方国家信奉的现实主义权力政治及传统地缘战略争霸思维不同,是具有深厚哲理基础的国际安全价值链条和政策思想体系。它不仅是中国应对当前俄乌冲突的政策主张,也是未来构建人类命运共同体的思想指南。

这一国际安全倡议为全球协同主义指明了方向,值得世界各国认真考虑。根据《联合国宪章》第二条规定,各会员国应以和平方法解决其国际争端,避免危及国际和平、安全及正义。各会员国在其国际关系上不得使用威胁或武力,或以与联合国宗旨不符之任

---

① 参见习近平:《携手迎接挑战,合作开创未来——在博鳌亚洲论坛 2022 年年会开幕式上的主旨演讲》,2022 年 4 月 21 日,中国政府网,http://www.gov.cn/gongbao/content/2022/content_5688778.htm。

何其他方法，侵害任何会员国或国家之领土完整或政治独立。本宪章不得认为授权联合国干涉在本质上属于任何国家国内管辖之事件，但此项原则不妨碍第七章内执行办法之适用。全面理解并恪守《联合国宪章》，对于实现全球可持续安全具有十分重要的意义。世界各国领导人应该做全球协同主义的积极参与者、引领者而非局外人，更不能做绊脚石。

Advocating Global Collaborative Idealism for Sustainable Security in East Asia

LIU Jiangyong

Abstract: The East Asian region currently enjoys a relatively peaceful state, but it also carries potential risks of conflicts. It is imperative for humanity to reflect upon the inherent biases in decision-making processes and discard power politics, geopolitical competition, and Cold War mentality. Instead, we should promote global collaborative idealism and support the United Nations in constructing an international security cooperation system that encompasses both traditional and non-traditional security aspects. Addressing the aforementioned challenges faced by humanity and striving towards sustainable security through global collaborative idealism is a crucial task for East Asian countries.

世界大变局中的中日韩合作

江瑞平*

中日韩合作于1999年启动，之后在波动中不断推进，到2012年5月中国主办领导人会议时达至高峰，主要标志是正式签署了中日韩投资协定，正式启动了中日韩自贸区谈判。但好景不长，很快受到中日、韩日“岛争”冲击，陷入停滞甚至出现倒退，其主要标志是中日韩领导人会议两次（2013～2014年和2016～2017年）被中断，直到2019年底中国在成都主办领导人会议，才推动中日韩合作重回正常轨道。但到2020年，又受到新冠肺炎疫情的严重冲击，先是习近平主席已商定的访日和拟议中的访韩被迫中断，后是好不容易才重回正常轨道的中日韩领导人会议又被迫延迟，何时能够恢复，迄今尚不得而知，生出多方面的变数或不确定性。更加重要的是，围绕中日韩合作的内外局势，也正在并仍将发生重大变化，包括日韩两国政坛更迭和对外战略调整，以及疫情蔓延、俄乌冲突导致世界大变局加速演进等。

在中日韩合作与世界大变局之间形成密切关联和高度互动关系：世界大变局的每一重大变化，无不凝聚着中日韩合作的浓重身影；中日韩合作的每一重大进展，无不植根于世界大变局的深厚背景。一方面，中日韩同为G20成员，分列全球第二、第三和第十大经济体，三国合在一起占到全球经济总量的四分之一，已经超过美国，更是远超欧盟，成为全球格局中越来越重要的一极。2021年中日韩在全球经济总量中的占比高达25.1%，已超过美国的24.2%，更远超欧盟的18.0%。[①] 中日韩合作态势如何，可从多层面直接影响到世界大变局的所有重大变化趋向。另一方面，中日韩合作的每一重大进展或严重倒退，又都是在世界大变局中形成和实现的，都在很大程度上是世界大变局在东北亚的直接体现。世界大变局展现的所有重大趋向，尤其是遭遇的重大波动，都会对中日韩合作产生强烈影响。本文即拟从新兴市场整体崛起、大国实力对比调整、世界经济中心转移和全球治理体系变革等四大层面，对中日韩合作与世界大变局之间的互动关系进行初步探讨，肤浅甚至谬误之处，恳请学界同仁批评指正。

一、与新兴市场群体崛起同步

一大批新兴市场与发展中国家整体快速崛起，构成世界百年大变局的重要变化趋

---

* 江瑞平，外交学院教授。

① 参见国际货币基金组织“世界经济展望”数据库，2021年10月，https://www.imf.org/en/Publications/WEO/weo-database/2021/October。

向。中日韩合作与世界大变局之间的互动关系,也首先体现在这一重大变化趋向之中。

1.新兴市场群体快速崛起

众所周知,关于世界正处于百年未见之大变局这一重要战略判断,是习近平总书记于2017年底首次提出的。而作为这一重要战略判断的形成依据或主要表现,习近平总书记首先列出的就是“新世纪以来一大批新兴市场国家和发展中国家快速发展”①。中国国务院新闻办发布的《新时代的中国与世界》更是明确指出:“百年未有之大变局的最大变化,就是以中国为代表的新兴市场国家和发展中国家群体性崛起,从根本上改变了国际力量对比。”②学界则将这一重要变化趋向简要而形象地描绘为“东升西降”,得到广泛认同。关于新兴市场与发展中国家整体快速崛起的基本态势,可从其在全球经济总量中所占比重的快速攀升得到明证。若按购买力平价(PPP)来测算,这一占比在2000年仅为43.3%,到2008年即攀升至51.2%,首次超过了发达国家,2020年更攀升至57.6%,而发达国家所占比重则由2000年的56.7%降至2020年的42.4%。若按名义汇率来测算,这一占比在2000年仅为20.9%,到2020年已攀升至40.4%,20年间几乎翻了一番。而在全球经济增量中,新兴市场与发展中国家所占的比重,即其对全球经济增长的贡献,同期也由30%左右攀升至60%左右,同样翻了一番。③ 目前仍在全球蔓延的新冠肺炎疫情,在整体加速世界大变局的同时,也在很大程度上进一步强化了新兴市场与发展中国家整体崛起的势头。主要依据是,在2020年疫情导致的全球经济严重衰退中新兴市场与发展中国家整体上相对较轻,2020年全球经济增长率为-3.1%,其中发达国家为-4.5%,新兴市场与发展中国家为-2.1%,新兴市场与发展中国家要比全球平均和发达国家分别少下降1个和2.4个百分点;而在2021年全球经济反弹中,新兴市场与发展中国家整体上回升更劲,2021年全球经济增长率为5.9%,其中发达国家为5.2%,新兴市场与发展中国家为6.4%,新兴市场与发展中国家分别比全球平均和发达国家多增长0.5个和1.2个百分点。④ 这种“衰退更轻,回升更劲”的总体态势,显然进一步提升了新兴市场与发展中国家在全球经济总量和增量中所占的比重和地位。

2.中日韩发挥的引领作用

在上述新兴市场与发展中国家整体快速崛起的历史进程中,中日韩三国发挥了重要的引领作用,各自都在其中扮演着重要角色,占据重要地位,作出了重要贡献。

首先,中国是全球第一大新兴市场与发展中国家,新兴市场与发展中国家的整体快速崛起,在很大程度上就是由中国来引领和带动的。如从2000年到2020年,新兴市场与发展中国家在全球经济总量当中所占的比重由20.9%提升至40.4%,20年间提升了

① 《习近平接见2017年度驻外使节工作会议与会使节并发表重要讲话》,央视网,http://news.cctv.com/2017/12/28/ARTIcjxJEmyTksv6ZA8qIZ9x171228.shtml。

② 中华人民共和国国务院新闻办公室:《新时代的中国与世界》,http://politics.people.com.cn/n1/2019/0928/c1001-31377956.html。

③ 据国际货币基金组织“世界经济展望”数据库2021年10月数据计算,https://www.imf.org/en/Publications/WEO/weo-database/2021/October。

④ 参见国际货币基金组织:《世界经济展望》,2021年1月,第111页。

19.5 个百分点，其中有 14 个百分点是由中国贡献的，贡献率高达 71.8%。[①] 同时，中国还通过为其他新兴市场与发展中国家提供市场、资金和技术等途径，对新兴市场与发展中国家的整体快速崛起发挥了多层面的支撑和引领作用。目前中国已成为越来越多新兴市场与发展中国家的第一大出口市场。伴随高质量共建"一带一路"的全面推进，中国对"一带一路"沿线国家的经济带动和支撑作用正在得到进一步提升。

其次，日本虽是东亚地区第一个发达国家，但其长期作为全球第二大经济体(2010 年前)，对新兴市场与发展中国家的整体快速崛起同样发挥了重要的引领和推动作用。尤其是在东亚新兴市场与发展中经济体的快速崛起过程中，更依托其主导的"雁型模式"，通过提供发展援助、资金技术、机械设备和出口市场等途径，发挥了举足轻重的带动、引领和示范作用。如到 1980 年，在马来西亚、印度尼西亚、泰国、菲律宾即所谓"亚洲四小虎"的出口结构中，对日出口占比高达 34.5%，远高于同期对美出口占比 18.7%。而中国在新兴市场与发展中国家整体快速崛起过程中发挥的引领作用，也与日本有着密切关系。尤其是在中国改革开放初期，曾一度形成"改革学日本，开放对日本"的基本格局，更能充分体现日本对中国经济快速崛起的重要作用。如在 1985 年，对日贸易在中国外贸结构中所占的比重曾一度高达 28.5%。[②]

再次，韩国与中国台湾、中国香港、新加坡共同被称为"亚洲四小龙"，曾被国际社会公认为全球第一批"新兴工业化经济体"，对新兴市场与发展中国家整体快速崛起发挥了重要的引领和示范作用。

最后，也是最重要的，中日韩三国在相互加强合作的基础上，共同对东亚经济快速增长和全面合作发挥了至关重要的推动和支撑作用，而东亚始终处于新兴市场与发展中国家整体崛起的前沿地带和核心地区。如在 2022 年初正式生效的《区域全面经济伙伴关系协定》(RCEP)经济格局中，中日韩三国要占到 15 国经济总量的 82.7%(2020 年)。[③]

3.中日韩合作的全新机遇

作为世界百年大变局的重要变化趋向，新兴市场与发展中国家的整体快速崛起也为中日韩合作顺利展开和全面推进提供了全新机遇。

一方面，作为全球第一大新兴市场与发展中国家，中国经济快速崛起为中日韩合作奠定了坚实基础。尤其是中国在日韩对外经贸格局中比重和地位快速攀升，中日韩之间经济相互依存程度不断提高，更成为中日韩三国加强合作的强大动力和坚固支撑。如中国在日本出口格局中所占比重(即日本对华出口依存度)，在 1990 年仅为 2.1%，2000 年提升至 6.3%，2010 年再提升至 19.4%，2020 年更提升至 22.0%，中国已取代美国成为日本第一大出口对象国，日本作为东亚出口主导型经济模式的典型代表，对中国经济依赖程度得到快速提升。[④] 中国在韩国对外经贸布局中的比重和地位提升更快，其对华出

① 据国际货币基金组织"世界经济展望"数据库 2021 年 10 月数据计算，https://www.imf.org/en/Publications/WEO/weo-database/2021/October。

② 参见日本贸易振兴机构：《贸易统计》，https://www.jetro.go.jp/world/statistics.html#trade。

③ 据国际货币基金组织"世界经济展望"数据库 2021 年 10 月数据计算，https://www.imf.org/en/Publications/WEO/weo-database/2021/October。

④ 参见日本贸易振兴机构：《贸易统计》，https://www.jetro.go.jp/world/statistics.html#trade。

口依存度更高。1990年,韩国对华出口依存度也仅为2.1%,2000年即提升至10.7%,2010年再提升至25.1%,2020年更高达25.9%。[①] 此外,在中国经济持续快速增长的背景下,日韩企业通过对华投资获得巨额利润,也成为中日韩三国加强合作的强大动力。

另一方面,新兴市场与发展中国家整体快速崛起,在全球经济格局中比重和地位快速攀升,也为中日韩开展"中日韩+X"(即"3+X")合作提供了巨大空间和全新机遇。尤其是在疫情暴发前的2019年8月21日,中日韩三国共同发布了《"中日韩+X"合作概念文件》,同年12月24日,中日韩领导人会议又就"3+X"合作的定位、路径和举措等进一步达成了共识。中日韩"3+X"合作的这个"X",主要是指作为"第四方"的新兴市场与发展中国家,尤其是亚洲新兴市场与发展中国家。疫情进一步加速新兴市场与发展中国家的整体崛起,势必为中日韩围绕"3+X"开展合作,提供新的机遇和空间。而在这方面更加长远的基础是,伴随新兴市场与发展中国家的快速崛起,中日韩三国都已将其视为对外经贸布局的优先地域和主要方向。

二、与大国实力对比调整并行

迄今为止,世界始终是由少数大国主导的。大国实力对比关系的快速调整,也构成世界百年大变局的重要变化趋向。中日韩合作与世界大变局之间的互动关系,更充分体现在大国实力对比关系的快速调整之中。

1.大国实力对比关系快速调整

作为世界大变局的重要变化趋向,大国实力对比关系的快速调整,还与上述新兴市场群体快速崛起有着直接关系。中国是全球第一大新兴市场与发展中国家,上述新兴市场与发展中国家的快速崛起,也集中体现在中国经济的持续高速增长及其国际地位的快速提升上;而美国是全球第一大发达国家,发达国家在全球经济政治格局中地位的相对下降,也在很大程度上集中体现为美国在全球经济政治格局中地位的相对下降。由此导致的直接结果是中美两国实力对比关系的快速调整,成为大国实力对比关系快速调整的集中体现。事实上,中美分别作为全球第二和第一大经济体,在由约200个经济体构成的全球经济格局中始终占据举足轻重地位,且这一地位在总体上还呈持续攀升之势。在1990年,中美两国合在一起占到全球经济总量的26.9%,到2000年这一比重即攀升至33.7%,之后在波动中进一步攀升,到2020年更达到42.1%。而在这30年间,两国各自在全球经济总量中的占比变化却显现完全不同的态势。其中中国占比始终呈快速攀升之势,尤其是步入21世纪之后。在1990年,中国在全球GDP总量中的占比只有1.7%,2000年攀升至3.5%,2010年更攀升至9.1%,首次超过日本成为仅次于美国的全球第二大经济体,2020年更高达17.5%。而美国占比却波动不定,步入21世纪后总体显现不断下降之势。在1990年,美国在全球GDP总量中的占比为25.2%,2000年提升至30.2%,之后开始显著下降,到2020年已降至24.6%。21世纪头20年,在中国全球占比提升14个百分点的同时,美国占比却下降了5.6个百分点。结果必然是中美实力对比关系的快速调整,中国相当于美国经济实力的比重快速提升。直到2000年,中国相对于美国

① 依据UN Comtrade Database数据计算。

经济总量的比重仅为11.6%，2010年提升至40.1%，2020年更攀升至71.1%。[①] 伴随中国经济实力不断增强，与美国的实力差距快速缩小，甚至在许多重要层面中国的实力和国际影响力还要超过美国，引发了美国的战略疑虑，开始增大对中国的遏制和打压力度，从奥巴马“重返亚太”，到特朗普发起对华贸易战、科技战，并主导其盟友与中国经济强行脱钩，尤其是全力推进印太战略，再到现任的拜登政府进一步将中国定位为首要战略竞争对手，通过各个战略框架强拉其盟友对中国进行战略围堵，导致中美战略冲突愈演愈烈，中美关系恶化到1972年尼克松访华以来半个世纪最坏的时期。目前，美国对中国的战略围堵可概括为“2”“3”“4”“5”四大框架：所谓“2”，是指充分利用“美日”“美韩”等双边军事同盟；所谓“3”，是指近期启动的美英澳三国同盟，即所谓“AUKUS”；所谓“4”，是指由美日印澳构成四国联盟；所谓“5”，是指由美英加澳新五国组成的“五眼联盟”。此外，美国还力图将其主导的北约亚太化，将其进一步打造成为围堵中国的更具全球性的战略框架。2022年4月6日在布鲁塞尔举行的北约外长会，一再渲染所谓中国对全球安全和民主的“系统性挑战”，并拉日本、韩国、澳大利亚、新西兰等四个亚太国家外长参会，即是明证。

2.困扰中日韩合作的二元结构

大国实力对比关系的快速调整，及其引发的中美战略冲突愈演愈烈，美国不断强化对中国的战略打压和全面遏制，也从多层面对中日韩合作产生了严重冲击和强烈影响。其中最值得关注的是由此导致的二元结构对中日韩合作的严重困扰。这与中美实力对比关系的快速调整及其引发的东亚地缘格局的快速变化直接相关。东亚传统的地缘格局是典型的一元结构，无论在政治安全层面还是在经济贸易层面，都高度依赖美国或被美国高度全面控制。在政治安全层面，美国对东亚的高度控制众所周知，如前文述及的“2”“3”“4”“5”框架，无须赘述。而在经济贸易层面，在战后东亚出口导向型经济起飞和高速发展过程中，长期延续着“经济增长靠出口，出口扩大靠美国”的突出特点。具体表现是，在很长历史时期内绝大部分东亚经济体都以美国为第一大出口对象国，对美出口在出口格局中占比极高，包括中国大陆在内。如在1990年东亚十大经济体[②]的出口总量(7067.2亿美元)中，对美出口(1851.5亿美元)所占比重高达26.1%，而对日出口(605亿美元)和对华出口(290.6亿美元)占比分别仅为8.6%和4.1%。[③] 但伴随中国经济实力的快速增强和国际地位的快速提升，东亚地缘格局发生重大变化，开始由一元结构向二元结构快速转化。其突出特征是，在政治安全层面美国依然对东亚高度控制甚至控制程度进一步强化的同时，而在经济贸易层面东亚却越来越从对美依赖转向对华依赖，从而形成“政治安全依赖美国，经济贸易依赖中国”的二元结构。主要表现是，依然保持出口导向型经济发展模式的东亚经济体对华出口占比快速提升，对美出口占比相应下降，

① 根据国际货币基金组织“世界经济展望”数据库2021年10月数据计算，https://www.imf.org/en/Publications/WEO/weo-database/2021/October。

② 中国、日本、“东亚四小龙”(中国香港、中国台湾、韩国、新加坡)、“东亚四小虎”(马来西亚、印度尼西亚、泰国、菲律宾)。

③ 根据国际货币基金组织“世界经济展望”数据库2021年10月数据计算，https://www.imf.org/en/Publications/WEO/weo-database/2021/October。

以致中国取代美国成为越来越多东亚经济体的第一大出口对象国,越来越形成“经济增长靠出口,出口扩大靠中国”的全新特点。先看日本,直到2000年,其对华出口占比仅为6.3%,远远低于对美出口占比30.1%。而到2009年,对华出口占比提升至18.9%,而对美出口占比却下降至16.4%,中国首次超过美国成为日本第一大出口对象国。之后对华和对美出口互有升降,到2020年对华出口占比高达22.0%,对美出口占比仅为18.5%。[①] 再看韩国,直到2000年,其对美出口占比仍高达21.9%,对华出口占比只有10.7%,2003年中国首次超过美国成为韩国第一大出口对象国,2019年对华出口占比高达25.1%,对美出口占比只有13.5%。东盟也同样如此,如在2000年,东盟10国出口总额中对华出口仅占3.8%,远低于对美出口占比19.0%,到2010年,中国即取代美国成为东盟第一大出口对象国,2019年对华出口占比已升至13.9%,而对美出口占比却降至12.3%。[②]

这种“政治安全依赖美国,经济贸易依赖中国”的二元结构,在上述中美战略冲突愈演愈烈的背景下,对中日韩合作造成严重冲击和巨大障碍。对与美国建立有军事同盟关系的韩国尤其是日本而言,在美国的要求甚至逼迫下,不得不追随美国从政治安全层面对中国进行围堵和遏制,这成为目前损害中日韩合作顺利进展的最大障碍。但在经济贸易层面,又高度依赖中国,从对华贸易投资关系中获得巨大经济利益。从而在日韩两国的对华战略层面形成严重的“二元困境”:出于政治安全考量,不得不臣服于美国,很难一心一意与中国一道推进合作;基于经济贸易利益,又不想完全被美国所左右,需要与中国尽心尽力开展合作。从历史经验看,2011年前后美国“重返亚太”,全球战略重心转向遏制中国,成为中日韩合作进程中的标志性事件:在此之前,中日韩合作主要在经济互利的促动下顺利进展,直至2012年5月达至高峰,正式签署中日韩投资协定,正式启动中日韩自贸谈判;在此之后,中日韩合作主要受到日韩追随美国遏制中国的直接影响,以致对中日和中韩关系造成严重冲击和损害,中日韩合作也越来越陷于停滞不前的状态。而目前日韩两国政坛变化导致对外战略更加“亲美”,在美国进一步强化对华竞争和遏制战略的背景下,越来越成为中日韩合作面临的最大障碍。

3.中日韩的大国地位及其变化

从大国实力对比快速调整层面观察中日韩合作与世界大变局之间的互动关系,在必须重视上述中美实力对比关系快速调整的同时,还必须关注中日韩自身作为世界大国相互之间的实力对比和相对地位变化,后者同样对中日韩合作产生着重大影响。作为世界大国,上述中美实力对比关系的变化已足够强烈,但美国始终保持着世界第一大经济体的地位,中国只是在快速追赶从而与美国的实力差距快速缩小,迄今也不过刚刚达到美国经济总量的3/4左右,与美国仍有很大差距。但在同样作为世界主要经济体的中日韩相互之间,尤其是在中日两国之间,实力对比关系的变化则要比中美之间强烈得多。直到1990年,中国仍仅相当于日本经济总量的大约1/8(12.4%),到2000年也只有1/4(24.3%),而到2010年即已超过日本并取而代之跃居仅次于美国的世界第二大经济体,

① 参见日本贸易振兴机构:《贸易统计》,https://www.jetro.go.jp/world/statistics.html#trade。

② 参见张蕴岭等:《世界大势》,中共中央党校出版社2021年版,第178~179页。

达到日本经济总量的 1.05 倍，之后进一步把日本落得越来越远，2020 年更达到日本经济总量的 2.9 倍！不仅如此，中日经济实力对比关系的快速变化，还体现在贸易实力或竞争力、引进外资与对外投资规模、金融实力与外汇储备以及世界大企业排位等众多层面。如 2020 年中国对外货物贸易高达 43660.3 亿美元，继续位列世界第一，相当于日本 12067.8 亿美元的 3.6 倍！① 在中韩之间，实力对比关系变化虽不如中日之间那么强烈，但也颇值关注。中国相当于韩国经济总量的倍数，1990 年仅为 1.4 倍，2000 年即攀升至 2.1 倍，2010 年再攀升至 5.3 倍，2020 年更高达 9.1 倍，2021 年为 9.7 倍，据 IMF 最新预测，2022 年将达到 11 倍！②

4.相对地位与相互依存的冲突

中日韩三国是一衣带水的东亚近邻，三方合作占据天然地理之便，还分列全球第二、第三和第十大经济体，且都崇尚对外开放或以外向型发展模式著称，经济相互依存关系自然呈现不断强化之势。这始终构成中日韩合作展开和推进的坚实基础和强劲动力。但伴随上述实力对比关系的显著变化，经济相互依存关系在强度不断提升的同时，相对地位或相互依存位势却在发生显著变化，甚至根本转变。其基本态势和总体特征是，中国对日韩的经济依赖程度不断下降，而日韩对中国的经济依赖程度快速提升。这在中日贸易关系层面体现得尤为明显。对日贸易在中国对外贸易总额中的占比，在 1980 年高达 25.4%，1985 年更高达 28.5%，之后不断下降，到 2020 年已降至 6.5%，比 1985 年的高点下降达 22 个百分点。而对华贸易在日本对外贸易总额中的占比，在 1980 年只有 3.7%，之后虽有波动，但到 90 年代后开始呈直线上升之势，1990 年为 3.1%，到 2020 年升至 23.5%，比 1990 年的低点上升了 20.4 个百分点。③ 中韩经济相互依存关系也大致显现同一态势。这一相对依存位势的显著变化，是上述实力对比关系快速调整的直接结果，并与后者一道，在很大程度上抵消了相互依存关系加深对中日韩合作的基础和推动作用，成为损害中日韩合作的重要障碍。主要原因，是其在很大程度上直接导致了政治互信与经济互利的严重背离。

5.政治互信与经济互利的背离

经济互利与政治互信，是中日韩合作的两大支柱或两只轮子，缺一不可。其中，经济互利是中日韩合作的基础和“压舱石”。虽然如上所述中日韩三国经济相互依存的位势的确发生了显著变化，但相互依存关系的不断强化却是不争的事实。尤其是日韩对中国的经济依赖程度还呈快速提升之势。这意味着日韩在发展对华关系、推进中日韩合作过程中获得了越来越丰厚的经济利益，搭了中国经济持续高速增长的快车或“便车”。如从 1980 年到 2020 年，日本对华出口由 51.09 亿美元猛增至 1405.44 亿美元，40 年间增长了 26.5 倍；同期对华出口在日本出口总额中的占比则由 3.9%攀升至 22.0%，40 年间提升了 18.1 个百分点。④ 从 1990 年到 2020 年，韩国对华出口由 13.7 亿美元猛增至 1325.6

① 参见日本贸易振兴机构：《贸易统计》，https://www.jetro.go.jp/world/statistics.html#trade。

② 参见国际货币基金组织“世界经济展望”数据库，2022 年 4 月 19 日，https://www.imf.org/en/Publications/WEO/weo-database/2022/April。

③ 参见日本贸易振兴机构：《贸易统计》，https://www.jetro.go.jp/world/statistics.html#trade。

④ 参见日本贸易振兴机构：《贸易统计》，https://www.jetro.go.jp/world/statistics.html#trade。

亿美元,30年间更增长了95.8倍;同期对华出口在韩国出口总额中的占比则由2.1%攀升至25.9%,30年间提升了23.8个百分点。① 当然,通过加强三方合作,发展对日韩经贸关系,中国也获得了多层面的经济利益,中日韩三方加强经贸合作从来都是互利的。但问题是,经济互利并未能促成三方相互之间相应的政治互信,尤其是从中国经济快速崛起中获得巨大经济利益的日韩,并未促成其对中国相应的政治安全信任。而众所周知,政治互信严重不足,安全冲突长期困扰,恰恰是长期损害和妨碍中日韩合作的最大问题。从大国实力对比关系快速调整层面看,导致这一问题的深层背景,除了上述中美实力对比关系快速变化、美国增大对华遏制力度,造成中日韩合作面临严重的"二元困境"之外,中日韩自身相互之间实力对比关系显著调整、相互依存位势的深刻变化也是其深刻原因,尤其在中日之间。

一般认为,导致中日之间政治互信不足的主要原因包括历史问题、领土争端、意识形态对立、政治制度差异等。但所有这些问题都是半个世纪前就已存在且始终未有根本变化的老问题,为何这些问题在半个世纪前并未妨碍两国恢复邦交正常化,也未阻止20世纪80年代形成中日友好"蜜月期",而只是到后来尤其是目前才导致中日政治互信缺失问题越来越严重呢?根源显然在于,中日实力对比关系和相互依存位势的显著变化彻底改变了中日邦交正常化、开启半个世纪发展进程的历史原点和客观基础。伴随中国经济实力从而综合国力的快速增强,两国之间始终存在的历史问题、领土争端、意识形态对立、政治制度差异在日本方面都被作为所谓"中国崛起的挑战"而越来越凸显出来,从而对双方政治互信造成越来越严重的损害。在中国改革开放之初,强势的日本认为可以把这些问题控制在战略上对己有利的方向上;而当中国快速崛起时,弱势的日本又越来越认定这些问题将成为战略上对己不利的"挑战"或"威胁"了。这应该就是在半个世纪的中日关系发展中历史问题、领土争端、意识形态对立、政治制度差异始终未见根本变化,而越到后来各种版本的"中国威胁论"在日本广泛流行、愈演愈烈,对政治互信造成越来越严重损害的深层背景和主要根源。②

三、与世界经济中心转移共振

全球地缘经济布局发生重大调整,世界经济中心不断向东亚转移,也是世界大变局的重要变化趋向。中日韩合作与世界大变局之间的互动关系,也充分体现在世界经济中心快速向东亚转移层面。

1.世界经济中心快速向东亚转移

在近现代世界经济形成与发展过程中,先是以英国为中心的西欧地区位居前列,后是以美国为中心的北美地区后来居上,从而使欧美(西方)长期在世界经济地缘布局中占据中心地位。但到20世纪50年代,日本经济显现高速增长势头并将其延续了20年之久,60年代"亚洲四小龙"(中国台湾、中国香港、韩国、新加坡)随之起飞,70年代"亚洲四小虎"(马来西亚、印度尼西亚、泰国、菲律宾)紧随其后,80年代中国大陆改革开放推动经

① 依据UN Comtrade Database数据计算。

② 参见江瑞平:《中日关系:知命之年的新认知》,载《日本学刊》2022年第1期。

济快速增长,90 年代越老柬缅逐步跟进,从而形成东亚经济整体快速崛起的强劲势头。世界银行在 1993 年曾专门发布报告,将其称为“东亚奇迹”。伴随东亚地区经济整体快速崛起,其在世界经济地缘布局中的比重和地位快速提升,从而越来越成为世界经济的中心和重心。世界经济中心快速向东亚转移,遂成世界百年大变局的重要变化趋向。到 2020 年,RCEP 的 15 个成员在全球经济总量中所占比重已提升至 30.7%,已经高于美加墨等北美三国所占比重(27.7%),更明显高于欧盟所占比重(17.9%,加上刚刚脱欧的英国也仅占 21.1%)。显而易见,东亚已成为名副其实的三大世界经济中心之一。从增量看,东亚作为世界经济中心的地位更加明显,近年东亚地区对全球经济增长的贡献始终维持在 40%左右,其中中国一国即占到 30%。①

2.中日韩引领东亚经济快速崛起

中日韩均是东亚大国,在 RCEP 的 15 个成员中经济总量分列前三位,在东亚经济整体快速崛起从而推动世界经济中心向东亚转移的历史进程中扮演着重要角色,占据有重要地位,发挥了重要作用,以至在很大程度上可以认为,中日韩三国共同引领了东亚经济的整体快速崛起。

第一,中日韩三国在东亚经济总体格局中始终占据举足轻重地位,三国经济发展态势如何,直接影响乃至决定着东亚经济总体走势。如在 2020 年,中日韩三国合在一起,要占到 RCEP 中 13 个东亚成员经济总量的 82.2%。②

第二,中日韩三国共同为东亚地区创造了“非西方式”崛起道路的成功典范,为其他东亚经济体顺利走上经济起飞和高速增长道路提供了成功经验。东亚绝大部分经济体在历史上虽然遭受过西方殖民侵略,因此在一定程度上受到过西方文化的影响,但始终没有根本改变社会文化传统的地区特性,包括儒家文化、佛教文化、伊斯兰文化的深广影响。如何在非西方文化和社会秩序的背景下实现经济起飞和现代化,开始主要是日本创造了经济高速增长的“日本奇迹”,紧随其后的主要是韩国创造了经济起飞和现代化的“汉江奇迹”,目前主要是中国开拓了影响深广的“中国道路”,为东亚地区整体快速崛起提供了举足轻重的榜样和示范效应。

第三,东亚经济发展具有典型的外需/出口主导型特点,而中日韩三国为其提供了越来越重要的出口市场。如在 2020 年,中日两国在东盟出口总额中所占的比重高达 23.3%,明显高于东盟对美出口占比 15.7%。③ 在此方面尤其重要的是,具有 14 亿人口、已有 4 亿中等收入群体的中国正在积极推进贸易战略向扩大进口转变,更将对东亚各经济体以扩大对华出口来进一步推进经济增长,进一步搭乘中国经济高速增长的快车或“便车”,发挥越来越重要的作用。

第四,中日韩三国对东亚直接投资越来越成为东亚经济增长的主要动力。最新动向是中国越来越成为全球最重要对外直接投资大国,而东亚也越来越成为中国最重要的对

---

① 参见国际货币基金组织“世界经济展望”数据库,2022 年 4 月,https://www.imf.org/en/Publications/WEO/weo-database/2022/April。

② 依据国际货币基金组织“世界经济展望”数据库 2022 年 4 月数据计算,https://www.imf.org/en/Publications/WEO/weo-database/2022/April。

③ 参见日本贸易振兴机构:《贸易统计》,https://www.jetro.go.jp/world/statistics.html#trade。

外直接投资目的地。2019 年中国对外直接投资的 80.9%都流向了亚洲,高达 1108.4 亿美元。[①] 日本则很早即已开始对东亚大规模投资,20 世纪 80 年代中期日元快速升值后步伐进一步加快。从 2010 年到 2020 年,日本对中国香港、中国台湾、韩国、新加坡、马来西亚、印度尼西亚、泰国、菲律宾和越南等 9 个东亚经济体的直接投资年末余额由 1314.3 亿美元猛增至 3719.1 亿美元,10 年间增长达 1.83 倍。[②]

3.东亚崛起进程中的中日韩合作

作为世界大变局的重要变化趋向,世界经济中心向东亚的快速转移,也为地处其中的中日韩合作提供了有利的外部环境和强劲的发展动力。

首先,伴随世界经济中心向东亚的快速转移,东亚在中日韩三国对外经贸布局中的地位快速提升,而基于三国在东亚经济格局中的重要地位,在任何一国的对外经贸布局中,其他两国自然成为其对东亚经贸布局的重中之重,从而全面强化了三国之间的经济相互依存,为启动和推进三国合作奠定了坚实基础,提供了强力支撑。这在日韩两国的对外经贸布局中更加明显。如对中韩两国出口在日本出口总额中所占的比重,在 1990 年只有 8.2%,到 2000 年也仅有 12.8%,之后快速提升,到 2020 年已提升至 29.1%,30 年间提升了 20.9 个百分点。[③] 对中日两国出口在韩国出口总额中所占的比重,在 1990 年只有 21.5%,到 2020 年也快速提升至 30.8%,30 年间提升了 9.3 个百分点。[④]

其次,伴随世界经济中心向东亚的快速转移,东亚各个框架下的区域合作全面展开、快速推进,为中日韩合作提供了良好氛围和重要平台。一个非常明显的例证是,1997 年底启动的"东盟+中日韩"(即"10+3",当时东盟为 9 个国家,柬埔寨加入后变为现在 10 个国家),直接为中日韩合作的启动和发展提供了重要契机和良好平台。从历史演进看,1999 年,借共同受邀出席在马尼拉举行的第三次"10+3"领导人会议之便,中日韩三国领导人首次实现了开创历史的三方会晤,中日韩合作由此得以启动。此后直到 2008 年,一年一度的中日韩领导人会议都是在"10+3"框架内召开的。

再次,中日韩三国作为东亚前三大经济体,在东亚地区格局中地位举足轻重,对东亚地区的整体发展与合作承担着不可或缺、不能推卸的重任,为此也必须加强相互之间的协调与互动,这也成为中日韩合作的主要内容和主要动力。在 2019 年 12 月中日韩领导人会议上,李克强总理在讲话中明确指出:"中日韩作为东亚经济的中坚力量和区域合作的主要推动力量,应进一步加强紧密合作,发扬同舟共济精神,在保持各自发展上升势头的同时,坚定支持多边主义和自由贸易,继续推进区域经济一体化进程。……要共同引领区域合作。中日韩总人口 16 亿、占东亚 70%,经济总量近 21 万亿美元、占东亚近 90%,应担负起带动地区共同发展繁荣的重任。三国要加强在东盟与中日韩、东亚峰会、东盟地区论坛和湄公河次区域合作中的协调配合,引领区域合作聚焦东亚、聚焦发展,维

---

① 参见商务部:《中国对外投资合作发展报告》,2020 年,第 9 页。

② 参见日本贸易振兴机构:《日本国别地区别对外直接投资余额》,https://www.jetro.go.jp/world/japan/stats/fdi.html。

③ 参见日本贸易振兴机构:《贸易统计》,https://www.jetro.go.jp/world/statistics.html#trade。

④ 依据 UN Comtrade Database 数据计算。

护和完善东亚现有区域合作架构，使之更符合地区国家需要。”[①]

最后，也是最重要的，“3＋X”框架越来越成为中日韩合作的重要领域和优先方向，而世界经济中心向东亚快速转移，东亚有关经济体作为“3＋X”框架下的“X”，分量越来越重，地位越来越高，从而为“3＋X”框架下的中日韩合作提供了越来越厚实的基础、越来越广阔的平台。2018 年 5 月，李克强总理出席第七次中日韩领导人会议，建议启动“3＋X”合作模式，得到日韩两国领导人支持和响应。2019 年 8 月，中日韩三国外长会议正式签署了《“中日韩＋X”合作概念文件》，明确指出：“亚洲地区发展中国家众多，发展不平衡不充分问题突出。三国合作亟待在现有进展的基础上开拓新领域、探索新模式，实现提质升级。三国可在拥有优势的领域开展‘中日韩＋X’合作，与其他国家分享成功经验。”[②]可见亚洲和东亚发展中国家被确定为“X”的主要对象。2019 年 12 月，第八次中日韩领导人会议通过了第一批“中日韩＋X”合作早期收获项目清单，清单中的“X”所指定的主要是东盟相关国家。

四、与全球治理体系变革互动

与世界百年大变局始终相随相伴的一个关键议题是，如何对越来越全球化的世界进行越来越必要的全球治理。2018 年，习近平主席在约翰内斯堡金砖国家工商论坛阐述“世界正面临百年未有之大变局”时再次强调，“全球治理体系深刻重塑”是这一大变局的主要趋向之一。[③] 中日韩合作与世界大变局之间的互动关系，也充分体现在其与全球治理体系变革的强烈互动层面。

1.多边治理体系深陷困境

2019 年 3 月 26 日，习近平主席在巴黎中法全球治理论坛明确指出，当今世界面临的最大、最严重问题是存在着四大赤字，而居于四大赤字首位的就是“治理赤字”。[④] 全球治理赤字受到如此高度重视的基本背景之一是，步入 20 世纪 90 年代之后，全球化全面提速，对全球治理的需求空前增大，而在供给层面，以往担当全球治理主要职能的多边治理体系却陷入了困境，出现了“失灵”“失效”甚至“失败”，越来越难以满足全球化对全球治理空前增大的需求，形成了越来越严重的“供不应求”，即治理赤字。如在全球贸易投资治理领域，进入 20 世纪 90 年代后，国际贸易投资规模迅速扩大、领域不断拓展、业态全面创新、程序日趋繁杂，亟待调整、完善和强化全球贸易投资治理体系，而担当全球贸易投资治理主要职责的世界贸易组织（WTO）却因谈判进展迟缓（原定 2005 年即应完成的多哈回合谈判迄今尚未完成，且看不到何时能够完成的希望，几乎陷于被放弃的状态），重要机制停摆（如被誉为“WTO 皇冠上的明珠”的上诉机构，因美方阻挠陷于瘫痪），总体

---

① 《李克强在第八次中日韩领导人会议上的讲话》，外交部官方网站，https://www.mfa.gov.cn/web/wjb_673085/zzjg_673183/yzs_673193/dqzz_673197/zrhhz_673255/zyjh_673265/201912/t20191225_7492598.shtml。

② 《“中日韩＋X”合作概念文件》，中华人民共和国中央人民政府网，http://www.gov.cn/xinwen/2019-08/21/content_5423076.htm。

③ 参见习近平：《顺应时代潮流　实现共同发展——在金砖国家工商论坛上的讲话》，中国共产党新闻网，http://jhsjk.people.cn/article/30170246。

④ 参见习近平：《为建设更加美好的地球家园贡献智慧和力量——在中法全球治理论坛闭幕式上的讲话》，中国共产党新闻网，http://jhsjk.people.cn/article/30997013。

上陷入“前所未有的生存危机”,结果是全球贸易投资领域的保护主义重新抬头,贸易投资摩擦愈演愈烈,严重阻碍了全球贸易投资活动的顺利运转和正常扩大。又如在全球金融货币治理领域,面对20世纪90年代后以各种形式在全球蔓延的金融货币危机,担当主要治理职能的国际货币基金组织(IMF)却束手无策、鲜有作为,而为完善和强化其职能的改革又进展迟缓,甚至停滞不前。此外,在气候变化、发展议题等层面,全球治理也存有严重问题,赤字累累,亟待完善和强化。疫情暴发之后,多边治理层面存在的赤字问题暴露得更加充分,造成的后果更加严重。尤其是在作为当务之急、重中之重的全球疫情防控和经济恢复两大方面,几乎看不到联合国系统的实质性作为;本应担当重任的世界卫生组织,面对疫情蔓延显得那么无能为力;面对全球金融震荡和市场波动,国际货币基金组织显得那么力不从心;面对全球贸易阻塞和产业链条断裂,世界贸易组织显得那么难有作为;诸如此类,显然都是疫情暴发之前就已存在的老问题,而所有这些老问题在疫情暴发之后都进一步恶化了,从而也进一步加大了变革的迫切性和紧要性。步入后疫情时代,全面变革和全力完善全球治理越来越成为摆在世界各方尤其是大国面前的重大课题。①

2.区域合作框架蓬勃兴起

在上述多边治理机制陷入困境、难以满足经济全球化对全球治理提出的强烈需求的背景下,各种形式的区域治理框架开始蓬勃兴起、全面展开、快速推进,越来越成为填补多边机制失灵留下的全球治理空白的主要方式。向WTO申报的区域贸易安排(Regional Trade Arrangement,RTA)件数,在1955～1959年五年间只有4件,之后虽有增长,直到1985～1989年五年间仍只有105件,而进入90年代后开始快速增加,1990～1994年153件,1995～1999年314件,到2015～2019年达1506件,每年平均高达300件。② 在20世纪90年代开始兴起的全球性区域合作浪潮中,与世界经济三大中心格局相适应,逐步形成了区域合作全球格局的三足鼎立之势,或所谓“三极格局”。且这一“三极格局”又显现“欧洲领先—北美跟进—东亚滞后”的基本态势。欧洲是区域治理框架起步最早(1958年)、进展最快、规模最大、层次最高的地区,欧盟(EU)是全球最具代表性的区域治理框架。20世纪90年代之前,美国通过其高度控制的多边治理框架,完全可以满足其相关利益和诉求,不屑于推动区域治理框架。当多边框架陷入困境、难以借此满足其相关利益和诉求时,美国才开始推动由其主导的区域治理框架。其中最积极也最有成效的是两任总统:一是克林顿,在1992年建成与加拿大的“美加自由贸易区”后,1994年又把墨西哥吸收进来,共同建立了NAFTA(North America Free Trade Agreement,北美自由贸易协定);二是奥巴马,在其全力主导和推动下,于2016年达成了TPP(Trans-Pacific Partnership Agreement,跨太平洋伙伴关系)协议。东亚区域治理安排直到1997年爆发金融危机后,才以“10＋3”(东盟＋中日韩)方式得以启动,之后开始多元推进,陆续形成“10＋1”(东盟与中国、日本、韩国、印度)、“10＋2”(东盟与澳新)、“10＋6”(东盟与中日韩澳新印)、“10＋8”(东盟与中日韩澳新印美俄)等多层次的区域治理框架。

---

① 参见江瑞平:《百年变局中世界与中国》,载《河北财经大学学报》2022年第2期。

② 参见日本经济产业省:《通商白书》,2019年,第Ⅱ-2-4-7图。

3.欧美区域合作出现波折

上述“欧洲领先—北美跟进—东亚滞后”的基本态势，近年出现显著变化。领先的欧洲和跟进的北美，区域合作进程出现重大波折，甚至遭遇了“反动”。在欧洲，欧元启动、欧洲央行成立（1998 年），将欧盟框架下的区域治理推到了顶峰。但启动后的欧元并未能如成员国所愿，迅速在国际货币金融体系中站稳脚跟、提升地位。尤其是 2011 年前后爆发的欧洲主权债务危机，更进一步暴露出欧洲统一货币体系的内在缺陷和深刻矛盾。近年备受关注的自然是英国脱欧对欧盟框架造成的严重冲击。因为在欧盟 28 个成员国中，英国是仅次于德国的第二大经济体，占到欧盟经济总量的 15.1%左右。更加严重的是，在欧盟内部，显现脱欧倾向的绝不只有英国一家。早在 2017 年法国总统大选时，对现任总统马克龙形成巨大竞争压力的勒庞（Marine Le Pen），在其竞选纲领中也带有鲜明的“分裂欧盟”“法国脱欧”倾向。在北美，2017 年特朗普上台后，更是对美国主导的两大区域合作框架造成巨大冲击。上台伊始，就让美国退出了奥巴马时期全力主推的 TPP，随后又对克林顿时期美国主导形成的 NAFTA“推倒重来”，逼迫墨西哥和加拿大完全按照美国意愿重新签署了“美国—墨西哥—加拿大协定”（USMCA）。2020 年初突如其来的新冠疫情，更是对欧洲和北美的区域框架造成巨大冲击和严峻考验，区域框架层次上迟迟未作反应，缺乏整体安排，以致完全无所作为，主要成员面对疫情危机各自为政甚至以邻为壑，都进一步暴露出欧美区域框架固有的内在矛盾和重大缺陷。

4.中日韩三国的共同需要

中日韩三国均是东亚出口/外需主导型经济发展模式的典型代表，对外经贸关系的稳步推进和快速扩大均是三国经济在不同时期取得成功的关键。目前三国对外经贸关系在总体上仍呈快速发展之势，并对其经济稳定发展发挥着不可或缺的推动和支撑作用。1990～2020 年，中国出口总额由 627.6 亿美元猛增至 25980.2 亿美元，30 年间增长了 40.4 倍，日本出口总额也由 2876.8 亿美元增至 6381.7 亿美元，韩国出口总额则由 650.2 亿美元增至 5125.0 亿美元。[①] 中日韩对外经贸关系的稳步推进和快速发展，在很大程度上建立在国际贸易投资环境相对稳定的基础之上，而相对稳定的国际贸易投资环境，又在很大程度上需要运转顺畅、行之有效的全球治理。因此，中日韩三国在坚持自身的对外经贸开放战略和政策的同时，也始终都是全球经贸治理体系建设、完善和变革的坚定支持者：一方面积极参与包括 WTO 和 IMF 在内的多边经贸治理体系建设、完善和变革，另一方面全力引领东亚区域经贸治理框架的构建、运行和提升。在多边治理层面，中国越来越将推动构建人类命运共同体作为对外战略的总体目标，在经贸治理层面倡导“共商、共建、共享”的全新理念，并将高质量共建“一带一路”作为完善全球经贸治理的主要平台和高效抓手。在 2021 年开始实施的《中华人民共和国国民经济和社会发展第十四个五年规划和 2035 年远景目标纲要》中明确指出，要“积极参与全球治理体系改革和建设……高举和平、发展、合作、共赢旗帜，坚持独立自主的和平外交政策，推动构建新型国际关系，推动全球治理体系朝着更加公正合理的方向发展”。为此要“维护和完善多边经济治理机制”，“构建高标准自由贸易区网络”。日本在安倍晋三执政时期就多次强调

① 参见日本贸易振兴机构：《贸易统计》，https://www.jetro.go.jp/world/statistics.html#trade。

“日本必须高举自由贸易旗帜”，甚至要争当多边经贸治理体系的“旗手”。在区域治理框架层面，日本更是多面出击，包括在美国退出后主导建成CPTPP、全力推进签署和启动日欧EPA、积极参与RCEP签署和生效等，一举占得了全球区域合作的战略先机。目前日本已成为主要经济体中自贸协定(FTA/EPA)覆盖率最高的国家，截至2021年3月，已签自贸协定覆盖率高达80.4%，而同期中国、美国和欧盟分别仅为48.8%、43.6%和46.3%。韩国也力图在全球治理体系变革中发挥作用，扩大影响，提升地位，2010年借主办G20领导人会议之机，充分利用主办国地位，促成了国际货币基金组织份额分配改革，成为国际货币金融治理变革史上的重大事件。其自贸协定覆盖率在主要经济体中也仅次于日本，截至2021年3月已签自贸协定覆盖率高达78.6%。[①]

5.共同担当推动三方合作

中日韩三国在上述全球治理体系变革层面的共同诉求和共同担当，成为推进中日韩合作的主要领域和强大动力。

首先，充分发挥作为世界前十大经济体的大国优势，推进多边治理体系尤其是多边经贸治理体系变革，成为中日韩合作越来越重要的内容和优先领域。众所周知，由于“世界政府”缺位，多边治理体系只能由大国来主导，二战迄今的多边治理体系基本是在少数大国尤其是美国的主导下建立和运行的。但由于上述大国实力对比关系的快速变化，美国全球第一大国的实力不断弱化、地位相对降低、影响逐步减小，加之特朗普执政时期又采取了一系列“退群”行动，导致其对多边治理体系的主导能力趋于弱化。一战以前，欧洲大国曾长期在多边治理体系中占据主导地位，但作为主战场遭遇两次世界大战，其实力和地位早已远远不能满足其主导多边治理体系的需求，而这一衰落趋势不仅始终未见转好，近期爆发的俄乌战争还将使其进一步恶化。在此背景下，中日韩三国更应通过相互之间协调与合作，在引领和推动多边治理体系变革方面占据越来越重要的地位，发挥越来越重要的作用。2019年12月第八次中日韩领导人会议通过的《中日韩合作未来十年展望》，再度“重申支持对世界贸易组织进行必要改革以改进其功能。……我们一致认为以规则为基础的多边贸易体制具有重要作用，将致力于维护自由贸易和多边主义，强化现有国际规则，确保公平竞争以培育良好营商环境”[②]。

其次，充分发挥作为东亚前三大经济体优势，在东亚各个层级和层面的区域合作中加强协调，引领和推动区域治理框架的完善和区域治理能效的提升。目前的主要任务是通过密切协调配合，尽快推进2022年1月1日生效的RCEP全面贯穿落实，不仅三国自身要率先垂范，还要帮助其他成员尤其是东盟落后成员切实履行承诺，并在时机合适时进一步提升RCEP的总体标准和水平。中国已正式提出加入CPTPP申请，韩国政府也基本决定申请加入，日本在CPTPP中占据重要地位，可以发挥一定程度的主导作用，中日韩三国在中韩加入CPTPP层面也应加强协调合作。

最后，也是最直接的，如何突破目前面临的阻力和障碍，继续推进中日韩合作向前发展，成为摆在三国政府和相关各界面前的迫切而艰巨的任务。当务之急是尽快恢复被疫

① 参见日本经济产业省:《通商白书》，2021年，第210页。

② 《中日韩合作未来十年展望》，外交部官方网站，https://www.mfa.gov.cn/web/wjb_673085/zzjg_673183/yzs_673193/dqzz_673197/zrhhz_673255/zywj_673267/201912/t20191224_7606224.shtml。

情中断了的中日韩领导人会议。疫情暴发以来，日韩政局和全球格局均已发生重大变化，作为主办方，即将上任的韩国新总统的意愿和能力如何，将成为中日韩领导人会议能否尽早恢复举行的关键。中日韩自贸谈判也走到了十字路口，是借 RCEP 成功签署如期生效的东风乘势而上，还是因 RCEP 已经填补了中日和日韩自贸关系的空白而弱化向前推进的动力，还有待进一步观察。

China-Japan-ROK Cooperation in the World's Great Changes

JIANG Ruiping

Abstract: China-Japan-ROK cooperation has developed and evolved under the background of world's great changes, which formed a closely related and highly interactive relationship. The overall rise of emerging markets, the adjustment of power structure among major powers, the shift of the world economic center and the reform of the global governance system constitute the main trends of world's great changes. The interaction between China-Japan-ROK cooperation and the world's great changes mainly reflected in the four aspects above. The rapid rise of emerging markets and developing countries, to a large extent led by China-Japan-ROK, has also provided new opportunities on multiple levels. The rapid adjustment of the relative strength of major countries is mainly reflected in China and the United States, as well as among China, Japan and the ROK, which has also exerted a major impact on China-Japan-ROK cooperation on multiple levels. China, Japan and the ROK have played a decisive role in promoting the rapid shift of the world economic center to East Asia and provided a favorable external environment and strong driving force for trilateral cooperation. The rapid transformation of the global governance system fully embodies the common as aspirations of China, Japan and the ROK, and has become a major area and strong driving force for trilateral cooperation.

国家利益视阈下日本对华政策历程及未来取向[*]

吕耀东[**]

国家利益是各个国家制定外交政策的根本，日本亦不例外，其基于国家利益的外交政策因时局而变，尤其是较为隐晦地体现在对华决策及政策调整之中。在中日邦交正常化 50 周年的历史节点，有必要总结分析日本对华决策及政策变化历程中的国家利益诉求，探讨国家利益在日本对华决策政治过程中的作用及影响，以充分把握日本对华政策的未来走向。有鉴于此，本文拟就国家利益视阈下日本对华政策调整及未来走向进行探析。

一、日本关于国家利益取向及对华政策的认知和理念

国家利益是国家的根本，也是外交的根本。它是决定一个国家对外关系的最主要因素。① 一个国家的根本利益是指国家生存和延续的基本条件，包括国家领土及文化完整和国家主权的维护等。这些要素由国家本质决定，是事关一个国家战略目标的设定、发展和未来走向的关键所在。一般而言，国家利益具有两重要素：一个是逻辑上所要求的、必不可少的，另一个是由环境决定的、可变的。②从二战后国际环境及日本时局的历史性变迁来看，日本的国家利益诉求具有不同于其他国家的侧重点和朝野呼声。

首先，日本日益改变、突破避谈“国家利益”的对外关系，认为源于二战战败的战后安排及战后体制要随着时代变迁和国际环境变化加以改变。日本国内舆论认为：“国民羞于谈论国家利益的，全世界也许只有日本了。”③“日本的外交政策忽而超越国家利益，忽而偏离国家利益一味示好(他国)。”“我们必须不断探讨何为日本的国家利益。”④事实上，二战战败后，日本对于国家利益的讨论始终保持低调状态，甚至不敢使用“国家利益”一词。这是因为战后日本受“和平宪法”的限制，被禁止使用武力解决国际争端，“因此在国际舞台上，日本的国家利益只能依靠国际协调来解决”⑤。然而，冷战结束后，日本有些媒

* 基金项目：中国社会科学院创新工程项目“日本外交战略及中日关系研究”(编号：GJ08-2017-SCX-2974)。

** 吕耀东，中国社会科学院大学国际政治经济学院教授，中国社会科学院日本研究所研究员，博士生导师。

① 小原雅博『国益と外交—世界システムと日本の戦略—』、日本経済新聞社、2007 年、第 11 頁。

② Hans J. Morgenthau, *The Dilemmas of Politics*, University of Chicago Press, 1958, p.65.

③ 潮匡人・西村幸祐・河添恵子・いしゐ のぞむ『日本の国益—野蛮・中国に勝つための10の論点—』、幸福の科学出版、2012 年、第 1 頁。

④ [日]小岛明：《日本的选择》，孙晓燕译，东方出版社 2010 年版，第 116 页。

⑤ 小原雅博『国益と外交—世界システムと日本の戦略—』、日本経済新聞社、2007 年、第 301 頁。

体使用“追随”“迎合”“软弱”等词语来描述日本自二战后一直奉行的“国际协调外交”政策，称其损害了日本国家利益。事实上，战后以来，日本外交并非避谈维护自身的国家利益，而是通过“国际协调”来追求国家利益，也非停留在口头上。战后初期的一段时期内，吸取发动军国主义侵略战争的战败教训，日本官方很少使用“国家利益”一词。20 世纪 70 年代，日本成为世界经济大国，日本官方开始频频使用“国益”表达国际政治诉求，反映出战后日本对于国家利益诉求的变化。例如 1971 年，仅佐藤荣作首相在日本国会有关“国家利益”的发言就达到了 50 多次，其中不少涉及所谓“中国问题”。在日本看来，“1971 年对日本来说是国际形势急剧变化的一年。尼克松任美国总统后，中美关系发生了戏剧性的变化”，“日本周边的政治安全形势发生了巨大的变化”。[①] 可见，佐藤首相关于国家利益的发言，很明显是针对时局变化而提出的。在此之后，除竹下登、海部俊树、村山富市等首相外，日本历任首相都提到或使用过“国家利益”一词。这反映出冷战后期至今的日本日益显露出以“国家利益”处理对外关系的政治诉求。

其次，冷战结束前后出现的“日本国家利益论”，逐步成为日本外交的基本方针及对华政策理念。冷战后期，随着日本成为世界经济大国、追求“政治大国”目标，“日本国家利益论”必然出现。日本以“国家利益”重新塑造对外关系与冷战后期的国际格局变动相伴而生。20 世纪 70 年代，“石油危机”使日本对外经济关系凸显国家利益的重要性，也成为日本强调维护国家利益的所谓“正当性”。进入 80 年代，日本外交战略的目标确立为做“国际国家”，提出了“政治大国”构想，并力求在建立国际新秩序中发挥主导作用。也就是说，日本希望成为与“经济大国”相称的、能够参与国际事务的“国际国家”。尤其是中曾根康弘的“政治大国”战略理念的提出，标志着日本外交决策者已实现了从“经济优先”向“经济与政治并重”的观念转变。[②] 之后，苏联解体重塑国际政治的格局，随着冷战后国际形势的变化，中美战略关系发生变化，为日本强调“国家利益”创造了国际环境与国际政治氛围。两极格局的终结，推动了经济一体化在世界范围内的迅速发展。作为经济大国的日本也意识到，世界各国在经济上的相互依存日益深化，各国将贸易保护政策转变为贸易互惠政策。这种国际经济环境的变化，促使基于对外经济政策讨论的“国家利益论”日益升温，“国家利益”成为日本制定外交政策、处理对外关系的基本方针及理念。这一时期，中日关系在邦交正常化后迅速发展，与日本政府对华谋取政治及经济利益、构建“世界中的日中关系”的利益诉求不无关系。

再次，日本的“国家利益”争论及对华利益认知倾向，使冷战结束以来日本对华政策发生重大调整与转变。冷战后，随着国际局势的变化，对于“国家利益”的认知成为日本调整外交战略时不可回避的内容。关键在于，日本如何吸取发动军国主义侵略战争的历史教训，以形成特有的对于“国家利益”的理解与认知。日本国内存在的国家利益争论大致可以概括为三大立场：一是被称为“理想主义”立场的“国家利益论”。该言论认为“应本着对过去战争的反省以及对军国主义和国家主义的警惕意识，警告追求国家利益有不利的一面，并且有意回避国家利益争论”。坚持这一立场的日本市民运动和非政府组织

---

① 小原雅博『国益と外交―世界システムと日本の戦略―』、日本経済新聞社、2007 年、第 304 頁。

② 参见吕耀东：《战后日本外交战略理念及对外关系轨迹》，载《日本学刊》2015 年第 5 期。

认为,“国家利益毕竟是‘国家’的利益,而不是‘国民’的利益,同时期待世界道义或舆论介入其中”。二是被称为“现实主义”立场的“国家利益论”。该言论认为,“战后日本的外交过于关注国际协调而忽略了国家利益,主张对内对外都应积极谋求日本的国家利益”。三是介于第一与第二种立场之间的“折中主义”。这种论调本着经济全球化、相互依存增强等国际环境的变化,主张“应超越狭隘封闭的国家利益,而追求能够与世界各国的利益相协调的开放性的国际利益”,其外交手段为“国际协调战略”,“但这一立场在日本国内往往被批判为软弱、随大流”。① 日本学界的代表性观点认为,“即使是否定国家利益的理想主义者,也应该把追求国家利益当作前提,否则无法界定真正的国家利益”,而“折中主义”立场恰恰把目标定位在如何协调本国利益和他国或国际社会的利益上。② 类似观点在“21世纪日本的构想论坛”智库于2000年提交给日本时任首相小渊惠三的报告中被表述为“开放的国家利益”。上述论争无不反映出日本在国际事务中鲜明的国家利益诉求,其中,基于改变战后体制的现实主义“安全利益”追求,亦有形成“中国威胁论”的认知倾向,并屡屡影响着中日关系的发展。

2002年日本对外关系专家委员会向小泉纯一郎首相提交的政策咨询报告《21世纪日本外交的基本战略——新时代、新视野、新外交》中也强调了国家利益重要性及对华政策新认知。报告指出,全球化、军备竞赛加大、中国经济起飞等形势的变化,对日本和亚洲国家而言,既是机遇,也是威胁,日本必须讨论应对之策,制定国家的外交战略;而战略的基础是国家利益,过去对于国家利益有所忽视,现在对其进行讨论是必不可少的。报告还对中日关系进行了明确定位:“日本与中国的关系是21世纪初日本外交政策中最为重要的议题。日中两国是‘协调与共存’和‘竞争与摩擦’的关系。”“中国军力增强可能对日本和周边国家构成威胁”,中日之间常常由于“历史问题”“台湾问题”等引起风波。③ 基于现实主义国家利益取向的“中国威胁论”观点跃然纸上。

2013年12月,安倍晋三政府在《国家安全保障战略》中明确提出日本的国家利益理念:“所谓我国的国家利益,首先是维护国家本身的主权与独立、领土完整,确保我国国民的生命财产安全,继承丰富的文化与传统,维护以自由和民主主义为基本原则的国家的和平与安全,保证其生存。”④该文件开宗明义地提出了日本“国家利益”的概念、定义及内涵,显示出日本力求摆脱战后体制、改变战败国形象、成为“正常国家”的政治诉求。此外,该文件将中国列入“亚太安全保障环境与课题”,渲染中国军事力量增强威胁到地区安全,力图以“武力改变现状”“妨碍海上航行自由”等,“中国威胁论”政策导向十分明确。可见,日本对华认知的错误定位,是造成中日关系恶化的根本原因。

一般来讲,国家利益可分为政治利益、经济利益、安全利益、文化利益等多个方面,各国在不同历史时期、不同发展阶段的利益诉求各不相同。事实上,日本在冷战后对于国家利益的追求,日益明确地体现在不同历史时期及阶段的外交政策及对外关系之中,而

---

① 小原雅博『国益と外交一世界システムと日本の戦略一』、日本経済新聞社、2007年、第308～309頁。

② 小原雅博『国益と外交一世界システムと日本の戦略一』、日本経済新聞社、2007年、第310頁。

③ 首相官邸『21世紀日本外交の基本戦略—新たな時代、新たなビジョン、新たな外交—』、http://www.kantei.go.jp/jp/kakugikettei/2002/1128tf.html[2022-07-11]。

④ 外務省『国家安全保障戦略の策定』、https://www.mofa.go.jp/mofaj/fp/nsp/page1w_000095.html[2022-07-21]。

不再如战后初期那样回避“国家利益”的政治诉求。回顾中日关系发展历史可以发现，“国家利益”诉求也一直是日本对华政策演变过程中的重要因素，伴随着中日关系的曲折发展。下面将对不同历史时期日本对华政策及其国家利益诉求的演变进行阶段性分析。

二、冷战后期日本对华政策的安全及经济利益诉求

冷战后期，中日两国都面对来自苏联的压力，双方共同的安全利益及诉求为实现中日邦交正常化创造了条件。面对中方积极主动的姿态，日本社会各界人士充分认识到中日恢复邦交对两国人民都是有利的，从而以实际行动推动日本政府改变既往政策，促进中日互动。① 1972 年中日恢复邦交及其后的发展历程表明，无论是中日复交的政治过程，还是中国开启改革开放后的中日经贸合作，日本各届内阁都十分重视中日关系。从 1972 年中日复交到冷战结束的十多年里，日本维持长期稳定的中日友好关系的基本方针不变，既有安全及经济利益诉求，更有审时度势的战略考量。

1.日本针对冷战变局、中美缓和及中国恢复联合国合法席位，加快中日邦交正常化进程

冷战后期，国际政治继续向多极化方面发展，随着中国恢复在联合国的合法席位，美国亦放弃了长期推行的“遏制中国”政策，这成为日本调整对华敌视政策的重要原因。

首先，冷战后期，国际形势的变化促使日本在调整对外关系过程中认识到改善中日关系的重要性。1972 年 10 月，日本时任外相大平正芳在国会演讲时指出：“今天世界进入了所谓的多极化时代，国际格局出现了不确定的变化之势，并且整个形势正在从对抗时代朝着通过对话寻求和平的时代过渡。然而，不可否认，依旧随处可以发现存在着不稳定的因素，尤其亚洲更是如此。日中两国实现邦交正常化，在两国间建立睦邻友好关系，这是加强亚洲稳定和繁荣的基础的最重要课题。”②这反映出日本政府充分认识到国际格局正朝着“多极化”发展，国际形势变化带来的不确定性要求国际社会“朝着通过对话寻求和平”，改变了冷战以来形成的两极格局对抗局面。日本力求实现中日邦交正常化就是针对国际形势变化作出的外交政策调整。

其次，日本及时适应美国对华政策调整而改善中日关系，体现了同盟国的共同利益诉求。1972 年美国总统尼克松访华，中美两国打开了邦交正常化的大门，加之此时中国国际地位提高，也对日本国内政治产生了重大影响。尼克松访华并在上海发表了具有历史意义的《中美联合声明》，迫使一贯追随美国的日本政府不得不在对华政策上作出相应调整。中美关系的改善极大地刺激和推动了日本当政者迅速改善中日关系的积极性。尽管日本对盟友美国搞“越顶外交”颇为不满，但在日本人民和各界人士强烈要求下，恢复中日邦交成为历史必然。而且，中国恢复了在联合国的合法席位，这也直接导致了日本民众强烈支持恢复中日邦交。据日本时任外相福田赳夫回忆：“当时在日本国内，‘中国、中国’的呼声已经所向披靡，对于如此高涨的群众情绪，亦是无法漠视的。”③

---

① 参见吕耀东：《毛泽东“中间地带”论与中日邦交正常化》，载《东北亚学刊》2021 年第 4 期。

② 田桓主编：《战后中日关系文献集(1971～1995)》，中国社会科学出版社 1997 年版，第 126 页。

③ [日]福田赳夫：《回顾九十年——福田赳夫回忆录》，谢秦译，东方出版社 2008 年版，第 135 页。

2.日本借《中日联合声明》和《中日和平友好条约》中的"反霸条款"满足安全利益诉求

日本学者国分良成教授认为,1972年体制是以冷战格局的存在,也就是苏联这一假想敌的存在为前提的,这个大前提下就是重视中日友好关系。[①] 当时的国际形势确实如此,苏联"霸权主义"对于中日两国安全环境的影响是显而易见的。但是,"在与中国推进邦交正常化的同时,当时的田中内阁也期待改善对苏关系",因此日方在中日邦交正常化谈判时认为"有关'反霸权条款','霸权'一词模糊,希望不要写进联合声明"。[②] 日本外务省条约局则认为,"反霸条款是反苏条款,不便涉及,但为了整个'共同声明'考虑,即使在反霸条款上对中国作出让步,也不会对日本国家利益造成多大危害"[③]。在日方看来,良好的中日关系之所以能够成立,"原因在于中日双方有着共同的对苏战略"[④]。经双方磋商,中日两国政府发表的具有划时代意义的《中日联合声明》宣布:"中日邦交正常化,不是针对第三国的。两国任何一方都不应在亚洲和太平洋地区谋求霸权,每一方都反对任何其他国家或国家集团建立这种霸权的努力。"[⑤]虽然没有写入"反霸权条款",但增加了中日"邦交正常化不针对第三方"以及"反对任何其他国家或国家集团建立这种霸权的努力"的表述,反映出日本对于日苏双边关系和"领土问题"的安全考量。

在中日缔结和平友好条约的谈判中,日方也以"针对第三国的反霸条款会刺激苏联"为由,不同意将其写进条约。1975年9月,日本外相宫泽喜一出席联合国大会时同中国外交部部长乔冠华会谈,就反霸条款问题提出四点原则意见:反对霸权不是针对特定第三国的;不意味着同中国采取共同行动;不只限于亚太地区;应同《联合国宪章》精神相一致。这充分表明了日本从自身安全利益出发,顾忌苏联反应的外交理念。1978年初,日本外相原田直访苏,希望双方在缔结和平条约前先解决领土问题,苏方却发表声明称双边"领土问题业已解决",拒绝了日方的要求。"福田内阁的外交重点遂转向加强日美关系与改善日中关系,与苏联的关系则近似冷战结构。"[⑥]日方开始积极推进缔结《中日和平友好条约》。2月,中国第五届全国人民代表大会发布的政府工作报告指出:"早日缔结《中日和平友好条约》符合两国人民的根本利益。"[⑦]8月12日,中日签署《中日和平友好条约》,其中第二条即反映了《中日联合声明》中关于"反霸权"的精神,明确规定:"反对任何其他国家或国家集团建立这种霸权的努力。"[⑧]《中日和平友好条约》使1972年《中日联合声明》所规定的两国关系准则以条约的形式得以体现和发展,是《中日联合声明》的继续和发展,是两国睦邻友好关系发展的重要标志,符合中日两国的共同利益。20世纪70年

---

① 参见文正仁、徐承元:《日本复兴大战略:与日本高层战略家的深层对话》,李春福、李成日译,社会科学文献出版社2017年版,第126页。

② 五百旗頭真『戦後日本外交史』、有斐閣、2010年、第159頁。

③ 高原明生・服部龍二編『日中関係史 1972—2012(1)政治』、東京大学出版会、2012年、第102頁。

④ 高原明生・服部龍二編『日中関係史 1972—2012(1)政治』、東京大学出版会、2012年、第191頁。

⑤ 《日本国政府和中华人民共和国政府联合声明》,日本国驻华大使馆网,http://www.cn.emb-japan.go.jp/bilateral/bunken_1972seimei.htm。

⑥ 五百旗頭真『戦後日本外交史』、有斐閣、2010年、第174頁。

⑦ 田桓主编:《战后中日关系史年表(1945～1993)》,中国社会科学出版社1994年版,第424页。

⑧ 《中日和平友好条约》,中华人民共和国外交部网站,https://www.mfa.gov.cn/web/ziliao_674904/tytj_674911/201807/t20180726_7948004.shtml。

代末到80年代初，日苏关系陷入战后以来的最冷时期。正是在这个时期，中日关系发展最为顺利。[①]

3.日本从经济利益出发，以经济合作推进"和平友好"的中日关系

冷战后期，日本以经济合作为基础开展对华外交，是这一时期中日关系的基本特点之一。[②] 日本力图通过经济合作实现其政治及安全利益的战略意图。具体体现在三个方面：一是通过中日经济合作，适当增强中国的实力，使之成为抵御苏联威胁的天然屏障；二是通过中日经济联系逐步助推中国靠向西方；三是通过加强中日经济合作，进入中国的广大市场。中国拥有丰富的劳动力和资源，日本则有雄厚的资金和先进技术，两国之间有巨大的合作余地和潜力。尤其是在日本与欧美经济摩擦不断加剧、世界经济呈区域化发展的情况下，日本力图密切与中国的经济合作。[③] 而且，1978年《中日和平友好条约》缔结当年，中国决定实施改革开放，并对相关对外政策进行调整，更加有利于中日关系的发展。经济发达、技术先进的日本在中国对外开放中占有重要的地位。

福田内阁在"全方位和平外交"的理念下，缔结了《中日和平友好条约》，"通过1978年底美中邦交正常化以及《日美安保条约》，美国、中国和日本在东亚世界形成相互合作之格局，以共同应对增强军备的苏联"。在日本看来，通过中日邦交正常化和《中日和平友好条约》的缔结，巩固和发展了中日关系，并且确定了20世纪80年代后日本对华政策的方向，即"通过支持中国的现代化，让中国成为国际社会稳定的合作伙伴"。[④] 大平内阁时期，日本力图在亚太地区构建经济相互依存的"环太平洋合作构想"，使日本有可能积极地接近刚刚开始有意愿参与地区经济体系的中国。[⑤] 随后，日本又决定向中国提供大规模日元贷款，"日本开始有意识地实施把已呈现稳健发展势头的中国拉入国际社会的长期战略"[⑥]。从本国的能源安全保障的视点出发，日本把开展石油、煤炭的开发合作作为中日经济合作的主要目标，也充分考虑了自身的经济收益。[⑦]

4.日本从安全及经济利益考量，力避中日矛盾扩大，维护两国"和平友好关系"

冷战后期，中日两国在台湾问题、历史问题及钓鱼岛问题上出现了不少矛盾与摩擦。但是日本政府在处理这些问题时，总体上能够从中日友好的大局出发，不是扩大矛盾、加剧摩擦，而是采取"低姿态"。[⑧] 1985年，中曾根康弘以日本首相身份正式参拜供奉甲级战犯的靖国神社，严重伤害了中国人民的民族感情，中国对日本提出了强烈的抗议。中曾康弘本人通过外交途径向中国领导人表达了要维持和发展中日友好关系的意愿，还在日本国会重申，不能否认日本军国主义侵略战争的事实，强调日本必须增进与邻国的友

① 参见吴学文、林连德、徐之先：《当代中日关系(1945～1994)》，时事出版社1995年版，第321页。
② 高原明生・服部龍二編『日中関係史 1972—2012(1)政治』、東京大学出版会、2012年、第216頁。
③ 参见吴学文、林连德、徐之先：《当代中日关系(1945～1994)》，时事出版社1995年版，第319～320页。
④ 高原明生・服部龍二編『日中関係史 1972—2012(1)政治』、東京大学出版会、2012年、第128頁。
⑤ 毛里和子『日中関係一戦後から新時代へ 』、岩波新書、2006年、第110頁。
⑥ 高原明生・服部龍二編『日中関係史 1972—2012(1)政治』、東京大学出版会、2012年、第129頁。
⑦ 毛里和子『日中関係一戦後から新時代へ一』、岩波新書、2006年、第111頁。
⑧ 参见吴学文、林连德、徐之先：《当代中日关系(1945～1994)》，时事出版社1995年版，第322页。

好关系。[①]“中曾根首相停止了参拜靖国神社,并罢免了文部大臣,从而平息了事态。”[②]此后至冷战结束的日本几任首相都没有做出以公职身份参拜靖国神社的行为。1989年春夏之交的风波发生后,日本虽然参与了西方对华制裁,但仍强调中日间的特殊关系,主张不孤立中国,并在一年后率先取消了对华制裁。[③] 另外,涉及台湾的“光华寮问题”、钓鱼岛问题也影响着冷战后期的中日关系,日本政府也从安全及经济利益大局出发,总体保持了对华维持“和平友好”政策的基本稳定性。

三、冷战后“结构性变动期”的日本对华政策调整

冷战结束后,随着国际格局的变动,日本对中日关系作出新的定位。由于苏联解体,中日共同安全威胁消失,双边问题和矛盾日益凸显,日本对华“和平友好”下的利益诉求逐渐通过外交政策表现出来。日本学者将这一时期称为中日关系的“结构性变动”,即“主要以友好和利益共存为基调的关系出现变化,中日关系在1995年、1996年前后进入了结构性变动期。中国经济迅猛增长,使得经济处于低迷的日本的一部分人开始把中国作为这种竞争对手来看”[④]。历史问题、台湾问题、钓鱼岛问题以及日美同盟对华针对性等影响着中日关系的正常发展。这些中日之间业已存在的问题,被日本炒作为“中国威胁论”。尽管1995年的“村山谈话”对于缓和中日关系起了一定的作用,但是在日本政治右倾化的背景下,日本对华政策出现不利于双边关系发展的倾向。1998年的中日第三个政治文件《中日联合宣言》对日本对华政策发挥了一定的“规范”和“引领”作用。可以说,冷战后的中日关系处于“结构性变动期”,“和平友好”的成分趋于下降。这就导致了日本对华政策日趋强硬,直接损害了两国关系的正常发展。

1.由“联中制苏”战略转向对华谋取政治及经济利益,构建“世界中的中日关系”

1991年12月苏联解体,冷战结构彻底崩溃,给国际环境带来巨大变化。东北亚的安全环境也发生激变,“日中脱离北方的威胁而变得自由”[⑤]。此后,中日关系进入了新的时代。日本迅速适应国际局势的变化,力图将已经提出的“政治大国”口号付诸外交行动,对华政策亦作出了相应调整,希望借助已是政治大国的中国来扩大日本在国际社会的影响力。

日本在提供对华贷款、开展经济合作的基础上,进一步加强了与中国在政治层面的互动,并从发展双边关系扩展到关注亚太乃至国际事务。在1992年即中日恢复邦交20周年之际,宫泽喜一内阁强调中日关系和中美关系同样重要,是缺一不可的“两大车轮”,力主构建“为世界作贡献的日中关系”,邀请江泽民访日,实现日本天皇访华,推动了中日关系的发展。1993年是《中日和平友好条约》缔结15周年,细川护熙首相指出,《中日和平友好条约》确立了以维护两国友好关系和为世界和平与稳定作出贡献为宗旨,其重要

① 参见田桓主编:《战后中日关系史年表(1945~1993)》,中国社会科学出版社1994年版,第558页。
② 毛里和子『日中関係—戦後から新時代へ—』、岩波新書、2006年、第123頁。
③ 参见吴学文、林连德、徐之先:《当代中日关系(1945~1994)》,时事出版社1995年版,第322页。
④ 毛里和子『日中関係—戦後から新時代へ—』、岩波新書、2006年、第130頁。
⑤ 高原明生·服部龍二编『日中関係史 1972—2012(1)政治』、東京大学出版会、2012年、第289頁。

意义必将随着时间的推移而增大。[①] 1994 年 3 月，细川首相访华，谋求建立“冷战后的新型日中关系”。他与李鹏总理会谈时指出，日本对华贸易和投资在扩大，相互依存关系加深，中国经济迅速发展举世瞩目，对日本经济也有积极影响，“日中两国加强各个领域的合作，前途是光明的”[②]。可以看出，冷战结束初期的日本对华政策，在巩固双边经济合作的同时，由“安全关注”转向“政治利益”诉求，强调两国友好对于“世界和平与稳定发展”的作用，力求通过发展中日关系谋取日本“政治大国化”。

2.“台湾问题”及“日美同盟再定义”成为日本对华政策变动的“借口”

冷战结束后，日本政府从自身的政治利益出发，违背《中日联合声明》《中日和平友好条约》和日本政府在台湾问题上所作的承诺，不断提升同台湾地区在政治及安全等领域的关系。[③] 日本政坛亲台保守势力一直把“台湾归属未定论”作为对华政策的一项基本理念，频频提升对台实质关系，恶化中日关系大局。[④]

1994 年，日本政府允许台湾“行政院副院长”徐立德参加广岛亚运会开幕式，并默许他在广岛和东京开展政治活动。此举严重违背了中日关于日本只与台湾当局维持非官方往来的承诺，严重违背了《中日联合声明》的精神。“徐立德事件”是中日 1972 年复交后发生的最严重的事件，使台湾问题成为影响中日关系的突出因素。事态如此复杂演变，日本政府负有不可推卸的责任。

“徐立德事件”是日本在台湾问题上的政治试探，随后日本又在安全层面拿台湾问题“试水”。日本充分利用日美同盟机制和《日美安保条约》，在“维护东亚地区和平稳定”的名义下，企图在安全层面介入台湾问题。冷战结束后经过短暂“漂流期”的日美同盟从各自的利益出发，合力渲染“中国威胁论”。1996 年 4 月发表的《日美安全保障联合宣言》重新定义了强化控制、干预东亚安全局势的“日美安保体制”，日本对美国作战的支援范围从日本本土扩大到“周边地区”，染指台湾。“尤其是与台海危机联动的日美安保关系‘重新确认’，使得中国大陆极为担忧台湾问题。”[⑤]《日美防卫合作指针》修订时，日本内阁官房长官梶山静六也曾发表“周边事态”包含台湾地区的言论。[⑥] 至桥本龙太郎执政时期，虽然其在 1997 年 9 月访华时曾强调日本政府坚持《中日联合声明》的基本立场，但也难掩修订后的《日美防卫合作指针》针对中国的战略意图。日美同盟的对华针对性，严重恶化了中日政治和安全互信，动摇了 1972 年以来中日关系的政治基础。

3.日本对 1998 年《中日联合宣言》的反应及其对华政策调整

1995 年是世界反法西斯战争胜利 50 周年，日本部分政要及右翼势力不但不反省历史，反而肆无忌惮地否认和美化侵略战争。虽然日本时任首相村山富市发表了“反省历

---

① 参见田桓主编：《战后中日关系史年表(1945～1993)》，中国社会科学出版社 1994 年版，第 716 页。

② 田桓主编：《战后中日关系文献集(1971～1995)》，中国社会科学出版社 1997 年版，第 882 页。

③ 参见陶文钊、刘世龙、杜继东等：《中日美关系与台湾问题(1949～2010)》，社会科学文献出版社 2021 年版，第 279 页。

④ 参见吕耀东：《中日复交后“台湾问题”的凸显与外交对决》，载《东北亚论坛》2016 年第 5 期。

⑤ [日]添谷芳秀：《日本的中等国家外交——战后日本的选择和构想》，李成日译，社会科学文献出版社 2015 年版，第 128 页。

⑥ 时任自民党干事长加藤纮一反对梶山静六的言论，日本高层对华立场表现出不一致性。参见田中明彦「新政権は江沢民をどう迎えるのか」、『中央公論』1998 年 9 月号。

史,巩固和平"的"村山谈话",但曾被搁置的双边矛盾重新显现甚至激化。中日政治关系出现起伏不定、曲折多变的现象。

1998年11月,中日双方在回顾、总结中日关系的发展状况后,发表了《中日关于建立致力于和平与发展的友好合作伙伴关系的联合宣言》,首次确认中日关系"对两国均为重要的双边关系之一",并宣布建立"致力于和平与发展的友好合作伙伴关系"。在《中日联合宣言》中,中日"双方认为,正视过去以及正确认识历史,是发展中日关系的重要基础。日方表示,遵守1972年的《中日联合声明》和1995年8月15日内阁总理大臣的谈话,痛感由于过去对中国的侵略给中国人民带来巨大灾难和损害的责任,对此表示深刻反省。中方希望日本汲取历史教训,坚持和平发展道路。在此基础上,两国发展长久友好关系"①。"日方继续遵守日本在《中日联合声明》中表明的关于台湾问题的立场,重申中国只有一个。日本将继续只同台湾维持民间和地区性往来。"②上述内容是日本政府在二战后关于侵华历史责任最为深刻的反省,也是日方在台湾问题上对于"一个中国"最为明确的表达和承诺。《中日联合宣言》强调,中日双方将本着求同存异的精神,最大限度地扩大共同利益,缩小分歧,通过友好协商,妥善处理两国间现存的和今后可能出现的问题、分歧和争议,避免因此干扰和阻碍两国友好关系的发展。③ 这为新世纪中日发展友好合作关系确立了行动指南。

历史事实证明,《中日联合宣言》是继1972年《中日联合声明》和1978年《中日和平友好条约》之后指导两国关系发展的第三个重要文件,对21世纪的中日关系有深远影响。

四、21世纪初期日本基于国家利益的对华政策变动

进入21世纪,日本既期望从中国经济的快速增长中受益,又担心中国与其争夺地区主导权,认为中日关系中业已存在的问题未来可能演变为冲突与摩擦,而且会在军事上对日构成威胁。日本这种对华矛盾心态,导致日本对华政策保持多手准备。日本对华战略体现为:一是加强日美同盟关系,借重美国的力量来增强与中国对话及讨价还价的能力;二是提升日本自身实力,谋求对华施加直接影响;三是从均势论的角度,力求通过发展与中国周边国家间关系来消解中国的国际影响力。④ 日本的这种政策准备推动了其明确调整对华战略,直接将"国家利益至上"作为处理中日关系的重中之重。

1."联合国外交"受挫后,日本提出构建"中日战略互惠关系"

2001～2006年,日本领导人多次以公职身份参拜靖国神社,这成为影响两国关系发展的症结,直接导致两国关系步入低谷时期。特别是小泉纯一郎首相六次参拜靖国神社,严重恶化了中日关系。日本政府无视中国及周边国家的民族感情,坚持错误的历史观,不仅严重影响了中日关系的发展,而且使日本争取联合国安理会常任理事国的政治

---

① 《中日关于建立致力于和平与发展的友好合作伙伴关系的联合宣言》,http://www.china-embassy.or.jp/chn/zrgx/zywj/t62644.htm。

② 《江泽民文选》第2卷,人民出版社2006年版,第245～246页。

③ 参见李建民:《冷战后的中日关系史(1989～2006)》,中国经济出版社2007年版,第198页。

④ 参见刘世龙:《冷战后日本的外交战略》,载《日本学刊》2003年第5期。

诉求严重受挫。为了扭转小泉内阁时期亚洲外交失败的局面，2006年初上台执政的安倍晋三提出构筑“中日战略互惠关系”的倡议。

安倍晋三基于小泉亚洲外交失败的深刻教训，指出：“目前在经济上，日本与中国已形成了一种无法分割的‘互惠关系’，这是毋庸置疑的。”①这是日本领导人首次在对华关系上明确使用“战略”一词，也意味着日本对华政策发生了重大变化。日本向来不愿意就中日关系进行“战略”定位，一方面是因为对中国的“战略”倡议表示疑虑，另一方面是因为一些日本政要顽固地认为，唯有日美关系才具备战略地位，日中关系不能与之平起平坐。因此，安倍积极倡导构筑两国“战略互惠关系”，的确出乎不少日本人的意料。② 安倍上台后首访中国并提出发展“中日战略互惠关系”，开创了中日关系的新局面。

这样的对华战略理念，在福田康夫内阁时期得到进一步实施和完善。福田首相积极推动中日战略对话与合作，发展中日“战略互惠关系”，并回避了安倍内阁时期提出的“价值观外交”“自由与繁荣之弧”等被视为“围堵中国”的外交理念。2008年，中日签署了第四个政治文件《中日关于全面推进战略互惠关系的联合声明》，维护和巩固了中日关系的政治基础，为构建“中日战略互惠关系”创造了有利条件。日方确认：“中国自改革开放以来取得的发展给包括日本在内的国际社会带来了巨大机遇，日方对此给予积极评价。中国愿为构建持久和平、共同繁荣的世界做出贡献，日方对此表示支持。”③此时期的日本决策者认识到：恶化中日关系，不利于日本的政治利益的实现。日本由“中国威胁论”倾向于“战略互惠论”，表示中日应超越双边、着眼长远的合作与互惠。这体现了日本决策者理性务实的一面，中日关系得以改善。

2.发挥外交主动性，在中日关系中谋求区域经济一体化主导权

二战后，东亚形成“雁行模式”，在此经济结构中，日本一直掌握科技核心产业，主导东亚经济格局。但2010年中国国内生产总值(GDP)超过日本成为全球第二大经济体之后，这一格局被打破。在东亚经济一体化过程中，一方面，日本最大限度地发挥日本作为经济大国的强项，积极寻求掌握东亚区域经济一体化的主导权，与中国在经济领域抢夺制高点，掌握东亚区域合作主导权；另一方面，日本通过扩大东亚区域经济一体化的“民主国家成分”，从“10＋3”到“10＋6”再到《全面与进步跨太平洋伙伴关系协定》(CPTPP)，实施“价值观”政治引领，拉拢所谓“民主同质性”国家抗衡中国。日本在不同场合提出要以“自由、民主”等价值理念作为东亚区域合作的基础，力求以法治、民主和人权等政治“由头”，与中国争夺东亚区域合作的主导权，谋求通过发展与中国周边国家的关系来抵消中国的国际影响力。鉴于新冠疫情对东亚经济的影响，日本与中国积极互动，推动拖延已久的《区域全面经济伙伴关系协定》(RCEP)签署和生效。但当谈到涉及盟友美国利益的CPTPP议题时，日本政府仍然称中韩加入CPTPP并非易事。④ 与此同时，日本强

---

① 安倍晋三『美しい国へ』、文春新書、2006年、第151頁。

② 参见秦治来：《战略互惠引领下的中日关系》，载《学习时报》2007年10月11日。

③ 《日中关于全面推进战略互惠关系的联合声明》，日本驻华大使馆网站，http://www.cn.emb-japan.go.jp/bilateral/j-c080507-2.htm。

④ 参见《菅义伟称中韩加入TPP并非易事》，共同社，2020年12月11日，https://china.kyodonews.net/news/2020/12/25be8066629a-tpp.html。

烈希望美国拜登政府能重返《跨太平洋伙伴关系协定》(TPP)。在日本看来,CPTPP是制定"自由开放的印度太平洋"规则的框架,对华具有排他性。日本的做法表现出忽视地区共同经济利益、以日美同盟为优先的政治态度。可以说,日本对华政策理念缺乏正确的平衡心态和维护地区共同利益的战略思维。

3.强调价值观外交,以日美同盟触碰"台湾底线",恶化中日关系

21世纪初期,日美同盟的对华针对性日益显著,"中国威胁论"成为发展日美关系的重要议题。2005年2月的"日美安全磋商委员会"("2+2")会议发表共同声明,确定了12项关于亚太地区的战略目标,首次将所谓"鼓励和平解决有关台湾海峡的问题"列为日美共同战略目标之一,大有插手和染指"台海"的意图。2007年5月1日召开的日美"2+2"会议上,进一步强调"针对经济和军事实力不断提高的中国,双方在敦促中国作为负责任的国际'利益相关者'发挥积极作用的同时,也要求其提高军事透明度"①。日美以强化同盟关系来遏制中国的意图昭然若揭。这不仅无助于维护持久稳定的中日关系,也对东亚地区的安全稳定及区域合作进程产生了负面影响。2008年9月参加日本自民党总裁竞选的麻生太郎在回答"执政后如何看待日美中关系"这一问题时表示:从来不认为日中关系和日美关系会变得同等重要,对日本而言,拥有同盟关系的国家只有一个,那就是美国。他强调,"日中友好"不过是一种手段,其最终要达到的目的是实现中日两国的共同利益。② 麻生太郎还曾经提出通过"价值观外交",围绕中国周边构建跨越欧亚大陆的"自由与繁荣之弧"的战略意向。2012年底再次执政的安倍晋三提出构筑日美澳印的"四国机制""价值观联盟"等民主国家联合体,将地区安全议题引向南海、东海以及台海,对华针对性显而易见。

五、日本基于国家利益的对华政策取向及未来走向

如今,中日关系所涉及的安全利益、政治利益和价值观利益冲突是一种客观存在,并没有因为中日关系的缓和而得到根本解决。这也是中日关系反反复复的根源。加之"百年未有之大变局"的影响,未来中日关系仍然存在不确定性。从近年来日本对华"两面下注"政策的策略调整来看,中日关系出现缓和或将时有发生,但是日方能否坚持中日四个政治文件精神、认真落实中日四点原则共识,仍然存在不确定性。事实表明,中日关系在曲折中发展,是两国之间新旧问题交织存在使然。讨论未来中日关系的发展,仍然需要分析日本对华决策及政策调整的动机及取向,仍然需要深刻把握国际局势对于中日关系的外部影响,仍然需要看日方是否坚持中日四个政治文件、累积两国政治互信,以及能否确实落实中日四点原则共识。

首先,日本政府对华决策及政策的不确定性影响中日关系正常发展。《日本国宪法》规定,日本首相有权主导外交体制、决策及外交政策。事实上,尽管首相是外交决策的主

① 外務省「日米安全保障協議委員会(『2+2』)の概要」、https://www.mofa.go.jp/mofaj/area/usa/hosho/2plus2_07_gai.html。

② 参见《麻生太郎:中日友好是手段,目的是实现共同利益》,中国新闻网,2008年9月12日,https://www.chinanews.com.cn/gj/yt/news/2008/09-12/1380882.shtml;麻生太郎『「日中共益」へ堂々と主張を』2008年4月18日、http://www.aso-taro.jp/lecture/talk/080422.html。

导者，但其外交政策是内阁成员一致同意的结果，仍然需要综合执政党、外务省等各省厅、财界及利益集团的政治诉求，基于国家利益最终作出政治外交决断。这是由日本实行的议会内阁制所决定的。中日邦交正常化以来，日本政坛逐渐从“官高政低”向“政高官低”发展，在总体保守化背景下，强势政治家的对华政策日趋强硬；同时，执政党内部的“知华派”、外务省、财界及利益集团也会影响日本对华决策，出于政治及经济利益诉求，在特定的历史时期，可能发挥缓和中日关系的作用。这是因为他们已经意识到，中日交恶有利于日美同盟深化，但日本的亚洲外交无法突破，更不利于中日两国经济关系发展，不符合日本的政治及经济利益。因此，日本国内常常出现要求日本政府调整对华政策、缓和日中关系的呼声。这也就形成了日本政府对华决策及政策的不确定性、不稳定性和周期波动性。

在日本外交决策过程中，尽管执政的自民党中敢于表达发展中日关系的议员越来越少，但日本外交中的中日关系不可或缺。事实表明，自民党内“知华派”是能够将执政党内部的对华政策调整呼声反映到日本政府外交决策层面的。“知华派”代表二阶俊博曾指出：“不论日中关系面临怎样困难的课题，战略互惠关系都决不可动摇。”他依托“中日执政党交流机制”的定期对话框架，展示了执政党联盟内部“知华派”恢复和发展中日关系的积极意愿。[①] 事实表明，二阶俊博作为日本自民党要人，其致力于发展中日关系，更多反映了执政党内部对于日本政府一味渲染“中国威胁论”的不同政见。当然，二阶俊博之所以能起到如此重要作用，与其长期担任自民党要职密不可分。另外，与自民党联合执政的公明党也长期致力于发展中日关系，在中日邦交正常化的过程中曾起过一定的历史作用。公明党与自民党联合执政以来，每当日本政府脱离中日关系正常轨道时，公明党常以联合执政党的身份，通过“中日执政党交流机制”推动日本政府调整对华政策，发挥了修复中日关系的作用。

当然，日本执政党内部“知华派”对华政策调整的动机也是策略性的。日本执政党和政府对华政策基本理念是一致的，仅仅在对华策略的方式上存在不同。随着日本政坛总体保守化、政治右倾化日益严重，通过渲染“中国威胁论”，谋求“修宪”、成为“政治大国”的诉求成为日本政坛的主流认知。自民党内“知华派”式微，在野党中致力于中日关系的力量也变弱，将严重影响未来中日关系的发展。

出于经济利益的考量，日本经济界一直是维护中日关系的重要决策参与者。日本政府在外交决策过程中比较重视听取经济界的呼声和要求，在不损害国家利益的前提下尽可能回应本国经济界对涉外经济关系的利益诉求。从日本的对华决策及政策调整来看，政府听取经济界要求缓和中日关系的呼声大多是出于国家经济利益考量。随着中国推进区域经济合作力度的提升，日本经济界常常呼吁政府从国家经济利益出发改善中日关系。[②] 日本经济界大多拥有海外企业，这些海外企业利益需要日本政府在制定对外政策时予以支持，执政党在国会中议员的席位又需要经济界在国会选举中大力支持，两者在

---

① 参见《中日执政党交流机制第六次会议在日举行》，人民网，2017 年 8 月 9 日，http://cpc.people.com.cn/n1/2017/0810/c117005-29461536.html。

② 日本财界团体对日本外交决策的影响巨大。财界通常是指日本经济界、工商界等及其最高领导层，他们代表着各自产业团体和企业组织的利益。

对外政策的制定和经济支持方面互动频繁。[①] 这在客观上使日本政府回应经济界海外贸易利益诉求、调整对华政策成为可能。

另外,日本经济界呼吁深化中日经贸关系的同时,希望构建两国良好的政治关系。与日本政府对华政策有所不同,日本经济界从自身利益及区域经济合作的角度看待和观察中日关系,希望本国政府调整对华政策,形成稳定发展的中日经贸关系局面。中日互为贸易伙伴大国,尤其日本经贸对华依赖逐步加深,促使日本经济界要求政府调整中日政治关系。因为作为发展经济关系的保障,两国稳定的政治与外交关系至关重要。未来,日本经济界仍希望为两国关系发展作出新的贡献。需要提及的是,尽管日本经济界对于日本政府对华政策调整能够产生一定的影响,但并不能真正左右日本外交决策核心部门的对外关系及政策取向。

其次,日本从政治及安全利益出发,加强日美同盟的对华针对性,将严重影响中日关系的正常发展。基于政治利益和安全利益的日美同盟日益强化,直接影响中日关系的发展。美国是影响日本对华政策的国际因素,中美关系随时影响日本对华政策的调整,使中日关系存在不确定性。日本是维护美国亚太、印太地区战略利益的主要盟友,美国从加强同盟体系的现实利益出发,突出美日同盟的对华针对性。中国一贯强调,基于《日美安保条约》的日美同盟是"冷战产物",不应损及第三方利益,更不应危害地区和平稳定。[②] 但日美首脑仍多次确认"钓鱼岛适用于《日美安保条约》第五条",不仅损及中国的领土主权和核心利益,更会危及亚太地区的和平、稳定和发展。未来,日本政府还会通过日美同盟强化对华遏制,破坏中日四个政治文件的基本原则和精神,这就不可避免地会出现以日美同盟的利益为重、不惜淡化他国利益和地区安全利益、将矛头指向中国的取向。

日美不仅确认钓鱼岛适用于《日美安保条约》第五条,而且进一步提出所谓"台湾海峡和平与稳定的重要性"[③],露骨地表明了日美同盟的对华针对性。在中美关系持续恶化的背景下,将中国视作对手的美国政府期待日本对华态度变得更为强硬。日本充分利用美国拉拢其对付中国的急切心态,不仅与美国多次确认钓鱼岛是规定美国对日防卫义务的《日美安保条约》第五条的适用对象,而且借机在维持对华威慑力、台海局势和所谓"人权"问题上与美国结成紧密合作关系,展示出以日美同盟机制遏制中国的强硬姿态。尤其是日美首脑进一步确认"台湾海峡和平与稳定的重要性",这完全是背弃了《中日联合声明》、中美三个联合公报的原则和精神,公然干涉中国内政事务,势必给未来中美关系、中日关系带来重大的不确定性。

在日美同盟主导和引领下,美欧一些国家逐步组建新的对华战略联盟。美日澳印四国的首脑会议已形成机制,并肆意歪曲中国在东海、南海的正当海洋维权行动是"单方面

---

① 参见王新生:《政治体制与经济现代化——"日本模式"再探讨》,社会科学文献出版社 2002 年版,第 125~126 页。

② 参见《2020 年 11 月 12 日外交部发言人汪文斌主持例行记者会》,中华人民共和国外交部网站,https://www.fmprc.gov.cn/web/wjdt_674879/fyrbt_674889/t1831796.shtml。

③ 《日美首脑会谈一致同意磋商加强"延伸威慑"》,共同社,2022 年 5 月 23 日,https://china.kyodonews.net/news/2022/05/7d79590da279.html。

改变现状的尝试”,未来的“四国合作机制”将可能发展成对抗中国的框架,并拉英国、法国、德国等国形成对华高压态势。日本希望更多的欧洲盟友加入“印太战略”下的“盟友圈”机制,共同应对中国。日本政府明知其所为会加剧中日关系的对抗却故意为之,其对华遏制的意图十分明确。

最后,日本对华政策的摇摆性导致中日关系的不确定性。日本政府的对华政策向来存在一定的摇摆性,这是因为日本政府对华政策是在综合国内执政党联盟、经济界、外务省意见和国际局势后作出的外交决策,不同利益诉求使日本对华政策具有不确定性。从安倍执政前期的“中国威胁论”到执政后期的“中日协调论”,菅义伟内阁、岸田内阁时期又回到“中国威胁论”,未来日本“将与近邻各国构筑稳定的关系”恐怕仍然是句空话。未来,日本对华政策仍有背离中日四个政治文件原则和精神的可能性。其对华政策调整的意向不会脱离“摆脱战后体制”“修宪”和“战后外交总决算”的既定战略目标,其对华“战后外交总决算”显然不仅仅局限于中日经济利益及区域经济合作层面,应该还会涉及安全利益、政治利益等一系列中日关系中存在的新旧问题,包括历史问题、台湾问题、钓鱼岛及东海问题,甚至会涉及南海及“航行自由”等。可以预见,未来中日关系依然不会一帆风顺,坚持和遵守中日四个政治文件精神、落实中日四点原则共识任重而道远。

六、结语

中日邦交正常化以后,两国关系随着日本片面强调追求“国益”而变得日益复杂。特别是日本前首相麻生太郎强调发展中日“友好”关系“只是获取利益的手段而已”,明确表达了日本对华战略调整的核心内涵和本质。这使日本外交决策主导者的对华政策常常出现“两面下注”现象,时而对华采取强硬立场,时而采取“协调主义”缓和中日关系的恶化。未来,政治、安全与经济利益权衡将决定日本对华政策走向。可以说,日本国家利益的确立和追求,决定了其对华政策的或然性、摇摆性、不确定性和不稳定性。在日美同盟强化、日本谋求“摆脱战后体制”和修改和平宪法的政治右倾化背景下,日本的历史修正主义已经外溢到国际社会,中日关系中业已存在的问题随时可能凸显和尖锐化,很难断言日本政府能够在对华关系上不犹豫、不退步,两国关系仍然存在反复的可能性。中日两国间依然存在不可预测的不确定因素,预示着中日关系的未来发展仍将曲折坎坷。中日关系中所涉及的安全利益、政治利益和价值观利益冲突是一种客观存在。未来日本对华政策能否坚持中日四个政治文件原则精神,能否贯彻落实中日乃至地区“共同利益”口号,将成为维护和发展中日关系的关键所在。

The Historical Journey and Future Orientation of Japan's China Policy from the Perspective of National Interests

LV Yaodong

Abstract: Japan's "peaceful and friendly" policy towards China at the beginning of normalizing diplomatic relations evolved with changes in the international environment. After the end of the Cold

War, Japan's northern security concerns were eased, leading to a decline in the importance of security issues and common security interests mentioned in the "Treaty of Peace and Friendship between Japan and China". However, historical, Taiwan, East China Sea, and Diaoyu Islands issues have become prominent in Sino-Japanese relations. Despite Japan's emphasis on regional peace and stability in Sino-Japanese relations, it often violates the principles enshrined in the four political documents between China and Japan in pursuit of its own interests. Conflicts of security interests, political interests, and values exist objectively in Sino-Japanese relations, but they should not serve as excuses for Japan's frequent violation of the principles in the four political documents. The key to maintaining and developing Sino-Japanese relations lies in whether Japan's future China policy can adhere to the principles of the four political documents, implementing the "common interests" of both China and Japan and the region.

日本《行政程序法》的立法背景、主要内容及其特征

（日）石龙潭*

一、立法背景

第二次世界大战前，日本受德法等国的影响采用形式上的依法律行政，强调只要保障事后救济就满足了依法行政（法治行政）的要求。当时，虽然也存在一些对行政上的程序予以规制的情形，但绝大多数属于行政内部的管理事宜，对外不具法律效力。

第二次世界大战后，日本受英美法的影响发生转变，开始重视对行政过程中的程序予以规制的问题，为了确保行政程序的公正，作为行政处分的事前程序导入公示、听证、辨明机会的赋予等，进而通过判例以及行政程序立法得以逐步确定下来。

这主要是由于日本行政活动的范围越来越广，行政的对象越来越复杂多样，几乎渗透到国民生活的所有领域。为了保障行政运营的合理化、正当化以及行政程序的民主化，有必要重视行政程序。同时，行政程序的公正也有助于提高行政效率。前述的客观事实无疑表明，单靠完善事后救济制度已经无法向国民提供真正的救济，最终也无法保障行政的公正。

第二次世界大战后，日本曾经两次为确保行政的正当与公正而制定有关行政运营的法律。第一次是 1952 年，日本出台了《国家行政运营法案》；第二次在 1953 年，日本出台了《国家行政运营法案纲要（试案）》。但两次都无果而终。前述法案都是以保障行政运营的正当与公正为目的，虽然条文数少、内容单薄，但其中也包含了一些有关行政程序的规定。①

20 世纪 60～70 年代，大量的许可认可以及行政指导，作为日本行政不透明的象征成为日美经济摩擦的主要原因之一。不仅如此，这也为政府、官僚与产业界相互勾结提供了温床。尽管完善相关领域法制建设的必要性早在 1964 年的第一次临时行政审议会中就已经有所言及，但直到 1991 年，按照第三次推进行政改革审议会报告的精神才得以实现法案化，最后于 1993 年通过，从 1994 年 10 月开始实施。

---

* 石龙潭，日本山口大学教授。

① 田中二郎「行政手続法の諸問題」、『公法研究』第 23 号、1961 年、第 81～104 頁。

二、主要内容

日本《行政程序法》是为了保障行政程序的公正而制定的法律。其内容包括:(1)许可认可的程序;(2)停止营业执照等不利处分的程序;(3)行政指导程序;(4)申报程序;(5)行政立法时的公募意见程序(2005年修订时增加);(6)行政指导与处分的中止或发动程序(2014年为因应《行政不服审查法》的修订而增加)。

该法由8章(48条)以及附则组成。

第1章“总则”(第1～4条)规定了该法的目的、用语的定义、排除适用等。

第2章“对申请的处分”(第5～11条)设置了7条,就审查基准(第5条)、标准处理期(第6条)、对申请的审查与答复(第7条)、理由的提示(第8条)、信息提供(第9条)、公听会的召开(第10条)、由复数的行政机关所参与的处分(第11条)等作出规定。本章规定中值得注目的是,有关对申请的处分的审查基准、标准处理期、信息提供、公听会的召开等,虽然是法典的核心内容但皆属于努力义务性规定。对此,有人担心作为法律其拘束力是否太弱,不过小早川教授认为,作为需要涵盖行政所有领域的一般性法典,也只能写到如此程度了。①

对申请的处分与接下来要介绍的不利处分单纯比较起来,针对能够使当事人丧失许可或资格的不利处分予以程序规制也许更为重要,但考虑到当时的实际状况,其实对前者的程序性规制的重要性丝毫不亚于后者。这是因为,在日本不利处分并未受到广泛应用,这一点从总务省每年所作的有关《行政程序法》施行情况的调查也得到实证性的证明。而且,即便在法律上可以实施不利处分,以行政指导的方式予以应对的情形不在少数。与不利处分形成鲜明对比的是,申请在广泛的行政领域大量实施,国民对此产生的不满也相当多。具体体现在不公开审查基准、不顾申请人的意愿拒绝受理、受理后长期搁置、实施拒绝处分之际不提示理由等。该法第2章为了改变此种情况,专门设置7个条款作出详细规定。

第3章“不利处分”(第12～31条)是有关不利处分的规定。第1节是通则性规定,包括处分的基准、欲实施不利处分时的程序、不利处分的理由提示等;第2节针对听证作出详细规定,包括听证的通知方式、代理人、参加人、文书等阅览、听证主持、听证时的审理方式、陈述书等的提出、后续日期的指定、当事人缺席等时听证的终结、听证笔录及报告书、听证的再开、有关经听证之后所实施的不利处分的行政复议(审查请求)的限制等;第3节针对辨明机会的赋予规定了辨明机会的赋予方式、辨明机会赋予的通知方式以及有关听证程序的准用等。从该法的条文配置来看,可以说有关不利处分的程序居于《行政程序法》的核心地位。

第4章“行政指导”(第32～36条之二),由实体性规定(行政指导的一般原则、涉及许可认可等权限的行政指导)与程序性规定(行政指导的方式、以复数人为对象的行政指导、要求行政指导的中止等)组成。其中第36条之二是2014年为因应《行政不服审查法》的修订而导入的新规定,即行政指导的相对人认为该行政指导不符合法律规定的要件时,

① 座談会「行政手続法の制定と今後の課題」、ジュリスト1039号、第24頁。

可以向作出该行政指导的行政机关申明情况，要求其采取中止行政指导等必要措施。

第 4 章之二“处分等的要求”同样是 2014 年为因应《行政不服审查法》的修订而导入的，只有要求实施处分或行政指导的一条规定。即当存在违反法令的事实时，若有人发觉为了对其予以纠正应当实施某种行政处分或行政指导(限于法律上存在行政指导的根据规定的情形)却没有被实施时，任何人都可以向有权作出该处分的行政机关或具有该行政指导权限的行政机关申明情况，并要求作出该行政处分或行政指导(第 36 条之三)。

第 5 章“申报”也只有一条。即“如果申报书记载事项完备，附有申报书必要的文书，符合其他法令规定的形式要件，该申报在到达法令规定的受理机关事务所时，就完成了应履行的程序上的义务”(第 37 条)。

第 6 章“意见公募程序等”(第 38～45 条)是 2005 年修订《行政程序法》时为行政立法而导入的新程序，规定了制定命令等时的一般原则以及意见公募程序等。要求命令等制定机关在制定命令等时，必须预先公示该命令等的草案及其关联资料、确定意见的受理机关以及提出意见的期间，以广泛征求一般意见。其中第 38 条第 2 款的规定值得注目。该款要求“命令等制定机关在制定命令等后，必须考虑该命令等规定的实施状况、社会经济形势的变化等，在必要时检讨该命令等的内容，以努力确保其正当性”。另外，有关命令等的公示方法，根据总务省告示第 78 号的规定，应登载于电子政府的综合窗口(e-Gov)“Public Comment”一栏。

第 7 章“补则”(第 46 条)针对地方公共团体所实施的程序中那些被排除适用《行政程序法》的事宜，规定地方公共团体负有按照该法规定的宗旨，努力采取必要措施的义务(努力义务)。

附则中规定了实施日期以及过渡措施。

三、特征

该法为亚洲首部行政程序法典，也是世界上第一部有关行政指导的行政程序法。[①]受其影响，其后出台的韩国的行政程序法中也设置了有关行政指导的规定。该法中日本首次使用“透明度”一语，意指对国民而言，行政上意思决策的内容和过程必须明确。伴随该法的出台，此前被视为一般学术以及行政实务用语的“行政指导”，正式演变成为实定法上的用语。

1.《行政程序法》的基本特征

《行政程序法》虽然是一部法典，但只以处分、行政指导、申报以及制定命令等程序为其对象。另外，该法虽属于一般法，但由于其第 1 条第 2 款中针对处分、行政指导、申报以及制定命令等程序规定，当个别法中存在特别规定时遵照特殊法优先的原则，优先适用特别法上的规定，因此，针对某一行政作用是否适用《行政程序法》，不能单靠《行政程序法》的规定，还需要确认个别法上的规定。同时，尽管法律中使用了“国民”一语，但并

---

① 行政指导之所以入法，主要是由于立法时日本考虑到如果单纯以行政处分为对象，则容易造成行政实务中出现向行政指导逃逸的现象，即为规避行政程序法的规制，而尽可能地采用行政指导来应对。

不排除外国人。[①]

2.排除适用

行政内容极其广泛,牵涉方方面面,针对所有领域一律适用《行政程序法》并不现实,当然存在不适合适用的领域。反之,如果排除适用的领域过多则会折损作为一般法来制定行政程序法典的意义。在《行政程序法》以及与其同步出台的《相关法律整理法》中依据如下宗旨采取了必要的排除适用措施:第一,此前的个别法中结合行政领域的特殊性已经设置了独自的程序规定且被认为适当的;第二,性质上不适合执行《行政程序法》所定程序的。

《行政程序法》第3条第1款规定的除外事宜中,第1～6项属于第一种情形,第7～16项属于第二种情形。

依据《相关法律整理法》,日本共有117部法律设置了对《行政程序法》的规定予以排除的情形,涉及124个事项。属于第一种情形的包括有关租税的赋课征收的处分等,属于第二种情形的包括有关假释的处分等。

同时,《行政程序法》第4条还规定,对国家机关、地方公共团体或其机关的处分(限于该机关或团体以其固有资格成为该处分对象的情形)和行政指导,以及该机关或团体所作的申报(限于该机关或团体以其固有资格所应作出的情形),不适用该法的规定。

3.行政指导

行政指导首次入法,有学者对此给予高度评价。[②] 该法出台之前,产业界针对行政指导的不透明、没有明确的形式、官民勾结、实施过度等,提出可视化、书面化以及明确化的诉求。为了回应业界的呼声,《行政程序法》在世界上首次对行政指导加以实体性和程序性的规制(第4章针对行政指导共设置6个条文,其中第32～34条是实体性规定),其目的在于防止行政指导的滥用。

与此同时,第35条第2款还规定,针对口头实施的行政指导若当事人提出书面交付的要求行政机关必须交付,除非行政上有特别的障碍(如外交上的障碍等)。针对这项规定,有意见认为行政指导的密室性依然残存,这是因为接受行政指导的一方相对较弱,面对强权的行政机关难以张口要求书面交付,即便勉强提出也有可能遭到行政方的拒绝。其实在制定法典之际,是设置更为强有力的规定还是相对弱化是个焦点,经过相当多的讨论之后才定型为现在的内容。[③]

4.不利处分

《行政程序法》第3章就不利处分作出规定。其第一节是总则性规定。欲实施不利处分之际的程序分为两种:向利害关系人听证与辨明机会的赋予。前者属于更加正式的程序,采用口头审理主义;后者为略式程序,原则上采用书面审理主义。立法之际,对于不利处分的程序应该采用几层设计是重要论点之一。考虑到单一的话略显单薄,太多则可能抹杀制定统一法典的意义,最终选用两层设计。

这种设计既考虑到了程序的统一性要求,又顾及了程序的多样性特征(不同处分需

---

① 不过,有关外国人出入境、难民认定以及归化的处分和行政指导被限定性排除,参见该法第3条第10项。

② 座談会「行政手続法の制定と今後の課題」、ジュリスト1039号、第25頁。

③ 座談会「行政手続法の制定と今後の課題」、ジュリスト1039号、第25頁。

要不同的程序规制),是两者融合的产物。

5.听证与辨明程序的区别

如上所述,日本《行政程序法》中作为行政机关欲实施不利处分之际当事人陈述意见的平台设置了听证与辨明两种程序。

听证程序主要是作为为行政机关提供说明处分理由以及为相对人就其加以反论提供平台而实施的。在行政机关指名的主持人主持下,相对人在听证日的意见陈述权、证据提出权受到保障,同时,针对行政机关职员的质问权也受到保障。另外,相对人还对行政机关所持有的能够证明处分事实原因的资料拥有阅览权。撤销许可认可等的不利处分为其典型事例。

辨明程序主要以处分相对人表明自己意见以及提供对自己有利的证据为目的,原则上通过书面(文书)加以实施。停业命令等为其典型事例。相对人可以提出辨明书或书证等,但其口头意见陈述权并不受保障(不过,该法第 29 条规定,经行政机关同意后也可以实施口头陈述意见)。现行《行政不服审查法》第 31 条第 1 款规定,行政复议人提出口头陈述意见要求时,审查员必须提供口头意见陈述的机会,而《行政程序法》则把它交由行政机关裁量。

可见,听证与辨明程序的区别主要在于口头审理还是书面审理、有无口头意见陈述权、文书等阅览权的保障等。

6.文书等的阅览

如上所述,《行政程序法》在听证程序中设置了有关文书等阅览的规定。当事人以及因不利处分可能使自己利益受到危害的参加人,从听证的通知开始起到听证程序的终结前,可以要求阅览行政机关针对该案件所开展的调查的相关笔录以及其他能够证明该不利处分的原因事实等资料。同时规定,行政机关收到文书等阅览请求时不得拒绝阅览,除非存在可能伤害第三人利益以及其他正当理由,如第三人的隐私、行政上的机密等(第 18 条第 1 款)。

此等规定,从充实与完善当事人等的程序性防御权这个角度而言具有划时代意义。即便当事人的听证机会受到保障,如果不清楚行政机关是基于何种资料欲对自己实施不利处分的话,听证时就无法正确主张、举证,文书等的阅览请求权在使听证程序富有实效这一点上意义重大。与此同时,这也促使行政机关不断完善自己的文书管理体制。

立法时,文书等阅览请求权是否应该涵盖到辨明机会的赋予程序成为非常大的论点。见解出现分歧,有的主张仅限定于听证程序,有的主张听证程序和辨明程序皆应覆盖,最后立法者选择了前者。不过,需要注意的是,现行法上并没有在辨明机会的赋予程序中禁止文书等的阅览,因此有的地方公共团体在其行政程序条例中导入了此种规定(如大阪府行政程序条例等)。

7.对地方公共团体的适用与排除适用

虽然《行政程序法》第 2 条第 5 项所说的行政机关也包含地方公共团体的机关,但该法第 3 条第 3 款则规定,地方公共团体的机关所实施的处分(限于依据条例或规则而实施的)以及行政指导、向地方公共团体机关的申报(限于依据条例或规则而实施的),还有地方公共团体的机关的命令等制定行为,不适用该法第 2 章到第 6 章的规定。

该法区别对待国家与地方的同时,在第 46 条规定针对被排除适用《行政程序法》的事宜,地方公共团体负有努力的义务。因此地方公共团体也应通过修改制度、制定条例等来应对。截至2022年,普通地方公共团体行政程序条例的制定率已经达到100%。

可见,《行政程序法》立法时,在保障法律的统一性的同时也兼顾了地方的特殊性。

8.对个别法的整理

在《行政程序法》出台之前,日本已经通过个别法针对不利处分设置了许多事前程序。当时的280余部法律中存在着这样或那样的事前程序性规定。考虑到无视这种状况起草行政程序法就会损害其作为一般法典的性质,因此在制定《行政程序法》时,与其同步出台了《相关法律整理法》,该法本着如下方针对业已在个别法中存在的事前规定进行了必要的整理。

对于那些与不利处分的性质非常吻合的好的事前程序规定,本着个别法优先的原则予以保留,亦即排除适用《行政程序法》的规定。其余的全部适用《行政程序法》上有关听证程序或辨明程序的规定,亦即废除个别法中业已存在的事前程序规定。

按照上述方针对个别法整理的结果,废除了262部法律中的事前程序规定,从而使事前程序制度朝着简单易懂的方向实现了某种程度的统一。

对于那些无法被《行政程序法》的听证或辨明程序所吸收的个别法的各种规定,实施必要的修改之后,作为听证程序等的实施方法的特例予以保留(125部法律)。

四、今后的课题

日本《行政程序法》的制定,对于确保行政运营的公正与提高其透明度具有重大意义。但法典的出台只是完善行政程序的起点,绝非问题的终结,今后的课题依然很多:(1)不具特定相对人的所谓一般处分程序、行政调查程序、行政强制程序、行政审判程序、行政契约程序等尚未入法;(2)有关咨议程序的一般原则尚未确立;(3)被第4条第2款排除适用的机关(独立行政法人、国立大学、大学共同利用机关法人、特殊法人、认可法人)的程序有待完善,作为行政机关的替身、代理人的这些机关,理应也受到程序性规制。

Legislative Background, Key Contents, and Features of the Japanese "Administrative Procedure Act"

SHI Longtan

Abstract: The "Japanese Administrative Procedure Act" is a legislative enactment that was passed and implemented in Japan in 1993. It is the first administrative procedural code in Asia and the world's first administrative procedure law concerning administrative guidance. This paper begins by reviewing and discussing the legislative background and key contents of this legal text. It then analyzes its fundamental characteristics and concludes by presenting a series of important future issues aimed at ensuring the fairness of administrative operations and enhancing their transparency.

谈罗南(나남)版《红楼梦》亲属称谓语的翻译

赵冬梅[*]

一、引言

语言是文化的载体，由此，翻译便成为一种跨文化的活动。而亲属称谓语一直被视为文化负载词，这是因为“一种语言的亲属称谓系统的构成特点反映着该语言使用民族的社会文化特点，体现着文化和语言的关系”[①]。由于亲属称谓语蕴含的丰富文化内涵，在将其转换为另一种语言时常常使翻译者面对困境。《红楼梦》诸译本亲属称谓语的翻译情况一直为各界学者所关心，已有论文讨论了《红楼梦》亲属称谓的英文、日文翻译情况，但对《红楼梦》韩文译本亲属称谓语加以考察的论文少有出现。

本文将对 2009 年韩国罗南(나남)出版社韩文译本《红楼梦》(崔溶澈、高旻喜译)中亲属称谓语的翻译情况加以考察，在对汉韩亲属称谓语加以对比的前提下，分析罗南版《红楼梦》的译者在对亲属称谓语进行翻译时是遵循何种原则，以及如何传达源语的丰富内涵并关注其表情表意功能的实现。

二、宗法文化下的汉韩亲属称谓

中国的传统社会是以家族为中心的宗法制社会，区别家人、族人、姻戚之间的血缘关系至关重要，因此，指称亲属的称谓语便也较为繁复。与英语等其他语言相比，“汉语亲属称谓是世界上最为复杂和丰富的亲属称谓系统之一，而英语亲属称谓系统就显得简单、笼统”[②]，“像‘小舅子’、‘姨外婆’、‘弟妹’等用更细微的方式来区分的亲属关系”，“英美人对这些汉语束手无策”。[③]《红楼梦》作为以家庭生活为题材的小说，其亲属称谓语呈现出繁多而复杂的特点，而且小说中，即便是下人称呼主人姻戚的社会称谓语也需指别其与主人的血缘关系，而年少主人称呼长辈则将社会称谓语做亲属称谓语使用，使《红楼梦》出现社会称谓语也指向亲属关系的使用泛化现象，这种现象给翻译带来很大难度，对于与汉语文化背景完全不同的语言来说，这种难度甚至难于逾越。从英译《红楼梦》对下面一段话的处理中我们可以看到这一点：

---

* 赵冬梅，韩国高丽大学教授。

① 陈佳：《从汉语血缘亲属称谓看语言对文化的反映》，载《语言研究》2002 年特刊。

② 司东红、蔡忠元：《〈红楼梦〉亲属语译出中文化内涵的缺失》，载《北京理工大学学报(社会科学版)》2008 年第 2 期。

③ 夏孝才：《亲属关系词中的文化差异》，载《湖南大学学报(社会科学版)》2001 年第 2 期。

红玉道:“平姐姐说:我们奶奶问这里奶奶好。原是我们二爷不在家,虽然迟了两天,只管请奶奶放心。等五奶奶好些,我们奶奶还会了五奶奶来瞧奶奶呢。五奶奶前儿打发了人来说,舅奶奶带了信来了,问奶奶好,还要和这里的姑奶奶寻两丸延年神验万全丹。若有了,奶奶打发人来,只管送在我们奶奶这里。明儿有人去,就顺路给那边舅奶奶带去的。”(第二十七回)

称谓语最基本的语用功能是指称,上引话语虽是仆人所言,但其中指称的人物皆处于各种亲属关系中。在此段话语中,排行、父系或母系的标记等,是明确所指对象身份的要素,其中以“二”“五”指别人物排行,以示长幼有序;以“舅”“姑”区分血缘关系,以示内外有别;还有辈分差异,读过《红楼梦》的人,都知道在小说中“奶奶”与“太太”这两个称谓在指称人物时的区别,“太太”指称的是邢夫人、王夫人这一辈的女性,而“奶奶”指称的是凤姐、尤氏等晚辈媳妇。上述种种因素在转换为另一种语言时,可能就会使译者面临困境,而这些要素的存在恰恰是实现亲属称谓语作为交际指示语在特定话语环境中表情表意功能的最重要成分,处理不好就会影响对原文语义的传达。

我们可以看一下《红楼梦》的两个英文译本的处理:

She said he was to tell them: — Our lady hopes your lady is well and she says that the Master is away at present and may not be back for another day or two, but your lady is not to worry; and when the lady from West Lane is better, our lady will come with their lady to see your lady. And our lady says that the lady from West Lane sent someone the other day with a message from the *elder* Lady Wang saying that she hopes our lady is well and will she please see if *our* Lady Wang can let her have a few of her Golden Myriad Macrobiotic Pills; and if she can, will our lady please send someone with them to her, because someone will be going from there to the elder Lady Wang's in a few days' time and they will be able to take them for her — (David Hawkes 译文)

She said, “Our lady sends her compliments to Her Ladyship. Our Second Master is away from home now, so Her Ladyship shouldn't worry over a couple of days' delay. When the Fifth Mistress is better, our lady will come with her to see Her Ladyship. The Fifth Mistress sent a servant the other day to report that our lady's sister-in-law had inquired after Her Ladyship in a letter, and hoped her sister-in-law here would oblige her with two longevity pills. If Her Ladyship has any to spare, please send them to our lady, and the next person to go that way will deliver them to her sister-in-law.”(杨宪益、戴乃迭译文)

由于这段话语中出现的一些表示亲属关系的称谓,在英语中很难找到对应词,且由于英语的亲属称谓语不像汉语那样长幼有序、内外有别,所以对“二”“五”这样表示排行的数字难以处理,对“舅奶奶”“姑奶奶”一类明示姻亲关系的称谓也很难对等翻译,至于“奶奶”这一称谓中的年龄别因素同样得不到显示。为了明确指示对象,霍克斯(David

Hawkes)干脆按照自己的理解将这些“奶奶”落到实处,如“五奶奶”就译成“西廊的奶奶”[①],而杨宪益的译本虽然比较重视源语中文化信息的传达,译出了排行以及姻亲关系,但是很难译出“姑”与“舅”的差别,而且“sister-in-law”属于用于背称而非面称的亲属关系词,这种翻译自然也无法表现亲属称谓指代的人物在亲族关系中的明确身份。司东红、蔡忠元就认为杨宪益的译本未能表达出原文称谓语“其中所蕴含的文化内涵”。[②]

但是在韩文译本中,这个问题就得到了很好的解决,我们来看一下罗南本的译文:

> 평아 언니가 이렇게 말했대요.‘우리 아씨마님께서 이곳 마님이 안녕하신가 안부를 물으셨어요.우리 집 나리께서 집에 안 계셔서 비록 한 이틀 늦기는 하였지만 마님께서는 그저 마음 푹 놓고 계세요.다섯째 마님이 몸이 좋아지시면 우리 아씨마님께서 다섯째 마님을 만나서 함께 마님을 만나 뵈러 오신댔어요. 다섯째 마님이 지난번에 사람을 보내 말하기를 외숙모 마님이 편지를 가져와 마님의 안부를 물으시고 이곳 고모 마님한테 연년신험만전단 두알을 구해달라고 하셨어요. 만약 갖고 계시면 마님께서 사람을 보내셔서 우리 마님한테 보내주시기만 하시면 된다고 하셨다고요.내일 누가 가는 사람 있으면 가는김에 저쪽 외숙모 마님한테도 가져가게 하려고요’라고 말이지요.

在这一段译文中,原文由亲属称谓表达出的文化信息得到了较好的传译,称谓语指代的人物及其身份被明确显示。首先“아씨”这一称谓显示了称谓指代对象在家中属于年轻媳妇的身份地位,“다섯째”指出排行,而使用“외숙모(外叔母)마님”“고모(姑母)마님”则将父系、母系的亲属关系明示出来。

韩语能做到较好的传译,是因为韩语与汉语一样,亲属称谓语也具有凸显宗法观念的一面。韩国的传统社会同样是宗法制社会,长幼有序,男女有别,亲疏分明,这就使汉韩亲属称谓语在很多情况下都可以找到对应词,不像英语等语言与汉语之间存在很多称谓语对应词空缺的现象。事实上,韩语不仅与汉语一样拥有丰富的亲属称谓语,甚至比汉语更为复杂、琐细。许多欧美语言中找不到对应词的汉语亲属称谓,如“姐夫、妹夫、姑父、舅父”等,在韩语中都有对应词,在相同的宗法制文化下,韩语中复杂多样的称谓语给《红楼梦》亲属称谓的翻译提供了莫大的帮助。

虽然绝大部分汉语亲属称谓语在韩语中都能找到对应译词,但韩中两国毕竟处于不尽相同的文化氛围中,对亲属称谓语的细化各有不同,使用也习惯不一。首先,韩语亲属称谓较之汉语更为复杂琐细,对男女有别的重视强于中国,男性、女性家族成员称呼哥、姐皆不同:女孩称哥哥为“오빠”,男孩则称“형”;男孩称姐姐为“누나”,女孩则称“언니”。韩语亲属称谓对由联姻结成的亲属关系之间的角色定位较之中国更为明晰,对哥哥姐姐的配偶,使用的称谓语也不相同;同样,哥哥姐姐对于弟弟妹妹的配偶也有各不相同的面称语(汉语虽然也存在表示这些关系差异的亲属称谓,但大多为背称而非面称);甚至处

---

① 这里的“the lady from West Lane”或者是指贾芸的母亲,在第二十三回贾琏和凤姐的对话中贾琏曾说“西廊下五嫂子的儿子芸儿来求了我两三遭”,但如果霍克斯以此为据将“五奶奶”翻译成“the lady from West Lane”还是很牵强的。

② 参见司东红、蔡忠元:《〈红楼梦〉亲属语译出中文化内涵的缺失》,载《北京理工大学学报(社会科学版)》2008年第2期。

于连襟关系中的男性、妯娌关系中的女性之间,也皆各有面称语。韩语的很多亲属称谓还有敬语形式,如,女性称哥哥的敬语“오라버니”、男性称弟弟的敬语“아우님”等,女性之间也可使用“형님、아우님”,以示郑重。这种细分式称谓,使男女有别、上下有序、内外有异表现得更加清楚,也更具礼仪性,因此在用作对译词时便可能会影响到原文话语情感义的传达,这便给《红楼梦》韩译带来一定难度。

三、以归化为主、异化为辅的翻译原则

如前所言,虽然韩语中丰富的亲属称谓语为《红楼梦》韩译提供了条件,但由于韩语亲属称谓语自身具有的特性,使如何运用恰切的亲属称谓译词来营造原文的话语氛围成为一个难题。在这方面,罗南版《红楼梦》的译者很是下了一番功夫。如湘云和宝玉争吵时对宝玉的称谓处理:

湘云摔手道:“你那花言巧语别哄我。我也原不如你林妹妹……”

湘云道:“……这些没要紧的恶誓,散话,歪话,说给那些小性儿,行动爱恼的人,会辖治你的人听去!别叫我啐你。”(第二十二回)

하지만 상운은 냉정하게 손을 뿌리쳤다. “오빠는 공연히 감언이설로 날 설득하려고 하지 말아요. 나 같은 사람은 오빠의 그 잘난 대옥 동생하고는 감히 견줄 수도 없는 처지니까요.”

“……그런 쓰잘데없는 독한 맹세나 너절하고 삐딱한 말씀은 저기 저 옹졸하고 속이 좁아 터져 걸핏 하면 신경질이나 박박 내면서도 무슨 재주인지 오라버니를 두 손안에 꽉 움켜쥐고 계신 분 한테나 들려드리지 그리세요! 공연히 나한테 한마디 하다가 핀잔이나 맞지 마시고.”

这段会话的原文中,湘云是用人称代词“你”来称呼宝玉的,“但在韩语中,代词称谓有着特殊的语用功能,有一套严格的敬语体系”,“在韩语的三类人称代词称谓中,最复杂的要数第二人称代词”[①],在重视礼法秩序的韩国社会,第二人称代词的使用极受限制,在会话中,听话者的年龄或地位高于说话者,那么话语中便无法使用第二人称,而是使用相应的称谓语。由于韩语的称谓语使用必须遵循这一原则,因而原文中湘云口中的第二人称代词“你”,都使用亲属称谓语“오빠(哥哥)”对译,且根据话者湘云的情绪变化在第二小节的译文中使用了“오빠”的敬语式“오라버니”,这种用归化方式的对译对于韩语译本的读者理解宝玉、湘云之间的话语氛围起到了很好的效果。

《红楼梦》亲属称谓语的使用是非常复杂的。原作中,贾府上上下下所有人都称贾母为“老太太”,她的儿孙也不例外,而宝玉和探春即使在兄妹谈话中,也称父母为“老爷”“太太”。这种以从仆称谓的方式称呼自己的长辈主要是为了表示晚辈对长辈的尊重,体现了对地位原则的遵奉。然而韩国在这部分称谓中更遵从体现血缘关系的亲疏原则,且韩语可以用亲属称谓的敬语式或加敬语后缀来表示对长辈的尊重,因而,在韩文译本中,这种从仆称谓基本被翻译成亲属称谓。如宝玉等人称呼祖母和母亲的“老太太”和“太

① 张优:《韩语与英语称谓系统差异及其社会文化根源》,载《时代文学》2008年第7期。

太”,在一般情况下都被译成“할머님”(“奶奶”的尊称式)和“어머님”(“妈妈”的尊称),黛玉口中的“太太”也被译为“외숙모님”(“外叔母”的尊称)。上述译法说明罗南版《红楼梦》的译者在翻译亲属称谓语时大量使用了归化方式,这也是为了便于韩国读者把握书中的人物关系,以更好地领会人物话语意图。

虽然韩文版《红楼梦》在亲属称谓语的翻译中大部分以归化方式按照韩语表达习惯加以处理,但在可能的情况下也重视原文称谓表达中的文化要素,力图再现汉语的称谓习惯,在读者能够找到语感的情况下进行了异化处理。

韩语中,虽然子女在称呼父母、祖父母时不使用从仆称谓,但嫁进夫家的媳妇却对夫家的部分成员采用从仆称谓,如称小姑子为“아가씨”(小姐),称小叔子为“도령님”(公子),而在汉语里,嫂子称小叔子、小姑子一般是从夫称谓的。韩文《红楼梦》的译者对这一部分称谓的翻译虽因语境的不同进行了不同处理,但基本上采用了汉语的称谓习惯,凤姐和李纨对宝玉和黛玉等人的称呼常常是“보옥 동생”(宝玉兄弟)、“대옥 동생”(黛玉妹妹),而且宝玉对凤姐也基本是按照原文的描写称“희봉 누나”(熙凤姐姐),而非“형수님”(嫂嫂)。

总体上看,罗南版《红楼梦》的亲属称谓语翻译基本采用了以归化为主的方式,但也不排斥异化手法的使用,这种对归化为主、异化为辅的翻译原则的遵循对营造原作的话语氛围、促进韩语译本读者的理解起到了很好的作用。

四、注重称谓语译词的表情表意功能

罗南版《红楼梦》在翻译亲属称谓语时,比较关注称谓语表情表意功能的实现,主要表现在两个方面:一是注重说话人和听话人的身份差异,二是注意不同语境中称谓语使用的特殊表情表义效果。

前文提到,贾府的上上下下都称贾母为“老太太”,译者在翻译时,并未统译为对应词“노마님”(老太太、老夫人),而是根据发话人和听话人身份的不同,进行了分别处理。背称之时,根据说话人和听话人的身份选择不同的译词。如当听话人是下人时,即使说话者是主人,其话语中的“老太太”也会被译成“노마님”,以此来强调贾母在家中备受尊崇的地位。而在家人之间,则根据发话人的身份选择译词,贾政称贾母“노모께서”(老母+敬语黏着成分),即指别母子关系,又体现庄重态度。孙子孙女辈则用“할머님”,表示不失尊重的亲昵。这些不同处理很好地实现了这些亲属称谓语在特定语境中的表情表意功能。

在翻译称谓语之时,也注意特殊语境中亲属称谓语的表情表义效果,选择恰当的译词予以实现,如《红楼梦》第三十一回,袭人、宝玉跟晴雯拌嘴。

> (黛玉)一面拍着袭人的肩膀,笑道:“好嫂子,你告诉我。必定是你们两口儿拌了嘴了? 告诉妹妹,替你们和息和息。”

> 대옥은 습인의 어깨를 탁탁 치면서 말을 이었다. “올케언니, 제발 말 좀 해줘요. 틀림없이 두 분이 말다툼이라도 하신 거죠? 나한테 말만 하면 중간에서 잘 화해시켜 드릴게요.”

在这里,黛玉对袭人使用了指别姻亲关系的称谓语“嫂子”,而不是通常使用的称

谓"袭人姐姐",这样称呼是为了达到特殊的语用效果,有着特别的意味。在韩语中,女性称"嫂子"可以用"언니",在罗南版《红楼梦》中,黛玉等称凤姐基本使用"언니"这一称谓。但是,"언니"在韩语中也指"姐姐",在这一特殊语境中,为了强调这里的"언니"并非"姐姐"而是"嫂子",也为了与"袭人姐姐"中的"姐姐"相区别,译者选用了"올케언니"这一强调姻亲关系的译词,这样就很好地表达了特殊语境下黛玉话语中的言外之意和戏谑的语气。

再如下面的这个场景中的称谓语使用及翻译:

> 凤姐笑道:"好兄弟,你是个尊贵人,女孩儿一样的人品,别学他们猴在马上。下来,咱们姐儿两个坐车,岂不好?"(第十五回)
>
> 희봉이 말했다. "우리 도령님은 지체 높은 귀한 신분으로 아가씨 같은 고운 인품을 가진 분이 아니시던가. 그렇게 원숭이처럼 말 잔등에 올라타지 말고,나하고 같이 가마에 올라타는 게 어떻겠어?"

前文提到,在中国传统社会中,女性在嫁入夫家后,对丈夫弟妹使用从夫称谓,而在韩国传统社会,嫁入夫家的女性对丈夫的弟妹却往往使用从仆称谓。虽然罗南版《红楼梦》译本的译者在翻译这些称谓时,为使读者对异域文化氛围有所把握,根据文中语境,很多时候以汉语的亲属称谓习惯,即用从夫称谓加以对译,但在一些特别的语境中,译者还是使用韩语特有的亲属称谓来加以表现。因此,虽然在原文对这个场景的描述中凤姐称宝玉为"兄弟",但韩文译文却不是用经常使用的对译词"보옥 동생",而是使用从仆称谓译成"도령님",这就与接下来那句"你是个尊贵人"这一表达在情感色彩上达成一致。

罗南版译本也能做到通过选择不同的亲属称谓词来表现人物的情绪变化以实现称谓语在原作中特有的表情表义效果,如前文提到的第二十二回湘云与宝玉发生冲突时的称谓语翻译,对湘云口中的"你",译者使用了两个不同的译词,开始说话的时候,使用"오빠",随着话语的进行,湘云使用"오빠"的敬语"오라버니",从亲切随意的"오빠"到敬而生冷的"오라버니",这种变化把湘云此时越说越怒的心情变化过程表达出来。

再如第七十四回:

> 尤氏道:"你是状元榜眼探花……何如?"……尤氏道:"可知你是个心冷口冷心狠意狠的人。"
>
> 그럼요, 그럼! 우리 시누이님은 그야말로 과거에서 장원에 방안에 탐화에 다 급제하실 분이죠. ……그럼 됐어요? ……과연 아가씨는 마음도 입도 차디차고 독한 사람이군요.

原文中尤氏口中两次出现的"你",被分别译成"시누이님"和"아가씨",这两个译词的使用是为了表达发话人尤氏正处于激愤之中的心情,为了营造原作的话语氛围,译者不是用亲昵的"석춘 동생"(惜春妹妹)来做"你"的对译词①,而是使用对丈夫妹妹的尊称"시누이님"和从仆称谓"아가씨"来表达尤氏此时在情感上与惜春的疏远。罗南版译文有时也通过译词的选用来拉近人物之间的情感距离,比如在《红楼梦》原文中,宝玉一直是用亲属称谓语称林黛玉为"林妹妹",在表达特别的情绪时称"好妹妹",没有直呼其名的

① 依照韩语亲属称谓习惯,对夫家弟妹的称呼须遵循礼貌原则,不能直呼"你",因此需换用亲属称谓语来对译。

现象,但罗南版译本《红楼梦》很多时候根据语境将原文中使用的亲属称谓语换成人名称谓,让宝玉直呼黛玉的名字,更好地表现出两人之间的亲昵。

总之,在翻译亲属称谓语或使用亲属称谓语翻译第二人称代词时,译者为实现亲属称谓语的表情表意功能、营造原作的话语氛围,做出了种种努力,这些努力也取得了显著的效果。

五、小结

综上所述,我们可以了解到,由于汉韩具有相同的重视血缘的宗法文化制度,使两种语言皆形成了复杂、丰富的亲属称谓语系统,这就为《红楼梦》的韩文翻译提供了莫大的帮助。罗南版《红楼梦》在翻译亲属称谓语时基本上遵循以归化为主的原则,这是由亲属称谓语自身的性质决定的。只有采用归化方式,将亲属称谓语置入译入语文化中,才能使译者更有效地发挥其语言能力,在韩文语境中实现亲属称谓语的指别及表意功能,从而使读者更好地把握人物之间的亲缘关系,更好地领会小说的内容。虽则如此,译者还是在不影响读者理解的情况下,尽量结合异化方式,将亲属称谓语中蕴含的异域文化要素传达给读者。此外,罗南版《红楼梦》在翻译亲属称谓语时,注重说话人的身份差异,注意不同语境中称谓语使用的特殊表情表义效果,在用亲属称谓语来翻译《红楼梦》中的第二人称"你"时,付出了极大努力将原话语中的氛围营造出来以传达给韩语译文的读者。

由于韩语亲属称谓语的发达,以及译者做出的诸多努力,罗南版《红楼梦》的亲属称谓语翻译基本是成功的。但是我们也要认识到,在翻译亲属称谓语这类文化负载词时,完美的对等翻译是不存在的。在将汉语称谓语转换成韩语称谓语时,必然会造成一些文化信息的流失或增加。比如说,我们前文中提到的《红楼梦》中对长辈使用的从仆称谓,这是《红楼梦》在称谓上的一大特色,它表现出贾府的家庭氛围,韩语翻译版用亲属称谓语来加以翻译,自然会使原文中的一些信息流失。其他如将兄弟姐妹对话中的"你"皆用韩语亲属称谓词来对译,在有些语境中就显得尊重有余而亲切、随意不足,这些很难处理的问题,也使我们看到翻译面对的困境。

Analysis of the Translation of Kinship Terms in the Korean Version of *Dream of the Red Chamber*

ZHAO Dongmei

Abstract: The translation of kinship terms in various editions of *Dream of the Red Chamber* has been a topic of concern among scholars. Previous studies have discussed the translation of kinship terms in English and Japanese versions of the novel, but there has been limited research on the Korean translation. This study examines the translation of kinship terms in the 2009 Korean edition of *Dream of the Red Chamber* published by the Namnam Publishing Company. By comparing Chinese and Korean kinship terms, this paper analyzes the principles followed by the translator in conveying the rich connotations of the source language and achieving the functional equivalence of expression and meaning in kinship terms.

Relationship between Firm Size and Economic Growth (China, East Asia) *

Keun Lee and Shanji Xin

1. Introduction

Since the work of Schumpeter (1942), economists have constantly debated on the effects of firm size on growth. Different studies have examined the influence of firm size on job growth and stability, productivity growth, and income growth. The roles of big businesses and SMEs(small and medium-sized enterprises) in promoting economic growth have been explored in some literature. Studies that examine advantages of big businesses versus small businesses can be divided into two streams. One strand of debate focuses on the positive (Cassis, 1997; Fogel et al., 2008; Lee et al., 2013; Smyth, 2000) or negative (Caree and Thurik, 1998; Caree, 2002) role of big businesses in promoting economic growth. The other strand focuses on the merits of small firms (Beck et al., 2005; Audretsch et al., 2002; Robbins et al., 2000). All of these studies suggest that the net influence of firm size on macroeconomic performance is an important yet unresolved empirical question. However, the relation between firm size and economic growth in China remains unexplored.

To fill this research gap, this paper presents empirical evidence based on the nation-wide survey data of firms classified into their sizes and the origin provinces in China. It investigates the role and significance of various size groups of enterprises in China's economic development. Specifically, we consider several hypotheses. First, while big, often state-owned, businesses used to occupy a big portion of the GDP, they have also been regarded as somewhat inefficient, and thus our first hypothesis is that China's economic growth is recently driven by emergence of a large number of small or medium-sized enterprises. Second, if newer firms are the sources of economic growth, it should be reflected in the increasing size per firm (average firms size), rather than just the growth of the number of firms. A third issue is whether this trend would be observed not only in more developed eastern provinces but also in the less developed or central and western provinces.

This paper is organized as follows. Section 2 discusses the pattern of growth of firms of different sizes in Korea, Japan, and China. Section 3 discusses the research methodology and the data used in this research. Section 4 presents the main results from the empirical analysis. Section 5

* Keun Lee, Professor, Department of Economics, Seoul National University. Shanji Xin, Research Fellow, Center for Economic Catch-up.

presents the conclusion.

2.Observed Patterns in China

For China, our dataset is obtained from the annual surveys of Chinese industrial firms conducted by the National Bureau of Statistics. Chinese Industrial Enterprises Database is one of the most heavily used dataset in researches on firm behavior and performance in China. These annual surveys cover 'all' state-owned enterprises and non-state-owned enterprises with annual sales of over five million RMB (Chinese currency). In 2004, for example, the dataset covers 71.2% of total industrial employment in China, and 90.7% of total industrial output (Li et al., 2012). So, it can be argued that the firms covered in this dataset can be is nationally representative for China, given that very small micro firms are hiring the most of the remaining 30 percent of the employment.

We first consider the official definitions of large, medium, small, and micro-sized enterprises indicated in the "Announcement on Printing and Distributing Provisional Regulations on the Standard for Determining Small and Medium-sized Enterprises", which was formulated by China's National Bureau of Statistics in 2011. However, given that data for very small, like micro-sized, firms are not that reliable and, also for the purpose of internationally comparable analysis, we have made a slight change in the definition of small-sized firms. That was to narrow a bit the range of small firms to include only those with more than 30 employees, and to exclude the micro-sized firms. The definitions of large and medium-sized enterprises remain the same.

Then, we classify firms by size and into their origin provinces and calculate their numbers and shares in each provinces and also at the national level. Specifically, we have calculated the following variables: (i) share of firms by size in total sales in each province and the whole nation; (ii) share of firms by size in total number of firms in each province and the nation; and (iii) absolute number of firms in each province and the nation.

3.Methodology and Data Descriptions

3.1 Regression Models

To investigate the contribution of firms of different sizes on economic growth in China, we run regressions to estimate economic growth equations, for which the basic form is as follows:

$$y_{it}=\alpha+\beta Z_{it1}+\gamma Basic'_{it}+\delta Firmsize_{it}+\rho_{it} \quad (1)$$

Where subscript i indicates that the variable refers to the i-th province and subscript t refers to time; y_{it} is the annual growth rate of real Gross Regional Domestic Product (GRDP) per capita in province i at time t; Z_{it1} is the log value of real GRDP per capita in 2004 (i.e., at its very beginning); $Basic'_{it}$ is a vector of basic control variables often appearing in economic growth models, such as investment ratio, population growth rate, and basic human capital (secondary school enrollment) of province i at time t; $Firmsize_{it}$ denotes the key variable measured as share of firms by size in total sales, share of firms by size in total number of firms, or log of one plus the number of firms of different size in province i at time t ; and ρ_{it} is the error term. The error term in the equation consists of two components: (i) the time-invariant heterogeneity across the provinces that is specific to the province but is not included in the explanatory variables, and (ii) the time-varying parameters that are likely to be associated with the regressors. In this study, the problem of time-invariant province-specific heterogeneity might be less severe because the data within China has been used. Nonetheless, a number of dummy variables have been incorporated into the empirical model to further address the heterogeneity issue.

We conduct not only OLS but also fixed effect and system-GMM estimations. The problem of an omitted variable bias can be alleviated by employing fixed effect panel estimation, as noted by Islam (1995). However, this approach cannot control time-varying province effects and endogeneity. Considering these problems and thus following Caselli et al. (1996) and Bond et al. (2001), we apply GMM method. In particular, a system-GMM, developed by Arellano and Bover (1995) and Blundell and Bond (1998), is supposed to reduce a small sample bias that characterized the first-differenced GMM used by Caselli et al. (1996). We use the following criteria for model specification tests: the Sargan test of over-identification and the test for second-order serial correlation AR (2), which detects autocorrelation in levels.

3.2 Variables used in the regressions

Definition of variables, which include the dependent variable, basic control variables, and geographic dummy variables, are reported in Table 2a, and descriptive statistics and data sources are reported in Table 2b. The initial dataset contained 1.68 million companies from 2004 to 2009. Table 2c shows the correlation among level of firm size, dependent variable, and basic control variables. Simple correlations indicate that the size of the LMEs and SMEs sector is negatively and positively correlated with the growth rate of GRDP per capita, respectively. (See Appendix)

4.Empirical Results

The bench mark model verifies the key relationship between firm size and economic growth. This relationship is specified as follows:

$$grdpgr = f(big/medium/small, inigrdp, popgr, invt, infl, gov, edu2, central, western) \quad (2)$$

Where the dependent variable is the growth rate of real GRDP per capita. Explanatory variables include the initial level of GRDP per capita (*inigrdp*), population growth rate (*popgr*, as a proxy of the change in the labor force participation rate), and investment ratio (*invt*, as physical capital). These variables are standard economic-growth determinants directly predicted by the Solow economic-growth model. To capture the government's involvement in the economy, inflation rate (*infl*) and government expenditure (*gov*) are introduced to the equation. Inflation rate captures the macroeconomic conditions or business cycle effects, and government consumption represents the government interference in economic activities. Geographic variables such as central region (*center*) and western region (western) were also included in the economic-growth equation.

Unlike the existing models in the literature, one of the key features of our model is the inclusion of the variable of firm size as regressors. In these models and in those that follow, firm size is measured by three different methods. In the bench mark model, the results are represented by the estimates of two methods (measured by the share of firms of different sizes in sales and the number of firms).

The results show the negative and significant coefficients of the variables of big firms as well as the positive and significant coefficients of the variables of small firms. The coefficients of medium-sized enterprises are insignificant and unstable. All of these results remain the same regardless of whether they are based on the OLS, FE, or GMM.

In the FE model, the coefficient of the share of big businesses in total sales with respect to the growth rate of GRDP per capita is stable at approximately-0.0023. In comparison, the magnitude of the effect of small enterprises on growth rates, according to the FE results, is approximately 0.0049. This result suggests that if the ratio of sales volume of small enterprises to total sales increases by 1% point (e.g., from 27% to 28%), then the growth rate of GRDP per capita increases by approximately 0.49% point (e.g., from a growth rate of 15% to 15.49%).

The results with the share in the number of enterprises by size in each province, is consistent with that based on the share of firms by size in total sales. The ranges of the coefficients of big businesses are stable in the range of-0.02 to-0.04 in all models. Regardless of whether OLS, FE, or GMM model is used, the results are still consistent with previous results. The coefficients of small firms are stable at approximately 0.01 across all of the models. Moreover, the above regressions (whether using the share of firms by size in total sales or share of firms by size in total number of firms) are quite consistent with each other.

Modification for robustness tests with both of small and medium-sized firm variables together in a single equation stand consistent with the results above. Other control variables, such as initial levels of GRDP per capita, population growth rate, or government expenditure, tend to show the normal signs and levels of significance; although the levels of significance are not entirely the same across OLS, FE, and GMM estimations. The results also indicate some convergence of the growth rate of GRDP per capita, as shown by the negative sign coefficients of the initial income levels.

5.Summary and Concluding Remarks

This study explores the relationship between firm sizes and economic growth in China, presenting three key findings. Most importantly, increases in the share and number of large businesses have negatively impacted economic growth, while medium-sized firms yield negligible or negative effects. However, smaller firms positively contribute to China's economic growth.

In an intriguing twist, this appears to be due to the expansion in average firm size rather than an increase in their quantity. This suggests that the positive economic effect doesn't stem from the sheer number of enterprises, but their average size. This dynamic has also been observed in Korean and Japanese economic transitions, albeit further research is needed to validate these patterns.

This suggests efficient firm expansion, irrespective of the initial size, is a driver of economic growth. In China's context, this occurs as inefficient larger firms dissolve and surviving large firms expand-contributing positively to economic growth. Furthermore, the growth of smaller firms is down to expansion in size, not an increasing number of start-ups, implying policy should prioritize nurturing small firm growth.

This study has limitations: the database used excludes listed enterprises and micro-sized firms, which could create bias. Moreover, the significance of various firm sizes could evolve over time. These provide directions for future investigations.

References

Arellano, M. and Bover, O. (1995), "Another Look at Instrumental Variable Estimation of Error-Component Models", *Journal of Econometrics*, 68: 29-51.

Audretsch, D. B., Caree, M. A., Stel, A. J. van and Thurik, A. R. (2002), "Impeded Industrial Restructuring: The Growth Penalty", *Kyklos*, 55 (1): 81-98.

Beck, T., A. Demirguc-Kunt, and R. Levine. 2005. "SMEs, Growth, and Poverty: Cross-Country Evidence". *Journal of Economic Growth*, 10(3): 199-229.

Blundell, R. and Bond, S. (1998), "Initial Conditions and Moment Conditions in Dynamic Panel Data Models", *Journal of Econometrics*, 87: 115-143.

Bond, S., Hoeffler, A. and Temple, J. (2001), "GMM Estimates of Growth", University of Bristol Working Paper.

Caree, M. A. and Thurik, A. R. (1998), "Small Firms and Economic Growth in Europe", *Atlantic Economic Journal*, 26: 137-146.

Caree, M. A. (2002), "Industrial Restructuring and Economic Growth, Small Business Economics", *Small Business Economics*, 18: 243-255.

Caselli, F., Esquivel, G. and Efort, F. (1996), "Reopening the Convergence Debate: A New Look at Cross-country Growth Empirics", *Journal of Economic Growth*, 1: 363-389.

Cassis, Y. 1997. *Big Business: The European Experience in the Twentieth Century*. Oxford: Oxford University Press.

Fogel, K., Morck, R. and Yeung, B. (2008), "Big Business Stability and Economic Growth: Is What's Good for General Motors Good for America?" *Journal of Financial Economics*, 89(1): 83-108.

Islam, N. (1995), "Growth Empirics: A Panel Data Approach", *Quarterly Journal of Economics*, 110: 1127-1170.

Lee, K., Kim, B. Y. and Park, Y. Y. (2013), "Big Businesses and Economic Growth: Identifying a Binding Constraint for Growth with Country Panel Analysis", *Journal of Comparative Economics*, 41(2): 561-582.

NBS, http://www.stats.gov.cn.

NBS (various years), Statistical Yearbook of China, China Statistical Publishing House, Beijing.

NBS (various years), Chinese Industrial Enterprises Database, Beijing.

Robbins, D. K., Pantuosco, L. J., Parker, D. F. and Fuller, B. K. (2000), "An Empirical Assessment of the Contribution of Small Business Employment to U. S. State Economic Performance", *Small Business Economics*, 15: 293-302.

Schumpeter, Joseph A. (1942), *Capitalism, Socialism and Democracy*, New York: George Allen & Unwin.

Shaffer, S. (2002), "Firm Size and Economic Growth", *Economics Letters*, 76(2): 195-203.

Small and Medium Business Administration (various years), Survey Report on Small and Medium-sized Enterprises in Korea, Small and Medium Business Administration, http://stat2.smba.go.kr.

Smyth, R. (2000), "Should China be Promoting Large-scale Enterprises and Enterprise Groups?" *World Development*, 28(4): 721-737.

地缘政治冲突时代东亚峰会国家的能源合作

(英)Anna Min Du*

一、绪论

能源资源的禀赋是近几个世纪以来影响那些拥有石油、天然气和煤炭储备的国家经济发展速度的一个重要因素。此外,能源资源的禀赋也在区域和国际层面上产生了重大的地缘政治影响。① 一些研究者甚至认为它是"地缘政治的关键货币"。石油、天然气和煤炭储量的减少(至少在某些地区)以及化石燃料的生产和消费的负面影响催生了新的能源转型,这与以前的转型不同,因为新的能源转型是一个政治驱动的过程。② 各个国家和国际的努力已经使《2030 年议程》得以通过。获得负担得起的清洁能源是可持续发展目标(SDG)之一。亚洲国家的绿色能源转型对全球经济的绿色复苏具有重要意义。中国政府高度重视新能源产业的发展和能源创新的国际合作,中国旨在通过新能源领域的科技创新,为实现碳中和的目标打下坚实基础。

与世界范围内的合作相比,我们目前正在见证能源在国际层面上重要性的重新定位。长期以来,能源被认为是连接经济增长、社会公平和环境可持续发展的"金色引线";而在最近,能源被认为是地缘政治联盟的黏合剂,是引发战争的火种,是助长已经存在的冲突的火焰。俄罗斯对乌克兰的特别军事行动导致了(部分国家)对俄罗斯的经济制裁,俄罗斯的天然气出口也受到限制。能源安全和能源转型带来的挑战引发了一些问题,在城市化不断发展的条件下,必须为民众提供能源和水供应、废物管理的服务。

加强区域和国际合作,大力发展可再生能源和新能源,对实现经济和社会可持续发展具有重要作用。在当前地缘政治冲突的时代,它使人们更加关注东亚峰会参与国的合作。东亚峰会由 18 国组成,包括 10 个东盟成员国(文莱、柬埔寨、印度尼西亚、老挝、马来西亚、缅甸、菲律宾、新加坡、泰国、越南)以及澳大利亚、中国、印度、日本、新西兰、韩国、俄罗斯联邦和美国。在本文中,我们重点关注东亚峰会国家中最大的两个市场——美国和中国。

---

* Anna Min Du,英国爱丁堡龙比亚大学(Edinburgh Napier University)副教授、博士生导师。

① J. Lee, J.S. Yang, "Global Energy Transitions and Political Systems," *Renewable and Sustainable Energy Review*, No.115, 2019, Article 109370, pp.1-11; W. Zheng, & P. P. Walsh, "Economic Growth, Urbanization and Energy Consumption: A Provincial Level Analysis of China," *Energy Economics*, No.80, 2019, pp.153-162.

② S. Biesenbender, J. Tosun, "Domestic Politics and the Diffusion of International Policy Innovations: How Does Accommodation Happen?" *Global Environmental Change*, No.29, 2014, pp. 424-433.

地缘政治是影响商品市场变化的关键因素，特别是自然资源商品价格，包括石油、铜、黄金等。例如，石油价格对地缘政治风险高度敏感，地缘政治动荡是增加石油市场风险溢价的一个主要因素。这可能是由于欧佩克国家改变它们的石油供应政策作为对地缘政治动荡的回应。因此，随着地缘政治风险的增加，石油价格可能变得不稳定。① 除了能源价格，其他自然资源商品，如金属价格，也与地缘政治风险水平紧密相连。② 因此，我们集中研究自然资源商品市场价格变化对地缘政治风险变化的反应，主要包括能源商品(天然气和原油)和金属商品(铜、金和银)。在本文中，我们试图探讨在俄乌冲突的背景下地缘政治风险对自然资源商品价格的时变影响。

二、文献回顾

1.东亚峰会国家的能源转型

能源转型的成功取决于政治解决方案和全球层面的合作。③ 拥有大量化石燃料储备的国家，如俄罗斯，其经济和地缘政治力量可能倾向于减缓当前的能源转型，因为它们的储备量很大。印度和中国是这个复杂的能源转型过程中的两个非典型角色，因为它们正面临着激烈的城市化和工业化进程，这也是气候变化的负面影响被感受到的原因。④ 中国是能源转型的国际领导者，在监管和寻找实际解决方案方面的努力是引人注目的。如中国的云南省拥有大量的水能和煤炭资源储备，发展条件优越，地热、太阳能和风能的发展前景良好。云南在新能源方面正处于加速发展期，并积极与东亚峰会参与国合作，谋求进一步发展。

2.地缘政治风险对自然资源商品价格的影响

关于自然资源商品价格与地缘政治风险之间的关系，已有丰富的研究成果。⑤ 普拉堪达拉斯(Vasilios Plakandaras)等人研究了石油价格和地缘政治风险之间的动态关系。⑥ 结果显示，地缘政治风险的类型对石油市场产生了不同程度的影响。更具体地说，与战争有关的地缘政治风险对短期石油收益有直接影响。最近，利用全球数据，库纳多

① K. Abbass, A. Sharif, H. Song, M. T. Ali, F. Khan, & N. Amin, "Do Geopolitical Oil Price Risk, Global Macroeconomic Fundamentals Relate Islamic and Conventional Stock Market? Empirical Evidence from QARDL Approach," *Resources Policy*, No.77, 2022, Article 102730.

② M. A. Nasir, T. S. Redmond, "Role of Natural Resource Abundance, International Trade and Financial Development in the Economic Development of Selected Countries," *Resources Policy*, Vol.66, 2020, ISSN 0301-4207, DOI: https://doi.org/10.1016/j.resourpol.2020.101591.

③ D.C. Matisoff, "The Adoption of State Climate Change Policies and Renewable Portfolio Standards: Regional Diffusion or Internal Determinants?" *Review of Policy Research*, No.25, 2008, pp. 527-546.

④ V. Mamidi, V. B. Marisetty, E. N. Thomas, "Clean Energy Transition and Intertemporal Socio-economic Development: Evidence from an Emerging Market," No. 101, 2021, Article 105392; S. Wu, H. Han, "Energy Transition, Intensity Growth, and Policy Evolution: Evidence from Rural China," *Energy Economics*, No.105, 2021, Article 105746.

⑤ C. Yang, Z. Niu, & W. Gao, "The Time-varying Effects of Trade Policy Uncertainty and Geopolitical Risks Shocks on the Commodity Market Prices: Evidence from the TVP-VAR-SV Approach," *Resources Policy*, No.76, 2022, Article 102600.

⑥ Vasilios Plakandaras, Rangan Gupta, & Wing-Keung Wong, "Point and Density Forecasts of Oil Returns: The Role of Geopolitical Risks," *Resources Policy*, Vol.62, 2019, pp.580-587.

(Juncal Cunado)等人研究地缘政治风险对石油价格的动态影响。结果表明,石油价格受地缘政治风险的影响显著,主要是全球经济活动导致的石油需求下降。[①] 然而,很少有学者探讨地缘政治风险对不同自然资源商品价格的时变效应,特别是在国际环境混乱的情况下。

3.俄乌冲突对地缘政治风险的影响

除了新冠肺炎疫情之外,俄乌冲突严重影响了全球经济,包括商品价格。贝多斯卡(Barbara Bedowska-Sojka)等人通过小波相干法探索投资工具上的相关性,研究俄乌冲突导致的地缘政治风险对不同商品价格的影响,包括石油、黄金和白银。[②] 根据沙赫扎德等人(U. Shahzad)的小波相干性结果,在俄乌冲突期间,地缘政治风险和其他商品收益在不同方面存在着强烈的关联。[③] 此外,研究结果表明,地缘政治风险和金融不稳定对贵金属和能源市场影响明显,而俄罗斯在全球能源和贵金属的出口中占据了很大的比例。

三、数据和方法

1. 数据

在本文中,我们主要关注自然资源类商品市场价格,主要包括能源类商品和金属类商品。我们从东亚峰会国家收集了铜、天然气、黄金、石油和白银五个商品期货市场 2010 年 1 月 1 日至 2022 年 9 月 30 日的样本数据,所有的样本数据都是从 WIND 数据库中收集的。

我们进一步使用地缘政治风险指数来衡量地缘政治风险,使用地缘政治风险指数的变化百分比来衡量随时间变化的地缘政治风险。[④]

在变量描述中,用"$gpr_{中}$"表示中国地缘政治风险指数的变化百分比,用"$gpr_{美}$"表示美国地缘政治风险指数的变化百分比。对于实证分析,我们使用期货价格 (P_t^i),用价格差异构建一个静止的时间序列,表示为 dP_t^i,其定义为

$$dP_t^i = P_t^i - P_{t-1}^i$$

我们进一步使用按比例的价格变化代表收益,可以定义为

$$r_t^i = dP_t^i / P_{t-1}^i$$

2.时变参数向量自回归模型

由于我们拟考察地缘政治风险对自然资源商品价格的时变影响,因此采用时变参数向量自回归模型(TVP-VAR)构建时变框架。TVP-VAR 模型有助于反映商品市场在

---

① Juncal Cunado, Rangan Gupta, Chi Keung Lau & Xin Sheng, "Time-Varying Impact of Geopolitical Risks on Oil Prices," *Defence and Peace Economics*, Vol.31, 2019, pp.1-15.

② Barbara Bedowska-Sojka, Ender Demir, and Adam Zaremba, "Hedging Geopolitical Risks with Different Asset Classes: A Focus on the Russian Invasion of Ukraine", available at SSRN: https://ssrn.com/abstract=4085689 or http://dx.doi.org/10.2139/ssrn.4085689.

③ U. Shahzad, K. S. Mohammed, S. Tiwari, J. Nakonieczny, & R. Nesterowicz, "Connectedness between Geopolitical Risk, Financial Instability Indices and Precious Metals Markets: Novel Findings from Russia-Ukraine Conflict Perspective," *Resources Policy*, No.80, 2023, Article 103190.

④ Dario Caldara, Matteo Iacoviello, "Measuring Geopolitical Risk," *American Economic Review*, Vol.112, No.4, 2022, pp.1194-1225.

所选时间节点上的脉冲反应,也有助于揭示所选样本期间变量之间的时变关系。因此,TVP-VAR模型可以就俄乌冲突等新的国际危机事件背景下的地缘政治风险对商品市场的时变影响提供新的解释。

基本的向量自回归(VAR)模型以及在此基础上扩展的TVP-VAR模型,在最近的金融研究中得到了广泛的应用。① 基本的VAR(p)模型采取以下形式(X_t是相关的内生变量向量):

$$X_t = \theta_0 + \sum_{j=1}^{p} \theta_j X_{t-j} + \varepsilon_t \tag{1}$$

其中θ_0是$K \times 1$的常数向量,θ_j($j=1,\cdots,p$)是$K \times K$的模型系数矩阵,ε_t是$K \times 1$的VAR模型的IID(独立同分布)高斯残差项向量。

为了估计VAR模型的时变参数,我们采用马尔可夫链蒙特卡洛算法(MCMC)。在此基础上,通过平滑估计过程得到时变参数。在此过程中,通过参考后验分布,采用了贝叶斯估计。

四、实证结果

这一部分考察了自然资源类商品价格对地缘政治风险变动反应的时变特征。表1给出了2010年1月1日至2022年9月30日铜、天然气、黄金、石油和白银五个商品期货市场价格差异的均值和标准差、最大值和最小值。

表1　五种自然资源类商品市场价格差异的描述性统计

	均值	标准差	最大值	最小值	OBS
$dP_t^{铜}$	0.3659	96.2552	586.70	−725.0	15228
$dP_t^{气}$	−0.0006	0.1452	1.142	−1.572	15228
$dP_t^{金}$	0.2876	15.8763	121.10	−124.60	15228
$dP_t^{油}$	0.0167	1.6532	13.18	−17.53	15228
$dP_t^{银}$	0.0041	0.5427	2.6852	−4.5247	15228

基于脉冲反应函数分析的结果显示,地缘政治风险对能源期货价格差异的变化有影响。在新冠肺炎疫情和俄乌冲突之前,来自中国的地缘政治风险冲击对天然气价格变化有正向影响,表明中国地缘政治风险的变化可以推动天然气市场的价格变化。原油市场也是如此。在新冠肺炎疫情和俄乌冲突爆发后,来自中国的地缘政治风险冲击对天然气价格变化产生了负面的影响,而对原油市场的影响仍然是正面的,而且影响幅度变得更

① K. Drachal, "Forecasting Crude Oil Real Prices with Averaging Time-varying VAR Models," *Resources Policy*, No.74, 2021, Article 102244; O. B. Adekoya, A. B. Akinseye, N. Antonakakis, I. Chatziantoniou, D. Gabauer, & J. Oliyide, "Crude Oil and Islamic Sectoral Stocks: Asymmetric TVP-VAR Connectedness and Investment Strategies," *Resources Policy*, No.78, 2022, Article 102877; R. Chen, N. Iqbal, M. Irfan, F. Shahzad, & Z. Fareed, "Does Financial Stress Wreak Havoc on Banking, Insurance, Oil, and Gold Markets? New Empirics from the Extended Joint Connectedness of TVP-VAR Model," *Resources Policy*, No.77, 2022, Article 102718.

加巨大,尤其是在俄乌冲突的影响下还在不断增加。

对石油期货市场的时间变化风险值和地缘政治风险与白银期货收益之间的协方差分析结果同时显示,石油市场和美国地缘政治风险水平之间的下行风险吻合度在2020年初达到了最低水平,而对于中国地缘政治下行风险的影响发生在2020年7月。与中国地缘政治下行风险的影响相比,石油市场和美国地缘政治风险的巨大下行趋势关联性更强。

五、结论和政策含义

本文试图揭示面对最近的政治问题——俄乌冲突时地缘政治风险对自然资源的时变效应。此外,我们还打算揭示在这样一个新的国际政治环境下,自然资源类商品价格和地缘政治风险水平之间的下行风险关联性。通过应用自然资源商品市场的数据,我们得出了这样一个结论:美国的地缘政治风险对能源市场价格有更大的影响,而且这种影响在俄乌冲突之后变得更加强烈;中国的地缘政治风险对金属市场表现出更大的影响。金属价格和中国地缘政治风险的下行风险关联性更强,能源价格和美国地缘政治风险的下行风险关联性更加明显。

本文的关键政策含义是,政策制定者需要考虑地缘政治风险对自然资源商品市场的影响,商品价格上涨可能会传导到通货膨胀①,以及俄乌冲突带来的巨大经济成本,包括欧洲天然气价格飙升。当地缘政治风险水平出现快速变化时,政策制定者有必要从需求和供应两方面来考虑,因为这可能会传导到商品市场。政策制定者可以增加国内自然资源的供应,或者通过限制碳排放来减少需求。最后,政策制定者需要高度关注政治环境的变化,它可以影响地缘政治风险并进一步传导到自然资源商品市场。对于政策制定者来说,这种政治环境变化的预警系统是非常有价值的。能源公用事业部门在能源转型中发挥着重要作用,因为它们是大多数碳排放的基本参与者。② 这些技术变革伴随着跨境投资、本地公司和活跃在该领域的跨国公司之间的合并和收购,以加强技术传播,从而在21世纪中期实现无碳能源系统的目标。因此,能源公用事业部门的商业战略是考虑可再生能源生产。

总体来说,地缘政治风险对自然资源价格的变化表现出明确的"时变"效应,它可以通过对政治环境变化的反应而变化。本文对该领域有两方面的贡献:一方面,以最近的俄乌冲突为背景,揭示了地缘政治风险对自然资源的时变效应;另一方面,我们揭示了在这样一个新的国际政治环境下,自然资源价格和地缘政治风险水平的下行风险关联性。

---

① Y. C. Chen, S. J. Turnovsky, & E. Zivot, "Forecasting Inflation Using Commodity Price Aggregates," *Journal of Econometrics*, Vol.183, No.1, 2014, pp.117-134; R. Chen, N. Iqbal, M. Irfan, F. Shahzad, & Z. Fareed, "Does Financial Stress Wreak Havoc on Banking, Insurance, Oil, and Gold Markets? New Empirics from the Extended Joint Connectedness of TVP-VAR Model," *Resources Policy*, No.77, 2022, Article 102718.

② F. Brink, C. Wamsler, "Collaborative Governance for Climate Change Adaptation: Mapping Citizen-municipality Interactions," *Environmental Policy and Governance*, No.28, 2018, pp. 82-97; P. Graf, H. Jacobsen, "Institutional Work in the Transformation of the German Energy Sector," *Utilities Policy*, No.68, 2021, Article 101107.

Energy Cooperation in East Asia Submit Countries in the Era of Geopolitical Conflicts

Anna Min DU

Abstract: The success of the world great transformation depends on political solutions and on cooperation at the global level. In contrast with worldwide cooperation, we are currently witnessing a repositioning of the importance of energy and other strategic resources on an international level. Considered for a long time as the golden thread that connects economic growth, social equity and environmental sustainability, in recent times, energy can be considered the binder of geopolitical alliances, the spark that starts wars or the fire that fuels already existing conflicts and deepens them. Russia's invasion in Ukraine resulted in economic sanctions against Russia and the export of gas was restricted. The challenges generated by energy strategic stability and the world great transformation raise problems at the level of regional coperation. This attempt to explore the time-varying geopolitical risk impact on natural resource commodity prices against the backdrop of the Russia-Ukraine conflict. We demonstrate that the geopolitical risk exhibits a time-varying effect on natural resource price changes, which could vary through responding to the political environmental changes. This leads to the conclusion that energy cooperation in in East Asia submit countries are essential and offers implications for policymakers.

美国域外管辖与对华规锁

王　冬　郭延军*

一、域外管辖的概念界定

首先要区分何谓管辖权、域外管辖权、长臂管辖权以及经济制裁权。管辖权，可以分为立法管辖权、司法管辖权和执法管辖权三种形式。① 域外管辖，指一国将其立法管辖权、司法管辖权和执法管辖权扩展至该国领土之外，亦可概指为一国根据本国法和本身利益在其境外行使主权权力或权威。② 其中，立法域外管辖是指一国立法机关制定含有域外适用条款的立法。此种管辖是出于对特定法益的保护，针对的是不特定当事人。通常来讲，各个国家都会进行域外管辖的立法实践，典型的例子就是反垄断法中的域外适用条款。③ 司法域外管辖是指一国法院行使及于该国领土范围之外的管辖权。司法域外管辖也被认为是域外管辖的典型形式，《布莱克法律词典》即是从司法角度对域外管辖进行定义。④ 执法域外管辖，又称"域外执法"或"域外行政"，指一国行使行政权引导或强制特定人遵守该国法律的行为。从管辖依据上看，司法域外管辖和行政域外管辖必须基于立法管辖权，即只有当法院地法院与某一涉外案件建立起某种连接点时才具有司法管辖权；以及只有当一国行政机关征得他国同意或存在国家间合作条约的情形下方可以在他国领土范围内行使执法管辖权。此外，不同于立法域外管辖，司法域外管辖和执法域外管辖针对的都是特定当事人和事项。在国际共识的规范层面，国家行使域外管辖权或主权，通常规定于该国国内法之中，系国家主权原则的体现。然而，行使域外管辖权或主权权威的合法性，则是由国际法所决定的，即一国只有在符合国际法的限度内伸张域外管辖权，才有权获得其他国家承认。⑤

---

* 王冬，外交学院亚洲研究所讲师。郭延军，外交学院亚洲研究所所长，研究员。

① Malcolm N. Shaw, *International Law*(8th edn), Cambridge University Press,2017, pp.1463-1464.

② 参见《国际法委员会报告》(A/61/10)。

③ 如美国的《反托拉斯法》(Antitrust Act)的第1条规定："任何契约，以托拉斯形式或其他形式的联合、共谋，用来限制州际与外国之间的贸易或商业，是非法的。任何人签订上述契约或从事上述联合或共谋，是严重犯罪。"第8条规定："本法提到的'人'，包括依据美国联邦法律、州法、准州法或外国法律成立的，经上述法律授权的现存公司及联合会。"再如我国《反垄断法》第2条规定："中华人民共和国境内经济活动中的垄断行为，适用本法；中华人民共和国境外的垄断行为，对境内市场竞争产生排除、限制影响的，适用本法。"

④ *extraterritorial jurisdiction*, A court's ability to exercise power beyond its territorial limits. See Bryan A. Garner (ed.), *Black's Law Dictionary* (8th edn), West Group,2004.

⑤ 参见《国际法委员会报告》(A/61/10)。

国际上只有美国法律有“长臂管辖”的概念,其最初指的是程序法上的司法管辖原则,指法院对在起诉时与法院地有联系的非法院地居民被告拥有司法管辖权①,系基于1945年国际鞋业公司诉华盛顿州失业补偿安置办公室案(以下简称“国际鞋业案”)中的“最低限度联系原则”所确立。② 在国际鞋业案之后,美国许多州陆续出台长臂法案或长臂条款,以此来扩大本州法院的司法管辖权。在美国联邦层面,《联邦民事诉讼规则》规定了联邦法院可以通过援引州长臂管辖规定的形式来对其他国家被告行使长臂管辖权。③ 从法理上,长臂管辖权只是域外管辖权的一种形式。但随着美国长臂管辖权适用范围的不断扩张,无论是美国长臂管辖权还是域外管辖权都愈加反映出美国外交的霸权性和干涉性等共性,所以国内许多研究开始将长臂管辖权等同于域外管辖权。

近年来,在美国肆意扩大管辖和干预范围的背景下,经济制裁和长臂管辖的关系也日益变得密切。从传统学科划分的角度,长臂管辖和经济制裁是分属于法学学科范畴和外交学学科范畴的两个学科概念。经济制裁是经济外交中一项重要的外交政策工具,而长臂管辖权则是一项来自国际法及国内法规范的重要主权权力。两者的联系在于,一方面,经济制裁在实践中有时会被作为保障国家长臂管辖权实现的惩罚性或威胁性手段;另一方面,经济制裁的域外效力往往会引起国际法上的管辖权争议问题,尤其是在美国次级制裁案例中。二者在某些情况下可指向同一种国家行为。

二、美国域外管辖的实践与趋势

美国基于本国法和本国利益进行域外管辖由来已久。自1870年开始,美国就不断将域外管辖作为一种对外扩张的手段。21世纪以来,为了达到推进自身外交政策议程的目的,美国开始愈加频繁地将域外管辖武器化。

其一,域外立法管辖层面。在商业领域,美国一直是最积极的域外措施的立法者。④ 1890年颁布的《反托拉斯法》(Antitrust Act)是美国具有代表性的域外适用的经济立法;1917年《与敌人贸易法》(Trading with the Enemy Act)⑤和1977年《国际紧急经济权力法》(International Emergency Economic Powers Act, IEEPA)⑥授予了美国总统在战时或国家进入紧急状态时极大的经济制裁权,规定总统可以管制或禁止包括外汇交易、银行转账、出口贸易等在内的商业事项。IEEPA为美国总统颁布制裁法令提供了基础,如针对古巴进行制裁的1963年《古巴资产管制条例》和1996年《赫尔姆斯—伯顿法》(简称

---

① Bryan A. Garner (ed.), *Black's Law Dictionary* (8th edn), West Group, 2004.

② International Shoe Co. V. Washington, 326 U.S. 310 (1945).

③ Rule 4 of *The Federal Rules of Civil Procedure*.

④ 参见《国际法委员会报告》(A/61/10)。

⑤ 50 U.S.C.-Trading with the Enemy Act of 1917 (2018), https://www.govinfo.gov/app/details/USCODE-2011-title50/USCODE-2011-title50-app-tradingwi/context.

⑥ 50 U.S.C.-International Emergency Economic Powers Act(2018), https://uscode.house.gov/view.xhtml?path=/prelim@title50/chapter35&edition=prelim.

《赫—伯法》)规定任何美国人拥有或控制的公司不得与古巴进行交易[①];针对伊朗进行制裁的1992年《伊朗—伊拉克不扩散武器法》和2010年《全面制裁伊朗、问责及撤资法》分别将帮助伊朗获取大规模杀伤性武器(包括高级常规武器)以及与伊朗进行贸易、为其提供金融和服务的个人和实体列入美国的制裁对象[②];2019年12月20日,美国总统特朗普签署《2020财年国防授权法案》,提出对参与俄罗斯北溪2号项目的公司实施制裁[③]。在贸易领域,《1962年贸易扩展法》第232条和《1974年贸易法》第201条和第301条,即国际贸易领域俗称的"232条款""201条款"和"301条款",将贸易进口与美国国家安全挂钩,赋予总统采取报复性措施的极大权力。

其二,域外司法管辖和域外执法管辖层面。根据对WESTLAW数据库收录案件的检索与统计,自2000年以来20年间美国法院受理的涉华长臂管辖案件计417件,且年度案件数量整体呈上升趋势。[④] 国务院新闻办公室于2018年9月发布的《关于中美经贸摩擦的事实与中方立场》白皮书也指出,近年来美国不断扩充"长臂管辖"的范围,涵盖了民事侵权、金融投资、反垄断、出口管制、网络安全等众多领域,并在国际事务中动辄要求其他国家的实体或个人必须服从美国国内法,否则随时可能遭到美国的民事、刑事、贸易等制裁。以贸易领域为例,美国频繁启动基于301条款等的贸易调查,并根据其单边调查结果实施经济制裁。自2005年以来,中国每年都被美国《特别301报告》列为"重点观察国家"。[⑤] 2017年7月和8月,美国政府依据"301条款"分别对两批从中国进口的500亿美元商品加征25%关税,次年9月又对2000亿美元中国输美产品征收10%的关税。2018年1月,美国政府依据"201条款",对进口洗衣机征收为期3年、税率最高达50%的关税,对光伏产品征收为期4年、税率最高达30%的关税。2018年3月,美国政府依据"232条款",以所谓"国家安全"为由对包括中国在内的全球主要经济体的钢铁和铝产品分别加征25%和10%的关税。[⑥]

其三,美国域外管辖的特征和发展趋势。首先,美国域外管辖呈整体增长趋势且多发于商事领域。其次,从域外立法实践来看,美国立法管辖标准非常宽泛。如针对何为美国法管辖下的人、何为对美国造成实质性影响以及何为不公平的贸易行为等的法律认定问题,给法官和执法主体留下了极大的自由裁量空间。再次,从司法和执法实践来看,IEEPA授予了美国总统极大的经济制裁权,使美国总统可以不通过司法及国会立法途径,代之以通过颁布行政法案及制裁令形式直接对他国及他国经济体实施制裁。此外,美国司法部门和执法主体对无论是否已进入到司法阶段的涉外案件都享有极大的调查权和司法传唤特权等。

---

① The Cuban Assets Control Regulations, 31CFR Part 515; Cuban Liberty and Democratic Solidarity Act of 1996, Public Law No.104-114, 110 Stat.785 (1996), 22 U.S.C., 6021-6091 (2000). 转引自杜涛:《欧盟对待域外经济制裁的政策转变及其背景分析》,载《德国研究》2012年第3期。

② 参见蒋真:《美国对伊朗的单边制裁及其局限性》,载《国际论坛》2018年第4期。

③ SEC.7503 of National Defense Authorization Act for Fiscal Year 2020.

④ 参见肖永平:《"长臂管辖权"的法理分析与对策研究》,载《中国法学》2019年第7期。

⑤ 参见易继明、李春晖:《美对华启动301调查与我国的应对措施》,载《西北大学学报(哲学社会科学版)》2018年第1期。

⑥ 参见中华人民共和国商务部网站,http://www.mofcom.gov.cn/。

三、美国对华规锁及我国反制措施

所谓对华规锁,核心就是以规则限制中国行为,以国内法域外适用遏制中国企业,锁定中国经济增长空间和水平,从而把中国的发展方向和增长极限控制在无力威胁美国世界主导权的范围以内。① 特朗普时期,美国违反世界贸易组织规则、高调挑起声势浩大的对华贸易战,对中国输美商品加征巨额关税。拜登政府上任后,美国不仅继续保持对华高关税,美国参议院在2021年6月8日还通过了旨在进一步遏制和打压中国科技实力的一揽子法案《2021年美国创新与竞争法》(American Innovation and Competitiveness Act),并启动了大规模对华科技封锁及制裁活动。从特朗普政府到拜登政府,美国对华规锁在保持延续性的同时,更呈现出愈来愈明显的规则化和系统化转向,也更加注重通过巩固民主价值观同盟以及在同盟内部推广对华技术规锁及经济制裁的方式来全方位地强化对华规锁。

中国在应对美国长臂管辖及对华规锁的问题上,始终强调以联合国为核心的国际体系和以国际法为基础的国际秩序,强调坚持以国际法和法律为准绳的原则和立场。2020年11月,习近平总书记在中央全面依法治国工作会议上强调:"要强化法治思维,运用法治方式,有效应对挑战、防范风险,综合利用立法、执法、司法等手段开展斗争,坚决维护国家主权、尊严和核心利益。"②面对日益严重的美国长臂管辖及对华规锁问题,2021年6月10日,十三届全国人大常委会第二十九次会议通过《中华人民共和国反外国制裁法》。该法案是在此前商务部出台的《不可靠实体清单规定》和《阻断外国法律与措施不当域外适用办法》等规章制度的基础上,以专项立法形式制定和颁布的首部专门反击外国制裁的法律,为我国外交部和国务院有关部门依法反制外国国家和组织的对华遏制和打压活动提供了有力的法治支撑和法治保障。

《中华人民共和国反外国制裁法》共有16条内容,对包括立法宗旨、立法目的、执行主体、反制措施适用的对象、反制措施的类型、对第三方主体的拘束力等内容进行了相应规定。其中,第1、2条旗帜鲜明地指出了立法宗旨和目的,即坚持独立自主的和平外交政策、坚持和平共处五项原则、维护以联合国为核心的国际体系和以国际法为基础的国际秩序、推动构建人类命运共同体的立法宗旨,以及维护我国国家和公民、组织的合法利益的立法目的。前者也是我国外交的基本政策和一贯坚持的原则立场。第3条第二款和第15条规定了反制措施的对象,即"对我国进行遏制、打压,对我国公民、组织采取歧视性限制措施,干涉我国内政的"以及"危害我国主权、安全、发展利益的"外国组织和个人。第5条规定了反制措施的对象可扩大至该组织的高级管理人或实际控制人,以及实际控制或参与设立和运营的其他组织,反制措施的对象系自然人的,可扩大至该个人的配偶和直系亲属、担任高级管理人的组织、实际控制或参与设立和运营的组织。第4条和第7～10条规定了由国务院有关部门、外交部以及新设立的反外国制裁工作协调机制

---

① 参见张宇燕、冯维江:《从"接触"到"规锁":美国对华战略意图及中美博弈的四种前景》,载《清华金融评论》2018年第7期。

② 《习近平在中央全面依法治国工作会议上强调:坚定不移走中国特色社会主义法治道路 为全面建设社会主义现代化国家提供有力法治保障》,载《人民日报》2020年11月18日。

作为执行机关，指导和实施相关条款。第6条规定了反制措施的四种类型："（一）不予签发签证、不准入境、注销签证或者驱逐出境；（二）查封、扣押、冻结在我国境内的动产、不动产和其他各类财产；（三）禁止或者限制我国境内的组织、个人与其进行有关交易、合作等活动；（四）其他必要措施。"此外，第11、12、14条规定了对第三方主体的拘束力，即我国境内的组织和个人应当执行国务院有关部门采取的反制措施；任何国内外组织和个人均不得执行或者协助执行外国国家对我国公民、组织采取的歧视性限制措施；对任何组织和个人不执行、不配合实施反制措施的，可依法追究法律责任。

路易斯·亨金曾指出："在各国关系中，文明的进步表现为从武力到外交，又从外交到法律的运动。"[①]在当下，经济、科技与法律的结合体现了国际竞争范式转移新特点，也代表着外交发展变化的新方向，以国际规则为基础的制度性权力的争夺正日益成为大国博弈的新焦点。

U.S.Extraterritorial Jurisdiction and Confinement

WANG Dong　GUO Yanjun

Abstract: Jurisdiction is not only an issue about sovereignty, as well as an important international legal mechanism to solve the distribution of powers among states. Almost all the matters of international law and international relations are directly or indirectly related to jurisdiction. Since the 21st century, the extraterritorial jurisdiction or long-arm jurisdiction of the US has gradually become a hot issue in international studies. The US is increasingly weaponizing extraterritorial jurisdiction to push through its foreign policy agenda. Since the Biden administration took office, the USA has become increasingly clear about the systematic and regularization of confinement on China.

① Loius Henkin, *How Nations Behave: Law and Foreign Policy*, Columbia University Press, 1979, p.1.

“四端”与“七情”

——儒家情感哲学的内在演进及其东亚影响

卢　兴*

正如蒙培元先生所指出的：“儒家不仅将情感视为生命中最重要的问题，两千年来讨论不止，而且提到很高的层次，成为整个儒学的核心内容。”①儒家哲学对人类的情感活动进行了比较全面的概括，主要集中于“四端”和“七情”两大范畴，从现代哲学的视角来看，前者属于道德情感，后者属于自然情感。纵观东亚儒学史，“四端”与“七情”的关系构成了儒家情感哲学的核心问题，不同观点之间的争辩拓展了儒家情感哲学的深度和广度。有鉴于学界关于韩国儒学中的“四七之辩”已有了很多细致的研究，本文的研究视角重在梳理“四端”“七情”问题在儒家情感哲学发展史上的源流，在此基础上揭示思想史演变的内外原因。

一、先秦儒学中的“四端”与“七情”

在先秦时代的典籍中，关于情感现象的描述已经多次出现，但最初并不称之为“情”，比如《左传・昭公二十五年》所记载子大叔的话：“民有好、恶、喜、怒、哀、乐，生于六气。”子大叔把这六种自然情感称之为“六志”，但并没有用“情”来指称，因为“情”主要是“情实”之义，即真实的情形。直到战国中期，“情”才被用来指称人心中的自然情感，如郭店楚简中有“用情之至者，哀乐为甚”②。比较系统地对情感问题进行归纳的是在《礼记・礼运》中关于“七情”的提法：“何谓人情？喜、怒、哀、惧、爱、恶、欲，七者弗学而能。”与之相近，荀子有“六情”的说法：“性之好、恶、喜、怒、哀、乐，谓之情。”（《荀子・正名》）概言之，在先秦时代作为情感意义的“情”，其主要是指自然情感（natural emotion）③，即主体由于外界刺激而产生的一种自然心理反应，既包括喜怒哀惧等情绪活动，也包括好恶、欲求等主观取向。这种情感是自然而然、不假人为的，是每个人所普遍具有的，而不论德性修养的高低、知识储备的多寡、社会地位的尊卑等外在因素。

尽管在孔子之前已经出现了若干具有道德意味的情感观念，但正式提出“道德情感”

---

* 卢兴，南开大学中国哲学研究中心主任，南开大学哲学院教授、博士生导师。

① 蒙培元：《情感与理性》，中国社会科学出版社2002年版，自序第1页。

② 《性自命出》第41～42简。释文见李零：《郭店楚简校读记》（增订本），中国人民大学出版社2007年版，第138页。

③ 在“七情”所列举的心理状态中，可以分为三种类型：(1)情绪：“喜”“怒”“哀”“乐”；(2)心理反应：“爱(好)”“恶”；(3)本能欲望：“欲”。这三种类型都是人所先天固有的自然属性，本文统称之为“自然情感”。

问题并将其作为学说基础的无疑是孔子。在《论语》中,孔子随机指点了一系列具有鲜明道德属性的情感:

> 樊迟问仁。子曰:"爱人。"(《颜渊》)
> 子曰:"食夫稻,衣夫锦,于女安乎?"(《阳货》)
> 子曰:"古者言之不出,耻躬之不逮也。"(《里仁》)
> 樊迟问仁。子曰:"居处恭,执事敬,与人忠。虽之夷狄,不可弃也。"(《子路》)
> 子曰:"唯仁者能好人,能恶人。"(《里仁》)

以上文本中所提到的"爱""不安""耻""恭""敬""忠""好""恶"等情感并不是人人生而普遍具有,孔子鲜明地将这些情感与"仁"关联起来,强调只有"仁者"才能真正表现出这些情感,换言之,只有在相应的伦理情境中恰当地表现出这些情感才能配称为"仁者"。上述这些情感属于道德情感(moral feeling),不仅如此,作为孔子学说核心观念的"仁"本身就是一种道德情感,是对人之为人的生命价值的尊重、珍惜、培育、呵护之情[1],这种情感与"七情"的重要区别在于包含"道德理性"于其中,因此可以说"仁"是一种本体性的道德情感,孔子将其作为儒家的"内圣外王"之道的根基。

尽管孔子高度重视道德情感问题,但他并不把道德情感与自然情感对立起来。《论语》中两次记载他的话:"吾未见好德如好色者也。"(《子罕》《卫灵公》)这里同时出现了"好德之好"和"好色之好"。进一步分析,所谓"好色之好"属于一种自然情感,而"好德之好"则属于一种道德情感,孔子这句话的意思是:在理想层面对"德"的喜好应当如同对"色"的喜好一样是自然而然且人人皆然的,但是现实中"好德"却只有少数君子才能做到,而且要经过克己复礼的修养工夫。在孔子看来,"好德"本身应当是超道德的,应当是从容中道而非勉力而至,应当是"从心所欲"而自然不逾乎矩的。孔子这里实际上是用自然情感的普遍性和自发性来类比道德情感,强调在理想境界中人的道德情感应当具有同样的普遍性和自发性。这种类比之所以可能,实际上预设了道德情感与自然情感之间具有某种共同性的特征。

在孔门后学的文献中,关于"情"的论述主要集中于对自然情感的归纳。如郭店儒简《性自命出》中把"喜、怒、哀、悲"四情之气作为人的先天本性:"喜怒哀悲之气,性也。及其见于外,则物取之也。"[2]《大学》中揭示了致使心不得其正的"忿懥、恐惧、好乐、忧患"四种心理状态,而去除这些负面情绪就是"正心"的道德修养工夫。《中庸》提到了"喜怒哀乐"四情的未发已发,尽管这四者属于自然情感,但未发之前的平静状态被称为"中",发而中节的适度状态被称为"和",两者又被视为天下的"大本"和"达道",由此可见这里所说的"喜怒哀乐"四情蕴含着深刻的道德内涵,与《礼运》中所说的单纯自然情感意义上的"七情"有所区别。[3] 同时,在《中庸》中也探讨了"戒慎""恐惧""诚""敬"等道德情感,甚至将"诚"作为天道和人道的根本特质,在情感哲学理论上有所推进。

---

① 参见卢兴、吴倩:《儒家"仁德"的内在理路和逻辑层次》,载《伦理学研究》2016年第2期。

② 第2简。释文见李零:《郭店楚简校读记》(增订本),中国人民大学出版社2007年版,第136页。

③ 在儒学史上,刘宗周首先对此作了区分:"《中庸》言喜怒哀乐,专以四德言,非以七情言也。喜,仁之德也;怒,义之德也;乐,礼之德也;哀,智之德也。而其所谓中,即性之德也。"(《学言中》)

如果说对于道德情感的洞见在孔子、子思那里是随机指点的话,那么在孟子这里则是系统整合。孟子继承了孔子对于道德情感的体察,并建立了道德情感与德性品质的对应关系,提出了“四端说”作为性善论的核心观念。孟子指出:“恻隐之心,仁之端也;羞恶之心,义之端也;辞让之心,礼之端也;是非之心,智之端也。”(《孟子·公孙丑上》)孟子强调,“四端”对人而言具有先天必然性,是“不学而能”“不虑而知”的良知良能,如果没有“四端”就不配称之为人;“四端”具有内在性,“非由外铄我也,我固有之也”(《孟子·告子上》);“四端”具有普遍性,人人皆有,正基于此“圣人与我同类者”(《孟子·告子上》)。对于道德情感普遍性的理解,在孔子那里尚作为理想目标,而在孟子这里则进一步被肯认为人性前提。同时,孟子指出,“四端”与“四德”(仁义礼智)并非异质异层的关系:“端”是“德”的潜在形态,“德”是“端”的完成形态,从“端”到“德”需要“扩而充之”的过程,道德善恶的分化也正在于是否践行这个“扩充善端”的工夫:“凡有四端于我者,知皆扩而充之矣,若火之始然,泉之始达。苟能充之,足以保四海;苟不充之,不足以事父母。”(《孟子·公孙丑上》)由“四端”到“四德”这种扩充之所以可能,原因在于“仁义礼智”并非四项抽象的德目,而是建基于情感体验和践履工夫之上,四种德性既是道德理性的反思规定,还蕴含着更为深切的情感诉求和实践期许。

与孔子所谓“好德如好色”的类比逻辑相一致,孟子也将道德情感与自然情感进行类比:“口之于味也,有同耆焉;耳之于声也,有同听焉;目之于色也,有同美焉。至于心,独无所同然乎?心之所同然者何也?谓理也,义也。圣人先得我心之所同然耳。故理义之悦我心,犹刍豢之悦我口。”(《孟子·告子上》)孟子以众人对于味觉、听觉、视觉等方面的普遍性来论证“心”对于道德原则追求的普遍性,进一步,他通过“口悦刍豢”的自发性来说明“心悦理义”的必然性。“理义”是道德原则,而“悦理义”则是一种道德情感,孟子力图说明,道德原则植根于道德情感,而这种道德情感与自然情感一样是天赋而普遍的。如同人对于美味的喜爱是天性本然,人对于道德原则的喜爱之情也应当是本性中自然而然的倾向,道德情感(如“四端”)的发用流行并不带有任何强迫性,而是人依据本性而自觉自愿的活动。

尽管通过类比自然情感而论证道德情感的必然性,但孟子依然特别强调两者的差别,集中体现在他关于“大体”与“小体”的区分:“耳目之官不思,而蔽于物,物交物,则引之而已矣。心之官则思,思则得之,不思则不得也。”(《孟子·告子上》)孟子所谓的“大体”是指“心之官”,即能思的主体,这种“思”并不是与道德情感相分离的纯粹知性的反思,而是由“四端”扩充而成的道德理性;所谓“小体”是指“耳目之官”,即感觉、情绪、欲望等。孟子指出,耳目之官不能够“思”,因此也不过是一种被动性的“物”,在与外物相交涉之时受外物诱惑而沉溺、走作;只有心能够“思”,这是一种道德理性的自我反思,用道德原则来衡断、裁定行为的正当性,经过这种反思作用就能够成就道德行为。尽管孟子这里讲的“心之官则思”的理性反思性与他讲“恻隐之心”发动时强调的情感直觉性存在着差别,但这种区分道德属性与自然属性的思维模式是一以贯之的。因此,尽管孟子并没有完整论述自然情感“七情”的内容,但在他心中关于道德情感与自然情感之间的差别是泾渭分明的。

综上所论,情感问题是先秦儒学心性论的重要课题,孟子提出“四端”作为道德情感的系统表述,《礼运》提出"七情"作为自然情感的全面总结。从孔孟的思路来看,一方面强调两者之间的区别,认为"四端"是人之为人所特有的情感,是通达道德品质的先天起点;而"七情"是人物所共有的自然属性,是人与生俱来的本能。另一方面,孔孟都在应当的意义上强调道德情感应当像自然情感那样具有普遍必然性,换言之,道德行为的自觉自愿是君子道德修养的目标,这种行为基于道德情感的自然抒发而非勉力苛求,这种类比实际上肯定了两种情感的某种共同性特征。

二、朱子论"四端"与"七情"

朱子是宋明新儒学的集大成者,对以往儒学的范畴系统进行了整合与重释。在心性论上,他在四十岁时形成了"中和新说",确立了"心统性情"的心性论架构。在这个架构中,"性"与"情"相对,分别归属于形上之"理"与形下之"气"两个层次,而"四端"和"七情"都被纳入"情"的范畴。这样一来,在孟子那里不同层次的"四端"和"七情"被朱子同质化了,道德情感与自然情感的区分被弱化,道德情感呈现为经验化倾向。从儒学史的视域来看,朱子继承了孔孟以自然情感类比道德情感的思路,并进一步强化了两种情感的共同性特征。

朱子在注释孟子"四端"时讲到:"恻隐、羞恶、辞让、是非,情也。仁、义、礼、智,性也。心,统性情者也。"(《孟子集注·公孙丑上》)而朱子对《中庸》首章"四情"的注释是:"喜、怒、哀、乐,情也。其未发,则性也。"[①]可见,在朱子"性/情""体/用""理/气"二分的架构之下,"四端"和"七情"都归之于"情"的范畴,是"性"之发用,属于"气"的层次。在朱子的概念体系中,《中庸》中所讲的"喜怒哀乐"四情与《礼运》中所讲的"喜怒哀惧爱恶欲"七情是同一个层次的概念,尽管在具体情感类型的列举上有详略的区别,但在性质上都是属于"气"的"情"。这里朱子并未像孟子那样以道德情感和自然情感的分别来区分"四端"和"七情"。朱子的思考重心是"性"与"情"之间的关系问题,往往笼统地讲"情"。

经过分析不难发现,朱子对"四端"的理解与孟子的原意是有很大张力的。关于"四端"与"四德"(仁义礼智)的关系,孟子的理解是:"四端"是"四德"的潜在阶段,两者是同一个层次的概念,通过推扩的工夫由"四端"必然达到"四德"。就"仁"德而论,在孔孟那里"仁"本身就是一种道德情感,孔子以"爱人"(《论语·颜渊》)训"仁",孟子以"无不爱也"(《孟子·尽心上》)作为"仁"的终极境界,而"恻隐"是"爱"的同义语,是"仁"的萌芽状态。正是基于"恻隐之心"与"仁"都是道德情感,孟子直接说:"恻隐之心,仁也。"(《孟子·告子上》)在孟子看来,"恻隐之心"与"仁"之间仅仅是潜在与显在的区别,而并非不同层次的概念。而在程朱理学的概念体系中,"四德"被进一步抽象化为"理""性",剔除了其中的情感属性,这就与"四端"泾渭分明了。由此程颐强调区分作为情感的"爱"("恻隐")和作为理性的"仁",明确反对"以爱言仁":"爱自是情,仁自是性。岂可专以爱为仁?孟子言恻隐为仁,盖为前已言'恻隐之心,仁之端也',既曰仁之端,则不可便谓之仁。"[②]朱子秉承程颐的思路,主张"仁性爱情":"'仁者爱之理',只是爱之道理,犹言生之性,爱则

① 朱熹:《中庸章句》,载《朱子全书》第6册,上海古籍出版社、安徽教育出版社2002年版,第33页。

② 程颐:《二程遗书》卷十八,载《二程集》,中华书局1981年版,第182页。

是理之见于用者也。盖仁,性也,性只是理而已。爱是情,情则发于用。性者指其未发,故曰'仁者爱之理'。情即已发,故曰'爱者仁之用'。"[①]并且批评:"由汉以来,以爱言仁之弊,正为不察性、情之辨,而遂以情为性尔。"[②]可见,朱子是把"四端"和"四德"理解为两个不同的层次,前者是形下之"情",后者是形上之"性"。

朱子所理解的"情"既包含了"四端"这样的道德情感,也包含了"七情"这样的自然情感,那么两者的关系就成为一个问题,朱子需要说明:"四端"与"七情"是同一个层面的情感还是不同层面的情感呢?《朱子语类》中弟子辅广记录了这样一条:"四端是理之发,七情是气之发。"[③]在朱子"中和新说"的概念框架中,"性"是未发,"情"是已发,因此"四端""七情"都是已发。但是朱子在这里强调"四端"与"七情"所发的来源不同,前者是"理之发",后者是"气之发"。朱子之所以这么讲,原因在于"四端"在《孟子》中是纯粹至善的道德情感,而"七情"在《中庸》中却是发而有可能中节或不中节的自然情感,因此用"理之发"保证"四端"的至善性,用"气之发"说明"七情"可善可恶的原因。但是问题在于,既然"四端"属于"情",而在朱子"心统性情"的架构中"情"属于"气",即为形下之用,那么"四端"这种属于"气"的存在如何是"理之发"呢?或许朱子可以这样回答:这里的"理"是指"仁义礼智之性","理之发"的意思是"仁义礼智之性"发用为恻隐、羞恶、辞让、是非之情。但如果这样的话,根据《中庸章句》的解释,"喜、怒、哀、乐,情也。其未发,则性也,无所偏倚,故谓之中。发皆中节,情之正也,无所乖戾,故谓之和"[④],那么"七情"作为已发之情,其背后也应当有各自的未发之性为其体,因此也同样应该是"理之发"而不应该是"气之发"。

反过来,既然"四端"是"仁义礼智之性"的已发状态,那么"四端"也不能保证必然"中节",也有可能出现"不中节"的情况,因为"情则可以善,可以恶"[⑤],这样"四端"就不可能是纯粹至善无恶的,这显然不符合孟子论"四端"的本意。事实上,朱子也承认"四端亦有不中节",在与学生的教学过程中曾数次提及:"恻隐羞恶,也有中节、不中节。若不当恻隐而恻隐,不当羞恶而羞恶,便是不中节。""且如人有当恻隐而不恻隐,当羞而不羞,当恶而不恶,当辞而不辞,当逊而不逊,是其所非,非其所是者,皆是失其本心。此处皆当体察,必有所以然也。只此便是日用间做工夫处。"[⑥]在朱子的以上阐述中,实际上就是把《中庸》关于"七情不中节"的理解模式推广到对于孟子"四端"的理解上,这种理解虽然保证了对"情"的定性前后一致,但实际上抹平了"四端"和"七情"之间的差别,使之都成为可善可恶的情感。因而他关于"四端是理之发,七情是气之发"的分别就没有实际意义,或者说这种在情发根源上的区分与他对于"情"的总体理解是存在矛盾的。有鉴于"四端是理之发,七情是气之发"这样的分别在朱子的著述中仅此一见,我们可以认为这种区分

---

① 黎靖德编:《朱子语类》卷二十,中华书局1986年版,第464页。

② 朱熹:《与张敬夫四十四(又论仁说)》,载《晦庵先生朱文公文集》卷三十二,《朱子全书》第21册,上海古籍出版社、安徽教育出版社2002年版,第1412页。

③ 黎靖德编:《朱子语类》卷五十三,中华书局1986年版,第1297页。

④ 朱熹:《中庸章句》,载《朱子全书》第6册,上海古籍出版社、安徽教育出版社2002年版,第33页。

⑤ 黎靖德编:《朱子语类》卷五,中华书局1986年版,第97页。

⑥ 黎靖德编:《朱子语类》卷五十三,中华书局1986年版,第1285、1293页。

并非他成熟而一贯的思想。

综上所述,在朱子"心统性情"的心性论架构中,"四端"和"七情"同被视为经验性之"情",与超越之"性"分属两层。朱子的这种做法实际上是将孔孟关于道德情感与自然情感相类比的思路进一步推进,直接肯定了两种情感的同质性。较之于孟子的理解,朱子将"四端"所代表的道德情感与"四德"所代表道德理性析分为上下两截:一方面,"四德"(仁义礼智)所包含的反思性、规范性内涵得以强化,其中感受性、直觉性的情感属性被剔除,进一步抽象为"所以然之理";另一方面,"四端"(恻隐、羞恶、辞让、是非)所指向的道德情感的价值性和超越性被弱化,甚至以喜怒哀乐等自然情感的属性来界定"四端"。不难看出,朱子在对孟子"四端"的诠释中鲜明地体现出"尊性卑情"的理性主义倾向,在孟子那里作为德性根芽的"四端"被理解为善恶未定的经验性情感。尽管《语类》中仅存的关于"四端理之发,七情气之发"的论述似乎表达了区分"四端""七情"的倾向,但就朱子的整体论述而言,二者在他的概念系统中基本上是同一个层次的"情",归属于形下之气。

三、东亚朱子学关于"四端""七情"关系的讨论

在朱子那里,"四端"与"七情"的关系尚未成为他思考的主要问题,专门的论述也相对较少,因此留给后学很大的讨论空间。《语类》关于以"理发""气发"区分"四端""七情"的说法引起了后学的进一步阐释和争辩。原因在于"理发"的说法与朱子对于"理"的规定"无情意,无计度,无造作"[①]之间显示出矛盾,因为"理"是"气"之所以然,因而是抽象的本体论概念,所谓"理有动静"并不是意味着理自身能够"动静",因为"动静"都是"气"的属性,由于"理气不离","理"挂搭在"气"上随之显示出"动静",这个过程如同"人乘马"[②],人虽不动但随着马之动而有出入行止。这样,问题就出现了:超越于"动静"之上的"理"如何能够发而为"四端"?这种"理之发"是何种意义上的"发"呢?

朱子弟子黄榦(号勉斋,1152～1221)在论述"天地之性"和"气质之性"时,提到了"理""气"之间相互作用的两种方式:"及其感物而动,则或气动而理随之,或理动而气挟之,由是至善之理听命于气,善恶由之而判矣。"[③]黄榦指出,在未发之时"天地之性"("理")本身纯然至善,但是一旦发动就受到气质的制约,一种情况是"气"为主导运动作用而"理"跟随而动,另一种情况是"理"为主导而"气"对其作用产生了限制,这两种情况都可能导致善的或恶的结果。但是根据朱子的理气观,"理无造作",作为朱子的嫡传弟子,黄榦所讲的"理动而气挟之"并不是说"理"自身运动,而是说"理"在经验世界表现出来的过程中有可能受到"气"的挟持。他这里并没有提到"四端"和"七情"问题,只是谈"天命之性"与"气质之性"的区别。黄榦在给友人的一封书信中又提到了"发于身"与"发于理"的区别:"人指此身而言,道指此理而言。发于此身者,则如喜怒哀乐是也;发于此

① 黎靖德编:《朱子语类》卷一,中华书局1986年版,第3页。

② 参见黎靖德编:《朱子语类》卷九十四,中华书局1986年版,第2376页。

③ 《宋元学案》卷十七,载黄宗羲、全祖望:《宋元学案》第1册,中华书局1986年版,第694～695页。这段文本不见于《勉斋集》,而在明初编撰的《性理大全书》中出现过三次(卷二、卷五、卷三十一),朝鲜学者应该是通过该书看到这段文本的。

理者,则仁义礼智是也。”[①]这里黄榦将“七情”视为“发于身”,“四德”视为“发于理”,并没有提到“四端”发于何处;所谓“发于理”实际上延续了朱子关于“道心原于性命之正”的说法,也并非意味“理自能发”。

“四端”与“七情”的关系问题在中国朱子学中并未成为一个明确被讨论的问题,但在韩国朱子学(亦称“朝鲜性理学”)中却成为一个讨论的热点问题。据考证,朱子学传入朝鲜半岛是在1290年(中国元世祖至元二十七年,高丽忠烈王十六年)。李氏朝鲜建立以后,将朱子学作为国家的统治理念和指导思想,朱子注释的《四书》等经典以及《小学》《家礼》等著作都被选定为科举考试的内容,朱子学的权威地位贯穿朝鲜王朝始终。关于“四端”与“七情”的哲学论辩在朝鲜王朝前后持续了近五百年,几乎重要的儒者都牵涉其中,成为韩国思想史上最为重要的话题。

最早对“四端”“七情”进行区分的是高丽王朝末期的儒者权近(号阳村,1352～1409)。他在其著作《入学图说》中绘制了关于天人心性的总图和分图,在《心之图》中将“四端”“七情”分别置于“情”一边与“意”一边,依据元儒胡炳文关于“性发为情”与“心发为意”的区分[②],将“四端”视为“性发”,本善无恶;将“七情”视为“心发”,几有善恶。他详论“七情”:“七者之用在人,本有当然之则,如其发而中节,则《中庸》所谓达道之和,岂非性之发者哉?然其所发,或有不中节者,不可直谓之‘性发’而得与四端并列于情中也。故列于心下,以见其发之有中节、不中节者,使学者致察焉。”[③]简言之,权近认为应当在根源上将“四端”和“七情”加以区分,“四端”来源于超越的“性”,因此是纯善而无恶的;而“七情”来源于经验性的“心”,因此有“中节”或“不中节”的可能。这里我们不难看出权近力图对道德情感和自然情感加以区分。

此后,朝鲜王朝初期的儒者柳崇祖(号石轩,1452～1512)在其《大学箴》中借用了黄榦的说法,对“四端”和“七情”进行了区分:“内具众理,外应万事,统性与情,神明莹澈。情动于性,纯善无杂;意发于心,几善与恶。理动气挟,四端之情;气动理随,七情之萌。”[④]在柳崇祖看来,“四端”的发生机制是“理动气挟”,即是理主导发动而表现于气,也可以说就是“动于性”,因而在价值属性上表现为“纯善无杂”;“七情”的发生机制是“气动理随”,即是气主导发动而理跟随挂搭,也可以说就是“发于心”,因而在价值属性上表现为“几善与恶”。值得注意的是,黄榦所讲“理动气挟”是在消极意义上说的,强调气对于理的限制约束作用,相当于朱子所讲的由于“气强理弱”而导致对理的遮蔽,因此这种情况不可能是“纯善无杂”的;而柳崇祖这里沿用了黄榦的表述,但强调的重心在于“理动”,而不在于“气挟”,目的在于说明“四端”的至善性。

以上是东亚朱子学在“四七之辩”开始之前的思想积累,其基本线索是延续着朱子关

---

① 黄榦:《复李公晦书》,载《勉斋集》卷八,《文渊阁四库全书》第1168册,(台北)台湾商务印书馆1986年版,第91页。

② 这一区分源自元代儒者胡炳文(号云峰,1250～1333),他认为:“性发为情,其初无有不善,即当加夫明之之功,是统体说;心发而为意,便有善不善,不可不加夫诚之之功,是从念头说。”(《四书通·大学通》卷一)他并不致力于探讨“四端”和“七情”的问题,只是区分了“性发”的无有不善和“心发”的有善有不善。

③ 权近:《入学图说》卷一,(首尔)乙酉文化社1974年版,第150页。

④ 柳崇祖:《大学三纲八目箴·明明德箴》,载《真一斋先生文集》卷一,韩国国学研究院,2013年,第14页。

于"四端理之发，七情气之发"的论述进一步对"四端"和"七情"进行区分，亦即对道德情感与自然情感加以区分，目的在于凸显道德情感的超越性。这种思想倾向实际上是对于朱子"情"论的修正，力图通过在产生机制上强调"理发"来凸显"四端"的超越性和至善性。这种思路实际上突破了朱子"性情二分"的心性论架构，使以"四端"为代表的道德情感在"理气二分"的结构中更倾向于"理"这一方。

四、朝鲜王朝前期儒学的"四七之辩"

朝鲜王朝前期的儒者就"四端""七情"的关系问题展开了论辩，信函往复文字数十万字，对其中所蕴含的许多具体问题进行了充分的阐述，成为东亚儒学史上重要的思想创获。这场论辩的两次高潮当属李滉与奇大升的"四七理气之辩"、李珥与成浑的"四七道心人心之辩"。有鉴于学界已对相关论争进行了较为充分的研究[①]，本文这里仅就主要问题略作归纳。

在第一次"四七之辩"中，李滉（1501～1570，号退溪）与奇大升（1527～1572，号高峰）的主要分歧在于以下几方面。

1.关于"四端"与"七情"的同异问题。李滉的基本观点是：尽管都属于"情"的范畴，但是"四端"与"七情"是异质异层的，其中"四端"出于本性，而"七情"缘境而发。而奇大升的基本观点则是："四端"与"七情"属于同一个层次，"七情"包括"四端"，"四端"是"七情"之发而中节者。

李滉力图从"何从而发"的角度对"四端"和"七情"进行区别："恻隐、羞恶、辞让、是非，何从而发乎？发于仁、义、礼、智之性焉尔。喜、怒、哀、惧、爱、恶、欲，何从而发乎？外物触其形而动于中，缘境而出焉尔。"[②]李滉根据朱子"心统性情"的讲法，认为"四德"是"性"，"四端"是"情"，根据朱子"情发于性"的观点，认为"四端"发于"四德"，这并不违背孟子"四端说"的本意。而李滉关于"七情"的讲法是根据程颐的《颜子所好何学论》："形既生矣，外物触其形而动于中矣。其中动而七情出焉，曰喜、怒、哀、惧、爱、恶、欲。"[③]是说这七种情感是有外物的刺激而引起人心中的情绪反应，这种说法的实质是"心缘外境而发为七情"。而奇大升则对李滉的这种区分提出了质疑："四端固发于仁义礼智之性，而七情亦发于仁义礼智之性也。""然则'外物之来，易感而先动者，莫如形气'一语，恐道七情不着也。若以感物而动言之，则四端亦然。赤子入井之事感，则仁之理便应，而恻隐之心于是乎形；过庙、过朝之事感，则礼之理便应，而恭敬之心于是乎形。其感物者，与七情不异也。"[④]奇大升根据朱子的讲法，认为"四端"与"七情"都是"情"，因此两者在发动机制上没有区别：如果说"四端"发于"性"，那么"七情"也发于"性"；如果说"七情"是"心"缘外

① 比较系统的论著有李明辉：《四端与七情：关于道德情感的比较哲学探讨》，(台北)台大出版中心，2005年；杨祖汉：《从当代儒学观点看韩国儒学的重要论争》，(台北)台大出版中心，2005年。

② 李滉：《答奇明彦(论四端七情第一书)》，载《定本退溪全书》第3册，(首尔)财团法人退溪学研究院，2006年，第48页。

③ 程颐：《颜子所好何学论》，载《二程集》，中华书局1981年版，第577页。

④ 奇大升：《答退溪论四端七情书》，载《两先生四七理气往复书》上篇，《高峰全书》第5册，首尔：民族文化推进会，2007年，第445页。

境而发,那么“四端”也同样是“心”缘外境而发。因此李滉就“何从而发”的角度对“四端”和“七情”进行区别不能成立。

在奇大升看来,“七情”是“情”的总称,而“四端”是“情”之发而中节者,两者的关系是“七包四”:“盖性之乍发,气不用事,本然之善,得以直遂者,正孟子所谓‘四端’者也。此固纯是天理所发,然非能出于七情之外也,乃七情中发而中节者之苗脉也。”[①]“子思之言,所谓道其全者,而孟子之论,所谓剔拨出来者也。盖人心,未发则谓之性,已发则谓之情;而性则无不善,情则有善恶,此乃固然之理也。但子思、孟子所就以言之者不同,故有四端、七情之别耳,非七情之外复有四端也。”[②]在奇大升看来,同样都是在讲“情”的问题,《中庸》所讲的“七情”[③]是全面的讲法,这种讲法的全面性在于:一方面把“情”的类型列举得完全,另一方面是把“情”之可善可恶的情况都包含在内。而孟子所讲的“四端”是有选择的讲法,仅仅指称“情”中“发而中节”的部分,这部分是本性刚刚发动还没有气质习染、干扰而直接呈现出来的“情”,因此是善的。在这个意义上,“四端”是“七情”中善的一部分,“四端”的概念就等同于“七情之发而中节者”的概念。李滉则对奇大升这种强调“四”“七”同质性的说法不能认同:“就异中而见其有同,故二者固多有浑沦言之;就同中而知其有异,则二者所就而言,本自有主理、主气之不同,分属何不可之有?”[④]如同朱子答辅广所问的思路,李滉为了说明“四端”“七情”两种情感的异质性,引入了“理”“气”这对本体论概念加以说明,这就涉及这场论辩的核心问题:“理发”与“气发”。

2.关于“理发”“气发”问题。李滉持“理气互发”说,其经典命题是:“四端,理发而气随之;七情,气发而理乘之。”[⑤]而奇大升则反对这种说法,认为真正意义上能发的只是“气”,“理”由于不能造作而只能乘气而发,因而“四端”“七情”都是“气发”,其经典命题是:“情之发也,或理动而气俱,或气感而理乘。”[⑥]这种说法被称为“共发说”。

李滉发挥了朱子关于“理气不离不杂”的论说,将“理”“气”关系定位为“相须以为体,相待以为用”[⑦],“盖人之一身,理与气合而生,故二者互有发用,而其发又相须也。互发,则各有所主可知;相须,则互在其中可知。互在其中,故浑沦言之者固有之;各有所主,故分别言之而无不可”[⑧]。在李滉看来,“理”与“气”之间“相须”“相待”的关系决定了“互有发用”的可能,因此“理发”和“气发”都能够成立,不仅如此,关于“理”“气”既可以“浑沦言之”,又可以“分别言之”,两种讲法不相冲突。李滉自信他对“理”“气”关系的这种讲法是符合朱子的原意的。但是奇大升不同意这种理解,并引证朱子的话予以否定:“朱子曰:‘气则能凝结造作,理却无情意,无计度,无造作。只此气凝聚处,理便在其中。’正谓此

① 奇大升:《非四端七情分理气辩》,载《两先生四七理气往复书》上篇,《高峰全书》第5册,第438页。

② 奇大升:《非四端七情分理气辩》,载《两先生四七理气往复书》上篇,《高峰全书》第5册,第438页。

③ 在朱子那里就把《中庸》所说的“喜怒哀乐”与《礼运》所说的“七情”视为详略不同的同一种“情”,李滉、奇大升等人都沿用了这种认识,因此奇大升所说的“子思之言”就是指“七情”。

④ 李滉:《答奇明彦(论四端七情第二书)》,载《定本退溪全书》第3册,第106页。

⑤ 李滉:《答奇明彦(论四端七情第二书)》,载《定本退溪全书》第3册,第108页。

⑥ 奇大升:《再论四端七情书》,载《两先生四七理气往复书》下篇,《高峰全书》第5册,第468页。

⑦ 李滉:《答奇明彦(论四端七情第一书)》,载《定本退溪全书》第3册,第47页。

⑧ 李滉:《答奇明彦(论四端七情第二书)》,载《定本退溪全书》第3册,第107页。

也。今曰'互有发用,而其发又相须',则理却是有情意,有计度,有造作矣。"[①]奇大升继承了朱子"理乘气动"的思想,认为"理"作为超越的所以然原则,本身不活动,只能乘气而有动静,因此李滉所谓"理发"的说法就相当于说"理有造作",与朱子的说法相悖而不能成立。从这里不难发现,李滉在"四端七情"问题上所表现出的"理气互发说",在"理"的活动性问题上已经越出了朱子本人的相关说法,具有了自己独特的理解。

李滉"四七论"的文献根据在于《朱子语类》中的"四端是理之发,七情是气之发",将两者在来源上分别归属于"理发"和"气发"。而奇大升则认为这是朱子"一时偶发所偏指之语",与朱子"前后备陈所周该之言"[②]相互矛盾,因此不足为据。奇大升根据朱子的其他文本借以反对"四端理发,七情气发"的说法,认为"四端""七情"都是"气发",两者在来源上没有根本的区别。李滉在论证"四端""七情"区分时,一方面强调由于两者"因其所从来"有所差异而有"理发"与"气发"的分别,另一方面强调因两者"所指不同"而有"主理""主气"的分别。在他看来,"四端"发于"性",根据程朱"性即理"的说法,就可以说"四端发于理"或"四端主于理";而"七情"的特征是"易感而先动",这种特征来自形气,所以说"七情发于气"或"七情主于气"。笔者认为,从减少争议的角度来看,"主于理"的说法要比"发于理"的说法更妥当,因为"主"强调的是起作用的主导力量,而"发"强调的是来源和动力,揣度朱子本人的意思,有可能接受"四端主于理"的说法,但很难真正认同"四端发于理"的说法,因为后者与"理无造作"的思想存在着矛盾,这就是奇大升捍卫朱子学的立论依据。但李滉本人并不认为"主于理"和"发于理"在实质上有任何区别,这两种表述在他那里是同义的,因为他认为"理"本身就是"能发者",这种倾向在他后期的"理动说""理到说"中表现得更加明确。

针对李滉的这种区分,奇大升强调,根据朱子"情发为性"的说法,不仅"四端"发于"性",而且"七情"无疑也发于"性",因此如果要讲"各有所从来"的话,两者并无根本不同。他指出李滉的讲法不准确,而应该说"四端七情之中节者发于理,四端七情之不中节者发于气",因为无论"四端"还是"七情"都是"兼理气,有善恶"的,所以不能说"四端"中没有"气"的成分,"七情"中没有"理"的成分。有鉴于奇大升的这种批评,李滉将原来关于"四端之发纯理,故无不善;七情之发兼气,故有善恶"[③]的"兼发说"修改成为"四则理发而气随之,七则气发而理乘之"的"互发说",承认"四端""七情"都是理气相互作用的结果。尽管如此,奇大升还是不能认同,他提出了"共发说"力图抹平"四端""七情"的差异。在他看来,无论是"四端"还是"七情",其所发都有"理动而气俱"和"气感而理乘"两种情况,尤其是强调"七情"也有"理动而气俱"的可能,这情况就是"气之顺理而发,无一毫有碍者"[④],奇大升认为这就是"理发",这个意义上的"理发"不是理自己发动,是气的发动在结果上合乎于理。李滉对奇大升这种将"理发"还原为"气发"的观点进行了批评,指出:"以气顺理而发为理之发,则是未免认气为理之病。"[⑤]

---

① 奇大升:《再论四端七情书》,载《两先生四七理气往复书》下篇,《高峰全书》第5册,第474页。

② 奇大升:《答退溪论四端七情书》,载《两先生四七理气往复书》上篇,《高峰全书》第5册,第448页。

③ 李滉:《与奇明彦(己未)》,载《定本退溪全书》第3册,第36页。

④ 奇大升:《再论四端七情书》,载《两先生四七理气往复书》下篇,《高峰全书》第5册,第468页。

⑤ 李滉:《答奇明彦(论四端七情第三书)》,载《定本退溪全书》第3册,第148页。

在论辩过程中，奇大升提出一个问题："敢问喜怒哀乐之发而中节者，为发于理耶？为发于气耶？而发而中节，无往不善之善，与四端之善，同欤？异欤？"[①]李滉回答："虽发于气，而理乘之为主，故其善同也。"[②]奇大升的意思很明确，主张"七情"之发而中节者发于"理"，"七情"发而中节之善与"四端"之善是相同的。李滉强调，两者在价值属性上的善尽管相同，但是"七情"依然是发于"气"，其之所以发而中节在于"理乘之"，即"理"的引导和制约作用，因此不能因为"七情"有发而中节的可能就认为"七情"发于"理"。由此也可见，李滉非常重视"理"对于"气"的主宰作用。

3.关于"四七"善恶问题。李滉以"四端"发于"理"故无不善，以"七情"发于"气"故有善恶；而奇大升以"四七"均兼"理""气"、有善恶，进而推出"四端亦有不中节"的说法。

李滉最初的观点是："四端皆善也……七情，善恶未定也，故一有之而不能察，则心不得其正；而必发而中节，然后乃谓之'和'。"[③]奇大升对"七情善恶未定"的说法表示反对："然则四端固皆善也，而七情亦皆善也，惟其发不中节，则偏于一边，而为恶矣。岂有善恶未定者哉？"[④]有鉴于此，李滉将原稿的"七情善恶未定"更改为"七情本善，而易流于恶"，原因在于"善恶未定"的说法会导致对"七情""有气无理"的误解，这不符合朱子关于"理气不离"的思想。修改后说"七情""本善"是说其也是本性所发(属于"理")，但是由于其容易受外物的引诱而失于节制(所谓"一有之而不能察")，导致恶的产生。这一点奇大升也是同意的，他主张："但理弱气强，理无眹而气有迹，故其流行发见之际，不能无过不及之差。此所以七情之发，或善或恶，而性之本体，或有所不能全也。然其善者，乃天命之本然；恶者，乃气禀之过不及也。则所谓四端、七情者，初非有二义也。"[⑤]奇大升秉承朱子"理弱气强"的说法来解释恶的产生，"理"无法管摄"气"就出现了喜怒哀乐发不中节的结果；但是这种恶来自气质，并不意味着本体是恶的。因此奇大升与李滉都承认"七情""本善而易流于恶"。

但与李滉不同之处在于，奇大升将"四端""七情"都视之为"兼理气，有善恶"的，他沿着自身的逻辑再推一步，就得出了"四端亦有不中节"的结论："若泛就情上细论之，则四端之发，亦有不中节者，固不可皆谓之善也。有如寻常人，或有羞恶其所不当羞恶者，亦有是非其所不当是非者。盖理在气中，乘气以发见，理弱气强，管摄他不得，其流行之际，固宜有如此者，乌可以为情无有不善？又乌可以为四端无不善耶？"[⑥]在奇大升看来，"四端"也是"理""气"的结合，也会出现"气强理弱"的情况，那么也就会同"七情"一样出现"不中节"的情况。如本文第三部分所揭示的，这种说法在朱子那里也出现过，而且不止一处。可以说，奇大升的"四端不中节"之论是朱子学自身必然的结论。但是，李滉坚决反对这种"四端不中节"的说法，指出其不符合孟子"四端说"的原意，而且危害后世。李滉是在孟子的立场上对奇大升展开上述批评的，这也可以用于批评朱子，但这是李滉所

---

① 奇大升:《再论四端七情书》，载《两先生四七理气往复书》下篇，《高峰全书》第5册，第468页。

② 李滉:《答奇明彦(论四端七情第三书)》，载《定本退溪全书》第3册，第146页。

③ 李滉:《答奇明彦(论四端七情第一书)》，载《定本退溪全书》第3册，第49页。

④ 奇大升:《答退溪论四端七情书》，载《两先生四七理气往复书》上篇，《高峰全书》第5册，第446页。

⑤ 奇大升:《非四端七情分理气辩》，载《两先生四七理气往复书》上篇，《高峰全书》第5册，第438页。

⑥ 奇大升:《答退溪论四端七情书》，载《两先生四七理气往复书》上篇，《高峰全书》第5册，第442页。

不自觉的，我们可以推测李滉当时并未注意到《语类》中朱子关于"四端不中节"的相关段落。在李滉心中，朱子的地位是"百世一人""天下古今之所宗师"，李滉不仅信奉朱子的学说，而且对于朱子所厘定的道统深信不疑，因而孟子的地位和学说也不可怀疑。而当奇大升在《再论四端七情书》中引述了《语类》中朱子关于"四端不中节"的原话之后，李滉没有就此问题再发表意见，其内心的矛盾可以想见。从李滉这里的纠结也可以看到朱子对于"四端"的理解与孟子的本意存在着很大张力。

同时，奇大升本人也非常清楚"四端不中节"的说法有悖于孟子之意，李滉肯定难以接受，就进一步加以解说，突出这种说法是就"常人之情"而论，目的在于促使一般人努力"存理去欲"。面对李滉的严厉批评，奇大升此后也并没有再坚持"四端不中节"的提法，因为这毕竟与儒家经典的说法存在冲突，他后来在一定的程度上又承认"四端无不善"的说法，如在《四端七情总论》中写道："盖孟子发明性善之理，而以四端为言，则其发于理而无不善者，又可知也。"[①]这被认为是奇大升最终接受李滉观点的例证，但奇大升的这种接受在很大程度上是有所保留的。

李滉与奇大升之间"四七"论辩还涉及"本然之性"与"气质之性"、"道心"与"人心"等多方面的问题，限于本文主题，在此并不赘述。简要总结这场论辩的主要观点：关于"四端"与"七情"的关系问题，李滉主分，奇大升主合，李滉立异，奇大升求同；关于"四七"来源问题，李滉主"理气互发"，奇大升主"共发于气"；就"四端"而言，李滉认为"理能自发"，而奇大升主"气顺理发"；关于"四七"善恶问题，李滉主张"四端纯善，七情兼善恶"，而奇大升则主张"四七兼善恶，四端亦有不中节"。就朱子学的内在展开来看，奇大升继承了朱子"认情为气"的思路，把"四端"和"七情"都看作经验性的情感，倾向于消解道德情感与自然情感之间的差别；而李滉则力图通过"理发"的概念来重新提升"四端"作为道德情感所蕴含的超越性和至善性，显示出逸出朱子学而回归孟子学的思想动向，尽管这种动向是以朱子传人自任的李滉本人所不自觉的。在情感哲学的视域中，李滉对道德情感的重视显示出对于朱子"尊性卑情"的理性主义道德学说的超越，使道德情感能够与道德理性处于同等的本体论地位，这与孟子关于"四端"和"四德"关系的理解是一致的。

朝鲜儒学中"四七之辩"的第二次高潮是在李珥（1536～1584，号栗谷）与成浑（1535～1598，号牛溪）之间，这次论辩的新情况是在此前"四端七情"问题的基础上又加入了"道心人心"问题，使内容更加复杂化。由于本文主题所限，这里仅对李珥与成浑关于"四端七情"的观点略作概述。其实李珥、成浑都是李滉的弟子辈，但他们对于李滉"互发说"的观点态度不一。概言之，成浑站在李滉的观点上，认为"四端"与"七情"是异质的两种"情"，又引入了朱子关于"道心"与"人心"分立的观点来说明"四端"与"七情"的异质性；而李珥则进一步发展了奇大升的观点，认为"四端"和"七情"是同质的情感，"七情"包括"四端"，而"道心""人心"的区分不同于"四端""七情"的区分。在"四七"关系问题上，比较有新意的是李珥沿着奇大升的思路提出了"气发理乘一途说"："所谓'气发而理乘之'者，可也。非特七情为然，四端亦是气发而理乘之也。何则？见孺子入井，然后乃发恻隐之心，见之而恻隐者气也，此所谓'气发'也。恻隐之本则仁也，此所谓'理乘之'也。

① 奇大升：《四端七情总论》，载《两先生四七理气往复书》上篇，《高峰全书》第5册，第476页。

非特人心为然,天地之化,无非气化而理乘之也。是故,阴阳动静,而太极乘之,此则非有先后之可言也。"[①]李珥此论是针对李滉的"四端理发而气随之"的论断而发。李珥根据朱子对于"仁性爱情"的界定,将"恻隐之心"视为形下之"情"并归之于"气",其发用就被定性为"气发";而"恻隐之心"背后的"仁"被视为形上之"性"并归之于"理",这个"仁"的作用不是直接发动"恻隐之心",而是使"恻隐之心"发动之后合乎"仁"的道德要求,这种作用是间接的,被定性为"理乘"。因此,在李珥看来,不论是"四端"还是"七情"都是"气发理乘",结合答成浑第六书的文本,无论"道心"还是"人心"也都是"气发理乘"。不仅如此,李珥进一步将"气发理乘"的模式由心性论推广到宇宙论,认为天地万物的产生无一不是"气发理乘",只有这一种解释模式而别无他途,这就是所谓"气发理乘一途说"。具体分析,李珥实际上是把朱子"理乘气动"的思想推至其极,在"理气"之间更为突出"气"的生发作用,这里可以看到罗钦顺、徐敬德"气学"思路的深层影响。但李珥本人认为自己完全根据朱子的思想立论。基于此,李珥关于"理气"关系的经典命题是:"理无形而气有形,故理通而气局;理无为而气有为,故气发而理乘。"[②]在这种理气观之下,"四端""七情"都归属于"有形有为之气",而与"无形无为之理"区别开来。在"四七"关系上,李珥更明确地说"七情包四端","七情之外,更无四端矣","四端是七情之善一边也,七情是四端之总会者也"。[③] 因而反对将"四端"与"七情"分立并举。这实际上与朱子、奇大升的思路一脉相承,将"七情"看作"情"的总称,而"四端"是其中善的一部分,即"七情之发而中节者"。

在朝鲜后期的儒学史上,李滉所开创的"岭南学派"与李珥所开创的"畿湖学派"成为两大流派,在诸多学术观点的差异中,"四端七情"论成为辨识学派归属的重要标志,学宗李滉者力主"理气互发"说,学宗李珥者力主"气发理乘一途"说,基本上有影响力的儒者都在这个问题上择一而从。尽管李滉所直接面对的论敌是奇大升,但是在韩国儒学史上成为标杆的对立面却是李珥。从朱子学义理架构的角度来看,在"情"的问题上,栗谷学派比较忠实于朱子的理解,将"四端""七情"都归属于"气";而退溪学派则超出了朱子的规定,将"四端"的来源归结为"理发",突出了其超越于"七情"之上的超越性。

结语:儒家情感哲学的发展逻辑

结合东亚视野来看儒家情感哲学的发展逻辑,关于道德情感与自然情感的关系问题,孟子、朱子和李滉代表了儒家对道德情感认识的三个阶段。孟子提出了"四端说",主张道德情感与自然情感的区分,强调道德情感的至善性,使道德情感成为通向道德理性的基础,同时也是道德实践的着手之处。朱子根据"理气二分""性情二分"的思想模式,将以"四端"为道德情感与以"七情"为代表的自然情感都归入经验性之"情",在逻辑上得出了"四端亦有不中节"的结论,实际上消解了道德情感的超越性和至善性。李滉继承了朱子后学的区分"四七"的思想倾向,进一步明确提出"四端理发而气随之,七情气发而理

---

① 李珥:《答成浩原(壬申)》,载《栗谷全书》卷十,华东师范大学出版社 2017 年版,第 355 页。

② 李珥:《答成浩原》,载《栗谷全书》卷十,第 374 页。

③ 李珥:《答成浩原》,载《栗谷全书》卷十,第 357、355 页。

乘之",重新挺立"四端"的超越性和至善性,将道德情感与自然情感置于两个不同的层次。尽管李滉非常尊奉朱子的权威,但在道德情感的理解上回归于孟子对"四端"的理解。在对"四端"的定位上,孟子、朱子和李滉构成了"正"—"反"—"合"的辩证发展过程。我们可以从内外两方面来考察这种演进的原因。

从外在原因来看,朱子本人具有很强的道统意识,他将"孔曾思孟"作为先秦儒学的正统,因此孟子关于"四端"的论说必然成为朱子的四书诠释学需要正面阐述的问题。然而,朱子自身的哲学体系显示出鲜明的"尊性卑情"的理性主义特征,所以"四端"在理气二元架构中必然被归属于"气"。由此可见,朱子对孟子的诠释和自身的哲学体系之间存在着相当的张力,这也就是《语类》中何以同时出现"四端发于理,七情发于气"和"四端亦有不中节"这样相互矛盾论述的原因。换言之,以上这种张力实质上是孟子学与朱子学之间的张力。在朝鲜性理学中,朱子学说被视为无可置疑的定见,因此以上这种张力保留下来:一方面,在朱子所厘定的道统中,孟子是圣贤,因而"四端"之说是圣贤遗教,不容置疑;另一方面,朱子本人是学者宗师,"心统性情"之说颠扑不破。由于这两重权威的作用[①],导致朝鲜儒者有"四七论争"和两大学派的分化。从李滉的整体思想来看,无疑是一位朱子学者,但在对"四端"的理解上,在一定程度上逸出了朱子学的框架而回归于孟子学的思想。有学者据此因此认为李滉"暗合于阳明的思路"[②],本文的研究不能同意这种说法,因为尽管李滉肯定"四端"是"理发",但从未说过"四端即是理",并且对于王阳明"心即理"的说法进行了批判[③],因此他与王阳明之间的思想差距要大于他与朱子之间。

从内在原因来看,孟子提出"四端说"来论证"性善论",这种做法的实质就是使道德情感成为通向道德理性的基础,这鲜明地体现出儒家情感哲学的特质。较之于西方伦理学所讲的"道德感"(moral sentiment),儒家在探讨道德情感问题时并不预设"理性/情感"的二分法作为前提,而是将道德理性包含于道德情感之中,体现为一种"情理合一"的思想形态。新儒家学者牟宗三先生提出"道德情感上下其讲":"下讲,则落于实然层面,自不能由之建立道德法则,但亦可以上提而至超越的层面,使之成为道德法则、道德理性之表现上最为本质的一环。"[④]蒙培元先生指出:"儒家承认人类有共同的情感,共同情感是人的德性具有普遍有效性的证明。……是以先天的或先验的'性理'为其普遍有效性的保证。但是,这样的先验理性(性理)是潜在的,只能在情感经验中实现,在情感经验中获得其现实性,从而使人的生命具有'意义'。"[⑤]综合学界的研究,我们可以归纳出儒家哲学中道德情感的主要特征:纯善性、普遍性、超越性。李滉在思想理路上继承了孟子关于"四端"超越性的思想,尽管他并不认为"四端即是理",但他将道德情感的来源追溯于"形上之理",并且在价值属性上肯定了"四端"的纯善无恶,这实际上打通了道德情感通向道德理性的道路,回归于儒家对道德情感的总体理解。

---

① 李明辉教授在分析朝鲜儒学"四七之辩"时指出李滉同时面对孟子与朱子双重文本、双重权威的问题。参见李明辉:《四端与七情:关于道德情感的比较哲学探讨》,华东师范大学出版社 2008 年版,第 196 页。

② 参见李明辉:《四端与七情:关于道德情感的比较哲学探讨》,第 262 页。

③ 参见李滉:《〈传习录〉论辩》,载《定本退溪全书》第 12 册,第 66 页。

④ 牟宗三:《心体与性体》(上),上海古籍出版社 1999 年版,第 108 页。

⑤ 蒙培元:《情感与理性》,中国人民大学出版社 2009 年版,第 17 页。

The "Four beginnings-Seven emotions Debate" and the Development of East Asian Confucian Emotion Philosophy

LU Xing

Abstract: "Four beginnings" and "Seven emotions" are the core contents of Confucian emotion philosophy, which represent moral feeling and natural emotion respectively. Pre-Qin Confucianism made a preliminary summary of natural emotion, the most complete expression is the theory of "Seven emotions"; Confucius has more guidance on moral feeling, and Mencius further systematically summarizes it as the theory of "Four beginnings". Chu Hsi formally discusses the relationship between "Four beginning" and "Seven emotions". In his quotation, he mentions that "Four beginnings derive from *Li* (principle), and Seven emotions derive from *Qi* (matter)", but in his framework of "Heart contains Nature and Emotion" (*Xin Tong Xing Qing*), he ascribes both of them to the emotion belonged to "*Qi*". The contradiction in Chu's thought about "four-seven's separation and reunion" had a profound influence on East Asian Master Chu's Learning. In the history of Korean Confucianism, the "Four seven debate" was formed. Among them, the Lingnan School represented by Toegye, advocates the "Four derive from *Li* and Seven derive from *Qi*"; and Jihu School represented by Yulgok, advocates the "*Qi Fa Li Cheng Yi Tu*" (everything derives from the matter and carries the principle). From Mencius to Chu Hsi and then to Toegye, Confucian emotion philosophy has experienced the development of "thesis-antithesis-synthesis".

绿色“一带一路”治理体系的国内经验探索与国外实践联动

杨　达　吴　绩　李金兰*

近年来，以生态环境为核心的绿色议题日益在各国得到关注。全球性的气候变化、环境污染、资源枯竭、疾病传播等危机，已跨越国界向每一个“地球村民”敲响警钟乃至“丧钟”，促使人类深刻反思如何更好确保生态环境保护与经济社会发展的良性互动。中国通过“一带一路”倡议持续拓展绿色发展、绿色治理理念的影响范围，并结合国内外治理经验联动，为世界的生态环境风险提供治理对策，特别彰显于国家治理体系与治理能力现代化的探索，通过绿色“一带一路”完善中国全球治理体系并拓展治理深化方位。

一、绿色治理概念界定与理论分析框架建构

从政治经济学维度进行的思考正在为绿色“一带一路”的治理创新提供可行逻辑支撑，而联动内外绿色实践以探索建构绿色治理体系及透视未来深化方位则成为研究重点。鉴于此，本文拟呈现如下核心概念及理论分析框架设定。

其一，着眼生态文明建设的“利益矛盾”根源问题，拓展绿色治理的内涵及外延，尝试探索“一带一路”绿色治理得以成行的国内外政治经济动因。本文认为，绿色治理不仅着眼传统的生态维度，“绿色”的开源、持续、多元、共生、分享等深层内涵，决定了应同步关注政治、经济、文化等不同领域，并形成治理主体“可开源”、治理过程“可持续”、治理手段“可多元”、治理客体“可共生”、治理结果“可分享”的广义绿色治理理念体系，即着眼多元共治的协同治理主体、绿色环保且因地制宜的延续治理过程、综合运用前沿科技手段和现代化宣传手段等的广泛治理手段，包含大自然等治理客体与人类共荣共生，绿色治理成果尽可能惠及所有生物群体。① 承载上述绿色治理理念，中国探索的独特绿色治理路径在于聚焦“发展和生态”两条路径的同步探索，且更彰显体系性的广义内容，搭建互利共赢平台容纳出海中企、当地政府和民众、域外相关方等“可开源”治理主体；采取“可多元”治理手段以形成“可持续”治理过程，改变此前经济发展转移矛盾于环境保护的经济运行逻辑；带来既创造效率又凸显代内、代际公平价值的“可分享”治理结果，实现大自然以及不同语境下治理对象与治理主体的“可共生”。

---

* 杨达，贵州大学公共管理学院教授。吴绩，贵州大学公共管理学院硕士研究生。李金兰，贵州大学公共管理学院硕士研究生。

① 参见杨达、康宁：《大扶贫、大数据、大生态：“一带一路”绿色治理的中国经验》，载《江西社会科学》2020年第9期。

其二,着眼如何解决"利益矛盾"的根源问题,从政治经济学的"行为调整—制度安排—激励设计—行为调整"的良性循环视角出发建构分析模型。[①] 本文拟构建类T字形绿色治理分析模型。T字形模型的"一横"代表绿色"一带一路"联动国家治理经验从而探索完善全球治理的面上尝试。围绕对"发展和生态"的同步遵循,可形成映射"行为调整—制度安排—激励设计—行为调整"的"绿色经济转型—绿色制度创新—绿色金融支撑"的绿色治理体系,绿色转型凸显对"发展和生态"的平衡行为推进,绿色制度偏重经济发展中的生态环境保护安排,绿色金融偏重生态底线下的绿色发展激励,同时三者之间又彼此衔接,彰显"行为调整—制度安排—激励设计—行为调整"的良性循环。T字形模型的"一竖"代表绿色"一带一路"聚焦治理支轴、争取外界认可,从而彰显区域治理效能的点上深化。笔者认为,绿色"一带一路"的行稳致远,需立足内外空间联动的绿色治理良好基础,通过绿色选点、绿色合作、绿色宣传的有序推进,即考虑重要支点的选择,探索"第三方区域"的可持续合作,并落实真正有效的宣传机制,集中优势资源逐步打造"一带一路"绿色治理的旗舰板块,而这在疫情防控常态化时期尤能探索精准施策的有效路径,特别是形成讲好中国故事的动人素材。

二、助力绿色"一带一路"的国内治理路径与经验

近年来,在习近平生态文明思想的指导下,中央统筹并强化全国生态环境保护,根据整体考量和地方特点采取系列绿色治理举措,国内生态环境保护成效显著。2016年,中共中央办公厅、国务院办公厅印发了《关于设立统一规范的国家生态文明试验区的意见》及《国家生态文明试验区(福建)实施方案》,选择福建、江西和贵州三省作为首批国家生态文明试验区。三地实践可形成助力绿色"一带一路"建设的关键经验,本文基于政治经济学"行为调整—制度安排—激励设计—行为调整"的透视逻辑,进一步将其总结为"绿色经济转型、绿色制度创新、绿色金融支撑"三条路径,从形成较有代表性的国家治理经验维度,推动塑造绿色治理体系,并同步成为绿色"一带一路"完善全球治理的可行抓手。同时值得指出的是,三条路径也都承载了治理主体"可开源"、治理过程"可持续"、治理手段"可多元"、治理客体"可共生"、治理结果"可分享"中的某个或多个理念,进一步彰显"绿色"的深层意涵。

1.国内绿色治理路径之一:转变经济发展方式,推动产业绿色转型

工业化和城镇化过程中粗放的经济发展方式,是资源过度开发和环境污染的主要原因。因此,推动经济发展由粗放向集约转型,不仅是推动绿色治理的关键路径之一,而且也是对治理过程"可持续"、治理手段"可多元"的重点彰显。福建省被确立为首批国家生态文明试验区以来,积极推动产业转型,通过改善主体功能区规划,形成更科学的产业布局,实行差别化开发与保护政策,推动形成加快集聚产业到沿海、重点保护山区生态的发展格局。[②] 同时,福建省加大力度淘汰落后产能,发展清洁能源和新兴产业、先进制造业

① 参见何爱平等:《中国特色生态文明建设的政治经济学》,中国经济出版社2019年版,第4～5页。

② 参见福建省人民政府发展研究中心课题组:《福建省生态文明建设的历程与启示》,载《发展研究》2018年第10期。

和现代服务业，降低单位 GDP 能耗，建立绿色发展的产业集群，在保持和促进经济增长的同时保护生态环境，形成良性互动，实现可持续发展。

2.国内绿色治理路径之二：加强环保制度建设，推进制度创新

环境保护政策的引导和保障、相关制度体系的健全，对建设生态文明、实现绿色治理不可或缺。环保制度可以从多个方面规范多元主体的行为，重点凸显“可开源”的治理主体在制度约束下关注如何带来“可分享”的治理结果，实现与治理客体的“可共生”。其一，建立明晰生态责任的科学考核制度。《江西省环境污染防治条例》明确规定县级以上人民政府在环境污染防治方面应履行的职责，建立环境污染防治相关监督管理制度，划定不同主体在环保工作中应参照的标准和规范。其二，建立推动区域共赢的生态补偿制度。福建省 2016～2017 年累计投入生态补偿资金近 35 亿元，用于补偿流域上游欠发达地区和生态保护地区。其三，建立震慑污染、破坏环境等行为的环境法庭制度。2007 年，贵阳市中级人民法院环境保护审判庭和清镇市人民法院环境保护法庭正式挂牌成立，成为中国第一批真正意义上的环境法庭。

3.国内绿色治理路径之三：建立绿色金融体系，提供资金保障

绿色金融是以促进经济、资源、环境协调发展为目的而进行的信贷、保险、证券、产业基金等金融活动。[①] 通过规则的不断完善和金融机构的逐步实践，形成为绿色治理提供关键资金支持的正向激励，尤其从以“可多元”治理手段来推动“可持续”治理过程的渠道，确保多元治理主体、治理客体可分享良善治理结果。其一，绿色金融助力经济发展和产业转型升级。福建省对环保不达标的企业或项目实行“一票否决”，对节能环保企业配置专项规模或倾斜信贷资金，“有扶有控”促进经济绿色转型。[②] 其二，绿色金融助力环境保护拓宽资金支持渠道。江西省推进环境污染责任保险“承保机构、参保企业、承保模式”三个全面放开，以绿色商业保险来防控生态风险。[③] 其三，绿色金融助力完善绿色治理市场机制。贵州省山区的贫困人口依托碳交易可通过封山育林和植树获得高额资金收入，由此既治理了山区的环境恶化问题，又通过环境保护走出脱贫新路。

三、绿色“一带一路”治理体系的国外实践探索

国内首批国家生态文明试验区已形成的有代表性的国家绿色治理经验，正以跨越时空的内外联动方式，承载于绿色“一带一路”在全球层面的治理实践，并同样按照“行为调整—制度安排—激励设计—行为调整”的政治经济学逻辑，可归纳为“绿色经济转型—绿色制度创新—绿色金融支撑”的“一带一路”绿色治理体系，彰显治理主体“可开源”、治理过程“可持续”、治理手段“可多元”、治理客体“可共生”、治理结果“可分享”的绿色治理理念，治理理念的“具象化”也尤其助力形成从国家治理经验到全球治理运用的逻辑机理。

---

① 参见西南财经大学发展研究院、环保部环境与经济政策研究中心课题组：《绿色金融与可持续发展》，载《金融论坛》2015 年第 10 期。

② 参见徐剑波、张奇斌、朱敢、许伟河：《福建省发展绿色金融的实践与国际经验借鉴》，载《福建金融》2014 年第 11 期。

③ 参见胡伏云：《推进赣江新区绿色金融改革创新　助力打造美丽中国“江西样板”》，载《清华金融评论》2017 年第 10 期。

1.国外绿色治理路径之一:在经济合作中实现绿色转型

中国在“一带一路”合作中充分尊重不同国家的自然环境、社会经济特点,秉持共商共建、互利共赢的原则,在相关国家较有代表性地落实经济合作与绿色转型的同步推进,而这尤其凸显了中国与大自然等治理客体的共荣共生、不落下贫困群众而要将生态和发展的二元治理红利分享到每个群体的从国内到国外的绿色治理理念。如中铁二十局以合作种植方式带动莫桑比克农户生产,引入中国先进的水稻种植技术和资源,指导培训莫桑比克当地1500户家庭种植水稻,带动当地农业在规避环境污染的前提下实现现代化改革,并在助力当地人民进一步延展农业产业链的同时,发展农业多元化经营路径,促进农业经济发展和带动当地就业。

2.国外绿色治理路径之二:在对外交往中完善制度建设

伴随“一带一路”建设的深度推进,中国不断完善对内对外的环境保护政策,同时,积极推动环境保护和绿色治理相关国际合作,逐步完善相关平台和制度体系,日益丰富与“一带一路”沿线及域外国家的合作治理机制,带动开源治理主体在不断拓展的治理手段运用中实现治理结果的“可分享”。中国十分重视建设绿色“一带一路”,对内对外提出多项环境保护政策,而且积极搭建国际对话平台,在不同国家和地区推动建设以环境保护为核心的绿色治理合作机制,并建立“一带一路”生态环保大数据服务平台,为政府、企业等实现国际绿色贸易、绿色投资、绿色基础设施建设等提供信息支持。不仅如此,中国还针对“一带一路”共建与域外国家探索日益成熟的多方合作机制,其中,中国与日本在东南亚国家打造的合作机制尤为典型。2017年,中日邦交正常化45周年之际,第十一届中日节能环保综合论坛于同年12月在东京举办。中日双方将论坛定位为节能环保合作的重要平台,并特别围绕“节能环保领域的中日第三方市场合作”(「省エネ環境分野における日中の第三国市場協力」),两国政府、企业、专家等着眼节能、洁净煤技术和煤炭火力发电、资源循环利用·垃圾处理、汽车智能化·电动化、中日长期贸易(为提高水循环而创新,包括海水淡化、污水和污泥处理)等6个主题,展开深度探讨。① 而这也奠定了2018年10月首届中日第三方市场合作论坛的基础,同时进一步形成依托论坛推进双方绿色治理合作的“一带一路”“沿线+域外”持续性机制。

3.国外绿色治理路径之三:在绿色金融运用中形成有力支撑

资金融通是“一带一路”倡议“五通”之一,绿色资金融通则是中国开辟并确保通路持续性开放的正向强激励措施。中国依托亚投行等机构提供多种绿色金融产品和服务,推动设立专门的资源开发和环境保护基金,助力共建国家的环境保护和绿色治理,确保同步重视经济发展和环境保护的治理过程“可持续”。中国通过绿色债券、绿色保险等金融产品有效引导国际合作投资流向新能源、高新领域等绿色产业,特别是促进后发国家经济社会成长方式的绿色转变。同时,中国也积极发展国内外金融机构之间的合作,推动建立共同的行为准则,通过“绿色清单”“排除清单”等方式引导资金流向,从融资层面把控相关项目的环境风险。针对“一带一路”共建国家和地区的不同资源环境条件和经济

---

① 『平成29年度 新興国等における省エネルギー対策·再生可能エネルギー導入促進等に資する事業(日中省エネルギー等·環境ビジネス推進事業)』、経済産業省資源エネルギー庁、平成30年、第13頁。

发展需求，中国在泰国、白俄罗斯等多个国家投资建立绿色生态工业园区，通过绿色融资引进新能源和低能耗、低污染的工业生产模式，使国际工业合作真正实现绿色和可持续发展，助力东道国相关产业的绿色转型。

四、绿色“一带一路”从全球之面到区域之点的治理深化方位

近年来，中国在“一带一路”合作项目中屡屡证明，中国智慧、中国经验可被更广泛运用于全球绿色治理，“守住发展和生态两条底线”的绿色经济转型、搭建高端协同合作平台的绿色制度创新、提供资金保障和融通的绿色金融支撑，同样承载“行为调整—制度安排—激励设计—行为调整”的政治经济学逻辑，客观而言也是国内绿色治理经验的延展，相关治理实践在与共建国家的通力合作、共同探索中正焕发新的生机。为使绿色从“大写意”转向“工笔画”，中国需要立足国内外绿色治理体系的路径，进一步按照绿色选点、绿色合作、绿色宣传的系统推进逻辑，落实绿色“一带一路”从全球之面到区域之点的治理深化方位。

1.绿色选点：选择东南亚为代表性支点

在疫情防控常态化时代，绿色“一带一路”建设需要进一步聚焦风险较低、收效更高的支点区域。鉴于东南亚是“一带一路”倡议向西延伸时首先经过的陆地、海洋交汇之处，更考虑到中国与东南亚区域绿色互动的友善历程，可选择东南亚为打造绿色“一带一路”旗舰品牌的代表性支点。

东南亚拥有优越的资源环境条件，但该区域的多数国家依然处于欠发达状态。近年来，东南亚多国正努力破除中等收入陷阱，推进发展转型，显现出极大的经济活力，在此过程中也面临着发展和环保的矛盾。特别是当前全球“黑天鹅”事件频发、反全球化愈演愈烈，以美国为代表的西方发达国家在世界范围内的环境保护领域中出现政策调整，全球环境治理缺乏有效领导而显得动力不足，加上亚马孙森林火灾、极端气候灾害频现、全球疫情肆虐等无时无刻不在提醒人们环境治理的紧迫性和人类命运紧密相连。从满足东南亚国家完善绿色治理、实现绿色增长的需求出发，中国有能力、有意愿提供精准“供给”。

中国的环保技术和经验能较好地适应东南亚国家的需求，加上“一带一路”建设下中国始终秉持绿色发展理念，中国和东南亚国家在绿色治理领域有巨大的合作潜力。20 世纪 90 年代以来，中国与东南亚国家达成多方面的合作计划，环境保护领域的合作尤其显著。中国与相关国家陆续落实多个环保项目。2010 年，我国同东盟建立中国—东盟环境保护合作中心，通过《中国—东盟环境保护合作战略》并实施《中国—东盟环境合作行动计划》；2016 年，中国与东盟通过五年环境保护合作战略。通过搭建一系列平台、推进一系列项目，中国与东南亚各国在绿色治理领域展开了广泛、深层次的合作，绿色“一带一路”更为东南亚带去了满足其发展“需求”的精准“供给”。中国需抓住机遇，系牢“绿色纽带”，深化与东南亚国家的对话与合作，增强周边外交中的互信，发挥绿色领导力，为提升全球环境治理话语权奠定基础。

2.绿色合作：着眼第三方市场合作的生态维度

二战结束之后，日本迅速展开对东南亚的外交“攻势”，如今已有大量日本出海企业入驻东南亚并与当地形成不同领域的合作，成效显著。即便中日两国在东南亚区域存在一定程度的同质性竞争，但双方均理性看到“合则两利，斗则俱伤”的客观事实，故在邦交

正常化46周年之际基于共赢理念探索第三方市场合作,东南亚区域便成为关键试点。在此,中国可凭借距离东南亚更近的优势,基于互利共赢原则落实多领域合作的同时,进一步彰显中国更具引领性、吸引性的绿色合作主张。

围绕东南亚第三方市场,中国可联合日本等其他国家从生态维度进一步推动建设"低碳共同体"的绿色合作构想。已有中国学者在国际学界发声,指出全世界可持续发展的五项原则:循环(资源利用最大化)、低碳(环境负荷最小化)、共生(人与自然和谐)、安全(安全安心的社会)、智慧(经济技术系统优化带来社会运行成本最小化和效用最大化)。① 围绕此类理念,"一带一路"倡议可通过沿线及"线外"相关国家的双边或多边合作、第三国市场合作的资金供给、技术转移、能力提升、项目落地等具体方式,实现依托"一带一路"的低碳共同体。具体可包括三个子集:一是以构建"一带一路"低碳共同体的多国间合作为目标,包含中国、日本、韩国、印度、俄罗斯等国家的交流、互惠与协作。二是以构建跨国城市间低碳共同体为目标,包括社会、技术、经济等领域的彼此交互,不同城市之间碳排放权的交易。三是以构建区域低碳共同体(跨越国境或者更多在一国内部)为目标,即在城市,着眼投入的能源、资源产生的废弃物,尽可能将其循环转换为新的能源及资源供给;在农村,将生物质也转换成能源和资源供给;将城市和农村的能源及资源供给进行清洁化处理,并结合自然能源,提升能源使用效率而节省能源。总体而言,城市和农村形成"生产—消费—废弃—处理—再生产"的自我循环,并特别注意其中的3R(Reduce,Reuse,Recycle)操作。② 着眼东南亚支点,中国可尝试推进与相关域外大国在当地落实因地制宜的低碳共同体构想。

3.绿色宣传:谋取可持续的话语主动权

当前,不可否认,世界仍主要处在西方话语体系之下,西方强国仍对国际舆论走向具有主导性影响。中国还没有获得与国力相匹配的国际话语权,为使中国故事和中国方案得到正确叙述,特别是在以东南亚区域为代表的周边,着眼生态环保等领域形成有吸引力的绿色宣传,着重"绿色"底色延伸而来的"可持续"属性,有利于使中国行动得到正确看待,打造政策沟通、设施联通、贸易畅通、资金融通、民心相通的"五通"标志项目。毋庸置疑,在生态和环境问题上人类命运紧密相连,各国唇齿相依,任何国家都无法独善其身。中国作为最大的发展中国家,始终承担相应的责任,并与很多国家建立良善合作关系,尤其是在东南亚地区的"一带一路"倡议和中国—东盟的多个合作机制下积极开展绿色合作。

在此基础上,绿色宣传要谋求可持续的话语权、主动权,尤其需要瞄准共同话语体系的重塑。中国在"走出去"过程中,除了具体项目和行动需要符合东道国的法律法规、风俗习惯以外,宣传话语也应更好与当地接轨,用更适合当地人接受的方式叙述,使中国话语更好地被理解、被认同,从而增进民心相通。"一带一路"倡议既是中国的外交政策,也是中国向全球提供的公共物品。"一带一路"的部分理念、内涵和实现路径可与已有全球

① 周瑋生『一帯一路と広域環境低炭素共同体の構築と日中協力』、科学技術振興機構、さくらサイエンスセンター『一帯一路の現況分析と戦略展望』、2019年、第145頁。

② 周瑋生『一帯一路と広域環境低炭素共同体の構築と日中協力』、科学技術振興機構、さくらサイエンスセンター『一帯一路の現況分析と戦略展望』、2019年、第145頁。

性合作项目对接，将中国的阐述纳入全球话语并重塑共同话语体系，减少由于历史文化、价值理念等带来的分歧。通过绿色宣传重塑共同话语体系，中国能更好地在友好合作、共同发展的基础上谋求相应的话语权、主动权。

五、结语

长期以来，中国坚持绿色发展理念，着眼生态文明建设的"利益矛盾"根源问题，基于"行为调整—制度安排—激励设计—行为调整"的政治经济逻辑，依托试点和推广在多地探索出行之有效的绿色经济转型、绿色制度创新、绿色金融支撑等绿色治理路径。依托"一带一路"倡议，治理主体"可开源"、治理过程"可持续"、治理手段"可多元"、治理客体"可共生"、治理结果"可分享"的绿色治理理念及国内绿色治理经验，也以出海企业等为载体有序"走出去"，在共建国家的发展进程中大放异彩。

纵然中国在绿色治理中取得的成果及其推动世界可持续发展的努力有目共睹，并且在对外交往和国际合作中释放了巨大诚意，但由于缺乏相应的国际话语权，中国的国家形象仍在西方强势话语影响下面临种种误解。当前，以生态环境为中心的绿色领域已成为世界瞩目焦点，伴随"一带一路"建设进入纵深阶段以及疫情防控常态化时代纷繁复杂的国际局势，中国需依托国内国外的绿色治理联动，落定东南亚区域的绿色选点，着眼第三方市场生态维度的绿色合作，通过绿色宣传谋求可持续的话语权、主动权，以绿色支轴连点成面，推动绿色"一带一路"建设行稳致远。

Domestic Experience Exploration and Foreign Practice Linkage of Green Belt and Road Initiative Governance System

YANG Da　WU Ji　LI Jinlan

Abstract: As global environmental problems becoming more and more promine-nt, green governance has become an increasingly important concern of many c-ountries in their pursuit of development. Focusing on the synchronous observa-nce of "development and ecology", China can build a green governance system with green economic transformation, green institutional innovation and green fi-nance support. The green governance system is typically presented in the first batch of national ecological civilization experimental zones in the internal go-vernance dimension, forming a relative mature national governance path. Moreo-ver, it is also systematically explored in the global governance dimension thro-ugh external linkage of internal experience. On this basis, China needs to pro-mote green spots selection, green cooperation and green propaganda,. in order to ensure that the Green Belt and Road Initiative will walk steady to reach the distance.

RCEP与东亚地区经济安全治理的制度性合作[*]

郭　锐　陈　馨[**]

2020年11月15日，经过八年间数十次的谈判，东盟十国、中国、日本、韩国、澳大利亚以及新西兰正式签署了《区域全面经济伙伴关系协定》(Regional Comprehensive Economic Partnership，RCEP)，揭开了世界范围内最大的自由贸易区的序幕。在新冠疫情的影响下，作为世界范围内经贸较为活跃的地区之一的东亚经贸受阻，经济安全风险增加。此时，RCEP的成功签订为东亚地区的经济复苏带来了全新动力。同时在RCEP的先导下，也给东亚地区经济安全的维护和治理带来了制度性合作的方向。

一、推进东亚地区经济安全治理制度性合作的必要性

经济基础决定上层建筑，因此，在各式各样的安全类别中经济安全是国家安全的基础，对发展经济、巩固政权、稳定社会等都起到重要作用。东亚地区各国经济发展水平不一，经济风险多样，都面临着较为复杂的经济环境，所以在新形势下开展经济安全治理制度性合作尤为必要。

1.经济安全风险的日趋复杂与升级

东亚地区历来面临着诸多的经济问题，新冠疫情的暴发及其影响更使地区经济安全风险复杂升级。第一，疫情极大地冲击了社会经济发展，扰乱供应链，各国生产端陷入窘境。作为突发性公共卫生事件，新冠疫情的暴发使政府的应对措手不及。为了控制疫情在国内的蔓延，各国纷纷采取了停工、停产、停业等防控措施。这些措施使相关生产链断裂，经济发展动力急剧减弱，东亚绝大部分地区2020年的国内生产总值呈现出负增长的态势。[①] 第二，出于防疫的需要，地区间贸易停摆，投资缩减。双边贸易和多边贸易都陷于停滞，货物贸易和服务贸易都遭到严重打击，区域内的贸易体制受到了前所未有的冲击和挑战。疫情所带来的市场不确定性也使投资规模减低，各方处于观望状态。第三，以经济为核心的安全风险出现外溢现象。随着经济不稳定性的提升，经济外溢现象不断显现，经济安全与粮食安全、科技安全等多方面的安全问题相互交织、共同作用，从而增加了以经济问题为切入点、通过经济手段进行政治对抗的风险。第四，地区经济的纷争

＊　基金项目：国家社会科学基金重点项目“可持续安全与中国地缘战略研究”(项目号：17AZD022)。

＊＊　郭锐，吉林大学行政学院国际政治系系主任，吉林大学国家发展与安全研究院副院长，教授，博士生导师。陈馨，吉林大学国家发展与安全研究院博士研究生。

①　参见世界银行官网，https://databank.shihang.org/indicator/NY.GDP.MKTP.KD.ZG/1ff4a498/Popular-Indicators；张季风主编：《日本经济蓝皮书：日本经济与中日经贸关系研究报告(2021)》，社会科学文献出版社2021年版。

依然严峻。一方面，中国经济的平稳发展和良好前景在给东亚地区带来便利的同时，也引起了邻国以及域外国家的担忧。东亚部分国家对于中国在经济上的不信任和猜疑一定程度上引发了很多不必要的矛盾。另一方面，中日、中美在东亚地区的主导权之争仍然存在。新冠疫情的暴发更使这种主导权的争夺凸显了出来。

2.维护海外利益的现实诉求与需要

维护国家利益是每个国家制定和实施对外政策的出发点和落脚点。随着经济全球化的不断深入以及交通、网络等便捷方式的迅猛发展，国与国之间在经济、政治、文化、军事、科技等方方面面都建立起了紧密的联系。这种密切关系的建立使国家利益向海外延伸，利益外延进一步扩大，形成了各国的海外利益。海外利益的主体，包括国家、企业、组织和个人等。海外利益所涉及的内容，有海外政治利益、海外安全利益、海外经济利益、海外能源资源利益、海上通道利益等。海外利益的多样性和广泛性使其逐渐成为各国关注的新焦点。放眼东亚地区，各国正处于发展的机遇期，因此均进一步加强了其自身开放的程度。开放程度的加深使各国都在海外利益尤其是可量化的海外经济利益上进行了一系列的维护和部署。以中国和日本的海外利益维护为例。中国对外开放程度的不断加深和“一带一路”的推行不断扩大着中国的海外利益。鉴于此，在中国总体国家安全观中明确指出要以促进国际安全为依托。国际安全的维护层面进一步提升。因此，作为国际安全的重中之重，中国加大了对海外利益安全的重视，通过自身主动维护和参与机制体制等方式维护海外利益。日本在东亚地区尤其是东南亚地区的海外利益维护十分具有代表性。日本在东南亚围绕出海企业生成、拓展并保护自身海外利益的过程中主要通过国内外母子公司联动来拓展和保护具体和抽象两个层面的海外利益。[①] 当前，虽然出于各自国情的考量，各国在海外利益的诉求和获取方式上有所不同，但东亚地区国家都存在着海外利益保护与获取不平衡这一共同点。因此，为了更好地维护国家海外利益，开展经济合作，进行经济安全治理，共建海外经济安全的大环境十分必要。

3.统筹发展和安全的时代召唤

在和平与发展的时代主题下，东亚各国不断立足自身情况大力开展经济建设，在实现各自综合国力稳步提升的同时，使东亚成为国际社会上发展迅速且充满潜力的地区之一。然而，经济的迅猛发展也为东亚在贸易、投资、生产等领域带来了一系列问题，给经济的进一步发展与合作留下风险和隐患。新时期，全球范围内传统安全与非传统安全问题相互交织，安全形势复杂化、多样化，东亚地区也面临着形式各样的安全问题。经济问题就是发展问题，当前发展与安全紧密相连。一国扩大安全空间的努力可能会减损其经济利益，而扩大经济利益可能需要接受一定的安全限度。更多时候，各国都需要在两种需求之间权衡取舍、协调发展。[②] 所以，新时期东亚地区急需注重并妥善处理经济效益与安全收益之间的关系。作为东亚地区具有影响力的国家，中国十分注重发展与安全的兼顾，一直坚持统筹二者关系。然而，中国经济实力的崛起并未有效转化为中国在地区安全中的战略性收益，相反却带来了地区内周边邻国的担忧和美国的战略介入力度增强，

---

① 参见杨达：《日本在东南亚的海外利益保护论析》，载《世界经济与政治》2020年第4期。

② 参见刘丰：《东亚地区秩序转型：安全与经济关联的视角》，载《世界经济与政治》2016年第5期。

催生了东亚地区合作格局的演化。[①] 在合作格局的演化过程中，发展与安全的协同性进一步体现，成为东亚地区共同面对的课题。由此可见，安全与发展的统筹情况不仅考验着国家自身的治理能力，更成为域内国家共同的时代诉求。因此，开展经济安全治理制度性合作是东亚各国兼顾发展与安全的必然选择。

二、疫情下 RCEP 的区域治理功能

随着时代的不断变化，东亚地区的经济风险升级，各国对于海外利益的诉求提升，安全与发展问题更是不断交融。在这样的大环境下，东亚地区开展经济安全治理制度性合作是应对当前局势的不二之选。2012 年，东盟十国与中国、日本、韩国、印度、澳大利亚、新西兰共同发布了《关于启动〈区域全面经济伙伴关系协定〉谈判的联合声明》。2020 年 11 月 15 日，经过长达八年的谈判，《区域全面经济伙伴关系协定》正式签署，给东亚的区域合作与治理带来了更多的发展机遇。

1.兼顾经济利益和经济安全

开展经济合作与自贸区建设的首要目的是获得经济利益。《区域全面经济伙伴关系协定》涵盖了拥有 22 亿人口(占全球将近 30%)的市场、26.2 万亿美元 GDP(占全球约 30%)和将近 28%的全球贸易(基于 2019 年数据)[②]，无论从市场还是贸易上来看都拥有极高的合作基础和潜力。因此，作为一个同时包含发达成员、发展中成员以及最不发达成员的协定，《区域全面经济伙伴关系协定》的内容十分全面，包括货物贸易、原产地规则、海关程序和贸易便利化、卫生与植物卫生措施、贸易救济、服务贸易、投资、知识产权、电子生物等多个方面的规定。可见，其从价值链、产业链、供应链多角度推进签订方合作，以增加经济利益，维护共同效益。然而，《区域全面经济伙伴关系协定》又不仅仅局限于经济利益的获取，其对经济安全也给予了相当程度的维护和重视。RCEP 的成员在经济、政治、历史文化、宗教信仰、社会制度、意识形态等方面具有较大差异，在具体的合作上势必会产生一定的问题。就此情况，RCEP 在货物、服务等方面制定了恰当的准入条件，并对贸易救济、知识产权、竞争等内容作以单独规定，给最不发达成员一定的关照、倾斜和技术援助。通过更加具有包容性的协定内容，满足各自的经济需求，稳定区域经济合作环境，从而保障成员的经济安全。

2.增强东亚地区经济复苏的活力能力

2020 年初，新冠疫情暴发，各国经济陷入停滞，国际贸易停摆，停工停产的防控举措极大地冲击了东亚地区的经济，经济衰退的态势十分明显。然而，疫情的暴发并没有阻碍各方促成《区域全面经济伙伴关系协定》的决心，最终第四次 RCEP 领导人会议通过视频会议的方式完成了协定的签署。在经济疲软的形势下，RCEP 无疑为东亚经济注入了一剂强心针。一方面，作为具有极强影响力的区域大国，中国在及时的联防联控机制的作用下，率先有效地控制了疫情，经济社会复工复产。中国经济的逐步恢复在给区域经

---

① 参见于震:《经济安全互动视角下东亚地区合作格局演变与中国应对》，载《南京师大学报(社会科学版)》2015 年第 4 期。

② 参见《〈区域全面经济伙伴关系协定〉(RCEP)领导人联合声明》，http://www.mofcom.gov.cn/article/ae/ai/202011/20201103015906.shtml。

济带来活力的同时，对其他成员也起到了表率作用。通过协定所规定的各项内容，中国不仅进一步与其他成员开展合作，还一定程度上予以援助，这增强了其他国家恢复经济的信心和地区经济活力。另一方面，疫情阻断了全球范围内的供应链，无论对原料端还是生产端都造成了很大的影响。东亚地区地域辽阔，物产丰富且劳动力充足，在原料端和生产端都具有一定的传统优势。RCEP 成员在协定的促使下各尽其职、各取所需，一定程度上能有效地控制全球供应链中断所带来的消极影响，在区域内恢复稳定的供应链、价值链。通过成员之间的经济合作、贸易往来以及投资消费等举措产生聚合态势，促进经济复苏。

3.助力东亚区域经济一体化进程

欧洲经济一体化的成功推行使欧盟成为国际社会的一支重要力量，也展现了区域经济一体化的积极作用。在欧盟的成功经验和经济全球化浪潮的刺激下，越来越多的地区不断推进区域经济一体化建设。东亚经济一体化建设提议由来已久，但从目前的情况来看，东亚区域的一体化建设较为碎片化，东北亚地区与东南亚地区的经济一体化建设差异明显。东南亚地区的经济一体化建设较为完善，东盟的建立增加了东南亚国家的凝聚力，带动了成员国经济的增长，并加强了东盟自身的影响力和号召力。以东盟为中心，又推进了“10＋1”“10＋3”等一体化的建设。东北亚地区拥有地区范围内影响力较大的中国、日本、韩国，但由于历史与现实因素的影响，东北亚的区域经济一体化建设进展缓慢，更多集中在双边自由贸易的建设上。RCEP 的达成将较为碎片化的自由贸易进行整合，通过“10＋5”的方式将整个东亚地区联动起来，突破了原有的偏向于双边的经济伙伴关系的限制，成员之间实现了多边的合作与互动。除此之外，RCEP 又因澳大利亚、新西兰的加入将其影响力扩大到了亚太地区，对推进整个亚太地区经贸合作十分有利。因此，RCEP 在区域治理上扮演着重要的角色，不仅能加快东亚区域经济一体化的合作进程，也能够对整个亚太地区区域经济一体化的建设起到推动作用。

4.优化全球价值链的区域结构

全球价值链是指“为实现商品或服务价值而连接生产、销售、回收处理等过程的全球性跨企业网络组织，涉及从原料采购和运输，半成品和成品的生产和分销，直至最终消费和回收处理的整个过程”[①]。全球价值链的完整和连贯不仅能推动全球化的不断深入，更能带动国际社会经济的合作与发展。从当前的形势来看，新冠疫情仍将在一段时间内对国际社会产生较大的影响，各国开放至疫情之前的水平尚需一定时间。受此影响，全球化的速度将有所放缓，而区域一体化的进程将进一步加快。全球化与区域一体化朝着新的态势发展，全球化呈现区块化格局，表现为在全球贸易、生产和消费网络中，分别以美国、德国和中国为中心节点的北美、欧洲和亚洲形成三足鼎立的结构。[②] RCEP 涵盖了东亚大部分地区，整合了各自优势开展经贸活动，是亚洲地区在国际经济和政治复杂形势下谋求价值链分工合作和发展的重要实践。[③] 通过 RCEP，东亚价值链得到优化、更加完整，对整个全球价值链的维系起到了积极的推进作用。从长远来看，大规模区域经济一

① United Nations Industrial Development Organization (UNIDO)，https://www.unido.org/.

② 参见鞠建东、彭婉、余心玎：《“三足鼎立”的新全球化双层治理体系》，载《世界经济与政治》2020 年第 9 期。

③ 参见臧新、刘佳慧：《全球价值链区块化：理论机理与定量测度》，载《江海学刊》2021 年第 1 期。

体化(如 RCEP 推动的一体化)将促进整个全球经济的开放和价值链的更大稳定性。[①]

三、东亚地区经济安全治理制度性合作的路径抉择

东亚地区当前的经济环境凸显了经济安全治理的必要性。RCEP 的签订给成员以及区域的发展带来了全新的机遇,使东亚地区能够在兼顾经济利益与经济安全的同时,加速疫情后的经济恢复,并推动区域一体化建设以及全球价值链的优化。因此,东亚地区可以以 RCEP 为契机,探索出东亚经济安全治理制度性合作的方向和路径。

1.以现有经济伙伴关系推进区域 FTA 建设

RCEP 开启了区域全面经济伙伴关系的新纪元,将东亚大部分地区都纳入进来。在 RCEP 签署之前,东亚地区也一直致力于域内自由贸易的建设。然而,相比于东南亚地区东盟的成功推进,东北亚地区的 FTA 建设进程却相对缓慢。作为东亚地区最重要的三个经济体,21 世纪以来中国、日本、韩国就东北亚区域经济一体化问题展开了诸多的努力。2015 年 6 月,经过十余次的谈判之后,《中华人民共和国政府和大韩民国政府自由贸易协定》成功签订,中韩之间的 FTA 建设迎来了新的历史阶段,也成为中日韩之间最先完成的自贸协定。然而,由于历史问题、领土纠纷、民族情绪等多方面固有的矛盾,三国自贸区建设屡屡受阻。2002 年,中日韩三国开始开展中日韩自贸区民间学术研究,经过多年的研究肯定了中日韩自由贸易区的可行性。2013 年 3 月,中日韩自贸区开启了第一轮谈判。经过十六轮谈判,中日韩 FTA 仍进展缓慢。RCEP 的签订增加了成员之间的贸易联系,使中日、日韩之间的自由贸易有了实质性的发展。为推进区域 FTA 建设尤其是中日韩 FTA 的建设奠定了基础,实现了突破。RCEP 为中日韩 FTA 的建设带来了新的发展契机,三国均有意在"RCEP+"的基础上进一步提升贸易便利水平,共同促进早日达成中日韩 FTA 的建设。从而,形成东盟、RCEP、各国双边多边 FTA 等东亚地区经济安全治理制度性合作体系。

2.以自由贸易为切口对接域内经济发展战略

RCEP 是世界范围内最大的自由贸易协定,它的签订增添了区域经济合作的活力,对拉动疫情后东亚经济复苏、实现成员共同发展具有重要作用,是后疫情时代下东亚经济发展和经济安全治理的重要一环。"一带一路"是由中国倡导的国家级的合作之路。自从"一带一路"推进以来,经过政策沟通、设施联通、贸易畅通、资金融通和民心相通已经成为国际社会上共商、共建、共享、实现共同繁荣的典范。无论是 RCEP 还是"一带一路",都在谋求经济利益的同时,注重经济安全的维系。因此,东亚地区经济安全治理的制度性合作离不开 RCEP 与"一带一路"的对接和联动。二者本质上都是区域经济合作和发展计划,通过推动自由贸易红利的进一步释放、改善基础设施和地区的连通性,促进地区经济增长、共同发展和区域整合。[②] 也就是说,其一,RCEP 的成员与"一带一路"的节点城市高度重合,中国、韩国、越南、泰国、马来西亚、菲律宾、印度尼西亚等都既是

① Jiandong Ju,"Continued evolution of global value chains,"*China Daily Global*,2020-12-08.

② 参见刘阿明:《中国地区合作新理念——区域全面经济伙伴关系与"一带一路"倡议的视角》,载《社会科学》2018 年第 9 期。

RCEP的成员，又是"一带一路"的重要节点。其二，RCEP与"一带一路"的合作重点都偏向于经济，能够为相关成员的生产、贸易、投资、就业等提供便利。通过RCEP与"一带一路"等其他多边合作机制的联动和对接，相互配合、相互促进，进一步巩固东亚地区经济合作的稳定性，增加经济安全系数，为推进全球化和后疫情时代下的东亚经济安全治理的制度性合作带来新的发展方向。

3.以国家和企业为主体切实维护海外利益安全

海外利益涉及种类众多，容易受到国家自身政局状况、所在地区局势、恐怖主义、突发性公共事件以及其他各种因素的影响，所以海外利益的维护需要多方的共同努力。海外经济利益安全是国家海外利益安全的重要组成部分，涉外人员、企业的工作与生产都会形成海外经济利益。因此，开展经济安全治理制度性合作的关键就在于维护海外利益的安全。海外利益安全的维护需要以国家和企业为主体。一方面，国家是经济安全治理制度性合作的策划者和引领者。国家是主要的国际关系行为体之一，掌控全局。随着各国对海外利益的重视程度不断加强和诉求的增多，维护海外利益安全成为国家对外交往的重点之一。首先，国家要明确本国海外利益的具体界定和范围，维护合法范围内的利益。其次，要完善国家自身的海外利益的预警、保护和处理机制，制定行之有效的政策，促使其能够及时应对各类风险问题。最后，要在本国情况的基础上开展区域内的安全治理与合作，在开放、包容的基调下维护东亚地区的海外利益安全。另一方面，企业是经济安全治理制度性合作的践行者和反馈者。《区域全面经济伙伴关系协定》将中小企业单列一章，表示"包括微型企业在内的中小企业为经济增长、就业和创新做出了重大贡献，为此缔约方寻求促进信息共享与合作，以提高中小企业利用并受益于本协定创造的机会的能力"[①]。可见，企业作为海外利益的创造者和受益者扮演着十分重要的角色。涉外企业应该遵守当地的政策法规，树立正确的义利观，将自身视为国家对外的一张名片，从而引导有助于国家的正向的舆论氛围。

4.以体量优势为基础增强地区抗风险能力

尽管东亚地区在领土、历史等问题上存在争议，在宗教、民族等方面也有一定差异，但是东亚地区具有全世界1/5左右的人口，劳动力充足，市场广阔。加之，域内丰富的自然资源以及便利的区位条件使东亚的发展前景尤为明朗。随着经济全球化的不断深入，国际社会休戚与共，东亚地区不免受到各种危机的波及，急需增强地区的抗风险、抗危机能力。RCEP便为东亚地区提供了团结应对经济安全风险的机遇。与其他自由贸易合作相比，RCEP最大的特色之一就是其本身的体量优势，成员有发达国家日本、韩国，最大的发展中国家和世界第二大经济体的中国，还有极具发展潜力的东盟。突发性危机的频繁出现说明，在增强地区抗风险能力上要进一步树立风险意识，预防胜于治理。因此，在东亚地区经济安全治理制度性合作开展过程中要利用好东亚地区自身的体量优势和RCEP等多边合作机制的制度优势，增加东亚地区的经济合作和联动，维护经济运行规则与秩序，营造有利于东亚各国共同发展的经济环境，避免不正当竞争，运用东亚合力来维系区域经济安全。

① 《区域全面经济伙伴关系协定》(RCEP)协定文本，http://fta.mofcom.gov.cn/rcep/rceppdf/d14z_cn.pdf。

RCEP and InstitutionalCooperation on Economic and Security Governance in East Asia

GUO Rui　CHEN Xin

Abstract: East Asia has always attached importance to the development of regional economic integration. In the new era, the increasing economic risks and the need for overseas interests and security make East Asian countries have new demands for economic development. The outbreak of COVID-19 in early 2020 has made all countries realize the importance of further promoting regional economic integration and institutional cooperation on economic security governance. In November 2020, the Regional Comprehensive Economic Partnership was officially signed, bringing new development opportunities to the East Asian economy, which had been hit hard by the pandemic, and further enhancing regional economic integration in East Asia. In the post-COVID-19 era, we need to seize the opportunity of cooperation brought by the RCEP to launch institutional cooperation on economic and security governance in East Asia.

新时期加强中日韩非传统安全合作机制建设：必要性、可行性及面临的挑战

王　生　杨思恩*

在博鳌亚洲论坛2021年年会上，习近平总书记指出："百年变局和世纪疫情交织叠加，世界进入动荡变革期，不稳定性不确定性显著上升。我们所处的是一个充满挑战的时代，也是一个充满希望的时代。"[①]国际社会进入以新冠疫情持续影响国际社会和国际秩序加速转型为主要特点的新时期。由于新冠病毒出现变异、全球疫苗产能不足以及供应不均衡等原因，世界范围内新冠疫情的发展趋势仍然具有不确定性；同时，以中美战略竞争为主要表现的国际秩序转型也呈现出加速态势，美国拜登政府执政后针对中国进行的一系列遏制举措日益多样且升级，中美战略竞争在当前以及未来一段时期内是国际政治发展的主要背景。国际社会中的诸多国家将在新冠疫情持续影响与国际秩序加速转型的双重叠加背景下谨慎选择本国的对外政策。

在新时期，着眼大局，为了避免和减少如新冠疫情等非传统安全威胁的影响，为了能够在国际秩序转型的关键时期保证本国发展，以更好应对外部遏制所带来的冲击，中国需要加强双边或多边非传统安全合作，而就其必要性和可行性来看，加强中日韩三国非传统安全合作机制的建设则显得极为重要。

非传统安全是指由非政治和非军事因素所引发，直接影响甚至威胁本国和别国乃至区域与全球发展、稳定和安全的跨国性问题以及与此相应的一种新安全观和新的安全研究领域。[②] 冷战结束后，中日韩需要面对人口少子老龄化、垃圾处理、毒品走私、传染病流行等非传统安全领域一些共性问题。[③] 多年来，三国围绕这些非传统安全领域已经形成了一些合作机制。在新冠疫情持续影响和国际秩序加速转型叠加作用下的新时期，相较于更加不确定、不稳定的秩序转型风险，以多边合作应对以新冠疫情为例的非传统安全风险更具可行性，而且应对好非传统安全风险本身有助于各国更好应对国际秩序转型带来的挑战。因此，新时期中日韩三国需要在已有合作机制基础上继续加强并完善非传统安全合作机制。

---

* 王生，吉林大学行政学院国际政治系教授。杨思恩，吉林大学行政学院国际政治系硕士研究生。

① 《习近平：我们所处的是一个充满挑战的时代，也是一个充满希望的时代》，http://www.gov.cn/xinwen/2021-04/20/content_5600758.htm。

② 参见陆忠伟主编：《非传统安全论》，时事出版社2003年版，第20页。

③ 参见陈祥：《人类命运共同体思想对完善东亚治理的意义》，载《东北亚学刊》2021年第2期。

一、加强中日韩非传统安全合作机制建设的必要性

新冠疫情给整个世界带来了前所未有的挑战,也给中日韩国际合作创造了广阔机遇。[①] 新冠疫情把非传统安全问题对人类安全及社会发展的极大威胁清晰地展现在人类面前,给人类以警醒。如何更及时、更有效地预防和应对非传统安全问题应当成为世界各国思考的重大问题。此外,国际社会正处于秩序变革的关键期,以中美战略竞争为代表的国际权力结构变动日益激烈。面对由此带来的不稳定不确定因素,中日韩合作抵御风险的必要性上升。[②]

1.新冠疫情和秩序转型下的风险与挑战增多

新冠疫情以其特有的方式给本已出现疲态的全球经济致命一击。[③] 疫情的暴发引起生产、生活及各国交往方式的深刻变化,加快了国际和地区形势的深层次演变。[④] 新冠疫情的暴发给人类以警告,非传统安全问题对人类的生存与发展造成严重威胁,需要国际合作共同应对。而在中美关系方面,中美一些领域的摩擦冲突正朝着战略竞争演进。[⑤] 2021 年,美国联合日、澳、英、法等盟友在不同会议以及不同议题领域针对中国,包括 G7 会议美国要求参会国在经济上制裁中国以及美日领导人会谈的涉华内容等。对此,中国也都以坚定的立场回应之。这表明了当前中美关系的高强度对立态势。在中美激烈竞争之下,中印等国之间原有的矛盾被放大,增加了地区冲突的可能性,影响地区安全与稳定。总之,在新冠疫情与国际秩序加速转型的叠加影响下,非传统安全议题的重要性上升,世界经济和社会发展实际面临的风险与挑战增多,国际社会中的国家间矛盾与分歧也因中美愈演愈烈的战略竞争而被放大,国际社会总体面临的风险与挑战增多。

2.非传统安全领域的全球合作难以实现

以新冠疫情为例,全球公共卫生治理乏力,新冠疫情肆虐全球之际,国际社会仍然在围绕诸多应对问题进行争论。防控疫情本应由相关国际组织以及全球各国共同应对,但急需的国际合作却未能及时出现。[⑥] 可见,重大突发传染病防治领域的全球合作难以真正实现,其他非传统安全问题领域同样如此。以气候治理为例,为应对气候变化这一全球性非传统安全问题,国际社会举行过多次气候峰会。然而,美国特朗普政府的一个"退群"行为便使全球气候治理进程向后倒退。应对气候变化问题的全球合作至今仍然进展缓慢。

集体行动的困境使大范围多边合作暴露出效率不足等问题。[⑦] 而从三方合作入手,将其作为发展多边国际合作的优先方式,有助于国际合作取得实效。因此,相较于非传统安全领域的全球合作困难,中日韩以其简明的博弈三方,更易于达成非传统安全领域的实质性合作,进而推动三国所在区域的非传统安全问题治理,推动东北亚乃至东亚的

---

① 参见赵红军:《后疫情时代的中日韩合作前景广阔》,载《联合时报》2020 年 6 月 9 日。

② 参见于风贵:《携手打造中日韩区域性产业链 引领塑造亚洲经济新生态》,载《中国对外贸易》2020 年第 11 期。

③ 参见笪志刚:《新冠疫情下东北亚区域合作的新挑战与新机遇》,载《外语学刊》2021 年第 1 期。

④ 参见于风贵:《携手打造中日韩区域性产业链 引领塑造亚洲经济新生态》,载《中国对外贸易》2020 年第 11 期。

⑤ 参见李熙玉:《中美贸易摩擦与东北亚共同体的探索》,载《东北亚学刊》2020 年第 2 期。

⑥ 参见沈铭辉、李天国:《后疫情时代的国际秩序与东亚区域合作》,载《当代世界》2020 年第 8 期。

⑦ 参见顾炜:《三方合作的困境与解困之道》,载《东北亚论坛》2020 年第 5 期。

非传统安全问题治理,最终实现以强劲的中日韩非传统安全合作向外辐射至更广区域、更高层面的非传统安全合作。

3.非传统安全问题的客观特点决定了三国的长期合作

非传统安全问题全球性、长期性和复杂性的客观特点决定了中日韩需要进行机制化合作才能实现对非传统安全问题的长期有效应对。以气候问题和金融问题为例。全球气候治理涉及全球所有国家,并且需要各国长期合作才能逐步改善全球气候日益恶化的状况。2008 年的金融危机波及世界众多国家,其影响的长期性在美国经济自金融危机后所呈现出的长期颓势上则得以体现。此外,任何一个非传统安全问题的有效应对,都需要国家间各方力量各问题领域的统筹协调,这是由非传统安全问题本身的复杂性所决定的。面对复杂的非传统安全问题,三国必须进行合作才能有效应对非传统安全威胁。非传统安全问题是东北亚各国谋求共存、发展和繁荣的机遇。中日韩围绕流行疫病、能源短缺、环境恶化和非法移民等非传统安全问题领域,有着广泛的合作基础。面对复杂的非传统安全问题,中日韩需要加强政策协调,合力应对。①

4.地缘因素及三国实力决定三国必须合作

在以新冠疫情持续影响国际社会和国际秩序加速转型为特点的新时期,非传统安全和传统安全风险与挑战增多。相较于涉及国家核心利益而敏感的传统安全问题,非传统安全问题的多边合作预防和应对更具有可行性,然而非传统安全问题的全球合作由于集体行动的困境等原因也难以实现,以及非传统安全问题本身具有全球性、长期性和复杂性的特点,因此尽可能地寻求双边或小多边非传统安全合作在上述条件下便具有现实的必要性。而中日韩由于地缘相近因而具有危机传导性,以及三国实力强劲,若受非传统安全危机影响,则对三国经济社会发展影响极大。因此,三国地缘以及实力因素共同决定了三国必须加强非传统安全合作。

中日韩由于地缘相近因而具有危机传导性,三国在面对诸多非传统安全威胁时彼此间易受威胁影响,比如海洋安全和污染问题、金融问题以及公共卫生问题等。此外,中日韩三国间人员往来密切,经贸发展繁荣。目前,三国总人口超过 16 亿,国内生产总值之和约为 20.2 万亿美元,占亚洲的 70%以上。② 而且,中日韩彼此间互为重要的经贸伙伴。中日韩若受非传统安全危机影响,则对三国经济社会发展均极具破坏力。三国地缘以及实力因素共同决定了非传统安全威胁给三国人民安全及经济社会发展均带来极大的影响。三国加强和完善非传统安全合作机制,将有助于三国更好应对以新冠疫情为代表的非传统安全问题,以保障三国庞大的经济总量得到持续稳定发展,实现三国共赢,并进而推动周边地区发展乃至有望使三国所处的东亚地区在非传统安全威胁下努力成为全球经济发展的新引擎。

5.国际机制功能理论视角下机制建设必要性

罗伯特·基欧汉认为,国际机制能够降低交易的成本,减少行为的不确定性,而其最

① 参见肖晞、苏靖:《中日韩合作机制化进程及制约因素分析》,载《吉林师范大学学报(人文社会科学版)》2017 年第 1 期。

② 参见王俊生、田德荣:《以抗疫合作为基础推动中日韩三国合作》,载《海外投资与出口信贷》2020 年第 3 期。

重要的功能在于推进政府间达成协议。① 也就是说,国际机制的最大功能在于促进国际合作。中日韩非传统安全合作需要国际机制作为保证和促进三方合作的稳定器和重要推动力,中日韩三方非传统安全合作必须要走机制化道路而非短期或临时合作。三方合作需要持续性的合作机制作保障。② 中日韩合作经常因三国间的争端与分歧以及域外大国的干涉而中止或暂缓。完善的合作机制可以有效应对三方因突发问题的影响而造成的合作中断或合作缓慢现象,并且完善的三方非传统安全合作机制以其低政治属性和机制本身的程序性而有望成为三国间关系恢复的推动器。因此,必须建立完善的非传统安全合作机制以确保三方非传统安全合作能够有序地进行,逐步实现各方收益的相对平衡,从而推动三方合作的持续发展。

二、加强中日韩非传统安全合作机制建设的可行性

上述五个方面的必要性决定了合作的主体是中日韩三国,决定了中日韩急需加强的是非传统安全领域的合作机制建设。对必要性的论述引出了本文的第二个问题:加强中日韩非传统安全合作机制建设是否具有可行性?本部分从四个方面展开论述,即机制及政治可行性、三方非传统安全合作的天然优势、非传统安全合作作为三方合作切入点的原因以及非传统安全合作对三国的作用和影响。需要指出的是,政治可行性是诸多可行性因素中最重要的一点,尽管非传统安全问题本身具有低政治性的特点。

(一)三国非传统安全合作机制基础及政治可行性

中日韩合作由来已久,三国合作已经具有了一定的机制基础。20多年来,中日韩不断增进互信、共克时艰,中日韩已经建立了以领导人会议为中心、21个部长级会议为主体、中日韩三国合作秘书处等为支撑的全方位合作体系。③ 其中,中日韩三国合作秘书处的设立为三国在各领域的长期合作奠定了重要的机制基础,增添了重要的机制平台。中日韩在核安全、反恐、金融安全、信息安全、疫病防控及环境等非传统安全领域均有重点推进项目。④ 中日韩在三方非传统安全各具体领域的合作已经初具成果。比如,近年来中日韩在有关海洋环境保护、海洋灾害防治等海洋事务各领域进行了深入沟通与合作,取得了诸多建设性成果。⑤ 在公共卫生领域,中日韩三国卫生部门已经建立了定期交流机制。2019年12月,三方在韩国举行了第十二届卫生部长会议,会上续签了三方应对传染病的联合行动计划文件。⑥ 此次新冠肺炎疫情早期,三国合力应对疫情本身就得益于三方公共卫生领域的合作机制基础。在疫情之下,中日韩三国召开了系列会议探讨三国合作问题,包括中日韩应对新冠肺炎疫情卫生部部长特别视频会议、第四届中日韩工商

---

① 参见[美]罗伯特·基欧汉:《霸权之后:世界政治经济中的合作与纷争》,苏长和、信强、何曜译,上海人民出版社2001年版,第130页。

② 参见顾炜:《三方合作的困境与解困之道》,载《东北亚论坛》2020年第5期。

③ 参见《学术前沿》编者:《中日韩自由贸易:挑战与前景》,载《人民论坛·学术前沿》2020年第18期。

④ 参见肖晞、苏靖:《中日韩合作机制化进程及制约因素分析》,载《吉林师范大学学报(人文社会科学版)》2017年第1期。

⑤ 参见吴昊:《中日韩海洋安全事务与合作》,载《江南社会学院学报》2020年第2期。

⑥ 参见王俊生、田德荣:《以抗疫合作为基础推动中日韩三国合作》,载《海外投资与出口信贷》2020年第3期。

大会、2021年中日韩企业家论坛等会议。中日韩合作的机制基础在三国面临共同的非传统安全问题时发挥着积极有效的作用。尽管三国合作尤其在非传统安全合作方面已经有了一些机制基础，但从本次新冠肺炎疫情在三国的发展状况来看，三国显然还需要在非传统安全领域进一步加强合作，以更好应对非传统安全问题。

在政治方面。2020年11月24日，中国国务委员兼外长王毅在东京同日本外相茂木敏充举行会谈。双方均表示，要在气候变化、防灾减灾等领域合作。① 2020年11月26日，韩国总统文在寅在首尔会见中国国务委员兼外长王毅。双方均表示，要携手应对气候变化等全球性挑战。② 前任韩国国务总理李洛渊也表示，中韩在防疫、防范自然灾害、打击犯罪、环保等跨境问题上可以开展战略合作。③ 此外，2019年12月，中日韩发布《中日韩合作未来十年展望》。该文件指出，三国"将共同努力，应对海洋塑料垃圾、空气污染、生物多样性丧失、外来物种入侵和跨境动物疫病等共同挑战"④。由此可见，中日韩三方在政治上均有开展非传统安全各具体领域合作的意愿，并且双边之间也有开展非传统安全合作的意愿，三方非传统安全合作有三方共同发布的文件作为坚实的政治支撑。

作为重要邻邦和世界第二、三和十二大经济体，中日韩共同利益巨大并在不断增长，这是不以人的意志为转移的客观趋势。⑤ 中日韩非传统安全合作具有政治上的可行性，新时期加强中日韩非传统安全合作机制建设同样也是不以人的意志为转移的客观趋势。

（二）三国具有促进合作的天然优势

中日韩三国非传统安全合作除了具有机制基础和政治可行性，三国还因地缘相近、文化相亲而在人员往来和相关问题领域的科技合作上具有天然的便利条件；此外，作为集聚在东北亚的三个经济和科技实力雄厚的国家，三方在经济和科技上的天然集聚优势为三方非传统安全合作提供了强劲的资金和技术支持。中日韩地理位置极其相近，三国在海运和空运距离上有先天优势。三国文化相亲，三国都深受儒家思想影响，文化具有同根性。⑥ 相似的文化传统对于三国间往来人员的沟通、交流与合作具有积极的促进作用，有助于三国各领域人员在非传统安全合作机制内进行有效的联系。此外，地理距离是影响技术扩散的重要因素，中日韩之间的科技创新合作具有天然的区位优势。⑦ 而科技创新又是解决非传统安全问题的重要技术手段来源，因此三国相近的地缘条件为应对

① 参见《王毅同日本外相茂木敏充举行会谈》，2020年11月24日，中华人民共和国外交部网站，https://www.fmprc.gov.cn/web/wjbzhd/t1835096.shtml。

② 参见《韩国总统文在寅会见王毅》，2020年11月26日，中华人民共和国外交部网站，https://www.fmprc.gov.cn/web/wjbzhd/t1835915.shtml。

③ 参见《前任韩国国务总理李洛渊："新兴"国际关系与未来韩中合作》，2021年6月8日，环球网，https://baijiahao.baidu.com/s? id=1701961249140002384&wfr=spider&for=pc。

④ 《中日韩合作未来十年展望（全文）》，2019年12月24日，中华人民共和国中央人民政府网，http://www.gov.cn/xinwen/2019-12/24/content_5463712.htm。

⑤ 参见《王毅日韩之行六大看点》，2020年11月29日，人民网，http://world.people.com.cn/n1/2020/1129/c1002-31948476.html。

⑥ 参见于风贵：《携手打造中日韩区域性产业链　引领塑造亚洲经济新生态》，载《中国对外贸易》2020年第11期。

⑦ 参见黄宁、吕越、王革：《"逆全球化"形势下我国构建中日韩创新合作网络的必要性与策略建议》，载《全球科技经济瞭望》2020年第12期。

非传统安全问题而急需的科技创新合作提供了先天便利条件。中日韩三国均是世界上重要的经济体,三国经济实力雄厚。中日韩是东亚地区最具创新能力的三个国家。根据世界知识产权组织发布的2019年全球创新指数,东亚地区进入全球前15位的国家仅有中日韩。[①] 可以说,中日韩三国是东亚地区的创新中枢。雄厚的经济实力与发达的科技创新水平决定了三国非传统安全合作具有广阔的合作前景,因为要解决长期且复杂的非传统安全问题需要大量的人力、物力以及技术上的支持。三国在经济和科技上的优势为三国合作提供了包括上述领域在内的强劲支持,使三国非传统安全合作更具切实的可行性。

(三)非传统安全问题的低政治属性

非传统安全问题在现实主义国际关系理论中多属于低政治性问题,行为体在这类问题中关注的是"绝对收益",因此合作的达成是有可能的。传统安全问题主要包括军事和政治等领域的问题,非传统安全问题则主要是涉及传染性疾病、金融安全、环境安全等领域的问题。相对来说,非传统安全领域的合作基础更为广泛和坚实,合作的推进也更为顺利。[②] 中日韩起码在传染性疾病、金融安全、环境安全和信息安全等领域可以进行务实合作,以利于三国人民。同时,为避免外界干扰,将三方合作聚焦于日韩自主性缺失较少的非传统安全领域也更容易取得进展。所以,中日韩三方合作在属于低级政治的非传统安全领域更具有现实可行性。[③] 中日韩三方非传统安全合作以其低政治性相较于政治、军事等敏感的传统安全合作来说具有更加切实的可行性。

(四)非传统安全合作有助于三国行动自由及三国间关系的发展

非传统安全合作对三国的作用和影响也是三方加强非传统安全合作机制建设可行性中的重要方面。加强和完善非传统安全合作机制建设有助于三国更好应对非传统安全威胁、更快恢复本国经济社会发展,因而有助于日韩自主性和中国外交主动性的提升。此外,三方非传统安全合作机制因其程序性、长期性等特点而可以作为三国关系发展的推动器。

1.非传统安全合作有助于提升日韩自主性和中国外交主动性

日韩均有在与美国保持军事联盟关系的同时维持并强化自身自主性的要求,而中国正处于与美国的战略竞争中,通过多边合作有效应对非传统安全威胁自然有利于对本国外交主动性的维护和提升。因此,加强并完善中日韩非传统安全合作机制建设,不仅有助于三国最终战胜非传统安全威胁,而且能够使三国不至于在预防和应对非传统安全威胁上过多地面临来自美国等国家的掣肘,进而保证三国在非传统安全威胁之下的国家安全,提升日韩的自主性和中国的外交主动性,提升和增强三国的国际地位与影响力。

---

① 参见黄宁、吕越、王革:《"逆全球化"形势下我国构建中日韩创新合作网络的必要性与策略建议》,载《全球科技经济瞭望》2020年第12期。

② 参见肖晞、苏靖:《中日韩合作机制化进程及制约因素分析》,载《吉林师范大学学报(人文社会科学版)》2017年第1期。

③ 参见顾炜:《三方合作的困境与解困之道》,载《东北亚论坛》2020年第5期。

2.新功能主义视角下的外溢效应

源于欧洲一体化的新功能主义认为，一个领域的合作会“外溢”到其他领域，其他领域的合作也会再次“外溢”，从而使合作范围持续扩大。此外，新功能主义代表人物哈斯指出，地区合作多起源于争议性较小的技术性问题，逐渐向其他功能性领域和政治性领域扩展。① 在本次新冠肺炎疫情中，中日韩合作“抗疫”将为三国扩大深化各领域合作提供新方向，为推动构建区域“治理共同体”发挥新作用。② 中日韩三方合作历经多年，合作水平却始终有限。如果集中力量从非传统安全领域入手，不断加强和完善三方非传统安全合作机制，其“溢出”效应将有助于推动三方合作在更多领域不断扩展和提升。尽管新功能主义理论的“溢出”在用来解释和预测中日韩三方合作的推进时也遭受过不少批评，但是中日韩三方非传统安全合作的“溢出”是确实存在的。虽然三方非传统安全合作的“溢出”很难使三国最终实现区域一体化，但对三国扩大合作领域是有益的，比如三国由于经济合作的日益紧密而导致三国政治关系破裂的成本增加，或者说经济合作对三国政治关系发展的推动作用本身就是经济合作“溢出”的效果。加强三方非传统安全合作机制建设有助于合作“溢出”的实现，有助于推动三国全方位合作的发展。

三、加强中日韩非传统安全合作机制建设面临的主要挑战

尽管新时期加强中日韩非传统安全合作机制建设有其必要性和可行性，然而，三方非传统安全合作机制的加强同时也面临来自外部和内部的诸多挑战。对于中日韩三方而言，美国是包括非传统安全在内的三方各领域合作的最大外部挑战。在三方内部，围绕着日本对中国崛起的抵制、三国之间存在争端与分歧以及三方互信不足，是新时期加强三方非传统安全合作机制建设面临的主要内部挑战。

(一)美国施压日韩是三方合作的首要外部挑战

中美战略竞争是影响东北亚国家间合作的重要因素。现阶段美国为赢得中美战略竞争的胜利，已经加大介入东北亚的力度。一是要求盟友在中美博弈间选边站。二是打造新的“去中国化”的国际协调产业链和供应链③，也就是成立所谓的“经济繁荣网络联盟”，以求在经济领域减少对中国的依赖以及遏制中国的经济发展。然而，尽管美国积极拉拢并施压于日韩，日韩对此也有一些较为积极的回应，但并不意味着日韩因此而没有与中国合作的任何余地。王生教授认为，“预计未来北京与首尔的总体关系将得到加强”，“华盛顿对首尔的影响略大于北京”。④ 也就是说，中韩关系将得到加强，而美国对韩国的影响仅仅是略大于中国对韩国的影响。而在日本方面，日本外务大臣茂木敏充表示，“虽然日美同盟是日本外交的轴心，但与中国在各种领域进行合作，发展关系也有助

---

① 参见蒋利龙：《新功能主义对东亚区域合作的启示》，载《知与行》2016 年第 3 期。

② 参见吴怀中：《中日韩区域治理合作“大有可为”》，载《国家治理》2020 年第 23 期。

③ 参见笪志刚：《新冠疫情下东北亚区域合作的新挑战与新机遇》，载《外语学刊》2021 年第 1 期。

④ Wang Sheng, “Will Seoul be Sandwiched between Washington and Beijing? ” *Global Times*, 28 January 2021, http://enapp.globaltimes.cn/#/article/1214250.

于国家利益”[①]。由此可见,尽管美国是日韩的重要盟友,美国能够对日韩施加一些影响,但是,基于国家利益考虑,日韩并不能完全在中美间作出全面彻底地倒向一边的选择。2021年4月,美日举行首脑会谈并发表联合声明,其中包含一些涉及中国的内容,引发中国不满并被认为是日本过度追随美国的表现,在政治上拉开了日本与中国的距离。然而,“对日本而言,基于日本国家利益的‘日美同盟+日中协商’是较为理想的选择,因此对华政策基调是构建‘稳定的外交关系’”,“日本既没有坚定的信念,也缺乏真正的实力与中国对抗,亦不会像参与冷战遏制战略那样,彻底加入美国‘封锁’中国的行列”。[②] 因此,事实上中国与日韩仍然有合作的余地,尤其在低政治性的非传统安全领域,三方合作则更加可能。而且,美国在疫情期间表现出的高度利己主义,使日韩两国增加了对其不信任感。[③] 在非传统安全视角下如何维护本国的利益,保护本国的安全,日韩两国均有自己的考虑,而并非完全听从美国的指挥。

然而,无法回避的是,美国对日韩的施压和影响仍然是中日韩三方非传统安全合作面临的首要外部挑战。尽管非传统安全多属于低政治领域,但是如果某些非传统安全问题严重影响到国家行为体的发展或国家的政治行动,则非传统安全领域内的部分问题的属性也有可能上升为高政治性问题。如此一来,美国的施压将不可避免地会迫使日韩必须作出相应的选择以致影响到中日韩三方非传统安全合作的限度,美国便成为三方非传统安全合作的最大外部挑战。例如,抗击新冠疫情合作中的疫苗合作由于被人为地高度政治化,日韩只能寻求与美国等西方国家进行疫苗合作,日韩已难以与中国在此合作领域进行良好的合作。

(二)合作机制建设受三国间争端与分歧的影响

加强和完善三方非传统安全合作机制所面临的内部挑战主要包括两个方面。首先,日本对中国崛起的抵制影响日本的合作意愿是当前三方合作所面临的最主要的内部挑战。其次,中日韩三方的争端与分歧以及互信不足长期影响着三方合作,是贯穿三方合作始终的内部挑战。

1.日本对中国崛起的抵制影响日本合作意愿

不平衡的权力发展迫使中日韩合作面临内部结构转型压力。[④] “在美国的‘战略牵引’与日本的‘主动响应’下,日本在中美间曾行之有效的‘平衡术’正日益明显偏向美方”,“在日美强化战略协调、共同制衡中方态势下,中日关系正处于一个‘敏感而危险’的阶段”。[⑤] 中日两国是东亚区域内的两个大国。中国的崛起引发了日本的担忧,源起于日本的“中国威胁论”就是最好的例证。随着中国的日益崛起,中国影响力的日益提升挤压着区域中日本的影响力及其所拥有的优势地位,作为东亚一强的日本对中国的崛起怀有抵制的意愿。而在中日韩三方合作中,出于对中国崛起抵制的想法,日本参与合作的意

---

① 日本外交政策论坛:《特别对谈:2020年日本外交,多边国际秩序的纽带》,2020年6月12日,https://cn.japanpolicyforum.jp/diplomacy/pt20200612134334.html。

② 张勇、孟繁超:《细看美日同盟“新高度”》,载《环球》2021年第9期。

③ 参见倪月菊:《疫情后的中日韩FTA谈判新机遇》,载《人民论坛·学术前沿》2020年第18期。

④ 参见顾炜:《三方合作的困境与解困之道》,载《东北亚论坛》2020年第5期。

⑤ 卢昊:《日美首脑会谈:日美战略互动与中日关系走向》,载《世界知识》2021年第9期。

愿也因此而降低。随着中国实力的日益提升和日本实力的相对下降，中日韩三方合作自然就面临内部结构转变的压力。这并非意味着日本不会参与到中日韩三方合作之中，中日韩三方合作是共赢而不是单赢，如果能够在三方合作中保证三国各自的利益，实现三国的共同发展，且合作的领域不触及三方的核心利益和敏感问题，那么尽管日本会考虑抵制中国而因此降低本国的合作意愿，但考虑到日本也能因此获益，日本最终也会愿意参与到三方合作中来。事实上，三方非传统安全合作的成果是以公共产品的形式使三国共同受益，即三国共同有效预防和应对非传统安全问题，保障三国的经济社会持续稳定发展，为三国发展提供安全的发展环境这一公共产品。此外，中国自改革开放以来持续稳定发展，20 世纪 90 年代兴起的“中国威胁论”至今已有约 30 年，中国 GDP 超过日本也已经 10 年有余，日本对中国崛起的抵制意愿本应该随着时间的推移而有所减弱，毕竟中国崛起已成事实。但是近来，日本过度追随美国在涉疆涉港等涉华核心利益问题上呈现出日渐强硬的姿态。尽管这种强硬姿态是日本为在中美之间发挥更加巧妙的平衡作用凸显自身大国地位而采取的一种政治姿态，但根本上这离不开日本对中国崛起的抵制。日本对中国崛起的抵制因素仍然是中日韩三方合作的一个重要阻碍因素。

2.三方的争端与分歧及互信不足影响合作的稳定性

“三边主义在其固有的双边关系发生变化时，其波动是不可避免的，三边集团内的合作成果很容易被双边方式冲淡。”[①]中日韩三方之间均有争端和分歧，尤其是日韩争端与中日分歧，主要体现在日韩岛屿争端、中日历史认知分歧等问题上。在历史问题上，日本国内右翼势力篡改日军侵华历史，散布“中国威胁论”，且在国际社会上不断拉拢其他国家给中国制造麻烦，造成三边关系发展陷入低潮。[②] 而自 2019 年以来，日韩之间围绕贸易问题、“慰安妇”问题、二战劳工赔偿问题等波澜不断。伴随三方存在的争端与分歧带来三方互信不足的问题，政治互信是三方合作良好推进的基础，三方互信不足影响着三方合作的水平。中日韩三方合作的稳定性因此而受到影响。不过，上述提到的日韩争端并没有使双边乃至三边合作彻底破裂。笪志刚指出，“虽然日韩政治关系现状不容乐观，历史恩怨不断发酵、现实问题博弈加大、安保摩擦增加、国民感情恶化，但日韩关系总体稳定，经贸基本格局未变，参与的多边通商机制取得进展”，“尤其是菅义伟执政后，日韩关系出现缓和迹象”。[③] 由此可见，日韩之间尽管近年来出现争端加剧的现象，但是这并没有完全阻碍三方合作的进程，并且日韩之间也在争端下维持住了基本的双边关系，并在寻求争端的缓和与关系的发展。但是，需要指出的是，中日韩三方之间的争端与分歧是三方合作进程中的定时炸弹，随时有可能影响到三方合作的稳定性。因此，中日韩三国应该合理管控三方争端与分歧，寻求共同发展，并不断增进三方政治互信。而与此同时，也要指出，正是由于合作机制建设的程序性、稳定性和对多边合作的推动作用，加强

① Muhui Zhang, “Proceeding in Hardship: The Trilateralism-bilateralism Nexus and the Institutional Evolution of China-Japan-South Korea Trilateralism,” *The Pacific Review*, No.1, 2018, p.57.

② 参见刘向东：《新形势下中日韩应共同维护世界自由贸易秩序》，载《人民论坛·学术前沿》2020 年第 18 期。

③ 刘波：《新形势下的大国关系与东北亚合作——2020 年度黑龙江省社会科学院东北亚战略研究院学术年会纪实》，载《西伯利亚研究》2020 年第 6 期。

和完善中日韩三方合作机制建设也会反作用于三国,使三国不至于在争端与分歧爆发时而出现各方面合作中止的现象,并可以使三国以此为平台推动三国间关系的恢复和发展。

当前三方非传统安全合作面临着来自多方面的挑战。美国拜登政府积极拉拢亚太盟友,意图强化同盟关系以实现对华遏制。日本和韩国作为美国亚太重要盟友,是拜登政府极力拉拢的对象。新冠肺炎疫情之下,随着疫情的人为政治化,日韩在疫苗问题上与美国等国家进行合作,而没有实现中日韩三国应对疫情的全力合作。同时,随着2021年美日、美韩首脑会晤的相继实现,中美日韩四国之间的关系变得更加复杂,尤其由于日本对美国的过度追随,使中日韩合作面临着更大的变数。“2021年4月,美日两国首脑会谈并发表联合声明,日本发布《外交蓝皮书》,美日在安全事务上指向中国,强化同盟关系,声称对亚太地区的和平稳定至关重要,导致中美日安全关系更加复杂。”①日本在政治上对美国过度追随,以及日韩关系自2019年因系列问题恶化以来没有得到恢复,致使中日韩合作被蒙上了层层阴影。中日韩非传统安全合作本身尽管也受到上述因素的影响,但非传统安全合作毕竟是低政治性的,像新冠疫情一样被人为政治化的领域并非很多。2021年以来,第四届中日韩工商大会的顺利举行,中日韩产业合作示范园区落地栖霞②,中日韩合作秘书处举办探讨老龄化时代企业角色及市场潜力的论坛等等③,这些论坛及项目落地,虽然看似多与产业、经济发展相关,但在具体内容上也与应对老龄化、新能源等非传统安全议题领域所涉内容相关。因此,实际上中日韩三国非传统安全合作的推进并没有因为中美日韩四国政治关系的复杂化而就此止住。而且就日本对外政策而言,实际上“在中美两国矛盾日益加深的当下,选择其中的任一方而舍弃另一方,都不符合日本的国家利益”④。中日韩传统安全合作以及涉及三国重要利益的经济合作的推进或许困难重重,难度巨大,但是三国非传统安全合作的加强则是有可能的,不过三方非传统安全合作的加强同样需要三方共同努力。“2008年影响世界的金融危机和2020年蔓延世界的新冠疫情,清楚地表明了东北亚是命运相连的共同体。”⑤中日韩非传统安全合作尽管面临一些挑战,但三方作为东北亚的重要国家其命运共同体的本质已经难以被改变。

四、中国加强三方非传统安全合作机制建设的对策

尽管加强中日韩非传统安全合作机制建设有其必要性和可行性,然而,三方加强非传统安全合作仍然面临着来自外部和内部的系列挑战。对此,中国需要在保持战略定力守住三方合作底线、把握时机促成三方非传统安全合作、在涉及三方非传统安全

① 高洪、孙伶伶:《动荡世界中的中美日安全关系辨析》,载《东北亚学刊》2021年第3期。

② 参见《中日韩产业合作示范园区落地栖霞》,2021年6月17日,腾讯网,https://new.qq.com/omn/20210617/20210617A0E07000.html。

③ 参见《中日韩合作秘书处举办论坛 探讨老龄化时代企业角色及市场潜力》,2021年6月10日,中国新闻网,https://baijiahao.baidu.com/s?id=1702188811069322509&wfr=spider&for=pc。

④ 鸠山友纪夫、刘树良:《共建东亚防疫共同体》,载《东北亚学刊》2021年第2期。

⑤ 靳方华:《共商共建共享东北亚 构建人类命运共同体》,载《东北亚学刊》2021年第2期。

问题上保持及时的沟通与协商等方面努力，以使中国能够顺利借助三方非传统安全合作实现对地区非传统安全问题的预防和应对，进而实现其对新时期传统安全风险的更好应对。

1.保持战略定力守住三方合作底线

在中日韩三方非传统安全合作问题上，面临的首要外部挑战是美国对日韩的施压。由于美国对日韩的施压，两国在一些非传统安全问题上未能选择与中国合作，比如在此次新冠肺炎疫情中关于疫苗选择的问题上，日韩均寻求采购以美国为主的西方国家研发和生产的疫苗而非中国生产的疫苗。此外，日本出于对中国崛起的抵制而在传统安全领域即军事领域采取包括在敏感区域内与美澳等国家举行联合军演等行动以求在军事安全领域对中国形成包围遏制之势。在面对诸如此种情况之时，中国应该保持住战略定力，就事论事，不主动扩大事端，谨防因此引发其他问题领域的连锁反应造成其他领域合作中断的情况而最终造成中国对外行动受限的不利结果。保持自身战略定力，不被美国等国家的干预行为所干扰，守住中日韩合作的底线，为三方非传统安全合作机制的加强提供足够的战略空间。

2.把握时机促成三方非传统安全合作

在国际社会新时期，各种非传统安全风险与挑战日益增多，其影响也日益广泛和深远。非传统安全问题的集中爆发在某种程度上可以视作加强三方非传统安全合作的机遇。比如，在日本单方面决定向海洋排放核废水问题上，中国可以把握时机，在本国及周边国家对日本核废水处理政策表示不满之时，促成中日韩在核废水排放问题上形成合作机制，在专家、技术、资金等方面进行充分沟通和协商以推动解决这一非传统安全问题。除此之外，2021 年 5 月发生的黑客攻击美国燃油管道事件背后所暴露出的网络信息安全问题同样值得注意，在日益重要的网络信息安全领域进行合作同样可以成为三国加强非传统安全合作的机遇。中国以其在经济和技术上的强大优势可以主动出击，成为三方非传统安全新领域合作的推动者。

3.在涉及三方合作问题上保持沟通和协调

三方非传统安全合作面临着三方存在争端与分歧以及三国互信不足的挑战。存在分歧本身是很正常的现象。三方合作所存在的一系列分歧可以通过三国的沟通和协商而得到渐次解决或改善。尽管以沟通协商的方式解决三方合作的所有问题是不现实的。但是，在涉及三方非传统安全问题上保持沟通和协商，相较于经济领域所涉利益的复杂，非传统安全问题上的及时沟通和协商可以实现对三方非传统安全合作的有效推动。中国应该以积极的态度，在涉及三方非传统安全事务上与日韩两国进行及时的沟通与协商。中日韩三方“只有加强沟通、深化互信，才能有效管控分歧、促进合作，将危机转变成合作的契机，打造更加成熟和具有韧性的友好关系”[①]。保持沟通和协调，增进三方互信，是中日韩三国合作不断向前推进的重要基础。

---

① 《专访：在提升中日韩合作中塑造东亚新未来——访中日韩合作秘书处副秘书长曹静》，2021 年 4 月 29 日，新华网，https://baijiahao.baidu.com/s? id=1698363742028645273&wfr=spider&for=pc。

五、结论

综上所述,在新冠疫情持续影响国际社会和国际秩序加速转型的新时期,由于国际社会非传统安全风险与挑战增多,而非传统安全领域的全球合作难以实现,非传统安全问题本身具有长期性和复杂性等特点,以及中日韩合作的天然优势等决定了三方非传统安全合作的必要性。而在合作机制基础与政治条件、非传统安全合作的"溢出效应"等方面,三国非传统安全合作具有切实的可行性。尽管三国非传统安全合作也面临来自外部和内部的挑战,然而在新时期,中国应当重视中日韩合作,中日韩合作所形成的强大合力是诸多双边合作以及多边合作所难以比拟的。在新时期,中国需要保持战略定力守住三方合作的底线,把握时机促成三方非传统安全合作,在涉及三方合作问题上保持沟通和协调,不断增进三方互信,推动中日韩非传统安全合作不断向前发展。加强和完善非传统安全合作机制建设可以成为三国合作新的切入点。在当前全球合作难以实现,而国际社会又处在新冠疫情持续影响和国际秩序加速转型的情况下,中国急需在多边层面努力构建合作关系,而从非传统安全领域出发,加强和完善中日韩非传统安全合作机制建设则是最具必要性和可行性的选择。三国非传统安全合作机制的加强和完善可以成为地区和全球的合作典范,同时也有望成为人类命运共同体理念在地区多边层面的成功实践,并有助于人类命运共同体理念在全球范围内的进一步实践。

Strengthening the Non-traditional Security Cooperation Mechanisms between China, Japan and the ROK in the New Era: Necessity, Feasibility and Challenges

WANG Sheng YANG Sien

Abstract: The international community has entered a new era of interwoven non-traditional and traditional security, characterized by the continuing impact of the COVID-19 epidemic and the accelerating transformation of the international order. In the new era, non-traditional security risks and challenges are on the rise in the international community, global cooperation in the field of non-traditional security is difficult to achieve, and non-traditional security issues itself has many characteristics, such as long-term, complexity, as well as the natural advantages of cooperation between China, Japan and the Republic of Korea jointly determine the necessity of their long-term cooperation to strengthen and improve non-traditional security cooperation mechanisms. The trilateral cooperation in the field of non-traditional security has a certain mechanism basis and political feasibility. In addition, the non-traditional security issues are of low political nature, and the non-traditional security cooperation is conducive to the enhancement of the autonomy of Japan and the Republic of Korea and the initiative of China's diplomacy and the promotion of cooperation in other fields. Therefore, the trilateral non-traditional security cooperation is of practical feasibility. However, the non-traditional security cooperation among the three countries is faced with challenges such as pressure on Japan and the Republic of Korea from the United States, disputes and differences among the three countries, and lack of mutual trust among the three countries. Nevertheless, strengthening and improving the non-traditional security cooperation mechanisms between China, Japan and the ROK should remain the direction of trilateral cooperation in the new era.

鲁迅研究:从区域视野到世界视野

邱焕星*

鲁迅研究从来不是在真空中进行的,而是依托着特定的时空体系,但研究者往往对此习焉不察,以致陷入了困境而不自觉,很多人沉溺于纯文学和纯学术思维,对21世纪以来的当代中国和世界体系变迁缺乏感知,致使鲁迅研究逐渐知识化、经院化和古典化,而其思想性、政治性和实践性的一面则处于被遮蔽的状态,用鲁迅的话就是"埋在南窗下死读书","与世界隔绝了"。①

事实上,今天的鲁迅研究日渐封闭和保守,不但远离了中国思想界的前沿,而且和21世纪世界形势严重脱节,所以有必要对此展开反思批判,进而寻求新的研究视野。就像布洛克指出的,"正如大多数哲学谬论一样,困惑的结果总是产生于显而易见的开端(假设)。正因为这样,我们才应该特别小心对待这个'显而易见的开端',因为正是从这儿起,事情才走上了歧路"②,我们需要回到历史的起点,通过梳理鲁迅研究与其背后的时空体系的关系演变,进而探究未来的发展方向。

一、"追赶"的中国视野

鲁迅研究自一开始,就是在"中国视野"中进行的,最早的研究者都在文章中强调鲁迅文学的"中国"性。譬如傅斯年认为鲁迅小说"是改造国人的思想生活道德的先锋"③;周作人认为"阿Q却是一个民族的类型","是一幅中国人品性的'混合照相'"④;沈雁冰认为鲁迅文学"描写'老中国的儿女'的思想和生活","我们只觉得这是中国的,这正是中国现在百分之九十九的人们的思想和生活,这正是围绕在我们的'小世界'外的大中国的人生"。⑤

这种区域定位的出现,是晚清时空观念剧变的结果。传统的"中国"是一个文化概念,而不是一个主权概念。章太炎认为:"中国云者,以中外别地域之远近也。中华云者,以华夷别文化之高下也。即此以言,则中华之名词,不仅非一地域之国名,亦且非一血统

* 邱焕星,中国海洋大学文学与新闻传播学院教授。

① 鲁迅:《未有天才之前》,载《京报副刊》1924年12月27日。

② [美]H.G.布洛克:《美学新解》,滕守尧译,辽宁人民出版社1987年版,第202页。

③ 记者(傅斯年):《〈新青年〉杂志》,载《新潮》第1卷第2号,1919年2月1日。

④ 仲密(周作人):《阿Q正传》,载《晨报副刊》1922年3月19日。

⑤ 方璧(沈雁冰):《鲁迅论》,载《小说月报》第18卷第11期,1927年11月10日。

之种名,乃为一文化之族名。"[①]古代中国人认为自己居于世界的中心,国君为"天子",中国即"天下",天朝上国与属国的宗藩关系是一种将礼制推广到对外关系上的"朝贡体系",即怀柔远人的儒家观念产物。章太炎还指出:"故春秋之义,无论同姓之鲁卫,异姓之宋齐,非种之楚越,中国可以退为夷狄,夷狄可以进为中国,专以礼教为标准,而无有亲疏之别。"[②]既然华夷之辩不是前定的而是构成的,所以传统中国人是"知有天下而不知有国家,知有一己而不知有国家",其自我确证不是围绕国家而是文化来获得认同的,现代意义上的国家并没有进入个人的生活空间。

但是到了晚清,由于西方的入侵,"中国"发现了"世界",被迫从"天下帝国"向"民族国家"转换,这是一个自《威斯特伐利亚合约》之后逐渐确立的现代文明时空体系,表现在世界史的扩张上,就是黑格尔所言的"世界历史从'东方'到'西方',因为欧洲绝对地是历史的终点,亚洲是起点"[③]。如此一来,东方/西方就从空间的区域并置关系变成了传统/现代的时间追赶关系,由此建构了一个"西方=世界=现代"和"中国=区域=传统"的时空模式,在此视野中,中国只能作为一个落后的、区域性的"他者",走向以西方为代表的"世界历史"进程,在此视野中,中国被塑造为一个停滞不前的专制主义的帝国形象:

> 帝国—国家二元论由此与亚洲—欧洲(或东方—西方)二元论缠结在一起,并为19世纪以欧洲为中心的"世界历史"的建构提供了制度和地域的双重根据。很明显,这一对亚洲帝国的理论认识产生于对西欧国家的政治结构及其合理性的自我认识和论证。[④]

黑格尔不仅提供了一个历史发展的目的论叙事,也提供了区域走向世界的方法路径,他将"民族国家"视为绝对精神的代表和历史发展的最高阶段,对于落后区域来说,民族国家是一种历史的建构力量,它既是走向现代的必要工具,也是反抗殖民的解放武器。所以,我们看到鲁迅研究最早的两种主导性范式,都特别看重鲁迅在"改造国民性"、建构"中国"这个民族国家共同体中发挥的重要作用。具体来说,启蒙范式视鲁迅为"民族魂"和"中国反封建思想革命的镜子",重在发掘鲁迅身上的"18世纪的启蒙主义",认定西方的现代化道路就是中国的现代化的理想模式;而革命范式则视鲁迅为"新中国的圣人""中华民族新文化的方向",也就是"中国社会政治革命"的镜子,而追赶的目标则从欧美变成了同样属于西方的苏联。

更关键的是,这两种范式都是单线进化的、一元目的论的"西方中心主义",区别只在于模仿目标、解决路径和领导主体的差异。这种"中国视野"强调的是世界历史大潮不可阻挡,思考的核心始终是如何追赶西方才能走向现代的问题,正如钱理群所言的:

> 受到80年代乐观主义与理想主义的时代氛围的影响,我对中国社会与文学的现代化的理解与前景预设是充满理想主义与乌托邦色彩的;我几乎不加怀疑地认定,西方的现代化道路就是中国的现代化的理想模式;西方现代化模式与现代化本

① 章太炎:《中华民国解》,载《章太炎全集》第4卷,上海人民出版社1985年版,第253页。
② 章太炎:《中华民国解》,载《章太炎全集》第4卷,上海人民出版社1985年版,第253页。
③ [德]黑格尔:《历史哲学》,王造时译,上海书店出版社2001年版,第106页。
④ 汪晖:《现代中国思想的兴起》,生活·读书·新知三联书店2004年版,第29页。

身必然产生的负面,则基本上没有进入我的观察与思考视野,对现代文学史上曾经出现的对“现代化后果”的思考与描述,都被简单地称之为“民粹主义”而加以否定。①

如此一来,不但鲁迅和中国成了西方的学生,充满了迟暮引发的焦虑和汇入世界的渴望,而且陷入了社会达尔文主义,忽视了西方的文化霸权殖民,这个以民族国家为中心的世界秩序奉行的是弱肉强食的丛林法则,而“中国”追求的不过是一个强国逻辑,“文学”与“人”只是民族国家建构的工具,本身并不具有特别的意义。

二、“抵抗”的东亚视野

20世纪90年代以后,迅速传播的西方“现代性”理论为解决这些问题提供了新思路和新依据,它突破了线性进化论,将“现代”从绝对目标变为相对问题,一方面解构了启蒙、革命等宏大叙事,另一方面也批判了现代主义和西方中心论。其中钱理群的反思最为典型:

> 首先是现实生活的无情事实粉碎了80年代关于现代化、关于西方现代化模式的种种神话。与此相联系的是“西方中心论”的破产。这都迫使我们回过头来,正视“现代化”的后果,并从根本上进行“前提的追问”:什么是现代性?如何看待西方的现代化道路(模式)?什么是我们(中国,东方国家)所需要(追求)的现代化道路(模式)?②

在批判西方现代化这种单一现代叙事的压抑排斥机制的基础上,“多元现代性”开始成为学界的主导思维。当“现代性”从单数变成了复数,对现代性本身包含的复杂、悖论、差异因素的发掘,让“中国”道路的其他可能性展示了出来,学者们纷纷提出了“现代性的矛盾张力说”“被压抑的现代性”“非西方的现代性”“另一种现代性”等新思维。正是在这种背景下,汪晖的鲁迅研究被推到了中国学界的中心位置,因为他将鲁迅的思想源泉从18世纪的启蒙主义挪到了19世纪末的西方现代思潮那里,着力将鲁迅塑造为一个“真正反现代性的现代人物”③。而汪晖的这个思考深受日本学者竹内好的影响,他本人也不讳言这一点。竹内好从鲁迅身上,发现了“绝望”和“抵抗”的悖论关系:

> 他拒绝自己成为自己,同时也拒绝成为自己以外的任何东西。这就是鲁迅所具有的,而且使鲁迅得以成立的、“绝望”的意味。绝望,在行进于无路之路的抵抗中显现;抵抗,作为绝望的行动化而显现。把它作为状态来看就是绝望,作为运动来看就是抵抗。④

竹内好由此提炼出一种叫作“东洋的抵抗”的精神,以此来批判日本近代化过程中的奴性盲从问题。不难看出,竹内鲁迅研究是典型的“东亚视野”,其核心则是一个“主体性”问题,他从鲁迅身上看到的“东亚现代性”,其实是日本“近代的超克”思想的异域投

---

① 钱理群:《矛盾与困惑中的写作》,载《文学评论》1999年第1期。

② 钱理群:《矛盾与困惑中的写作》,载《文学评论》1999年第1期。

③ 汪晖:《别求新声》,北京大学出版社2009年版,第284页。

④ [日]竹内好:《近代的超克》,生活·读书·新知三联书店2005年版,第206页。

射,但由于它契合了反西方中心主义和后殖民主义的中国语境,伴随着当代中国的强势崛起,“东亚现代性”“反现代性的现代性”“中国中心观”这些主体性言说获得了各方的认同,不同群体都不难从这种“现代批判”中找到自己需要的东西。

但必须指出的是,“近代的超克”实际是日本侵华战争的理论基础,它旨在强调日本作为亚洲的先驱,有义务带领整个亚洲摆脱旧的中华帝国导致的落后状态,赶超欧美的现代文明,同时保持一种东亚的独立性。子安宣邦对“近代的超克”进行了追问:“它真的是超越‘近代’的吗?”他犀利地指出:

> 把欧洲重新推回到“特殊”,只能是将原本为欧洲的“近代”原理推还给欧洲。然而,这个欧洲的“近代”普遍性主张所孕育出来的对立者亚洲,可以逃脱“近代”原理吗?使对立者登上世界史舞台的不正是近代欧洲世界史发展的结果吗?[①]

在子安宣邦看来,“近代的超克”是一种“未成熟的近代性思维”,“除了漂亮修辞以外,哪里有可能超越的‘近代’呢?”显然,由此而生的“东亚视野”其实是一个“黑格尔的紧箍咒”的反向版,它在将“现代批判”和“西方批判”画等号之时,也将东亚从西方的“他者”再造为新世界的“主体”,实现了“东亚=世界”“西方=区域”的时空置换。但是,“东亚现代性”的内核是什么?它提供了什么样的现代文明新方式?我们却发现倡导者除了在“抵抗”西方这一点上有共识之外,所有“另类现代性”的内涵都言说模糊,甚至“反现代性的现代性”变成了反现代,“相互主体性”变成了互不干涉各自发展,用来替前现代文化和特殊发展模式作合法性辩护。

所以,“东亚现代性”并不是一种成熟的现代理论,它长于解构弱于建构,明于反“全盘西化”昧于“充分世界化”,虽然它敞开了新的可能性,但由于跳不出特殊文明论,所提供的替代性方案就有着民族主义和新霸权主义的危险,甚至以反殖民的方式抹杀了西方现代性的意义。

三、“超越”的世界视野

区域视野的问题是,跳不出黑格尔设定的东西两极的二元对立思维,只能在特定区域中作选择——中国视野是走向西方模式,东亚视野则回转到中国模式,这种“姓资”还是“姓社”、“向左走”还是“向右走”的困境,就浓缩在关于鲁迅“左转”的对立看法上。不仅如此,区域视野还局限于“国”的层面,争的是一个列强的位置,在主权高于一切的逻辑下,内部忽视了“人”,外部忽视了“世界”,所以如何超越区域视野、如何超越民族国家,进而重构现代文明的时空体系,就成了一个亟待解决的问题。

而在进入21世纪之后,亨廷顿所言的“文明的冲突与世界秩序的重建”难题暴露得越来越明显,一方面以美国为代表的西方现代文明被批判质疑,另一方面则是中国的强势崛起和传统文明复兴。中国学者试图取代美国重构世界秩序,他们面临着双重任务,对外是建构经由“中国经验”出发的新普世主义,对内则是“通三统”,也就是沟通古典主义传统、社会主义传统和资本主义传统。为此学者们作了很多的探索,他们从“东西”视

---

① [日]子安宣邦:《日本近代的东亚叙事》,赵京华译,载《视界》第14辑,河北人民出版社2004年版,第66页。

野转回“古今”视野,他们借鉴了古老的“帝国”思维,提倡传统的“天下”观(赵汀阳),还有人为此提出了“文明中国论”(马丁·雅克),在此视野中的“中国”,从一种追随西方模式的“民族国家体”转回一种与西方文明对举的“中华文明体”。在这种新的主体自觉下,“中国道路”“中国模式”的倡导开始出现,它们并不仅仅是一种“当代中国发展经验”的总结,实际也以区域模式和第三条道路,将之前“现代中国”所推崇的西方19~20世纪文明“问题化”了,进而凸显了“古代中国”文明基因顽强延续的意义,所以“‘文明中国’不但是一种解释中国崛起的理论方法,还是一种对抗西方文化或现代性体制的正当性论说,以及关于中国和世界未来发展远景的构想”①。

但是“文明中国论”的中国主体性和文明复兴思维,也让很多人担心有退回中国特殊主义的危险,因而如何挖掘鲁迅的独特经验,探究“世界视野”与“中国主体”的辩证关系,进而建构一个梁启超等先觉者所期待的“世界之中国”,就成了一个极为迫切的问题。此前鲁研界有些学者试图重新倡导鲁迅的世界主义或国际主义精神,“破解狭隘的民族主义壁障”②,“超越民族性和地域性,确立人类意识”③,但是,这两种思想资源分别来自鲁迅的前期和后期,本身就是相互抵牾,更关键的是,他们在看到民族主义的危害之时,有潜在地否定“民族国家”意义的倾向,这就和鲁迅自身的观念有出入了。实际上,鲁迅对区域和世界关系的认识,比研究者的理解复杂得多,他曾在《文化偏至论》中强调“个性张,沙聚之邦,由是转为人国。人国既建,乃始雄厉无前,屹然独见于天下”④,这其实是一个“人—国—世界”的渐次放大的同心圆关系。

在这其中,“立人”是根本,它以现代个人主义为中心,人权先于主权,而并非是梁启超国民观中建构民族国家的单纯工具;在“国”的层面,鲁迅强调民族国家是现代性的产物,看重它的历史建构力量和反殖民解放功能,希望中国“外之既不后于世界之思潮,内之仍弗失固有之血脉”⑤,最终以独立自主的姿态立于世界之列;在“世界”层面,鲁迅则反对弱肉强食的帝国主义压迫,他理解的世界是竞争性的多元一体关系,落后者要向先进文明学习,而非抱住国粹不放,即“在现今的世界上,协同生长,挣一地位,即须有相当的进步的智识,道德,品格,思想,才能够站得住脚”⑥。而从鲁迅一生的思想变化来看,鲁迅关于“现代人—现代国家—现代世界”的理解,在结构模式上是固定的,在内容上则是动态流变的,明显有一个从欧美资本主义到苏俄社会主义的转变,所以,鲁迅不是简单地支持左和右,而是在接受现代的基础上“超越”了左和右,进而提供了一个超越区域选择的“世界视野”。

不难看出,鲁迅的“世界视野”是一种超越民族国家的更高的善,因而不只是一个开放的空间,更是一种指向未来的价值尺度。这是一个与“黑格尔的紧箍咒”针锋相对的新的时空体系,它不以特定区域和模式为局限,而是兼收并蓄又超越扬弃,具有一种与哈贝

① 刘复生:《“文明中国”论的图谱》,载《文艺理论与批评》2017年第6期。
② 赵京华:《破解狭隘的民族主义壁障——作为精神资源的鲁迅后期国际主义》,载《探索与争鸣》2016年第7期。
③ 张福贵:《鲁迅“世界人”概念的构成及其当代思想价值》,载《文学评论》2013年第2期。
④ 迅行(鲁迅):《文化偏至论》,载《河南》第7号,1908年8月5日。
⑤ 迅行(鲁迅):《文化偏至论》,载《河南》第7号,1908年8月5日。
⑥ 唐俟(鲁迅):《随感录　三十六》,载《新青年》第5卷第5号,1918年11月15日。

马斯类似的“未完成的现代性”意识。正是基于这种应然的价值原则,鲁迅的世界视野在面对现实时,首先就具有了强烈的批判性和超越性,而他一生的真正目标正是“取今复古,别立新宗”,“创造这中国历史上未曾有过的第三样时代”。①

而从世界范围来看,人类文明发展到现在,并未出现黑格尔、福山所言的“历史的终结”,相反无论社会主义还是资本主义,在发展的过程中都出现了难以克服的困难,因而东西方的思想家都在反思现代性,检讨两大制度背后的现代文明之路,进而重构世界体系,寻求新的突破的可能性。正是在这种背景下,超越左右的鲁迅就成了可资借鉴的思想资源,所以,鲁迅研究只有跳出一国一族的视野,在世界史的背景下重新思考鲁迅的现代探索之路,才能既回应当代中国的建构需要,也能为人类文明的未来提供新的思维。

Lu Xun Studies: From Regional Vision to World Vision

QIU Huanxing

Abstract: Research on Lu Xun has always functioned as a tool for constructing modern Chinese nationalism, based on specific temporal-spatial systems. Initially, the Chinese perspective was one of "catching up", centered around the question of how to catch up with the West in order to achieve modernization, but this view was later entangled with Social Darwinism and lacked reflection on Western colonialism. After the 1990s, Lu Xun research shifted towards an East Asian perspective, emphasizing modern criticism, East Asian modernity, and Chinese subjectivity. However, it also erased the meaning of Western modernity through an anti-colonial lens. In the 21st century, Lu Xun research needs to transcend regions and move towards a "worldwide perspective", contemplating the dialectical relationship between humans, countries, and the world, in order to provide new ideas for the reconstruction of human modern civilization.

① 鲁迅:《灯下漫笔》,载《莽原》第2期,1925年5月1日。

中国情结、东亚民族主义与朝鲜想象

韩　琛*

谈及完成于1919年的《牧羊哀话》，郭沫若声称这部小说是“借朝鲜为舞台，把排日的感情移到了朝鲜人的心里”。至于朝鲜经验的获得，他则表示，“我只利用了我在一九一四年的除夕由北京乘京奉铁路渡日本时，途中经过朝鲜的一段经验”①。无论是在小说虚构中，还是在现实世界里，日本都是作者的目的所在，朝鲜则是抵达目的之中介。被认为是兄弟邦国的朝鲜，也许并没有想象中亲密，而是一个咫尺天涯的内他者②。历史遗产、现实功利与地缘政治的复杂交集，决定了中国作者对朝鲜的亲近与疏离。《牧羊哀话》以降，现代中国的朝鲜叙事所在多有，舒群小说《没有祖国的孩子》《海的彼岸》，巴金小说《发的故事》，蒋光慈小说《鸭绿江上》，魏建功游记《侨韩琐谈》等等，都延续以朝鲜为内他者的政治无意识，并形成一个相对稳定的朝鲜想象系谱。其中，台静农小说《我的邻居》里的“陌生的朝鲜邻居”，则是这个内他者的最恰切文学形象。区隔内外有别之我者与他者，是现代民族主义的普遍论述，通过跨界内外之内他者来构造民族认同，则是东亚民族主义的区域性特征，至于无所不在的历史中国，则是包括中国在内的现代东亚诸国无法须臾排遣的结构性情结。追溯现代中国的朝鲜想象，意在建构一个中国、东亚与世界彼此纠结的文学地缘学图景，钩沉东亚民族国家认同的中国情结，是为敞开理解现代民族主义的新视野。

一、从华夏藩属到周边国家

1927年春至1928年夏，魏建功受聘于日据朝鲜“京城帝国大学”，教授“国语课程”。

---

* 韩琛，青岛大学文学院教授。

① 郭沫若:《创造十年》，载《郭沫若全集》文学编第12卷，人民文学出版社1992年版，第62页。

② 他者先于我者，并建构出我者。“内他者”打破内外、我他、主客二分法，以他者为我者的无意识，意即主体在自我认同中将他者以及对他者的疏离、恐惧都永恒地刻写在自身之中。他者也许外在于想象的主体我者，但在我者成为我者的瞬间，却是在与他者的遭遇中完成的，对于他者的认同因此先于主体认同，没有他者的永恒在场，我者的短暂的出现既无可能，也无意义。在我者的主体认同过程中，本来无限宽广、深邃的他者世界，就此被转换为关于自我认识的肤浅表征，主体认同便实现在这浅薄、有限的他者表象之中。有限的主体认识与无限的他者世界，体现了我存在于他者之中并被他者建构的状况。就民族国家而言，内他者同样要打开该社群同质化的封闭性想象，意即不是从某种主体、本质、中心来理解民族，而是从他者、表征、边缘重新开放国族认同。民族国家认同不仅涉及不同民族之间的互动、对话和交换，而且也涉及内部不同性别、阶级、地域、社群、个人之间的复杂关系，每一个矛盾、裂隙和冲突所造成的“异己化”，实际上都是民族主体之自我他者化的症候。“无产阶级无祖国”“女性主义无祖国”“同志无祖国”等激进论述与实践，皆以不同的内他者身份，挑战了民族国家的畛域之别。

任职期间,他在《语丝》杂志连载《侨韩琐谈》14 节,记叙侨居朝鲜的所闻所见。《侨韩琐谈》首节系《崇祯后三庚子》。文章引述 18 世纪朝鲜贡使朴趾源的《热河日记》小序《渡江录》,意在以朝贡中国的朝鲜"燕行录"为镜鉴,来比照自己的朝鲜行旅与游记书写。[①]《侨韩琐谈》主要记录了朝鲜留存的中华文化遗产,在思考中朝关系古今之变的同时,也指认朝鲜是中华儒教传统的受害者。

魏建功在《崇祯后三庚子》中称,竺旧安素"这种自取灭亡之道实在可怕,并非朝鲜人单独如此,黄帝之子孙皆禀赋几分被压迫的根性也!"[②]以朝鲜人为黄帝子孙,并非是魏建功的一己之见,而是根据《渡江录》得出的结论。从《热河日记》来看,即使明清易代已然 150 余年,朝鲜人依然延续崇祯纪年,尊奉明朝中国为中华正朔,在指责清王朝系以夷变夏的同时,又自认朝鲜"存中国"于鸭水以东,是延续华夏的"小中华"。《侨韩琐谈》的其他篇章,大多延续《崇祯后三庚子》的主题,旨在反思朝鲜的儒教遗产,表达反传统的启蒙思想。视朝鲜为儒教影响深广的华夏邦国,其实是中国现代作家的共识。郭沫若小说《牧羊哀话》即塑造一个被中华礼教笼罩的朝鲜,而魏建功在《侨韩琐谈》中感叹,相对于中国人混杂儒释道的思想与生活,"朝鲜人的思想与生活几于是整个的儒教化"[③]。不过,18 世纪的朝鲜贡使朴趾源则以此为荣,盛赞朝鲜"环东土数千里,画江而为国,独守先王之制度"[④]。

明清鼎革之后,朝鲜一直维系着与清朝的宗藩关系和朝贡礼仪,但其辩证华夷、认同大明等行为,也有以朝鲜为中华正朔、暂与清国分庭抗礼的政治意识。在《热河日记》的《行在杂录》中,朴趾源称明朝为"上国",以清朝为"大国",上国德服天下,大国威服天下。"何为上国,曰中华也,吾先王列朝之所受命也。""我今称皇帝所在之处曰行在而录其事,然而不谓之上国者,何也?非中华也。我力屈而服,彼则大国也。大国能以力而屈之,非吾所初受命之天子也。"[⑤]但在魏建功看来,区分皇明与清朝并不紧要,朝鲜屈服于中国是向来传统,朝鲜固守儒教礼仪正统,"或是他们向来在藩属的地位上养成功的,也未可知"[⑥]。当然,以中华为朝鲜上国,已是中国人的习惯,直到现代也不能断绝。《牧羊哀话》中的朝鲜人,即称中国游客为"大国的客人",而李朝子爵的名字则叫"闵崇华"[⑦]。魏建功在《侨韩琐谈》之《雅乐》篇中称,在听了朝鲜李王职雅乐之后,我们谈论的话题是"礼失而求诸野"[⑧]。朝鲜即便完整保持礼乐制度,却依然被认为是华夏之"野",这照例还是中华上国的偏见。

传统上,"朝鲜半岛是古代中华世界体系中的重要组成部分,唐宋至明清时期中国最

---

① 参见魏建功:《侨韩琐谈》,载《魏建功文集》(伍),江苏教育出版社 2001 年版,第 157～159 页。

② 魏建功:《侨韩琐谈》,载《魏建功文集》(伍),江苏教育出版社 2001 年版,第 158 页。

③ 魏建功:《侨韩琐谈》,载《魏建功文集》(伍),江苏教育出版社 2001 年版,第 173 页。

④ 朴趾源:《热河日记》,朱瑞平校点,上海书店出版社 1997 年版,第 1 页。

⑤ 朴趾源:《热河日记》,朱瑞平校点,上海书店出版社 1997 年版,第 187～188 页。

⑥ 魏建功:《侨韩琐谈》,载《魏建功文集》(伍),江苏教育出版社 2001 年版,第 173 页。

⑦ 郭沫若:《牧羊哀话》,载《郭沫若全集》文学编第 1 卷,人民文学出版社 1992 年版,第 8 页。

⑧ 魏建功:《侨韩琐谈》,载《魏建功文集》(伍),江苏教育出版社 2001 年版,第 173 页。

为重要的藩国，深受儒家文化影响”[①]。在《侨韩琐谈》中，魏建功引用朝鲜佛教居士无能的一段话，来概括皇权专制、朱子理学给朝鲜人带来的束缚：“头外则朱天子之网巾束缚之，脑内则朱夫子之网巾束缚之；有此内外之束缚，人无以活为也！”[②]朱天子即朱元璋，朱夫子即朱熹。这种影响并非如魏建功所言，是中国文化侵略朝鲜的结果，也不是因为朝鲜“精诚事大”的全面屈服，而是中华文明四方投射的成果。朝鲜既是维系中华天下的地缘边疆，也是外夷狄、内华夏的文化边界。在秦汉时期，华夏帝国相对确定下中华天下的内外结构，建构起华夏—藩属—四夷的分野。也是在此一时期，朝鲜半岛北部在汉人眼中，也成为一个礼仪之邦，并将此归功于来自华夏的英雄祖先箕子。《汉书·地理志下》记载：“殷道衰，箕子去之朝鲜，教其民以礼仪，田蚕织作。”意即朝鲜文明由中华输入，箕子之前的朝鲜是蛮夷之地。“箕子奔朝鲜”是一个以夏变夷的神话，强调了中华文明的优越性，以及试图主导边疆朝鲜的愿望。然而就像王明珂指出的，正因为华夏帝国在朝鲜的统治一直不稳定，所以需要建立“箕子奔朝鲜”的神话叙事，用以表达“华夏对此边缘之地与人的‘华夏化’的企图与期望”[③]。

中华王朝以“箕子奔朝鲜”历史强调朝鲜的华夏化，朝鲜则通过认同“箕子封朝鲜”神话来确证自身的华夏化，华夏中心和朝鲜边疆彼此对话协商，共同维持着东北亚的中华天下体系。“从现存最早的史书看，朝鲜是普遍认同箕子封朝鲜的历史。而对箕子之崇拜，朝鲜王朝（1399～1910）时期，发展至高峰，箕子朝鲜成为李氏朝鲜政权的一面重要旗帜，箕子崇拜也是朝鲜政事与礼仪中一项重要内容，因为他们把箕子朝鲜看成是朝鲜王朝维系与明朝关系的一种重要媒介，是他们在中华世界体系中争取到‘小中华’地位的重要保证。”[④]不过，朝鲜坚持“箕子封朝鲜”神话，在争取“小中华”身份之外，也有建构“大朝鲜”帝国的企图。在《热河日记》中，朴趾源调用方言、神话、传说、诗歌、历史等素材，认为鸭绿江以西的“永宁广平之间、辽阳县、凰城”等地，在历史上都曾是朝鲜都城，朝鲜曾是囊括朝鲜半岛与辽东、渤海诸地的“大国”。“愚以为箕子初居永广之间，后为燕将秦开所逐，失地二千里，渐东益迁，如中国晋宋之南渡，所止皆称平壤，今我大同江上平壤即其一也。”[⑤]以朝鲜比附“南渡之晋宋中国”，是要在清朝据有天下的现实中，通过强调朝鲜的正朔身份重构中华天下，其“小中华”认同隐含“大中华”梦想，兼具偏居一隅与入主中原的复杂“中国”情结。

正是由于同出华夏的渊源，对于朝鲜的历史“兴趣”，直至现代中国也不曾衰竭。在《大韩国碑》一节中，魏建功全文抄录碑文，并特别标注如下文字：“以阴历丁酉九月，副臣民之至愿，顺万国之运会，合祀天地于圆丘，进登皇帝大位，定有天下之号曰大韩，建元曰光武，实檀箕罗四千年来创有之举也。”1895年，中日签订《马关条约》，中朝脱离藩属关

---

① 孙卫国：《大明旗号与小中华意识——朝鲜王朝尊周思明问题研究（1637～1800）》，商务印书馆2007年版，第20页。

② 魏建功：《侨韩琐谈》，载《魏建功文集》（伍），江苏教育出版社2001年版，第177页。

③ 王明珂：《英雄祖先与弟兄民族——根基历史的文本与情境》，中华书局2009年版，第86页。

④ 孙卫国：《传说、历史与认同：檀君朝鲜与箕子朝鲜历史之塑造与演变》，载《复旦学报》2008年第5期。

⑤ 朴趾源：《热河日记》，朱瑞平校点，上海书店出版社1997年版，第187～188页。

系。1897年,李氏朝鲜改国号为“大韩”,“设年号;第一次叫‘建阳’,第二次叫‘光武’”[①]。虽然已是独立国家,然则碑文中的“圆丘”“皇帝”“天下”等概念,却完全承袭中华传统,大韩帝国的内面依然游荡着“小中华”幽灵。其并不以主权国家的实际地域空间作为国族共同体认同的基础,而是以朝鲜为中心想象了一个“新天下”。在说明为什么对碑文感兴趣时,魏建功称,一方面是“大韩皇帝”的字样引起浓厚的历史兴趣,另一方面是源于一种好奇的“古老欲”。“古老欲”与“历史兴趣”的出现不在于朝鲜本身,而是因为他在新邦朝鲜发现了历史中国,独立的“大韩帝国”既不能消除中国的影响,也不能从中华藩属身份中完全摆脱出来。魏建功故此认为,这是“他们向来在藩属的地位上养成功的”习性,却又统摄于我们“黄帝之子孙皆禀赋几分被压迫的根性也!”[②]

自甲午战争至抗日战争时期,“朝鲜本我藩属”的帝国修辞逐渐消退。虽然不乏继续指认朝鲜是华夏边疆的言论,但是中国已经承认朝鲜系独立自主国家,并在中国现代文学中有着清晰体现。1910年,韩日签署《韩日合并条约》,大韩帝国为日本吞并。陈寅恪因此创作律诗一首,痛悼朝鲜亡国:“惊闻千载箕子地,十年两度遭屠剖。玺绶空辞上国封,传车终叹降王走。”[③]此刻距离朝鲜独立建国已有10余年之久,而陈寅恪仍然以之为中华“上国”的“封地”。“五四”时代,中国知识分子贬低朝鲜的态度有所改观。不过在小说《牧羊哀话》中,郭沫若还是让朝鲜人物称中国为“大国”,以凸显朝鲜之“小”,并极尽渲染朝鲜的“小中华”传统。1926年,朝鲜发生鼓动独立的“六·十万岁运动”,朱自清据此创作诗歌《朝鲜的夜哭》,诗中依旧指认朝鲜人为“箕子的子孙”:“你箕子的子孙呀!你要记着——”[④]但在这首诗里,“箕子的子孙”是为表明两国同气连枝的抗日情感,较少以朝鲜为中华藩属的帝国意识。康白情在1920年创作的诗歌《鸭绿江以东》中直陈,朝鲜虽然曾经是中华藩国,但如今却是独立国家:“鸭绿江以东不是殷家的旧土了。/但我也不愿她还是他的旧土,/让她就是她自己的旧土好了!”[⑤]

第一次世界大战之后,在民族自决思想流行、殖民主义体系瓦解等因素的作用下,中国知识者大都认为,朝鲜与波兰等国家一样,都是需要完成独立建国的“弱小民族”。魏建功认为:“他们积极要离开中国而独立自主,那实在是很大的需要和价值。所以明白两朱子与朝鲜的影响,就自然了悟朝鲜之所以有二十年前的独立自主的事实,乃是一件当然的必然的结果。”[⑥]朝鲜在从中国独立出去的同时,也需要挣脱日本殖民统治,只有清除来自帝国的双重压抑,朝鲜才能真正独立自主。舒群小说《海的彼岸》中称,“朝鲜人的悲哀”便源于双重“耻辱”:“被损害的朝鲜人,母亲和孩子常是分离的,常是孤独的;常不知道什么是骨肉的感情,什么是家庭的幸福。二十年前,耻辱的‘北京道’上,重造了耻辱的‘独立门’,从此,被损害的朝鲜人更加唱起‘阿里郎’了。”[⑦]“北京道”系平壤通往北京的道

---

① 魏建功:《侨韩琐谈》,载《魏建功文集》(伍),江苏教育出版社2001年版,第181~182页。

② 魏建功:《侨韩琐谈》,载《魏建功文集》(伍),江苏教育出版社2001年版,第182页。

③ 陈寅恪:《庚戌柏林重九作——时闻日本合并朝鲜》(1910年10月),载陈美延、陈流求编《陈寅恪诗集(附唐筼诗存)》,清华大学出版社1993年版,第3页。

④ 佩弦(朱自清):《朝鲜的夜哭》,载《晨报副镌》第58期,1926年8月1日。

⑤ 康白情:《鸭绿江以东》,载《新潮》第2卷第5号,1920年9月1日。

⑥ 魏建功:《侨韩琐谈》,《魏建功文集》(伍),江苏教育出版社2001年版,第178页。

⑦ 舒群:《海的彼岸》,烽火社1940年版,第119页。

路，铭记的是朝鲜屈从中华帝国的藩属地位，“独立门”则是朝鲜被日本殖民的见证。“独立”前后的朝鲜，分别是不同帝国的边疆，从来没有真正完成国家独立。在魏建功、舒群等中国作家看来，朝鲜不但要在现代殖民状况中反殖民，也要在文化藩属层面上去帝国。

相对于从中华藩属变为独立国家，文化、精神层面的去中国化显然更为困难。朝鲜独立建国的民族主义叙事，甚至不得不延续“箕子封朝鲜”神话，来表征朝鲜的现代民族意识。“1897 年，大韩帝国建立时，箕子崇拜达至顶峰，箕子被称为‘太祖文宣王’，原因乃当时把箕子作为朝鲜的象征，因为他从中国逃出来，建立了一个独立政权。”[①]独立的朝鲜自指为箕子后代，是为确立去中国化立场，但是对箕子神话的援引却表明，其又无法真正祛除中国印记。不过，朝鲜源于中华的箕子神话，迅速被本土起源的檀君信仰取代，檀君作为朝鲜民族的始祖，成为朝鲜民族主义新图腾。中国知识者也接受了檀君神话，并在文学作品中有所体现。魏建功著文解释“檀君朝鲜”的渊源：“檀指的朝鲜古代神话时期的檀君，他们认为东方的开国祖。这是箕子未到朝鲜去以前的时代。”[②]在小说《海的彼岸》中，舒群以檀君为朝鲜主人公的骄傲，“他在美丽的记忆中，曾保留着‘檀君’的光荣和骄傲”[③]。无名氏则在《露西亚之恋》中，让朝鲜少校“金”因为不能实现朝鲜独立而惭愧为檀君子孙。[④] 接受檀君神话，就是在民族起源上承认朝鲜是一个独立的民族国家。

即便现代中国作者承认朝鲜的独立自主，但是从宗藩体系到条约体系、从天下帝国到现代国家的转换并非泾渭分明，构建现代国际关系、民族国家、启蒙思想的历史实践中，往往游荡着天下秩序、朝贡体系和儒教思想的幽灵。“箕子朝鲜”在中国现代文学中的不断反复，中国作家对于汉化朝鲜的强烈兴趣，乃至始终不衰的兄弟邦国想象，都不免带有华夏中心主义情结。与看西方不同，中国很难将朝鲜、日本视为外他者，而是相互嵌入的内他者。在转型为现代民族国家的过程中，东亚各国首先需要处理的从来不是西方，而是彼此之间的历史、文化、地缘纠葛。

二、东亚民族主义的“中国”情结

1895 年以降，朝鲜从华夏藩属变为中国邻邦，但是仍然不能摆脱周边大国影响，持续笼罩在帝国阴影之中。朝鲜的独立自主，不但需抵抗日本殖民，亦要完成去中国化建构。实际上，包括中国在内的东亚国家，在各自构造现代民族国家的历史进程中，都面临着如何处理“中国”的难题。与作为现代主权国家的中国不同，历史上形成的“中国——中心帝国”，作为一个无所不在的历史剩余物，是现代东亚各国形塑民族认同的核心内他者，东亚民族主义运动往往包含难以排解的中国情结。

对于中国知识精英来说，书写朝鲜是为再造中国。不过，在向民族国家转型的过程中，怎么处理天下帝国的遗产，如何重构中国与周边关系，变成一个棘手问题。这个转型不但要瓦解中华天下体系，而且还促使东亚各国构建民族认同，分别作为平等的民族国家，加入欧洲中心的现代世界体系。与此同时，儒家传统、宗藩体系、朝贡制度等历史遗

① 孙卫国：《传说、历史与认同：檀君朝鲜与箕子朝鲜历史之塑造与演变》，载《复旦学报》2008 年第 5 期。

② 魏建功：《侨韩琐谈》，载《魏建功文集》（伍），江苏教育出版社 2001 年版，第 182 页。

③ 舒群：《海的彼岸》，烽火社 1940 年版，第 117～118 页。

④ 参见无名氏：《露西亚之恋——习作小辑之二》，真善美图书出版公司 1948 年版，第 99 页。

产又深刻地影响着东亚的现代民族国家建构,从而让这个融入现代世界体系的过程,变成一个古今纠结的复杂进程。对中国而言,为了转型为现代国家,就有必要建立一个线性历史叙事,将古典中国塑造为蒙昧国度,它需要通过现代启蒙运动,从停滞的过去进入发展的现代。依此现代化逻辑,各种反传统叙事在20世纪中国蔚为大观,其中充满被延迟的现代性渴望。在现代启蒙叙事中,中国的停滞被归咎于儒家文化,进而在内部生产出一个负面的“儒教中国”,其是线性历史叙事结构中不可或缺的内他者。祛除这个传统的儒教中国,则是现代化的必然选择。

作为一个负面的内他者形象,儒教中国也被投射于朝鲜。以朝鲜亡国为殷鉴的现代中国书写,往往将现代/传统的时间逻辑转换为欧洲/中国/朝鲜的空间结构,儒教中国是相对于现代欧洲的落后空间,朝鲜则是儒教中国的周边镜像。魏建功认为朝鲜落后是因为中国的影响。在思想上,“朝鲜人的思想与生活几于是整个的儒教化”,“儒教在政治上的势力非常之大,影响到风俗即宗教的地方也很厉害”。[①] 在政治上,中国皇权专制主义也影响深远。魏建功感慨道:“因为书贾总爱介绍许多‘道学先生’的语录给我看,而这些‘东国’道学先生的令人气闷实在不是国内的‘道学先生’可比得上的(如果在道学气的程度上分,东国道学才是‘真道学’呢)!”[②]作为中华藩属,朝鲜为表明其华夏正统身份,在践行儒家礼教时更为严苛,使之似乎比本部中国更具“中国性”。

对于负面的内他者中国的文化生产,目的是强调中国的现代面向。儒教中国作为必须被祛除的历史魔障,迎合了欧洲有关传统中国的东方主义想象。不过,立足现代国族建构的启蒙叙事,不仅需要通过否定传统而进入现代,而且也试图通过发明一个正面的历史中国,来使现代与传统、未来与过去接轨。作为内他者的历史中国,因此又往往被赋予另外一个正面形象,即一个历史悠久的文明中国。正面的历史中国是一个原初中国。未被程朱理学歪曲的原儒中国、未被戎狄蛮夷侵扰的汉族中国等,都是原初中国的可能性内容。如果不能在华夏中心恢复原初中国,那么就要“礼失而求诸野”。《牧羊哀话》《侨韩琐谈》皆再现一个汉化朝鲜,以之为“礼失而求诸野”的国度。朝鲜之外,鲁迅曾表达过“中国传统在日本”[③]的感慨。周作人则认为,“日本替我们保存好些古代的文化,又替我们去实验新兴的文化,都足以资我们利用”[④]。

无论形象被塑造为正面还是负面,历史中国都是现代中国的永恒内他者,对它的抵抗与接受、祛魅与着魅,深刻影响着现代中国认同。不同于其他民族组成相对单一的国家,古典中国是一个民族众多的世界帝国,也是一个文化多元的轴心文明。这意味着中国的民族国家建构,无法完全契合“一个民族一个国家”的刻板原则,并因此带来诸多挑战。首先是多元民族格局对于民族认同带来挑战,早期中华民族主义论述从排满种族主义转向五族共和的政治民族主义,即是应对多元民族状况的策略。另外,中国是一个随时间变迁的复数中国,历史上不断发生的华夷互动,导致版图、族群结构频频变化,将不断变化的复数中国整合成历史连续的单一中国,注定是一个歧义纷呈的过程。还有,建

① 魏建功:《侨韩琐谈》,载《魏建功文集》(伍),江苏教育出版社2001年版,第173页。
② 魏建功:《侨韩琐谈》,载《魏建功文集》(伍),江苏教育出版社2001年版,第177页。
③ 鲁迅《藤野先生》,载《鲁迅全集》第2卷,人民文学出版社2005年版,第313页。
④ 周作人:《日本与中国》,载《京报副刊》第294号(国庆特别号),1925年10月10日。

立现代国际关系必须处理中华帝国的历史霸权，虽然中华天下秩序已经解体，但是中国作为由天下帝国转型而来的大国，民族国家话语中总是游荡着帝国的幽灵，并给中国对外关系带来影响。在谈及中朝关系时，魏建功用古典华夷之辩比拟现代国家矛盾，以为二者有着相似的帝国后果："但愿这一种不幸（华韩爱憎）莫再像因为'尊华攘胡'的关系，演出比过去更惨的历史——胡人在今日的中国可怜极了，虽然还有在作怪的。"[①]

在东亚从朝贡体系向条约体系转型的过程中，历史中国在周边国家的共同体想象里，也扮演着一个需要持续处理的内他者角色。中国周边国家要完成现代转型，就必须在立国、立教等诸层面处理中国，去中国化是优先采取的民族主义策略。与中国的启蒙叙事一样，朝鲜的去中国化论述，亦通过构建现代/传统、进步/落后的二元构图，来将中国塑造为前现代的内他者，朝鲜只有祛除这个内他者中国，才能真正转型为现代民族国家。首先，朝鲜利用现代化叙事对中国进行"污名化"降格。中国的文明中心的地位被抹杀，取而代之的是一个野蛮中国。魏建功居留朝鲜期间曾无数次被问及："是不是中国女子都是 little feet？（所好他们不问'辫子'了）""是不是中国抽鸦片的人很多？"魏建功承认这些疑问源于"我们自家不争气"。[②] 小脚、辫子和鸦片象征落后的中国性，不曾沾染这些野蛮特征的朝鲜，则因此成为一个文明国度。其次，虽然朝鲜民族主义论述不断去中国化，并在此基础上发明本原的"朝鲜性"，但是朝鲜性的想象却不得不调用中国资源。在"贱视中国"之外，朝鲜的中国认识也有正面形象：现代改革楷模的中国和东洋势力均衡主轴的中国。[③] 在朝鲜追求独立自主的过程中，中国始终是影响深广的邻邦，尤其体现在朝鲜的反日复国组织，往往以中国为抗争的根据地。最后，朝鲜民族主义叙事中隐约可见天下帝国的魅影，"大韩帝国"依旧是一个"小中华"。"贱之清"论述则延续辩证华夷的中华正统论，并与朝鲜王朝一直以来的"小中华"认同一脉相承。在 1896 年 8 月 4 日的《独立新闻》社论中，作者认为朝鲜在成为现代文明国后，也要参与瓜分中国，"但愿朝鲜也能打败清国，占领辽东和满洲"。这个未来囊括朝鲜半岛、满洲和辽东"大朝鲜"想象，与朴趾源在《热河日记》中所考证的——包括朝鲜半岛与辽东、渤海诸地——"历史朝鲜"基本一致。

施恩德认为，"朝鲜民族身份的重建的一个重要组成部分就是再造一个类似'中国的'新的种类。那些纯正的朝鲜语——民族本质（kuksu）、民族国家（minjok）和民族魂（kukhon）——对照中国，都获得了很多含义"[④]。具有本源朝鲜性的"朝鲜"，只有在对照"中国"的状况下，才被认为是可能的，甚至需要调用中国元素来完成去中国化。在其脱离中华藩属体制、融入新世界秩序的民族国家建构过程中，朝鲜并不能彻底切割在东亚文明体系中占主导地位的"中国"。这个始终无法真正完成去中国化的民族主义实践，与朝鲜在现实层面的反抗日本帝国主义的民族解放运动是非常不同的。相对于日本这个

① 魏建功：《侨韩琐谈》，载《魏建功文集》（伍），江苏教育出版社 2001 年版，第 180 页。

② 魏建功：《侨韩琐谈》，载《魏建功文集》（伍），江苏教育出版社 2001 年版，第 174 页。

③ 参见白永瑞：《思想东亚——朝鲜半岛视角的历史与实践》，生活·读书·新知三联书店 2011 年版，第 176、205～243 页。

④ ［加］施恩德：《脱离"中央王国"：1895 年到 1910 年间朝鲜民族主义思想中的中国问题》，载［加］卜正民、施恩德编：《民族的构建——亚洲精英及其民族身份认同》，陈城等译，吉林出版集团有限责任公司 2008 年版，第 105 页。

似乎绝对外在的他者，中国则是朝鲜建构现代国族认同的内他者，一个更具历史关联性和地缘影响力的邻邦。由此就可以理解，为什么魏建功明明是到日殖朝鲜的京都帝国大学去做教师，但他的《侨韩琐谈》却几乎没有提及日本文化在朝鲜的存在，而是自始至终都在批判儒教中国对朝鲜的历史影响。

现代日本通过频频发动殖民战争建立东亚霸权，成为中朝两国民族主义运动针对的主要对象。不过，日本自身的民族国家建构也需要处理“中国”，并试图在去中国化的过程中成为“中国”——东洋中心之国。自明治时代起，日本一改尊崇儒教、憧憬中国的认识，基于文明论逻辑采取蔑视中国的态度，尤以福泽谕吉的论述最具典范意义。他的瓜分中国论、支配朝鲜论、脱亚入欧论，皆以西方现代文明为宗旨，以日本为未来亚洲的中心，视朝鲜、中国为亚洲“恶友”，日本应该和西方国家一道对付中国，“在我们日本人心中，应谢绝亚洲东方的恶友”①。贱视中国的文明论逻辑一方面用以构建日本的现代认同，另一方面也为侵略中国建立合法性。不过，日本在建构对立于西洋的东洋史时，却又不得不以中国为东洋中心。在《对中国的乡愁》一文中，吉川幸次郎以朱子学和赫胥黎为例，简略比较东西洋思想的区别。文末他感叹道：“赫胥黎的话，究竟是西洋的正统思想，抑或是对正统思想的某种程度的逆反，对不熟悉西洋思想史的我来讲，知之不详。然而不管怎么说，中国的思想，都是人类的故乡之一，一到某种时刻，有意无意的，就在讲述着对它的乡愁。”②中国思想是人类的故乡之一，中国更是日本的永恒乡愁。

以中国为中心来书写东洋史，当然不是出于追求历史客观性，而是要确立日本的东洋代表性。现代日本帝国主义论述及其实践，在追随欧洲帝国主义的同时，亦借鉴中华天下秩序的王道政治传统。在设想与“大东亚新秩序”相关的“东亚联盟”时，石原莞尔认为“如采取欧美帝国主义方式，欲于二三十年间使东亚臻于大同，实为至难。由此可知，合理的王道主义东亚联盟，至为需要”。大东亚王道论延续中华王道政治理念，只不过王道主体不再是中华礼教，而是日本天皇主体的皇道，“大东亚共荣圈”被建构为王道主义新华夏。③ 为配合亚洲殖民战争，战时日本“东亚研究所”编写《异民族统治中国史》一书，根据异族从周边入主中原建立帝国的历史，为日本侵略中国寻求合法性。在编写者看来，“大东亚共荣圈”要处理的终极问题是中国，而中国构建多民族帝国的历史经验，则提供了不同于欧洲帝国主义的东亚思路。“当我们回顾这些民族的过去、瞻望它们的未来，进而考虑到在领导方面达到同生共死的目的是否有困难时，正像大东亚共荣圈的终极目的在于解决中国问题一样，在这方面，‘中国’问题也是发生重要作用的，因此自然会联想到过去统治中国的历史本身，在民族政策的研究上，为我们提出了许多重要教训，特别感到异民族统治中国的事迹，在这方面占有更大的比重。”④

东亚民族主义的中国情结可以概括为三个方面：必须祛除的传统中国、需要承继的文明中国、天下中国的历史无意识。讨论东亚民族主义的中国情结，是为确立一个典范

---

① [日]鹿野政直：《福泽谕吉》，卞崇道译，生活·读书·新知三联书店1987年版，第143～154页。

② [日]吉川幸次郎：《对中国文化的乡愁》，载[日]青木正儿、吉川幸次郎等编：《对中国文化的乡愁》，戴燕、贺圣遂选译，复旦大学出版社2005年版，第126页。

③ 参见李永炽：《日本“大东亚共荣圈”理念的形成》，载《思与言》1978年第6期。

④ [日]东亚研究所编：《异民族统治中国史》，韩润棠等译，商务印书馆1964年版，第5页。

性的内他者，而不是一种中国中心论。作为共享中华文明传统的东亚各国，彼此皆为各自追求现代、发明民族的内他者，中国情结也可以理解为朝鲜情结、日本情结、琉球情结等。在以中国为地缘腹地、文明轴心的东亚，各国打造民族、重构认同、介入世界的历史实践，须臾不能离开与中国的连带、互动和对抗。

三、民族、民族主义与内他者

民族是现代发明。民族在形成的过程中，一方面通过缝合社群内部差异的意识形态运作，发明出具有历史连续性的同一民族身份；另一方面又需要建立一种排他政治，确定并排斥我族之外的异族。定义一个民族的决定性因素，往往不是抽象出民族内部的任何同质性，而是划定我族与他族的界限。[①] 民族作为"想象的共同体"，不但是发明同一性的"我者的想象"，也是生产异己性的"他者的想象"，二者是民族认同的一体两面。与建构一致的语言、文化、血缘等民族原型相比，明确非我族类之他者，则是相对简单、明确的操作，故而是凝聚我族的核心模式。

其实，认同我者就是承认他者。他者并非存在于我者外部，而是我者频频划定界限，从内部将他者想象性地排除界外。只有从内部将他者反复生产出来，不断划分我他边界，我者才有出现的契机。他者从来不是外在的他者，而是植根内在的内他者，异族也不是"他异"，而是我者的"异己"状况。我者存在的别样可能，就是作为"异/夷/易"存在。就原初意图而言，主体应是绝对自洽的我者，按理说不存在任何外部，因为外部存在的不确定性，会挑战主体的自洽性。故此，主体又需要将外化的他者再行内化，即将他者作为认识对象，不断地落实于我者内部。他者化就是在发明他者的同时，又将他者作为认识内化于我者，只有这个认识完成之后，他者作为内他者被淹没于我者之中，作为主体的我者才最终发生。现代民族建构也遵循这个我/他、内/外的主体辩证法。

独立建国之后，朝鲜抛弃"箕子朝鲜"的中华来源说，不断强化"檀君朝鲜"的本土起源说，就是要在民族起源层面区隔中国，以形成具有独特本质性的朝鲜民族。但在此之前，"箕子奔朝鲜"是一个压倒性的神话，朝鲜王朝与中华帝国通过分享这个神话，将彼此囊括在中华天下之中。推而广之，前现代的朝鲜、越南、琉球，与中国同属华夏这一轴心文明，共同创造并分享华夏文明的成就与荣耀。华夏文明以农耕社会、儒教礼仪、皇权专制、循环时间等为基本特征，不同成员共享一种神圣、层级、循环的天下世界观，并通过亲亲有序、内外有别、华夷有差的差序意识形态，将等级制度落实于家国天下的不同层次。个人、社群、聚落、族类等，皆是这个天下差序体系的有机组成部分，具体权益取决于处身其中的位置，不同层面的礼仪制度则决定不同个体、族群间的从属关系。对于华夏边缘族群来说，进入并占据华夏中心，则是权益的最大实现。不过，无论哪个族群成为天下帝国的统治族群，都会以天下秩序、儒家礼教、农耕经济等作为重建"中国的世界体系"的基本内容。许倬云称，在"内部—外部""中央—地方""核心—边陲"的几个层面上，"数千年来，'中国'，这一庞大的复杂系统，在不断的失衡与调整的过程中，不断地改变内涵的成

---

① 参见段从学：《"边地书写"与"边地中国"的现代性问题——以抗战时期的"大西南"为例》，载《西南民族大学学报(人文社科版)》2019年第2期。

分,也不断地改变了其周边的界限。但是,无论如何,万变不离其宗,中国的发展过程还是有迹可循的。中国在天下国家模式、儒家的主流思想与精神、农业与市场经济诸项因素的规范下,即使有种种变化,都大致在'东亚'这一地理环境内进行”①。

天不变,道亦不变,道不变,天下不变。然而,来自欧洲的现代性冲击,在各个层面瓦解中国天下。首先,欧洲的政治、工业革命造成文明中心转移,中国丧失在经济、制度、军事上的优势,东亚各国需要转型为主权国家,纳入欧洲中心的世界体系。其次,儒教在东亚的普世性逐步丧失,神圣、层级、循环的儒教世界观被世俗、平等、线性的现代世界观替代,人们理解世界的方式发生根本改变,东亚世界观同样被带入现代。最后,甲午战争造成中华天下最终解体,中国彻底转变为民族国家,中国社会的现代转型也从此变得极为激进。19世纪末,包括中国在内的东亚各国,纷纷从中华天下体系中摆脱出来,成为现代世界体系中的独立国家。不过,辩证华夷、内外、尊卑的天下秩序,却始终影响着东亚的民族想象,各国的现代转型固然执着去中国化,但是在亚/欧、东/西的二元结构预设中,欧洲始终是一个相对于亚洲的外他者,中国则是不能真正谢绝的内他者,这导致东亚国家的现代化最终要回到“中国”,即以欧洲为方法重构中国。现代东亚去中国化实践的内里,往往是曲折迂回的再中国化进程,并由此构成东亚民族主义的区域特征。

想象完全处于外部的异己之他者,是现代民族想象的普遍形式。在构想实现人类自由精神的日耳曼民族时,黑格尔先行塑造一个“缺乏‘自由理想’的主要意识”的东方——中国和印度。不同于处于历史之外的非洲和美洲,东方是停滞在历史开端的过去世界,欧洲世界则是现代的,它在理性中意识到自己作为自由精神之实现的真理性,并由此成为现代世界的全部。“这个形式上绝对的原则把我们带到了历史的最后阶段,就是我们的世界,我们的时代。”②非洲、美洲在欧洲世界史之外,东方则是世界史的内他者,开启历史但却停滞于起点。在世界史叙事中,现代世界体系最终没有外部,欧洲之外的世界都必须完成现代化,才能作为现代主体加入现代世界体系中去。③ 在现代世界形成的过程中,中华帝国曾极力维护天下体系,争夺朝鲜的甲午战争就是最后的努力。在政治经济上,中国不仅要成为现代世界经济的一部分,在地缘政治上也不能位于世界外部,它必须转型为民族国家,成为现代世界秩序的单位成员。在意识形态上,辩证华夷难以解释完全内部化的世界,与曾经占据天下的元、清等异族王朝不同,华夏的文明优越意识也被摧毁殆尽,只能通过扬弃传统的启蒙运动,经由再造中华文明加入现代世界体系。

不过,就东亚各国的现代转型来看,民族国家不是世界体系的最初单位,更谈不上是对欧洲民族模式的盗版,而是资本主义全球化创造出以民族国家为单位的世界体系,民族、民族主义观念的形成及实践,是在臣服与抵抗全球殖民的过程中发展起来的。经典研究认为,西欧是民族的发源地,法兰西民族和英格兰民族是最古老的民族④,其他民族

① 许倬云:《我者与他者——中国历史上的内外分际》,生活·读书·新知三联书店2010年版,第119页。

② [德]黑格尔:《历史哲学》,王造时译,生活·读书·新知三联书店1956年版,第112、459~460页

③ 参见[美]沃勒斯坦:《族群身份的建构——种族主义、国族主义、族裔身份》,载许宝强、罗永生选编:《解殖与民族主义》,中央编译出版社2004年版,第113页。

④ 参见[英]休·希顿—沃森:《民族与国家——对民族起源与民族主义政治的探讨》吴洪英、黄群译,中央民族大学出版社2009年版,第26~27页。

都是对欧洲原型的模仿。在认识到民族是现代产物之外，也需要看到民族是革命的后果，是反帝反殖民运动的遗产。“在法国大革命和美国独立革命的年代，民族便和‘人民’及国家密切相关，于是‘民族国家’和‘合众国’的呼声响彻云霄。”[①]1789年的法国大革命否弃帝国主义政治，创造出国家＝民族＝人民＝主权的民族国家观念，将人权之平等延展到各民族之平等，而18世纪末争取美洲殖民地独立的美洲革命，则被安德森追溯为世界“第一波”民族主义。美洲殖民地在被纳入资本主义世界体系之后，又纷纷脱离欧洲母国而成为独立的民族国家，来自殖民母国的地域歧视、区域性朝圣之旅的形成、反帝国主义的自由主义的影响、印刷资本主义的推动等等，是美洲民族主义思想及其运动兴起的直接原因。[②]

美洲革命不仅是欧洲殖民的反动，也是构成现代世界秩序的开端。欧洲海外殖民除却表层的利益冲动、帝国欲望之外，更为深层的动力则是要通过殖民扩张，将整个世界卷入一个永恒流转的全球资本主义机器。这个过程不是平等化、民主化的进程，而是不断铭刻区隔、阶层、分工的过程，即一个持续生产出他者并将之内化的无限循环。资本主义体系的全球建构需要形成复杂的分层关系、分工体系、内外区隔，从而建立一个被“看不见的手”掌控的世界市场。帝国殖民扩张、民族国家建立，就是一个不断生产出内他者的过程，殖民地在依附宗主国的同时，又充满帝国化的渴望。就美洲而言，内他者化过程分为两个阶段。第一步，帝国殖民将美洲世界化，也即欧洲化，美洲从世界的外部变为内部；第二步，美洲通过反殖民革命独立建国，成为世界内部的内他者。美国独立就是因为在帝国认同丧失的驱使下，欧裔移民建立起一个与宗主国并置的独立国家，并在之后通过持续的民族主义询唤，终于在19世纪后期发明出“美国民族”。

欧洲殖民扩张只是导致全球资本主义一体化的缘起，其引发的民族解放运动才是现代世界体系得以成型的关键。民族的蓝图一旦在美洲建立起来，然后就是民族主义全球流行。“在美洲的波涛之中，民族国家、共和制度、共同公民权、人民主权、国旗和国歌等这些想象的现实(imagined realities)一一涌现，而与其对立的概念如王朝制帝国、君主制度、专制主义、臣民身份、世袭贵族、奴隶制和犹太人贫民区(ghetto)等尽皆遭到清算。”[③]当然，普遍的个人自由、社会正义、民族解放并非一蹴而就，而是需要经历漫长的革命历程，甚至要历经帝国复辟、专制反复的磨砺，才能作为普遍价值被接受下来。自由、民主等现代思想固然是欧洲的发明，但是这些思想的真正普遍化、世界化，乃是被初步实现于被殖民地的民族解放、革命建国运动中，随后又被反馈回欧洲，促成欧洲具有民粹性格的“第二波”民族主义。其实，以欧洲“双轮革命”——英国工业革命和法国大革命——为起点的历史叙事，未免是欧洲中心主义情结造成的政治失忆，美国革命和拉美独立运动才是现代政治革命的起点。在阿伦特看来，在法国大革命失败的地方，美国革命大获成功，它创造出一个可以经得起后世考验的新政治秩序，实现以自由立国的革命初衷，并因此

① [英]埃里克·霍布斯鲍姆：《民族与民族主义》，李金梅译，上海人民出版社2010年版，第17页。

② 参见[美]本尼迪克特·安德森：《想象的共同体——民族主义的起源与散布》，吴睿人译，上海人民出版社2011年版，第48～62页。

③ [美]本尼迪克特·安德森：《想象的共同体——民族主义的起源与散布》，吴睿人译，上海人民出版社2011年版，第78页。

成为现代的真正开端。[①] 作为欧洲殖民地的美洲,以其独立建国的民族解放运动,开启了现代世界的漫长历史。

民族独立运动驱动的现代世界史始于美洲,但最终实现于第三世界的民族解放运动,东亚各国的现代民族主义运动也是现代世界体系形成的革命性因素。安德森曾勾勒出一个民族主义的全球路线图:美洲革命的第一波殖民地民族主义—欧洲民粹性格的第二波大众民族主义—欧洲帝国转型的第三波官方民族主义—第三世界民族解放的最后一波民族主义。欧洲起点的殖民扩张是为建立全球帝国,却结束于民族国家的普遍建立,欧洲帝国不得不顺应这个潮流,通过归化民族而装扮成民族国家。在这个逆向民族化过程中,英国、俄罗斯、德意志等神圣帝国自行降格,完成在地化、世俗化、民族化转向,以应对民族革命运动的冲击。欧洲帝国的民族化就是自我他者化,官方民族主义则是一个逆帝国的后果。虽然并未丧失殖民扩张的帝国主义性格,但它如今却必须像一个民族国家那样行动,才具有历史合法性,必须装扮成迎合大众的世俗他者,而不是君临世界的神圣主体,才有资格继续主导现代世界秩序。欧洲各国由此与其他民族国家一样,也变成一个地方性、特殊性的存在。当欧洲通过帝国殖民将亚洲、非洲、美洲强行纳入资本主义体系,使之成为欧洲中心的世界帝国的内他者时,欧洲本身也为这个世界体系吞噬,成为其结构性的内他者。即便曾经是现代起点,甚至是世界中心,但欧洲从来不是世界本身,因为现代所形成的水平的世界体系注定将一切排斥进而吸纳为内他者,使之成为推动现代性无限流转的内驱力。

传统的帝国、文明、城邦、部落皆无例外,都需要在无限动荡的现代世界中重新定位。欧洲中心的主流民族主义论述声称,正是因为资本主义对于原子化个人的生产,使得人类需要通过归属民族以获得身份认同。不过,"现代认同危机中的个人需要现代认同"的同义反复,并不能真正回应民族主义兴起的问题。也许,民族、阶级等现代共同体的创制,是为应对资本主义建立的世界权力宰制体系。一方面,资本主义及其意识形态无远弗届的全球扩张,冲垮包括中华帝国在内的所有等级制共同体,并建立起一个水平、世俗、匀质的世界市场,个人、社群都内化为现代世界的有机组成部分,无人能够溢出这个资本主义机器之外。另一方面,资本主义世界机器又产生出新的经济分层、区域等级、社会差序等,"压抑—臣属"的宰制政治体系被"分工—依附"的经济权力结构取代,但是权利、平等、自由、民主等现代意识的高涨,则让现代人必须通过重建差异互现的共同体,来抵抗社会均质化进程中的霸权关系再生产,从而在市场人、契约人等主体身份之外,给予个体以更为多元的认同可能。民族、阶级等崭新共同体的出现,就是以内他者的身份构造挑战资本主义霸权体系。在一个没有外部的资本主义世界中,也许只有通过诸种内他者的自内革命与解放,才有可能提供一个更为自由、平等的未来世界愿景。事实上,现代人已经不可能通过某个固定身份来构成认同,只能在流动不拘的世界状况中反复定义我者与他者的关系,"内他者"这个概念假定正为表征民族、阶级等现代共同体之混杂、流动的不确定性本质。这些共同体虽然可能被赋予各种实质性内容,但是依然只是现代人建构彼此关系的想象性媒介,而非稳定不变的绝对化实体。

---

① 参见[美]汉娜·阿伦特:《论革命》,陈周旺译,译林出版社2007年版,第138页。

19 世纪中叶以降，东亚变成一个民族主义试验场，不同形式的民族国家建构进程既是对于欧洲民族主义的模仿，也不免带有区域性的症候。由于帝国传统、历史连带、地缘政治的影响，东亚各国互为内他者的民族建构实践提供了一个认知民族、民族主义的另类视角：民族是构成现代人类关系的媒介共同体之一，在严格区分我者与他者的构造策略之外，也可以通过想象跨界、混杂的内他者而获得开放性定义。

四、余论

以朝鲜独立为标志，中国完成从天下帝国到民族国家的转型。中国的自我认同、周边的中国认识由此也天翻地覆，因此需要在新的地缘政治状况中重构中国—周边关系。作为一个纠结历史性与现实感的内他者，"中国"成为包括中国在内的东亚各国挥之不去的内在情结，各国的民族国家想象中始终不乏天下中国的魅影。留学日本期间的鲁迅，被要求去拜"在日本的孔夫子"①，又在去仙台的旅途中遭遇"在日本的中国"②。1919 年，郭沫若在《牧羊哀话》中塑造一个"小中华"，朝鲜人文无一不是华夏风度。1928 年，魏建功侨居日占朝鲜，耳闻目睹全是中华遗韵。与此同时，虽然中国中心的东亚朝贡贸易被市场经济取代，但是中国作家在朝鲜书写中也涉及东亚经贸关系的一体化倾向，中国依然是东亚经贸体系的中心。作为内他者的中国认识，既是突出天下中国的历史遗产，亦是以中国为周边他者，进而挑战所有中心帝国叙事。无论处身何处，内部还是外部，他者都是边缘性存在，既构成主体的边界，又指认主体的虚幻。没有诸他者跨界内外的越轨、对抗、协商，主体无以塑造成型。以内他者为方法的民族、民族主义认识，不仅试图瓦解所有排他性民族主义，更在于强调现代民族国家想象的历史性与流动性。

The Obsession with China, East Asian Nationalism and Korean Imagination

HAN Chen

Abstract: In modern Chinese literature, Korea is often represented as intimate but estrange, and is an inner-other that is distant. It is a common symptom that East Asian nationalism shapes national identity in the view of border-crossing, inside and outside. As for the ubiquitous Chinese complex in history, it is a psychological structure that cannot be eliminated soon in East Asian countries. The core issue has never been the West, but the historical and geographical entanglements among East Asian countries. In modern society, it is difficult for people to form a stable community based on one certain identity, and they can only continuously define the relationship between each other in a fluid situation of world. In this sense, the concept of the inner-other, is used to represent the hybridity of modern communities such as nations and classes. This article traces the Korean imagination in modern Chinese literature, in order to construct a literary geography landscape that connects inner and outer, to investigate the Chinese complex in East Asian nation-state identity, furthermore, to offer a new perspective of understanding nationalism.

① 鲁迅：《在现代中国的孔夫子》，载《鲁迅全集》第 6 卷，人民文学出版社 2005 年版，第 326 页。

② 鲁迅：《藤野先生》，载《鲁迅全集》第 2 卷，人民文学出版社 2005 年版，第 313 页。

东南亚水电开发的进展、动因和阻碍

张 锐*

水电是全球范围内最大的清洁电力来源，2020 年提供了全球 1/6 的电量，其发电量仅次于煤炭和天然气。由于水电具有较低的发电成本、较高的灵活性和安全性，释放未开发的水电潜力仍是不少发展中国家扩大电力供给、满足不断增长的能源需求的优先政策。[①] 水电在东南亚能源结构中占据重要地位，2018 年提供了东盟十国 17.2%的电力，其发电量占区域可再生能源发电量的 73.6%。[②] 但是，由于不可避免的负外部性，水电开发日益成为一个容易引发社会分歧和政治纷争的议题，加之缅甸密松水电站停建、湄公河水电开发争端等事件，一些国际媒体报道、学术探讨已将水电描述为东南亚国家"嫌弃""抵制"的电力来源形式，把水电投资定性为不负责任、有意制造社会不公、剥削边缘群体的"结构性暴力"，担心水电站成为区域国际冲突的新根源。各种抹黑或扭曲的解读层出不穷，有的以此攻击一国的政治体制，表示老挝政府的"水电富国"战略只是借扶贫和可持续发展为名、扭曲自由主义经济的专制维护手段[③]；有的指责我国在东南亚的水电投资旨在"塑造中国主导的、隐蔽的区域等级制度"。[④]

笔者因工作缘故，长期关注东南亚能源转型，与区域能源组织、各国能源电力部门保持密切交流，一方面注意到各种反对水电的声音，另一方面观察到各国不断推进对水电的开发规划、招商引资，水电绝非区域发展的"过街老鼠"，而是东南亚在能源转型时代寄予厚望的基本保障和供电主力，需要立足能源系统和社会系统的整体性，客观公正地看待水电的价值及开发前景。本文首先将搭建水电开发决策的分析框架，揭示决策中的多主体特征和议题复杂性，然后立足东南亚水电现状、遵循框架，探讨当前的促进因素与阻碍因素，呈现一个全面的、机遇与挑战并存的动态图景。

---

* 张锐，全球能源互联网发展合作组织经济技术研究院研究员。

① IEA, "Hydropower Special Market Report: Analysis and Forecast to 2030," July 2021, https://iea.blob.core.windows.net/assets/4d2d4365-08c6-4171-9ea2-8549fabd1c8d/HydropowerSpecialMarketReport_corr.pdf.

② IEA, "Data and Statistics," https://www.iea.org/data-and-statistics.

③ Christopher L. Atkinson, "Hydropower, Development, and Poverty Reduction in Laos: Promises Realized or Broken?" *Asian Journal of Political Science*, Vol.29, No.1, 2021, pp. 67-87.

④ Truong-Minh Vu, Maximilian Mayer, "Hydropower Infrastructure and Regional Order Making in the Sub-Mekong Region," *Revista Brasileira de Política Internacional*, Vol.61, 2019, p.11.

一、东南亚水电的开发进展

2020年，东盟区域水电装机容量达到59451兆瓦，在总电力装机中的比例为20.9%，仅次于煤炭(31.4%)和天然气(30.9%)。在东盟成员国中，装机容量规模和发电量最大的国家均为越南，分别达到20774兆瓦和52太瓦时；装机占比最大的国家是老挝，高达83.4%。在2020年新增清洁能源装机中，水电在太阳能之后位居第二位，达6056兆瓦，占所有可再生能源新增装机的33%。[①]

域内大型水电基础设施不断取得重大进展。2018年10月，柬埔寨最大水电工程——桑河二级水电站投产发电，占该国总发电装机容量的近20%，全年发电量相当于该国15%人口一年的用电量。2020年10月，马来西亚巴蕾水电站实现大江截留，进入水坝建设阶段，该电站为该国在建的最大水电项目，装机容量达1285兆瓦。2021年1月，越南启动域内最大的水电扩建项目——和平水电站扩建工程，项目装机容量将从现有的1920兆瓦提升至2400兆瓦。2021年4月，老挝南欧江水电项目一级、三级、四级水电站完工，标志着整个"一库七级"项目即将全部投运，该项目总装机容量1272兆瓦，保障老挝全国12%的电力供应。从趋势上看，东南亚水电装机将继续实现规模化增长。据国际能源署的评估，2021～2030年，印尼、老挝、越南有望跻身全球水电新增装机规模前十大国家，三国新增装机规模总量预计达到14500兆瓦。[②]

除了继续投资大型水电站，各国开拓水电利用形式多元化。印尼、菲律宾、缅甸等国积极开发小水电[③]，旨在解决偏远岛屿或山区的电力供应问题。2021～2030年，印尼有望成为全球小水电新增装机容量最多的国家，预计新增1400兆瓦。印尼、泰国、菲律宾、越南等国已制定抽水蓄能领域的发展规划，标杆项目开始落地。2020年1月，越南在宁顺省开工建设该国首个抽水蓄能电站，装机容量达1200兆瓦，预计2026年并网发电；同年12月，菲律宾首个大型抽水蓄能发电项目达成工程承包协议。另外，多国开始在水库上建设漂浮式光伏，实现水电与光伏的混合发电、互补开发，如老挝政府与法国电力公司在南屯二水电站启动建设全球最大的漂浮光伏项目，装机容量达到240兆瓦。[④]

面向未来，各国已通过官方规划或表态，明确了水电中长期的发展目标。

柬埔寨政府部门表态，将发展拥有10000兆瓦的水电装机容量。

印尼《电力供应商业计划(2019～2028)》提出，2028年水电装机容量升至约13600兆瓦，为第一大可再生电力来源。

老挝政府部门表态，2030年前水电装机容量升至20000兆瓦。

马来西亚提出"砂拉越可再生能源走廊"计划，目前已规划1500兆瓦的新增水电

---

① ASEAN Centre for Energy, "ASEAN Power Updates 2021," September 2021, https://aseanenergy.org/asean-po wer-updates-2021/.

② IEA, "Hydropower Special Market Report: Analysis and Forecast to 2030," July 2021, https://iea.blob.core.windows.net/assets/4d2d4365-08c6-4171-9ea2-8549fabd1c8d/HydropowerSpecialMarketReport_corr.pdf.

③ 世界各国对小水电没有一致的定义和容量范围的划分界限，多数国家和国际行业机构将装机容量10兆瓦以下的水电项目归为小水电项目。

④ IEA, "Hydropower Special Market Report: Analysis and Forecast to 2030," July 2021, https://iea.blob.core.windows.net/assets/4d2d4365-08c6-4171-9ea2-8549fabd1c8d/HydropowerSpecialMarketReport_corr.pdf.

装机。

缅甸《国家电气化计划》提出，2030 年水电装机容量升至 9000 兆瓦。

菲律宾《2017～2040 年国家能源发展长期规划》提出，2017～2040 年新增 4800 兆瓦的水电装机，占可再生能源新增装机的 1/3。

泰国《2018～2037 年电力发展规划》提出，国内水电和进口水电的发电量在全国总发电量中的占比要维持在 11%左右。

越南《2021～2030 年能源规划》提出，2030 年大型水电装机容量升至 24700 兆瓦。

一些资源禀赋较好、发展水平较低的国家更加期待跃升式发展。

二、东南亚水电开发的动因

1.各国政府在能源安全、能源转型上的压力

在安全方面，东南亚仍有近 5000 万的无电人口，绝大多数集中在缅甸。2019 年，缅甸通电率仅为 68%，人均用电量约 320 千瓦时，不及世界平均水平(4616 千瓦时)的 1/10；柬埔寨、印尼和菲律宾尚未实现全民通电。[①] 由于区域快速的城市化和工业化，多数国家面临电力需求快速增长与供电能力严重不足的矛盾，缺电问题成为区域发展的严重障碍。根据越南工商部 2020 年评估，该国在 2021～2024 年将出现持续性全国缺电，2023 年达到电力缺口的峰值(133 亿千瓦时)。[②] 柬埔寨近年来积极发展电力，但电力需求与装机容量之间始终存在 20%左右的缺口，尤其各大城市在用电高峰常面临频繁停电。泰国的供电水平长期处于刚刚够用的状态，随着本土天然气枯竭、发电占比七成的气电出现供应风险，该国的电力缺口可能迅速扩大。菲律宾的棉兰老岛、印尼的爪哇岛和苏门答腊岛等人口大岛都存在供电远未满足社会需求、无法有力支撑工业产业的情况。

在转型方面，东南亚的能源结构目前处于碳锁定的状态，煤、油、气组成的化石能源始终占据电力结构的主导地位，2020 年占区域电力装机容量规模的 70%。域内经济大国(印尼、越南、马来西亚、泰国)近十年对煤电的依赖有增无减，东南亚是当今世界煤炭在能源结构中保持比例增长的唯一地区，近 20000 兆瓦的煤电装机还在建设中。[③] 这样的开发形势与区域国家的能源转型承诺严重相悖。2015 年，东盟国家集体设定了一个目标——将可再生能源在一次能源供应结构中的占比由当年的 12.6%提升到 2025 年的 23%。据国际可再生能源署的评估，由于各国行动上的滞后，如果按照当前开发趋势，到 2025 年这一比例预计只能达到 17%。[④] 根据非政府组织的研究，东南亚是全球最容易受到气候变化影响的区域之一，1999～2018 年，缅甸、菲律宾、泰国、越南在全球遭受气候灾

① World Bank, "World Bank Open Data," https://data.worldbank.org/.

② 参见中国驻胡志明市总领事馆经济商务处：《越南缺电高峰或于 2023 年出现》，商务部网站，2020 年 9 月 7 日，http://www.mofcom.gov.cn/article/i/jyjl/j/202009/20200902999178.shtml。

③ 参见张锐、王晓飞：《东盟能源转型：困局与展望》，载《东南亚研究》2021 年第 4 期。

④ IRENA, *Renewable Energy Market Analysis: Southeast Asia*, January 2018, https://irena.org/publications/2018/Jan/Renew able-Energy-Market-Analysis-Southeast-Asia.

害损失最严重的十个国家之列。[①] 在气候变化危害日益恶劣、全球碳中和的背景下，一些国家近两年提出了更加明确、坚决的减碳方案，如菲律宾于2020年宣布暂停新建燃煤电厂，印尼国家电力公司PLN宣布2023年后不再新建燃煤电厂。据非政府组织"全球能源监测"(Global Energy Monitor)的统计，2020年，菲律宾、越南和印尼三国政府削减了54700兆瓦的拟建煤电装机，创造出区域清洁转型的一个重要拐点。[②] 显然，对煤电的淘汰意味着对可再生能源更大程度的倚赖。

面对能源安全、能源转型的现实压力，区域各国政府普遍意识到水电在供电能力、清洁属性、技术成熟度、开发成本上的突出优势。而且，随着煤电等传统基荷电源的削减，水电还是平抑太阳能和风能的波动性、维护电力系统稳定性的必要手段。

2.各国开展电力贸易、创造经济效益的需求

域内一些国家基于经济上的互补性，推动电网互联和电力贸易，进而带动水电发展。对于电力出口国而言，电力贸易为水电开发创造了广阔的国际市场，将资源优势转变为经济优势，提高项目的投资回报率，开拓国家外汇收入的渠道；对电力进口国而言，进口清洁、廉价的水电既能加快本国电力结构的低碳化，也能有效降低本国电力事业的建设开支和电价水平。两方面的经济需求都为出口国的水电投资提供了开发动力。

目前，"贸易驱动水电开发"模式最为成熟的区域是湄公河流域。老挝从1993年开始向泰国、越南出口水电，21世纪以后，周边国家的进口需求快速增长，稳定可观的收益使老挝政府确定了"水电富国"的发展战略，也激发了近十年来的水电开发潮。2018年，老挝出口泰国、越南的电力高达5870兆瓦，占当年其国内电力装机容量的83%，电力出口额达到14亿美元，占该国当年出口总额的26%，是第一大出口产品。[③] 在进口国方面，泰国的整体水能开发条件有限，除太阳能外的其他清洁能源的开发条件也一般，就近进口老挝水电成为泰国电力发展战略的重要内容，邻近的越南、柬埔寨乃至马来西亚、新加坡都有进口老挝水电的意愿。展望未来，电力贸易的增长前景比较清晰，根据老泰之间的协议，到2025年，老挝向泰国出口电力增至7500兆瓦，2030年达到9000兆瓦，根据老越之间的协议，越南希望到2030年从老挝进口5000兆瓦电力。同时，东盟正在积极推动"老挝—泰国—马来西亚—新加坡"电力一体化项目，旨在促进老挝水电更大范围的配置。这些贸易趋势无疑加强老挝的水电发展决心，也促进其周边国家参与老挝的水电投资。

3.国际层面行为体的推动

国际层面的各类行为体基于不同的议题重点，积极推动东南亚水电开发，着力补足东南亚国家"缺规划、缺资金、缺技术"的短板。

联合国亚太经社委、东盟、国际可再生能源署、国际水电协会等国际组织以提升能源安全和转型为主要目标，发布水电规划报告，组织能力培养、技术援助等活动，更多发挥

---

① GermanWatch, "Global Climate Risk Index 2020," December 2019, https://germanwatch.org/en/17307.

② 参见"全球能源监测"：《繁荣与衰落：追踪全球燃煤电厂开发》，2021年4月，https://globalenergymonitor.org/wp-content/ uploads/2021/04/BoomAndBust_2021_Chinese_final.pdf。

③ 参见《老挝2018年进出口总额超过112亿美元》，2019年3月，https://www.163.com/dy/article/EAIRV3I70534067W.html。

智力支持的作用。

中国是推动东南亚水电较为积极的国家,立足东南亚国家的能源战略和互利共赢的发展前景,相信水电对各国经济发展、国计民生能够产生巨大推动作用,将水电视为绿色"一带一路"的建设重点。近年来,中国不断加强与东南亚国家的双多边合作,例如,中国与老挝提出构建"中老电力合作战略伙伴关系",双方依托"一带一路"倡议、产能投资合作机制等,推动重大水电项目的实施。2017 年,国家能源局委托中国电规总院、南方电网等机构,帮助老挝政府制定《电力发展十年规划》,优化该国水电开发方案。再如,中国通过澜湄合作机制开展技术援助与多边治理,《澜湄水资源合作五年行动计划(2018～2022)》提出了五项水电合作议题,包括水电可持续评价、水电站调度与灾害管理、绿色水电开发、水库大坝安全与"水—粮食—能源"纽带关系。

跨国能源公司是东南亚水电开发的直接实施者,也是通过商业途径助力区域电力发展的重要贡献者,它们普遍看好区域电力需求和水电盈利前景,很多企业在东南亚国家深耕多年,已经建立从电力延伸到制造业的产业链。西方一些报道、研究只突出中国企业,试图营造一种"中国主导区域发展"的舆论,但东南亚水电开发是一个多国竞逐、本土企业与外资企业密切互动的市场格局。例如,参与菲律宾水电投资的外国企业来自日本、韩国、美国、挪威等国,中国在菲的开发份额占比较小。参与印尼水电项目的外资企业主要来自日本、韩国、新加坡和中国,日本企业在该国的开发历史可追溯到 20 世纪 70 年代,拥有十分深厚的合作基础。老挝多个大型水电站都由泰国企业直接投资、一手操办,项目的电力完全直供泰国,越南电力企业近年来加强对老挝水电的投资力度。缅甸水电开发格局呈现鲜明的地缘色彩,中国公司参与的项目多集中在北部和东部地区,泰国公司主要开发东南部的萨尔温江下游,印度和孟加拉国公司主要开发西部的钦敦江沿线。

三、东南亚水电开发的阻碍因素

东南亚水电面临一些突出的阻碍因素,这些因素源于多元行为体对具体议题的保守态度、特定偏好或低效作为,不仅拖缓区域整体的开发进程,有时也直接阻断一些重大项目的落地,对未来水电发展前景制造了诸多不确定性。

1.政府在投资便利性上的低效治理

尽管各国政府在发展水电上作出明确表态、出台相关支持政策,但由于它们有限的治理能力或狭隘的保护主义思维,仍未创造一个有利的营商环境。具体表现为:

一是缺乏配套的规划体系或政策体系,导致企业常常"无法可依"、需与政府"一事一议",增加了投资风险和成本。缅甸历届政府表态要大力开发水电,但该国一直未能开展主要河流的规划,也缺乏水电项目征地移民、环境评估等方面的规则。缅甸政府允许私营公司以 BOT(建设—经营—转让)的形式投资水电站项目,电力部、贸易委员会、投资委员会和内阁均涉及此类项目的审批,但各部门的分管职责和审批流程从未明确,"人治"现象十分普遍。印尼空有水电开发的整体目标,但并未将其分摊到各岛、各省,缺乏自上而下的协同行动。该国水电开发一般遵循先获取开发权、再纳入国家能源发展规划、最后争取购电协议的流程,前期筹备的周期长,使投资者承担大量非必要的政府游说工作。

老挝能源矿产部主要通过能源规划司、能源业务司推动电站建设,没有制定电价和监管电力市场运行的专职部门,所以项目涉及的每项购电协议都需要开发商与能矿部逐案协商,投资收益也较难形成明确预期。另外,东南亚国家普遍存在土地权属不清的问题,政府部门未能实施有效的土地管理,导致项目征地时经常遭遇边界不清、所有权重叠等困难。

二是存在复杂的官僚层级、烦琐的审批流程。在菲律宾,水电投资者至少需要通过8个政府机构的审批、完成165个签字批准,一个水电站的审批流程一般需要1300天以上。[①] 在印尼,水电项目的开发权文件种类和数目繁多,重要许可证书有22个,完成整个流程一般需要两年多时间。由于不少文件的有效期仅1～2年,容易出现"整个流程尚未走完,部分文件已经失效"的状况。

三是对外国投资存在比例要求。在印尼,外国投资者出于投资便利考虑,常选择与国有电力公司合作开发项目,但印尼政府规定国有企业在其开发的电力项目中必须占股51%,由于印尼国有企业出资能力有限,实际出资很难达到要求,外国投资方只能代其支付资金缺口,背负较大的资金压力。菲律宾在电力开发上对外国资本采取了限制政策,要求外资投资占比不超过40%。

2.区域国家对湄公河开发的日益敏感

湄公河的水电开发早已成为区域一个具有冲突潜能的地缘政治议题。近十年来,老挝在湄公河干流上已建成的沙耶武里水电站、栋沙宏水电站和正在筹备中的北本水电站、琅勃拉邦水电站、萨纳坎水电站均遭遇流域国家不同程度的反对,反对意见主要建立在政府对区域秩序走向、水电环境影响上的特定立场。

越南政府作为最下游的国家一直持坚定的反对态度。其基本观点认为上游水电开发对该国湄公河三角洲的不利影响(主要指泥沙流量和水流量的减少)已经威胁到国家的安全与发展,在湄公河干流上不应新建水电站,"澜沧江—湄公河"全流域的水电开发和运营应置于多边机制的管控之下。有研究指出,尽管越南在对外关系上十分维护传统的国家主权原则,但在湄公河水电议题上,却热衷宣扬"沿岸国家应该让渡主权、接受跨国治理"的论调。[②] 需要指出的是,越南政府采取了一种"内部问题外部化"的策略,将湄公河三角洲面临的海水侵袭、岸线侵蚀、水质下降等环境问题通通归咎到老挝、中国的水电开发,但这些问题既与全球气候变化引发的自然灾害有关,在很大程度上也由于该国对当地过度围堰护田、河道非法采砂、工业废水和生活污水无序排放的放任自流。越南政府更愿意在自身责任上避重就轻,而让上游的水电站成为"替罪羊"。

柬埔寨政府和泰国政府出现了态度上的变化。柬埔寨此前在湄公河干流上规划了水电项目,曾明确支持老挝的沙耶武里项目,但政府逐渐意识到,不同于老挝所在的上游河段,该国所在的下游河段位于平原地区,项目淹没的土地面积更大,施工难度和开发成本也更大,自身并无干流上的开发优势。而且,随着全球变暖效应增强,柬埔寨近几年屡

① Antonio Vina, Joyce Tan, Teresa Guanzon, et al., "Navigating a Trilemma: Energy Security, Equity, and Sustainability in the Philippines' Low-carbon Transition," *Energy Research & Social Science*, Vol.35, 2018, p.42.

② Truong-Minh Vu, Maximilian Mayer, "Hydropower Infrastructure and Regional Order Making in the Sub-Mekong Region," *Revista Brasileira de Política Internacional*, Vol.61, 2019, p.11.

遭旱灾,水资源的保供压力、渔业的生存压力也在陡增,其反对干流水电项目的立场开始向越南靠拢。2020年3月,柬埔寨工业、矿业和能源部能源总局局长维克多·乔纳(Victor Jona)表示该国未来十年内不会在湄公河开发新水电站,显示"以身作则"的态度。泰国由于与老挝的电力联系,一直支持湄公河水电开发,但近年来也遭遇到农业灌溉用水紧张、渔业受损的情况。2020年11月,泰国国家水资源办公室秘书长桑盖特(Somkiat Prajamwong)表示该国反对位于老泰边境、由中国大唐公司投资的萨纳坎水电站,主要由于该项目对泰国的环境影响不明确。有评论表示,泰国反对的原因主要是该项目可能影响河流走向、改变国际边界。鉴于上述形势,老挝在湄公河干流上的水电开发可能遭到更大的国际阻力,老挝在湄公河委员会很可能成为"孤立的少数派"。

3.非政府组织基于环境社会影响的反对

区域大型水电项目的开发都会遭遇非政府组织的反对或抵制,这些组织不仅来自项目所在国,也来自域内其他国家乃至全球各地,组织的类型一般涵盖环保团体、原住民团体、农业团体、渔业团体。反水电的诉求往往针对水电项目的环境影响、移民安置过程中的行为不当或补偿不足、水电选址对原住民传统活动领域的侵占等。公允地说,在东南亚国家,一些非政府组织的行动具有道义上的必要性、效果上的建设性,表达了基层民众的迫切诉求,虽然形成阻碍,但在很多情况下也帮助各国政府、域内外开发商进行更具公平性和可持续性的开发,使水电项目尽可能减少负外部性。

近年来,非政府组织反对水电的态势呈现以下特点:第一,立场更加激进。有些组织不再只是针对个案,而是彻底排斥大型水电开发。泰国和菲律宾的一些环保组织(如泰国的"清孔保护团体"、菲律宾的"东亚和东南亚河流观察")自20世纪八九十年代开始,持续反对本国的水电项目兴建,积累了丰富的"斗争经验",它们的立场基本倒向"禁建水电"、还河流以完全自然的形态。2019年3月,缅甸300余名民间组织人士举行会议,反对当时政府所有的大型水电规划,认为这些项目的价值"并非造福缅甸人民,而是向邻国输送电力和利益"①。第二,对话很难进行。非政府组织普遍不信任政府,也不信任参与水电开发的国内外企业,这导致各方无法沟通、寻求共识。例如,老挝政府为了开发沙耶武里项目,曾两次向湄公河委员会提交由法国、芬兰机构分别承担的环境影响评估报告,但当时反对该项目的非政府组织大多都未阅读过这些文件,认为这只是老挝政府的合法性手段,内容不具备参考价值。② 再如,柬埔寨桑河二级水电站配套建设了三个移民新村,受项目影响的3690名村民均住上了新修建的村舍,柬国政府和一些民间组织都对安置工作给予高度肯定。即使如此,一些组织在未给出任何证据的情况下,宣称该项目造成了5000余人的"流离失所,无家可归",在项目建设过程中不断发起舆论攻击。第三,参与治理力度更强。域内的不少组织更踊跃地参与东盟、湄公河委员会及各国的能源电力决策活动,它们不满足于"国家水电发展的决策参与者"地位,而是寻求输出水电治理

① Clare Hammond, "Civil Society Groups from across Myanmar Hold Anti-hydropower Protest," Frontier Myanmar, March 15, 2019, https://www.frontiermyanmar.net/en/civil-society-groups-from-across-myanmar-hold-anti-hydropower-protest/.

② Kathryn A. Olson, Brain J. Gareau, "Hydro/Power? Politics, Discourse and Neoliberalization in Laos's Hydroelectric Development," *Sociology of Development*, Vol.4, No.1, 2018, pp.94-118.

规范，改变区域水资源治理的结构，使水电彻底成为“不受欢迎”的对象。[①] 域内组织也充分依赖一些外国政府和国际非政府组织的支持，经常组建高效协作的跨国行动网络。例如，为了反对中国企业参与投资的印尼巴丹托鲁水电站，2019 年 3 月，多国环保组织在中国驻雅加达、纽约、香港、约翰内斯堡等地的使领馆进行了多日抗议，并通过网络博主、社交媒体等进行广泛报道。

4.域外大国的干扰

一些域外大国经常将水电作为塑造区域秩序的工具，有意将水电开发政治化、安全化。美国自奥巴马政府起，长期反对在“澜沧江—湄公河”干流上兴建水电站。2009 年，美国务院发起“湄公河下游倡议”，寻求深度介入区域水资源开发治理，助推建立更具多边制衡性的区域合作架构。2011 年 3 月，美参议院通过《湄公河保护法案》，要求财政部部长告知美国驻世界银行、亚洲开发银行的执行理事，运用美国在以上机构的投票权，阻止向湄公河水电站项目和相关电网项目提供任何贷款或经济、技术援助。美国的抵制举动主要针对的是中国在澜沧江及在整个东南亚的大型水电开发，将中国兴建和参与的项目视为一种“基础设施性权力”的海外延伸，试图“抵消或阻止中国在东南亚地区的基建扩张势头，防止东南亚地区成为中国的经济后花园”。[②]

近年来，鉴于美国企业在东南亚水电市场不占据份额、中国“一带一路”倡议不断深化，美国政府的主张已经演变为鼓励东南亚国家减少乃至放弃水电。近期的主要动向包括：一是强化政治介入和挑拨离间，2020 年 9 月特朗普政府将“湄公河下游倡议”升级为“湄公河—美国伙伴关系”，把“可持续的水资源”作为优先关注领域。一大举措是为湄公河委员会提供专门的财政支持，帮助其获取水资源数据、开展“科学决策”。2020 年底，美国务院资助美国智库史汀生中心实施“湄公河水坝监测项目”，利用卫星遥感数据追踪干流上 13 个水坝（中国 11 个，老挝 2 个）的水库水文数据。拜登政府上台后表态将延续这一伙伴关系，2021 年 6 月举办了首次伙伴关系框架内的高级官员会议，美国外交官公开指责中国“威胁”湄公河流域国家的自然环境和经济自立。二是强化直接的电力合作，引导区域能源转型。2019 年，美国、日本达成“日美湄公河电力伙伴关系”（JUMPP），其宗旨是“促进湄公河地区电力结构的多样化，减少对水电能力的依赖”[③]，该关系主要通过举办外交代表和技术专家的会议，引导区域电力决策者开发非水清洁能源，协调两国在该区域的电力援助。三是持续扶持反水电的非政府组织和民间行动，如受美国国务院资助的水资源监测机构“地球之眼”专门搜集中国旱季拦截湄公河水源的“证据”，并不断炮制各种报告；美国在越南、柬埔寨、缅甸等国持续资助本土的环保组织，利用它们重点抨击中国在区域的水电开发项目。

---

① 参见韩叶：《非政府组织、地方治理与海外投资风险——以湄公河下游水电开发为例》，载《外交评论》2019 年第 1 期。

② 参见韦宗友：《美日在东南亚地区能源基础设施建设合作：举措、动因与制约因素》，载《南洋问题研究》2020 年第 3 期。

③ “Joint Statement on the Japan-United States Mekong Power Partnership (JUMPP),” Mekong-U. S. partnership website, August 2, 2019, https://mekonguspartnership.org/2019/08/02/joint-statement-on-the-japan-united-states-mekong-power-partnership-jumpp/.

四、结语

东南亚水电开发嵌套在各国的政治经济体系及所处的国际环境。不同行为体有着不同的优先关注点，各方对水电经济效益、能源效益的追求构成了发展动因，水电在可预见未来仍是东南亚能源投资和运营的重点，这一大局暂无变化；同时，水电开发的政治阻力、社会阻力不断加强，一些行为体基于环境、社会层面的不利影响，抵制单个项目乃至彻底否定水电，政府在投资政策上的缺陷、域外国际行为体的国际秩序塑造也在复杂化、政治化开发进程。①

基于本文研究，笔者提出以下中国与东盟电力合作的政策建议：第一，高度重视湄公河水电开发的议题。目前的形势是"树欲静而风不止"，域内外"反水电"声浪与"反华"行动经常结合、煽风点火，中国应在澜湄合作框架内进一步深化跨国水资源的统筹合作，变"反应型治理"为"能动型治理"，主动设置"绿色水电开发"的合作议题，支持流域国家改善水资源统筹管理能力，帮助流域内已建成项目、在建项目不断提升可持续运营水平，把水电工程对生态环境的负面影响降至最低。从务实的投资角度而言，我国政府和企业需要对未来湄公河干流上的新项目进行充分的风险评估，避免再次发生类似密松水电站事件。第二，放眼东南亚全局，挖掘水电合作的潜力。正如本文所言，水电在提高能源可及性、推进能源绿色低碳转型方面有不可替代的作用，小水电、抽水蓄能、"水电＋光伏"等形式处于方兴未艾的起步阶段，国家有关部门应加强与东南亚国家政府部门的政策沟通，深入对接电力政策和发展规划，以"政府推动、企业主导、商业运作"为原则，抓紧实施双方认可、条件成熟的项目，兼顾利在千秋的大项目、立竿见影的小项目。第三，改善我国企业海外水电投资的尽责管理体系，推动企业更加注重履行社会维度和环境维度的社会责任，在项目实施过程中，加强同非政府组织、当地社区的直接沟通，及时回应和解决各利益相关方的诉求。第四，积极开拓水电领域的"第三方合作"，依托中国强大的产能优势，与来自全球的企业在东南亚市场共同寻找投资机遇，形成风险共担、利益共享的合作格局。

Research on Effect Factors of Hydropower Development in Southeast Asia: Based on the Perspective of Policy System

ZHANG Rui

Abstract: Hydropower development in Southeast Asia is a topic prone to social disagreements and political disputes. Although regional hydropower maintains a vigorous development trend and constitutes the main source of electricity, its development still encounters outstanding obstacles and risks. Based on the inherent political attributes of hydropower, this paper introduces the research perspective of "policy system", and regards hydropower development decision-making as the operation of a policy system. The positions, actions and interactions of different actors in the system constitute the effect factors of

① 参见李昕蕾：《清洁能源外交：全球态势与中国外交》，中国社会科学出版社 2020 年版，第 43 页。

hydropower development. The positive factors of hydropower development in Southeast Asia include the realistic pressure of energy security and transformation, the economic demands of various countries based on power trade, the promotion of international actors, and the public recognition of the benefits; negative factors include the government's inefficient governance in terms of investment convenience, the increasing sensitivity of regional countries to the development of the Mekong River, the opposition of NGOs and the interference of major power outside the region. Hydropower is still the focus of energy investment and operation in Southeast Asia in the foreseeable future, but the development stance of governments of various countries is becoming more complex and volatile. China should pay attention to political risks, change "reactive governance" to "active governance", advocate green hydropower development, and tap the potential for cooperation.

日本氢能源发展及中日氢能合作探究

——基于氢能源产业的案例分析*

邹晓龙　马诗涵**

日本囿于地理区位及资源禀赋的限制，其能源供给长期依赖化石能源进口。意识到这种状态对长期发展不利，早在20世纪70年代石油危机伊始，日本便致力于在提高化石能源利用效率、减少排放污染的同时，不断开发清洁可再生能源，利用相关科技成为世界领先的清洁能源科技强国。近年来，日本在追求经济增长的过程中，在环境治理方面同样保持着良好记录。据2020年统计，在全球180个国家和地区范围内评估的环境保护绩效指数（Environmental Performance Index，EPI）排名中，日本总得分达到75.1，位居世界第12名，此项成绩也连续多年居于亚洲第一。①

氢能源能量储备大，转换效率高，清洁环保，安全稳定性较高，现已成为化石燃料与可再生能源之间过渡和转化的重要桥梁。日本开发氢能源起步早，科技发展也进步较快，目前已初步迈入氢能源社会。日本在氢能源发展中的一系列实践更为世界各国有关课题提供了借鉴。我国作为世界第二大经济体及新兴大国，也应努力实现能源转型，加快发展新型能源。从日本氢能源产业路径沿革之中，总结其发展经验，吸取教训，可以更好地为发展我国能源产业服务。

一、日本的能源产业及发展战略

近年国际大环境中能源形势日益紧张，世界各国均更加关注能源产业的发展。位列发达国家的日本，将着眼点置于能源供给与需求的调和，通过提升新能源的应用比率和使用效率，达到逐渐减少碳排放的效果。在国际层面上，日本还积极采取方法处理亚洲地区甚至世界能源供给、清洁能源使用、环境气候治理问题，在提升本国国际声誉的同时，也有效地助力了全球碳中和目标实现。尤其是在清洁能源研发与使用过程中，日本成就斐然，现已站在新能源领域顶端。

虽然技术发展和政策扶持大幅提高了日本的减排能力，但整体来看，其所制定的减排目标仍难以贯彻落实。2021年，日本最新修订的《能源基本计划》提出："到2030年，日本将实现化石燃料中20%采用氨与煤炭混烧，天然气火力中30%导入氢混烧，旨在降低

* 基金项目：教育部社会科学青年基金项目（20YJCZH255）、吉林大学人民民主协商项目（2021ZX03010）。

** 邹晓龙，吉林大学公共外交学院、国家发展与安全研究院副教授。马诗涵，吉林大学公共外交学院硕士研究生。

① 参见李维安、秦岚：《迈向"零碳"的日本氢能源社会发展研究》，载《现代日本经济》2021年第2期。

温室气体排放量，以达成于2050年将主要电力供应能源定在氢、氨方面的目标。”2021年11月，在《联合国气候变化框架公约》第26次缔约方大会上，日本政府再度阐述上述减碳方案，岸田文雄指出：“希望以日本之力强力推进全亚洲的零排放化。”不过，由于当前日本国内政策尚未谈及有关取消火力发电的计划，这种在应对气候变化上的消极态度受到了国际社会的批评。气候环境网络在评选用于讽刺减排不力的“化石奖”时，两次都将这项“殊荣”赠予日本。另外，气候环境问题虽在全球治理中处于相对独立地位，但归根结底难逃国际政治影响和大国战略操控。美国政府宣布退出《巴黎协定》并放弃承诺后，发展中国家向发达国家施加压力，控诉其未承担起历史减排责任。相较于其他工业化国家，日本需要更高昂的成本投入才能完成《京都议定书》中规定的减排目标。经济上的压力客观上也大幅增加了日本的减排压力，使其减排能力受到了他国质疑。因此，日本政府更加意识到，减排治理应从能源产业这一根源入手。

日本资源自给自足能力差，常规化石能源长期受外界条件制约。20世纪70年代石油危机爆发后，日本政府不甘于被动，积极发展其他能源产业维护本国能源安全。长期以来，日本始终将提升能源效益作为主要目标，从政策和科技两方面出发，将经济增长摆在优先地位，同时关注解决环境污染问题，将节约能源纳入国策层面。日本在此次调整中提出国家清洁能源技术开发规划，组织发展新能源技术产业，将能源结构调整为以石油、煤、核能和天然气为主，以太阳能、地热、风能、生物能源等新能源为辅的能源结构。[①]规划提出后，核能发电一度成为日本技术研发的核心内容，也是此阶段中最重要的能源形式之一。核能发电干净无污染，燃料能量密度大且效能高，发电成本也相应较低。切尔诺贝利事件后，世界各国均对核能的安全问题存在担忧，东日本大地震和海啸引发福岛核电站放射性物质外泄，也打乱了日本原本制定的能源战略计划。

21世纪以来，日本的能源产业结构变革趋势接近稳定。横向来看，煤炭和天然气仍占发电所需能源的主要部分，而石油及核能的使用明显下降，以太阳能、水能为代表的新能源占比逐渐提升。

日本能源供应进口依赖度本身偏高，而近年来国际局势变化，地缘政治影响随之提升，日本能源供应环境也开始发生改变。面对这种情况，日本政府坚持将能源安全保障摆在中心地位，制定新的可持续国家能源战略，提高新能源在一次能源结构中的占比。早期的新能源发展主要为“阳光计划”及后来的“新阳光计划”，旨在推进太阳能发电和燃料电池发电技术发展，并通过政府补贴的方式推进用户普及。其后是21世纪初的生物能源综合战略，即提高生物能源利用率，建立起可持续循环性社会，从而尽可能地降低全球变暖影响，更关键的是提高可再生能源的占比和使用率，降低对传统能源的依赖度。截至2020年，在日本发电能源来源中，化石能源发电占76.3%（其中石油占6.3%，煤炭占31%，天然气占39%），而核电占3.9%，可再生能源占19.8%，清洁能源的占比已经得到了明显的提升。[②]

① 参见朱凯：《日本能源政策演变及其对我国的启示》，载《国际石油经济》2011年第11期。

② 参见《日本能源结构现状和全世界的比较》，https://baijiahao.baidu.com/s?id=1726331897560748482&wfr=spider&for=pc。

尽管根据官方预测，清洁能源在短期内并不会使日本能源消费结构产生决定性的变化，但新能源战略的确能够让日本在新能源技术发展进程中遥遥领先，从而在保障国家能源安全的同时，创造较大的经济效益。新能源战略在长期发展中一直呈现出稳定向好态势，已取得世界领先地位，因此日本政府希望对其进一步优化，着力实现在新能源领域从进口大国到出口大国的转型。

二、日本氢能源发展探究

《巴黎协定》签署后，世界各国开始积极发展低碳新型能源，来实现本国有关应对气候变化的承诺，主流方式包括风电、太阳能和氢能等。日本政府明确提出优先发展氢能源和燃料电池科技的长期战略路线图，在氢能源的基础建设与应用研发方面都做了详尽的规划。由于矿产资源不足，日本国内碳氢化合物资源一直处于严重短缺状态。为维护国内资源供给稳定，日本政府宣布组建氢能源协会，开展氢能源相关技术研究。

（一）日本氢能源产业的发展历程

总体来看，日本从开展氢能源相关研究，到实践氢能源社会构想，再到形成氢能源国家战略，大致分为三个主要阶段。第一阶段是1974年中东石油危机后，日本提出了“阳光计划”，强调不断扩大各种新能源和可再生能源的研发规模，减少对石油、煤炭进口的依赖。2003年，日本政府发布《第一次能源基本计划》，标志着氢能源产业发展进入第二阶段，即采取从海外采购氢能原材料、联合科技领域革命等一系列手段，更新能源消费和能源产业结构。第三阶段开始于2017年底，日本氢能源产业发展进入国家战略，《氢能源基本战略》出台，其中剖析了日本所存在的能源困境以及氢能源技术的优势，并部署相关政策，包括在2030年实现氢能源发电商用化、普及化，继续采取科技创新手段降低原料成本价格，以达到减少碳排和提升能源自给水平的效果。

总结各方资料和调研情况，笔者认为氢能源作为现阶段重要的新能源，有着极具竞争力的优势：首先，氢燃料与常规的化石能源不同，生态友好，清洁无毒。其次，氢能原料广，使用效率高，在同等质量下，氢能燃烧所产生的能量大约为普通汽油的3倍。另外，氢能源储存灵活简便，当温度达到－263℃时氢气呈液化状态，其体积减小至原先的1/800，经过高压罐装更易于贮存和运输。

日本在发展氢能源早期面临着一系列难点。制备氢一般采用电解水、工业副产品以及煤炭石油等化石燃料三种方法。其中，电解水制氢法原材料丰富，但处理过程电能消耗高，难以控制成本。工业副产品制氢法主要是对工业废气进行化学回收处理，虽然费用低廉、氢气提取纯度高，但生产效率低下。化石燃料制氢法还需依靠煤炭等矿物能源，违背保护生态环境的初衷。

日本出于自身条件考量，最终选择氨气制氢。目前来看此法成本略高，平均生产每立方米氢气的成本大约为1.64美元，导致氢气发电的总成本达到普通天然气的8倍、煤炭的9倍。日本经济产业省分析预测，若能实现氢能源的大规模商品化使用，到2030年，全日本的氨气制氢成本预计降至29美分/Nm^3。

除此之外，氢能源在制备、使用全过程中都具有严格的安全标准。氢气易燃易爆，化学性质极不稳定，在高温高压下甚至可以穿透厚钢板泄漏，导致其生产、运输、储存和使用难度都相对较大。日本十分注重能源安全性，尤其福岛核电站泄露事件后，日本政府在探究去核化发展的同时，更是把关注点放在如何安全稳定使用新能源上。

氢气易燃易爆是现阶段业界的主要担忧，一旦操作不当，便有可能引发爆炸，造成严重的人员伤亡和财产损失。然而数据表明，当空气比重为1时，氢气蒸汽比重仅为0.0695，汽油蒸气的比重可以达到氢气的57倍之多。况且氢气密度低，泄露时会向上移动，若保证存储空间上方空气流通，危险程度则会大大降低。

氢能源存贮与运输过程中的安全问题也至关重要，具体表现为对高压氢气制造系统金属材料的选取。当温度压力超过极限值时，氢原子运动渗入存贮金属材料，与金属材料中的碳反应并生成大量甲烷，导致金属材料破坏。从氢气的物理与化学性质考虑，日本开展了一系列安全技术战略性研发项目。以氢能源汽车领域为例，政府与汽车企业各提供一半资金用于车用氢能安全性的研发工作。进行贮氢罐破坏性测试、氢气泄漏爆炸火灾测试、高压氢气系统设备破坏性试验、容器阀等重要组件的循环寿命和耐久性试验等一系列测试，全面比较研究氢能汽车、电动汽车和汽油车安全性，确保合格后方可投放市场。这对于保障日本氢燃料使用的安全作出了很大贡献。目前来看，日本已经突破此技术瓶颈，基本实现了氢能源使用的安全稳定。

除此之外，氢能源的普及应用对于产业协同需求度较高。由于制取过程技术成本较高，氢能源生产在未达到相当规模前很难有效降低成本。推广普及氢能源需要调动市场，保证经济利益和商业利润，还需将相关基础配套设施的基本构建、企业研发积极性和人才培养问题考虑在内。政府须确保氢能源相关企业能够从中获得利益，保持继续研发和扩大新产品生产的积极性。

《氢能源基本战略》中明确提出到2030年普及发展氢能源的各种具体行动计划，其中强调日本能源战略发展的规划并非用氢能源完全代替化石能源，而是向两种产业模式通力合作的方式努力，将氢能源与日本现有的优势企业有机结合，推动建立富有日本特色的氢能源强国战略计划。①

相比制氢用氢的传统技术路线，日本所关注的重点更偏向于建立全球氢能供应链。除了用氨气或其他手段制取氢气之外，日本政府也不断进行新尝试，利用海外可再生能源获得氢能源渐成为日本氢能源战略的主要目标，也是日本实现氢能源社会的关键所在。目前，日本已逐步开展与其他国家在氢能供应链领域的技术合作，旨在从海外获取更多价格低廉、清洁无污染的氢能源。2016年，日本与沙特阿拉伯联合成立工作组，就以氨气为载体将沙特阿拉伯的氢气送往日本的输送方案进行探讨。2017年，日本与文莱签订协议，由日本境内包括千代公司、三菱公司在内的多家企业对文莱天然气液化厂的副产品进行加工利用，并采取蒸汽重整的方法进行氢气生产，争取2020年有超过200吨氢气运送至日本。同年，日本川崎重工与挪威NeL氢能公司进行合作，推进水力发电生产氢能的示范合作工程项目，预计年制氢量可达225万～300万吨，液化氢供应成本价格可以相应降至24日元（相当于21.7美分）/Nm^3。②

---

① 参见丁曼：《日本氢能战略的特征、动因与国际协调》，载《现代日本经济》2021年第4期。

② 参见李响：《日本的“氢能大国梦”》，载《汽车商报》2021年6月21日。

(二)日本氢能源产业政策的特征

无论是从政策制定还是实施方式上来看,日本发展氢能源都具有独有的特征。

日本在发展氢能源产业初期便十分重视政策的引导作用。合理的规章标准可以有助于后续建设始终有统一标准可供执行。前期的策划方案投入生产实践时,总体政策会依照具体情况进行细微的调整修正,不会出现转折式的改变。整体来看,不同时期所出台的氢能源产业政策也都具备一定的继承性和延续性。为未来技术发展的选择提供明确指引,可以在很大程度上减少管理混乱和标准不明所导致的产业发展迟缓反复。

日本氢能源政策十分注重各个主体协调作用。日本一直认为新能源的发展不能仅仅依靠环境能源企业的单方面努力,政府部门在决策时,通过资金投入和技术配置等手段,十分重视调动企业生产积极性,也向群众普及有关氢能源的知识,为氢能源产品推广使用打下良好的基础。同时,日本在发展氢能源的同时,并没有完全放弃传统能源所发挥的作用。氢能源政策旨在协助化石能源相互协作,共同完成日本能源产业转型的过渡时期。

日本发展氢能源产业旨在借助新能源提升本国的话语权,因此政策整体上较为注重其所带来的全球性效益。从氢气制造方面来看,日本的氢能源政策主要借助于低成本高级技术研发。在与其他国家开展合作时,日本也十分关注双方的优势合作,致力于构建全球性的能源供应完整产业链,在互利共赢的条件下争取更好的发展。

(三)国际会议中的日本氢能源战略参与和推广

对于日本来说,相对硬实力不足但长期致力于在全球气候治理中寻求大国地位,要想增强自身在国际社会中的影响力,则需要通过增加软实力的方式来努力。除了在国内稳步推进氢能源发展,日本也不断积极发声,试图通过分享本国在氢能源发展中的经验与成果,号召世界各国在环境治理中努力参与,推进全球环境与气候治理进程。

各缔约国均对先前在《巴黎协定》中所提交的国家资助贡献度和减排计划进行了整体性修改。对于日本来说,发展氢能源以及对其他类型可再生能源进行创新技术研发,不仅作为本国经济发展的重要推力保障能源安全,同时也有效地解决了如何完成《巴黎协定》中减排目标的难题。日本政府最近发布减排规划的修改声明更加强调调整煤电政策、发展可再生能源的重要性及必要性,承诺将在2050年达到温室气体零排放,21世纪末实现碳中和。

在日本的倡议下,从2018年开始,氢能部长级会议已经连续召开三年。2021年10月4日,第四届氢能部长级会议在日本东京召开。在会议上,日本经济产业大臣梶山弘志提出:"氢能已经不再处于技术阶段,而是已经进入了实施阶段。为了实现氢能社会,需要更深入的制度措施。"日本将把绿色增长战略和行动计划升为国家战略,并为此启动了2万亿日元的基金。

2019年,日本长野县轻井泽町负责承办二十国集团(G20)能源环境部长级会议,此次大会也同样以氢能源作为重点议题。国际能源署在本次会议上发布了首份关于氢能源产业前景的分析报告,肯定了氢能源在帮助人类应对气候治理挑战中的创造性作用,也明确了当下聚焦科学技术研发与氢能源的普遍应用这两个急需努力的方向。

三、日本氢能源产业在全球气候治理中的作用

目前,各国均采取措施进行能源转型、减少碳排放达成自主目标,日本氢能源基本战略以及氢能社会构建设想已取得领先优势,在推进本国产业向前发展的同时,也为全球环境治理贡献了独特的智慧。

1.环境能源效益

氢能源本身属于二次能源,具有利用率高的显著优势,对于可持续发展意义深远。不同于化石燃料在燃烧过程中会排放大量废气,氢燃料经过燃烧后只会排放水,对环境不存在威胁。以汽车为例,根据日本汽车研究所《综合效率与GHG分析》的数据统计,每行驶一公里,汽油车二氧化碳排放量为147g,电动车为95g,氢能源车仅为14g;而汽油车能源消耗量为2MJ,电动车为1.3MJ,氢能源车为1.2MJ。日本国土交通省数据显示,无论是每公里氮氧化物排放量还是PM2.5排放量,氢能源汽车都是零。[①] 而在性能方面,氢能源汽车与油电驱动汽车相差无几。

除此之外,通过高精尖技术研发,日本氢能源产业已进入相对成熟阶段,能保证氢气运输储存过程中的稳定,保证能源供给安全,也具备应对能源供给出现缺口时提供紧急后备保障的能力,客观上为日本宏观层面上的减排计划提供坚实的基础。

《巴黎协定》制定之初,日本的减排目标为到2030年二氧化碳排放量削减到2013年的26%,到2050年削减达80%。然而福岛核泄漏事件使日本清洁能源电力供应受到阻碍,只能通过传统火力发电进行弥补。日本选择进口液化天然气,虽然比石油煤炭更加环保,但二氧化碳排放负担仍不容小觑。而自从实施氢能源产业战略之后,日本能源进口依赖显著减轻,能源自给能力有效提升,减排能力得到了显著的提高。

2.社会经济效益

日本已经突破了相关技术瓶颈,能够达成氢的高效获取和安全运输,从而大幅降低了成本价格,这对于氢能在社会层面的推广普及来说具有重要意义。日本官方所发布的有关氢能源基本战略计划中提到,到2050年,氢能价格降低到目前市场价的1/5,氢能发电成本也会有所下降,达到与现阶段液化天然气发电成本同等水平。

环境气候治理与社会经济之间是密不可分的,日本政府正是掌握了这一规律,积极制定氢能战略政策,推进氢能源研发部署。在产业政策方面,政治与商业达成一致目标,为经济外交发展提供了可能。氢能得到规模化推广后,可以为生产生活提供更多元的选择,这便为能源企业构筑了商业交流平台,在利用良性竞争降低成本、扩大市场增加收益的同时,也有效促进企业间合作,推进国内技术换代升级,并走出国门,在国际竞争中保持优势。

3.国际声誉效益

日本氢能源产业战略并不仅局限于满足日本国内的能源供给需求,更是着眼于提升日本的国际声誉和国家影响力。在日本政府公布的《环境白皮书》中,环境问题的重心由国内层面转向国际层面,提出了“21世纪环境立国战略”等有关环境治理的大战略,着力

---

① 参见李维安、秦岚:《迈向“零碳”的日本氢能源社会发展研究》,载《现代日本经济》2021年第2期。

以环境保护带动经济发展,同时注重因地制宜制定环境政策,关键是要努力发展先进的节能环保制度,积累科学技术研发与实践经验,在相关领域占据世界领先地位,从而带领其他国家在环境保护和资源循环方面的发展,谋求成为东亚地区甚至世界环境保护气候治理领域的领导者。因此,日本希望以氢能源产业作为切入点,在新能源研发及环境保护领域通过技术与战略优势领先,从而提升在全球气候治理中的领导能力,占据治理主导地位。

日本开启环境外交初期就以亚太地区为基本,对亚洲国家进行环境援助,为全球环境保护与气候治理项目提供资金与技术支持。为进一步争取全球气候治理中的领导者地位,日本作为东道主主办京都气候大会,排除万难实现《京都议定书》的签署,并在后来的巴黎气候大会上积极地参加《巴黎协定》,积极在区域内及全球范围内开展双边及多边气候外交。在2021年举办的东京奥运会开幕式上,代表“富士山之日”的奥运圣火就是以氢作为燃料,而且圣火的燃料来自日本福岛县氢能源研发基地,也就是目前世界规模最大的氢能源制造地。包括奥运圣火在内,奥运村供电供热系统、场馆间接驳巴士都主要依靠氢能源运作。这一设计成为日本向全世界展示自己在氢能源技术领域所占据地位的高调宣言。

四、中日氢能源产业合作前瞻

在全世界加速氢能源布局的大趋势下,日本在科技创新和基础建设等方面具备领先优势。近年来,中国紧跟时代发展之步伐,持续关注以日本为代表的发达经济体有关氢能源社会构想及发展走向。同时,我国也在加紧推进自身氢能源产业化速度,同样把发展氢能源列于国家战略层面,争取迈进世界前列。对中国来说,认真学习和借鉴日本的发展经验,对于国内现有的氢能源产业发展以及进一步实现能源转型,都具有重要的意义。

首先,我们需要对日本的能源产业战略和全球治理路线进行充分的学习了解。在有关氢能源社会的规制与标准制定工作进行过程中,中日两国应当加强沟通,协调合作。这里不仅涉及氢能源产业链、价值链中的制度和规格标准,而且也包括与碳成本相关的规范制度。这需要中日两国加强政策方面的沟通交流,在减排领域加强国际交流和科学技术的合作,以共同实现碳中和目标,并建立起良性的竞争伙伴关系。

其次,中日两国可以着手汽车产业,合力共建燃料电池车和新能源汽车等氢能源应用生态链。目前来看,中日两国的汽车产业也具有相当的工业配套优势和技术合作基础。例如,丰田公司已经公开了大量燃料电池相关专利,旨在与中国相关企业进行科技合作,使产品进一步推广普及。以市场规律为前提、以理性投资为基础,中日两国可从汽车产业出发,携手共建氢能应用生态产业链。

最后,要充分发挥“一带一路”倡议中第三方市场开发与中日氢能源领域开发合作的协同效应。中国和日本应当充分利用市场规律,积极开展中日两国之间氢能源产业的互补性合作和协同性创新。除此之外,还可以有效发挥环日本海经济圈的作用。作为此范围内最重要经济体的中日两国,可利用日本氢能源产业高速发展的机会,进一步发挥现有的全球经济协作机制功能,甚至与冰上丝绸之路——北极航道相互协调,以北极丰富的存储资源为依托,在现有的开发基础上,开展国际互补性协作,以缩短区域各国在国内区域间的发展差距。如此，中日两国便可以在拓展“一带一路”合作的广度与深度两个层面上，充分发挥各自所具备的优势，实现互惠共赢，并惠及“一带一路”沿线各国，为新时代全球治理提供智慧。

五、结语

氢能源在当今的崛起，更印证国际能源结构的再一次变革式转型正在进行。日本氢能源行业之所以能迅速高效发展，应归功于其健全的规章制度、地方政府的资金支持和深入的国际合作。但同时，产业进程又面临生产成本过高、高度依赖国家财政补助、技术标准不成熟以及政策规制的局限性等问题。作为在世界治理中同样起着关键作用的国家，我国需要借鉴日本在氢能源领域探索发展的成功经验，通过健全氢能技术标准与规范、加大研究与推广示范、壮大氢能人才队伍以及完善国际协作等各项措施，推动氢能源行业的健康发展，为全球治理作出贡献。

Development of Hydrogen Energy in Japan and Exploration of Sino-Japanese Hydrogen Energy Cooperation：A Case Study of the Hydrogen Energy Industry

ZOU Xiaolong MA Shihan

Abstract：Energy strategy serves as a primary means for Japan to achieve its climate governance goals and is an important domain in attaining domestic emission reduction targets. Within the field of renewable energy，hydrogen energy has emerged as a favored form of clean energy due to its wide availability，eco-friendliness，high utilization efficiency，and broad application prospects. Facing the new wave of hydrogen energy development，Japan is focusing on overcoming the technological barriers associated with the safe use of hydrogen energy. It is taking the lead in achieving industrialization of hydrogen energy and extensively applying it in daily life. The rising prominence of hydrogen energy confirms the structural transformation of the global renewable energy development paradigm，providing new insights and directions for global energy and climate governance. The establishment of a hydrogen energy society in Japan serves as a reference and inspiration for the development of hydrogen energy industries and the green transformation toward a low-carbon economy in our country.

RCEP 背景下的东亚碳中和合作:以碳交易为例

黄以天*

气候变化给全人类的生存和发展带来深刻影响,减少温室气体排放是应对气候变化的重要途径,国际社会对此已形成长期和普遍的共识。2020 年 9 月 21 日,习近平主席以视频方式出席第 75 届联合国大会并发表重要讲话,郑重宣布:"中国将提高国家自主贡献力度,采取更加有力的政策和措施,二氧化碳排放力争于 2030 年前达到峰值,努力争取 2060 年前实现碳中和。"①其他多个主要经济体也各自提出了碳中和的规划,例如美国拜登政府在 2021 年 1 月提出到 2050 年实现碳中和。② 实现碳中和的目标需要各国采用多种减排政策工具并进行国际合作。其中,碳交易是各国普遍采用的减排政策工具,中国、日本、韩国都正在或规划进行相关领域的试点。

包括碳中和在内,各项减排政策的国际合作同相关国家在整体上的合作情况有密切联系,也即受到更为宏观的政策环境的影响。RCEP 作为亚太区域经济一体化的一项重大利好,也将有利于为东亚各参与方——目前为中国、日本、韩国——在节能减排等环保领域推动更为紧密的务实合作提供更好的条件。但同时也需要注意到,各国通过 RCEP 推动的经济一体化进程还会受到其他宏观政治和经济因素的影响,从而间接作用于碳中和领域的区域合作。因此,本文将初步探讨 RCEP 的发展及其前景对东亚区域碳中和合作的可能影响。

一、东亚减排政策与国际合作

(一)历史和现状

在东亚地区,中国、日本和韩国都已发展了各自的减排政策,并在区域和全球层面开展了相关领域的合作。就共同的行动而言,中日韩都参与了《联合国气候变化框架公约》下的全球气候谈判,并签署和批准了包括《京都议定书》《巴黎协定》等在内的一系列重要的全球减排协议。根据《京都议定书》等协议对发展中国家和发达国家减排义务的不同规定,中日韩在国内采取了相应的减排措施。在多边层面,具有代表性的是中日韩作为二十国集团的成员,都参与了二十国集团会议针对减排等气候变化议题举行的磋商。三

---

* 黄以天,复旦大学国际关系与公共事务学院副教授,硕士生导师。

① 《习近平在第七十五届联合国大会一般性辩论上的讲话》,商务部,http://www.mofcom.gov.cn/article/i/jyjl/l/202012/20201203020929.shtml。

② 参见《美国碳中和目标如何起步》,新华网,http://www.xinhuanet.com/energy/2021-02/02/c_1127052697.htm。

国还作为亚洲开发银行的成员推动了相关国家的节能减排项目,与东盟也通过"10+3"框架下的机制就气候投融资等事宜展开了交流合作。在双边层面,中日、中韩也将气候变化纳入了高级官员互访的议程,在具体减排项目上也有合作。但在国内层面,由于历史累积排放总量、国际条约义务以及国内政策议程等方面的不同,中日韩在减排政策以及碳交易机制的建设上也有各自的特色。

1.中国

在低碳绿色发展的过程中应对气候变化,是中国作为发展中大国在国内与国际上一直坚持探索的路径,这同一些发达国家过度强调减排而不重视经济增长的立场形成鲜明对比。早在1997年京都气候谈判和1999年波恩气候谈判时,中国就已表明必须考虑到经济增长和生活水平提高对碳排放增长的需求。[①] 2007年,中国制定《应对气候变化国家方案》,有关部委持续通过各产业领域的节能减排政策,为第一、第二和第三产业能效水平的全面提升提供支持。

对市场机制,中国也一直在仔细考虑和衡量可行性。作为《京都议定书》清洁发展机制的重要参与国,中国开发了众多市场化的减排项目。自2008年开始,北京、上海等地建立了多个碳排放权交易所。2012年6月,国家发改委颁布《温室气体自愿减排交易管理暂行办法》,对国内的自愿碳交易市场规定了基本的交易框架。2013年,采用"总量控制与交易"模式的碳交易开始在多地试点。2021年7月,全国层面的碳交易市场正式启动,纳入的行业从发电开始,逐渐扩展到多个高排放行业。

与此同时,中国也一直重视在减排和碳交易领域开展国际合作。例如,2003年,中国开始与世界银行在原型碳基金(Prototype Carbon Fund,PCF)项目中开展合作,为清洁发展机制及以后的碳交易提供支持。[②] 2010年,世界银行在坎昆气候会议上启动"市场准备伙伴关系"(Partnership for Market Readiness,PMR),该机制支持了中国对碳交易市场的研究和发展。亚洲开发银行也对中国的排放权交易采取积极态度,在20世纪90年代就开始支持二氧化硫排放权交易的试点。对中国碳交易市场的试点和在全国层面的启动,亚洲开发银行也通过多个项目提供资金和技术支持。[③] 2015年,中国设立了"中国气候变化南南合作基金",为发展中国家减排提供支持。

2.日本

根据"共同但有区别的责任"原则,日本作为发达国家在全球气候治理体系中应该率先采取减排行动。2005年生效的《京都议定书》把日本列为附件B国家,相应地日本承担了第一承诺期(2008~2012年)的量化减排义务。日本也是《京都议定书》清洁发展机制

① P. Harris & H. Yu,"Environmental Change and the Asia Pacific: China Responds to Global Warming," *Global Change, Peace, and Security*, Vol.17,Issue 1,2005,pp.45-58.

② Z. Zhang,"The World Bank's Prototype Carbon Fund and China," *Environment Change,Vulnerability, and Governance Series*, No.60,2004,East-West Center Working Papers,http://www.eastwestcenter.org/sites/default/files/private/ENVwp060.pdf.

③ 参见亚洲开发银行的中国项目,例如"China, People's Republic of: Advancing Shanghai Carbon Market through Emissions Trading Scheme",https://www.adb.org/projects/46054-001/main,以及"China, People's Republic of: Improving the Design of the National Carbon Emissions Trading System",https://www.adb.org/projects/52015-001/main 等。

减排量的重要购买方。但日本并不支持《京都议定书》第二承诺期,也反对后续协议为发达国家设定量化减排义务。

但就其产业而言,日本的能效水平普遍较高,对节能减排技术也较为重视。2008年7月,日本制定《低碳社会行动计划》。其高能耗产业也投入大量资源对新的节能减排技术进行研发和推广使用。对碳交易市场,日本也在逐步建立和发展。2008～2012年,日本环境省建立和运行了被称为"JVETS"的自愿碳交易体系。2013年,日本将JVETS和清洁发展机制合并建立了J-Credit碳排放信用体系。而"总量控制与交易"模式的碳交易试点在与之并行发展。2010年,日本东京都建立了城市级的"总量控制与交易"碳交易市场。2011年,琦玉县也建立了类似的体系,并且在2016年实现了与东京都的碳交易市场连接。对于全国性的碳交易市场,日本经济产业省提出在2022年或2023年启动,但在具体规则上与环境省存在分歧。

日本参与国际减排合作的方式在不断演进的过程中。在《京都议定书》第一承诺期,日本购买了较多的清洁发展机制减排量,同时也在建立推广其自身开发的"双边减排信用体系"(Bilateral Offset Credit Mechanism,BOCM),后改称"联合信用体系"(Joint Credit Mechanism,JCM),希望通过这一机制降低日本实现减排目标的成本。① 日本与亚洲开发银行也长期就包括JCM在内的碳交易市场机制展开合作,由后者提供持续的资金和技术支持。②

3.韩国

韩国不属于《京都议定书》附件B国家,因而在国际上并不承担其第一承诺期的量化减排义务,对清洁发展机制的参与也少于中日两国。但节能减排在韩国国家战略中一直占据重要地位。2010年,韩国制定了《低碳绿色增长基本法》,对低碳和绿色增长的产业政策提出了更具体的要求。其中,建立全国性的"总量控制与交易"碳交易市场,被确定为一个重要步骤。2011年,韩国建立了温室气体和能源目标管理系统(The Energy and Greenhouse Gas Target Management System,TMS)。

在以TMS为起点建立碳交易市场的交易规则以及"可测量、可报告和可核查"(measurable, reportable, verifiable, MRV)的基本管理框架之后,韩国在2015年正式启动了全国性的碳交易市场。韩国的全国碳交易市场从免费分配减排量开始,分为三个阶段逐步增加可以进行市场化交易的减排量的份额。对连接国际碳交易市场,韩国采取了积极的态度。2019年,韩国开始允许部分国际减排项目并且由韩国有关机构核证的减排量在韩国碳交易市场上交易。被允许交易的项目主要对韩国参与实际的经营、直接投资或援助提出了一定的比例要求。

在发展与国际连接的国内碳交易市场的同时,韩国还在以其他方式参与节能减排领域尤其是与碳交易有联系的国际合作。例如,在韩国同亚洲开发银行的合作中,后者通

① 参见该体系网站,https://www.jcm.go.jp/。

② "Japan, ADB Announce Fund to Promote Low-Carbon Technologies in Asia", https://www.adb.org/news/japan-adb-announce-fund-promote-low-carbon-technologies-asia#:~:text=With%20the%20establishment%20of%20the%20JFJCM%2C%20ADB%20is, developing%20countries%20to%20promote%20GHG%20emissions%20reduction%20projects.

过“地区能力发展支持项目”(regional capacity development technical assistance project)提供了碳交易市场建设方面的资金和技术支持。[①] 对其他发展中国家提供减排援助也是重要的参与方式之一。例如，从2013年开始，韩国在印度尼西亚、柬埔寨、老挝和缅甸等国开展通过“减少砍伐森林和森林退化导致的温室气体排放”(Reducing Emissions from Deforestation and Forest Degradation, REDD)项目为这些国家的减排提供支持。

(二)合作条件与局限

从以上简要的讨论可以看出，包括碳交易在内的节能减排政策受到中日韩共同的重视。各国启动碳交易试点的时间比较接近，都采用了逐步扩展的方式建立国内碳交易市场，在这一过程中，与国际组织开展了技术性的合作，并且以不同方式在积极参与能够纳入更多发展中国家的国际减排合作。对中日韩三国的合作本身而言，应该说具备了一定的制度基础。但能否开展更为紧密的合作，还需要从机制和国际关系层面分析。

1.机制要求

节能减排领域的国际合作能以非常多的方式开展。在资金和技术上的合作对参与方通常不会有具体机制相互连接认可的要求。例如，高排放行业减排技术的研发和推广使用、信息互通甚至碳交易相关规则设计方面的交流，都能在具体减排机制有较大不同的情况下开展。然而，如果在碳交易机制的实际使用上推动合作，则需要在具体机制设计上相互认可并且能较好地控制建立合作之后的交易成本。哪些行业被纳入、控排行业的基准线、减排量配额交易规模和方式、MRV规则等都可能是产生争议的议题。[②] 在具体的机制层面，这些可能的争议会表现为对技术性规则的争议。

2.双边和多边国际关系

节能减排领域——尤其是碳交易市场——的深入合作，受到相关方的双边或多边关系的影响。[③] 如果在传统安全领域的互信不足，各国在减排量的跨国开发和使用以及MRV等事项上的合作空间也会受到制约。中日韩在这些宏观领域的关系对推动更为紧密的减排和碳交易市场合作并不很有利。例如，在区域安全领域，主权争议一直在影响中日关系和韩日关系。而日本和韩国作为美国的盟国，其与中国的关系也受到中美关系的显著影响。在产业政策上，中日韩对高排放行业的节能减排以及新能源产业的发展都有浓厚的兴趣，碳交易市场能为这些产业提供市场化的激励。因而产业政策和利益上的协调也是碳交易市场等领域合作能够深入进行的前提条件。

二、影响RCEP作用的不确定性因素

1.包括日韩在内的多数主要排放国经济持续低迷

在温室气体的主要排放国中，除少数的发展中国家之外，包括日韩在内的多数经济

① “The Korea Emissions Trading Scheme: Challenges and Emerging Opportunities”, https://www.adb.org/sites/default/files/publication/469821/korea-emissions-trading-scheme.pdf.

② M. Ranson, & R. Stavins, “Linkage of Greenhouse Gas Emissions Trading Systems: Learning from Experience,”*Climate Policy*, Vol.16, Issue 3, 2016, pp.284-300.

③ L. Gulbrandsen, et al., “The Political Roots of Divergence in Carbon Market Design: Implications for Linking,”*Climate Policy*, Vol.19, Issue 4, 2019, pp.427-438.

体已经有较长时间受到低迷的经济活动水平的困扰。这种低迷在多年的全球气候谈判中已经影响到这些国家对减排和提供国际援助的积极性。在近些年的全球气候谈判中，主要发达国家因提供的国际援助资金远低于其承诺，已经多次被发展中国家批评。[①] 2019年，中国的GDP增长率达到6%，大部分的主要经济体——尤其是主要发达国家——都远低于这一水平。[②] 实际上，即便不是受到新冠疫情的影响，这些经济体的低增长状态也将持续，并且制约其在温室气体减排领域的资源投入力度。部分发达经济体的大规模财政刺激导致的通货膨胀以及新冠疫情对全球供应链的扰动导致的成本上升等因素，则让全球经济的恢复过程显得并不稳固。这些因素也在持续并且显著地减少一些主要排放国在温室气体减排上的政策空间。

2.传统安全领域疑虑的持续

在一般意义上，全球气候变化通常被认为是非传统安全领域的重要议题。[③] 自20世纪80年代该议题被纳入全球层面的谈判和治理进程，各主要排放国在传统安全领域的纷争仍然会对全球气候治理体系的建立和发展产生影响。其中，比较具有代表性的是美国因对发展中大国的经济和安全疑虑而在1997年退出《京都议定书》，并在2017年退出《巴黎协定》。[④] 2015年签订的《巴黎协定》只是对缔约国的减排政策改用"自下而上"的方式作出了一些原则性的规定，其后续的谈判还在缓慢地进行。这一进程的背景，正是主要发达国家与发展中大国在传统安全领域的相互疑虑有了更为明显的表现。

在东亚地区，中日和日韩关系长期由于历史、领土等争议而受到负面影响。美国也扮演了重要角色，例如2018年，美国特朗普政府在贸易、网络安全、科技等多个传统安全领域通过制裁等方式发起对华贸易争端，严重破坏了中美进行合作的大环境。拜登政府上台后重返了《巴黎协定》，美国气候问题特使克里也于2021年4月和9月两次访华。但拜登政府在贸易、高新科技、外交等传统安全领域对中国继续采取强硬政策。美国对中国采取的对抗性立场，使日韩作为美国的盟国在需要与中国建立更紧密合作时面临更大障碍。尤其是中日关系，日本对中国的迅速发展有着较强的战略疑虑。在这些疑虑的影响下，相关国家将更为关注相对减排幅度以及实质性合作对各自产业利益的影响、产业链完整性对减排行动的制约以及政策协同在国际上的信号意义等。

3.新冠疫情对日韩政策资源的占用

新冠疫情对全球经济的影响是全面和深远的。这种影响首先表现在全球经济陷入

---

① N. Seo, "Beyond the Paris Agreement: Climate Change Policy Negotiations and Future Directions," *Policy & Practice*, Vol.9, Issue 2, 2017, pp.121-140.

② 参见《国家统计局：经最终核实2019年我国GDP增长6%》，人民网，http://finance.people.com.cn/n1/2020/1231/c1004-31984858.html; World Development Indicators, https://databank.worldbank.org/reports.aspx?source=2&series=NY.GDP.MKTP.KD.ZG&country=。

③ C. Trajano, *Advancing Non-Traditional Security Governance through Multi-Stakeholder Collaboration*, 2019, Rajaratnam School of International Studies, http://hdl.handle.net/11540/10495.

④ J. Depledge, "Against the Grain: The United States and the Global Climate Change Regime," *Global Change, Peace & Security*, Vol.17, Issue 1, 2006, pp.11-27.

衰退。中国在 2020 年的经济增长率仍然达到 2.3%,但众多主要经济体的增长率全部为负值。[①] 由于新冠疫情的持续对很多国家生产和消费的压制,大部分防控不力国家的经济在 2021 年仍然停滞不前。尽管多种疫苗的大规模接种和新疫苗的研发对防控全球疫情起到了重要作用,但病毒各种变异的不断出现导致在美国、日本主要经济体有效防控疫情所需的时间具有很大的不确定性。[②] 尤为值得注意的是,新冠疫情有可能会继续影响美国等主要发达国家的国内政策议程,并且导致其政策资源必须更加集中用于刺激经济增长。因此,新冠疫情对日韩等国实现"碳中和"发展规划的未来影响也是不可忽视的。

三、RCEP 对东亚碳中和合作的可能影响

RCEP 作为推动亚太地区实现更高水平经济一体化的重要协议,在生效之后将同时有利于区域经济增长和气候治理合作。从欧盟建立的区域化碳交易体系 EU ETS 来看,高水平的经济一体化能显著推动碳交易等节能减排领域的合作。当然,RCEP 生效进程以及运行必然受到宏观政治和经济等因素的影响,从而发挥有限的作用。

1.RCEP 的推动作用

RCEP 从贸易与投资便利化的多个角度作出了较为全面和具体的规定。其中,贸易与投资领域更大幅度的市场准入、技术性贸易壁垒的减少等推定,在技术性规则和产业政策等层面为节能减排技术的研发和使用以及碳交易领域的实质性合作提供了更为便利的条件。具体而言,更大规模的、技术性贸易壁垒较少的货物贸易市场能有效降低相关行业单位能耗的减排成本,也能提高其参与碳交易的积极性。RCEP 的投资协议则能够在一定程度上回应节能减排技术的研发和使用以及各国碳交易市场建立联系对金融服务的需求。因而,RCEP 的推动作用,将能够体现在较为具体的技术和各种贸易规则的层面。

2.不确定性因素的间接制约

节能减排技术的研发和使用以及碳交易市场的运行可能增加特定行业的成本,产业政策的协同或建立实质性的市场连接则受到互信程度的影响。亚太地区经济一体化进程能够推动经济增长,但同时也会受到全球经济大环境的制约。尤其是日韩的金融等重要产业与欧美有密切联系,容易因为后者的政策而发生波动。RCEP 作为经济一体化的协议,并未涉及传统安全领域的议题。将 RCEP 提供的便利条件转化为碳中和领域——包括碳交易市场——的深入合作,需要在更高水平互信的基础上进行。传统安全领域的疑虑可能制约这一转化。新冠疫情对通胀水平以及对日韩经济增长的影响,也都可能降低 RCEP 发挥的作用。

---

① 参见《2.3%! 2020 年中国经济逆势增长》,新华网,http://www.xinhuanet.com/2021-01/18/c_1126995039.htm;日本外务省网站,"Japanese Economy",https://www.mofa.go.jp/policy/economy/japan/index.html; World Development Indicators,https://databank.worldbank.org/reports.aspx?source=2&series=NY.GDP.MKTP.KD.ZG&country=。

② S. Otto, et al.,"The Origins and Potential Future of SARS-CoV-2 Variants of Concern in the Evolving COVID-19 Pandemic,"*Current Biology*, Vol.31, Issue 14,2021,https://doi.org/10.1016/j.cub.2021.06.049.

四、结论

中日韩对参与全球气候治理都采取积极的立场,在节能减排技术和碳交易领域都在全球处于较为领先的地位。RCEP的生效将为相关领域开展更加机制化的合作提供新的机遇,但受到宏观领域不确定性的影响,可能将发挥有限的推动作用。当然,即便在这些制约条件下,在技术和国际援助等层面,仍然能够通过务实合作逐步提升合作水平。由于中日韩各自的国内碳交易市场还在试点,在不涉及国家间利益分配的前提下开展规则设计方面的合作,并且在贸易与投资合作上考虑碳中和合作对相关领域规则的需求,是可行的策略,也能够为进一步的合作提供基础。同时,中日韩都积极支持其他发展中国家节能减排,在这一领域的项目开发和融资等方面也有较大的合作空间。

Collaboration for East Asia's Carbon Neutrality under RCEP: A Case Study of Carbon Trading

HUANG Yitian

Abstract: Addressing climate change is a common policy goal of China, Korea and Japan. All the three countries have set carbon-neutral policy goals and signed up RCEP as well. To achieve carbon-neutrality, The three countries have established common interests in the research and development of low-carbon technologies, carbon trading and international cooperation. Policy coordination in areas like carbon trading necessitates institutional basis and good bilateral and multilateral relations between relevant countries. The potential contribution of RCEP would be restrained by several macro-level factors, including the economic difficulty of Korea, Japan and some other major economies, the lack of trust in traditional security issue areas, and the influence of COVID-19 on the policy agenda of Korea and Japan. Therefore, RCEP would be able to make limited contribution. Rule design and international low-carbon assistance are issue areas which are relatively easy for the three countries to cooperate on.

身份认知、地位焦虑与尹锡悦政府“全球枢纽国家”构建

田德荣*

一、引言

2022年3月10日，韩国国民力量党候选人尹锡悦(Yoon Seok-Youl)赢得第20届总统大选。尹锡悦竞选时和当选后在对外交政策目标的阐述中，体现出了不同于前任文在寅政府的外交政策取向。文在寅政府面对中美战略竞争对韩国外交环境的影响，基于“中等强国”身份，奉行“战略模糊性”(Strategy Ambiguity)政策，其目标是在中美之间寻求平衡，避免卷入自身没有直接利益的中美竞争议题中。[①] 而尹锡悦政府则在外交政策目标中告别了文在寅政府奉行的“战略模糊性”政策，选择构建“全球枢纽国家”。

尹锡悦政府构建的“全球枢纽国家”，本质上是要求提升韩国的国际地位，使韩国在国际社会中发挥与自身综合国力相匹配的作用和影响力。同时，韩国又主张加强韩美同盟，把打造韩美全球全面战略同盟作为实现外交政策目标的基轴。因此，尹锡悦政府的外交政策目标就成了构建“全球枢纽国家”，而手段则是打造韩美全球全面战略同盟。但是，尹锡悦政府提出的构建“全球枢纽国家”面临着目标与手段的错位。在中美战略竞争的背景下，尹锡悦政府强调达到这一外交政策目标的手段是依托于打造韩美全球全面战略同盟，这就有明显的倒向美国一边的倾向。中国作为韩国的重要邻国，无论从地缘上、经济上还是国际影响力上，都应是韩国发挥更大国际影响力、要维护好的重要双边关系之一。韩国仅仅依托打造韩美全球全面战略同盟，对其在国际社会中发挥更大国际影响力的作用有限，但尹锡悦政府仍将加强韩美同盟关系置于外交政策首位，追求的只能是有限的国际影响力。尹锡悦政府为何要调整韩国一直以来基于“中等强国”身份奉行的外交政策目标——“四强协调外交”？在“全球枢纽国家”面临目标与手段错位的情况下，尹锡悦政府又为何坚持这一有缺陷的政策？

中韩关系一直是东北亚地区最重要的双边关系之一，拥有重要的地缘政治与地缘经济意义。[②] 研究韩国外交政策目标的转变，对中国具有极其重要的意义。一方面，中国不

---

* 田德荣，中共中央党校(国家行政学院)国际战略研究院博士研究生。

① 参见[韩]金永皓、田德荣：《文在寅政府外交的“模糊性战略”：动因、内涵及影响因素》，载《当代韩国》2021年第3期。

② 参见梁亚滨：《中韩建交30年：现状、问题与未来》，载《亚太安全与海洋研究》2022年第2期。

仅是韩国搬不走的永久近邻,也是韩国的全面战略伙伴。中国一直视韩国为中国周边的重要国家。中韩建交30年来,双方贸易额持续突破3000亿美元,累计相互投资近千亿美元,人员往来步入千万人次时代。① 当前东北亚局势陷入僵局,和平与合作受到大国竞争的冲击。可以说,经营好中韩关系不仅有利于造福两国人民,也有利于维护地区和平与稳定。同时,韩国也是中国构建周边命运共同体的重要一环。另一方面,韩国也是美国在亚太的重要盟友。一段时间以来,美国对韩施压,"拉韩制华"意图明显。在美国对华战略竞争不断走深走实的背景下,韩国外交政策目标的变化对中国来说也显得十分重要。

二、文献综述与分析框架构建

(一)文献综述

随着尹锡悦上台执政,其外交政策目标调整成为学界关注的重点。国内外学者对驱动尹锡悦政府外交政策目标调整的因素进行了广泛的讨论,代表性观点主要有三种:体系压力论、威胁认知论、保守势力倾向论。但是这三种观点都面临各自的问题,最大的问题是忽略了尹锡悦政府基于国际现实的认知因素。

1.体系压力论

体系压力论认为,面对中美战略竞争的全面展开,韩国外交空间逐渐被压缩,因此韩国的应对之法有限,这是驱动韩国外交政策目标调整的主要动因。孙通和刘昌明从"中等强国"角度认为,大国战略竞争的烈度作为一种体系变量,塑造中等强国在大国间的行为选择空间。② 吕平和金香丹从韩国经济角度认为,中美战略博弈对各新兴中等强国所产生的影响并不均衡,对将中美作为主要贸易伙伴的韩国、马来西亚、印度尼西亚的影响最为突出。③ 宋文志认为,随着中美实力的不断接近,两国竞争的空间和议题范围有所扩大,竞争的程度有所加剧。在该情况下,韩国在中美之间的战略空间缩小,由之前的"左右逢源"转变为"左右为难"。④

体系压力论对于解释韩国尹锡悦政府外交目标构建具有很强的解释力,但也存有不足,体现在两个方面。一方面,体系压力论过于强调国际格局和地区格局变化对韩国外交政策目标的影响,但却忽视了韩国是经济实力、军事实力均居世界前列的国家,能够一定程度上对冲体系压力,外交政策具有一定的自主性。另一方面,从理论上来说,"体系—政策"这一单一因果解释已经受到国际关系理论学者们的批判,认为它忽视了影响国家外交政策制定的国内因素、认知因素等。⑤ 例如,2016年因韩国部署萨德系统而导

① 参见《王毅会见韩国离任驻华大使张夏成》,2022年6月22日,中华人民共和国外交部网站,https://www.mfa.gov.cn/web/wjbzhd/202206/t20220622_10707946.shtml。

② 参见孙通、刘昌明:《中等强国在中美战略竞争中的行为逻辑:基于竞争烈度、依赖结构与利益偏好的解释》,载《世界经济与政治论坛》2021年第4期。

③ 参见吕平、金香丹:《中美战略博弈格局下的韩国对外经济合作政策调整——基于中等强国视角的分析》,载《国际论坛》2022年第4期。

④ 参见宋文志:《体系压力、威胁认知与韩国在中美之间的战略选择》,载《东北亚论坛》2019年第4期。

⑤ 参见杨吉平:《继承与创新:沃尔兹新现实主义理论定位再探讨》,载《国际论坛》2020年第1期。

致的"萨德事件",背后实际上是中美两国的博弈[①],可以说韩国较早就感受到了中美博弈的压力。文在寅上台后,通过"三不承诺"[②],稳定了中韩关系,塑造了文在寅政府"战略模糊性"政策得以实施的周边环境。此后的特朗普政府奉行对华战略竞争,对韩国施加压力,以"拉韩制华"[③],但并未改变文在寅政府的"战略模糊性"政策。因此,体系压力决定韩国外交政策调整的观点有一定的缺陷。

2.威胁认知论

斯蒂芬·沃尔特(Stephen Walt)认为,弱国追随大国的行为与其面临安全威胁的强弱程度有关。[④] 一些学者在研究尹锡悦外交政策转变时,着重强调威胁认知对韩国外交政策的影响。宋文志认为韩国长期面临着来自朝鲜的安全威胁,朝鲜的核导开发进一步强化了韩国对朝鲜的威胁认知。[⑤] 金圣翰认为,韩国仍然要认识到朝鲜问题的重要性,应该发挥外交力量,使朝核问题成为拜登政府对外政策的优先顺序,同时应该积极说服美国,努力引导中国协助,使该问题不会因中美战略竞争而被放在后面。[⑥] 马相允(Sang-Yoon Ma)认为,文在寅政府直到任期结束之前还在推进的"终战宣言",为朝鲜创造更容易恢复对话的有利外部环境,但这一努力并没有改善南北关系,朝鲜甚至打破了暂停核试验和远程导弹试验的惯例。[⑦]

威胁认知论更侧重于国家安全对韩国外交政策的影响,对于一定时期的朝韩关系来说,这一因素具有解释力甚至是决定性的。但是,威胁认知论对于解释尹锡悦政府外交目标的制定来说存在着明显的不足。最大的问题是,尹锡悦政府并不认为应对朝鲜的威胁是韩国外交需要处理的首要目标。[⑧] 尹锡悦政府在其施政目标中并未提及朝鲜以及朝鲜带来的安全威胁。

3.保守势力倾向论

韩国国内有保守势力与进步势力之分。一般来说,保守势力在外交政策上更重视韩美同盟的作用,进步势力则更重视协调外交。尹锡悦作为保守势力——国民力量党的总统候选人,其必然会受到保守势力价值观的影响,更为重视韩美同盟。王付东认为,韩国进步势力和保守势力的外交理念、政策差异很大,因此新政府的对外政策将有较大调

---

① 参见杨晓玲:《韩国社会基本外交立场分析——一项基于问卷调查结果的观察》,载《太平洋学报》2020 年第 11 期。

② "三不承诺"是指韩国不增加部署萨德,不参与美方的导弹防御系统,不形成韩美日军事联盟。可参见《韩外长:不考虑追加部署萨德》,韩联社,2017 年 10 月 30 日,https://m-cn.yna.co.kr/view/ACK20171030002000881。

③ 参见刘荣荣、孙茹:《韩国对中美贸易摩擦的评估和应对》,载《国际问题研究》2020 年第 3 期。

④ 参见[美]斯蒂芬·沃尔特:《联盟的起源》,周丕启译,北京大学出版社 2007 年版,第 18～20 页。

⑤ 参见宋文志:《体系压力、威胁认知与韩国在中美之间的战略选择》,载《东北亚论坛》2019 年第 4 期。

⑥ 김성한, 김민성, 「인도·태평양전략 대 일대일로의 충돌 동향과 한국의 외교안보전략」, 『전략연구』, 28 (2), 2021, pp.7-44.

⑦ Sang-yoon Ma, "South Korea's Foreign Policy in Changing Times: Reversing Course?" *Issue Brief*, May 9, 2022, https://www.isdp.eu/publication/south-koreas-foreign-policy-in-changing-times-reversing-course/.

⑧ Jessie Yeung, Paula Hancocks and Yoonjung Seo, "Exclusive: South Korea's new leader says age of appeasing North Korea is over", CNN, May 28, 2022, https://edition. cnn. com/2022/05/23/asia/south-korea-president-exclusive-interview-intl-hnk/index.html.

整。[①] 刘天聪和钱政宇认为,美西方国家和韩国保守势力对韩国民众展开全方位宣传和舆论引导,将中国塑造为韩国的主要竞争对手,以转移国内矛盾、加强社会控制。[②]

保守势力倾向论将韩国国内的进步势力与保守势力之争上升为决定外交政策目标的核心要素,却难以解释作为进步势力的文在寅政府执政后期韩国已经开始调整外交政策目标,并加强了与美国的联系。[③] 尹锡悦政府只是在加强韩美合作上比文在寅政府走得更远。因此,韩国国内保守势力与进步势力的外交政策立场分歧难以完全解释韩国的外交政策调整。

在驱动韩国尹锡悦政府外交政策目标调整的因素上,大多数学者都认为,单一变量难以完全解释,因此多采用双变量或多变量。总之,在已有研究中,既有强调体系压力的物质要素,也有强调威胁认知和国内不同势力的认知要素。但是,物质要素更重视中美博弈给韩国外交施加的压力,而忽视韩国外交的自主性;认知要素重视威胁认知和国内不同势力的政策倾向,出现了原因与结果相互矛盾的情况。2017 年美国对华战略竞争以来,韩国的外交一直较为稳定地奉行"战略模糊性"政策,直到文在寅政府后期"战略模糊性"政策才逐渐松动,因此,认知因素而非物质因素对解释尹锡悦政府外交政策调整更具解释力。因此,本文基于韩国国家实力、国际秩序变革等物质性要素的变化引起的韩国认知变化,探求尹锡悦政府外交政策目标调整的原因。

(二)分析框架构建

如果不考察决策者对客观世界的看法和对其他人的认识,就无法解释重大决定和政策是怎么形成的。[④] 无论是身份认知还是地位焦虑都是基于国家的认知视角。身份属性和地位属性是国家认知中的两项重要内容。在国际关系研究中,常常将地位与身份相提并论,但身份并不等同于地位。例如,中国将自身身份界定为发展中国家,而从发展中国家身份中看不出中国在国际上有什么地位。因此,身份与地位对外交政策影响的侧重点是不同的。

1.身份认知与外交政策

国家身份是特定国际背景下国家所具有和表现出的个性和差异性的形象,即国家是什么和代表什么。[⑤] 一般认为,国家有团体身份和社会身份两种。亚历山大·温特(Alexander Wendt)认为,团体身份源于国内政治,是一个国家基于物质基础表现出来的个性与独特性。社会身份则是指在系统中国家与他者互动过程中形成的一种相对于他者的社会角色认知,它是由与其他行为体的关系决定的,总是存在于互动的进程中。[⑥] 身份认知则是指行为体对身份的认同与感知,它既包括建立在团体身份上的、对自我身份

---

① 参见王付东:《韩国尹锡悦政府外交政策探析》,载《和平与发展》2022 年第 3 期。

② 参见刘天聪、钱政宇:《韩国尹锡悦政府对华政策评析与展望》,载《国际经济合作》2022 年第 4 期。

③ 参见张弛:《韩国对中美战略博弈的认知、因应与中韩关系走向》,载《国际问题研究》2022 年第 3 期。

④ 参见[美]罗伯特·杰维斯:《国际政治中的知觉和错误知觉》,秦亚青译,上海人民出版社 2015 年版,第 27 页。

⑤ 参见雷建锋:《国家身份、国家角色视域下的中俄关系》,载《东北亚论坛》2019 年第 5 期。

⑥ Alexander Wendt, "Collective Identity Formation and the International State," *American Politic Science Review*, Vol.88, No.2, 1994, pp.384-396.

的认同与感知，也包括建立在社会身份上的、对他者身份的认同与感知。[①] 在理性主义背景下，行为体对自我与他者的身份认知一般是符合自身需求和实际情况的，国际环境变化和国家的能动性影响国家身份认知的转变。[②]

在自我身份认知中，国家精英与民众对国家的身份认知并不一定具有一致性。政府的外交政策制定除了受制于外部因素外，还要考虑民众基于对国家身份认知产生的舆论。技术进步给人们带来了参与舆论的便捷，而舆论在当今信息化时代里对国际关系的发展起着越来越重要的作用。[③] 如果政府的决策不符合民众的认知预期，民众就可能会对政府失去信心，认为是政府的不作为才导致了国家利益的受损。[④] 国家精英在宣示、制定外交政策时，会充分考虑精英身份认知与民众身份认知的差异。有研究表明，政党在竞选时会更加重视民众的舆论，当选之后政府对民众的舆论有所忽视甚至主动塑造，如果民众舆论与政府政策矛盾较大，政府需要寻求国家利益和政权稳定的最大化。[⑤]

国家对他者的身份认知是驱动外交政策制定的因素之一。建构主义者和社会认同理论家认为，共同的身份认同感可以减少对群体间威胁的感知。反之，国家之间没有建构出共同的身份认同，就可能会导致冲突。[⑥] 国家可以具有多种社会身份，共同的身份认同并不一定意味着在所有构成身份的物质和观念方面都具有共性，而是在决定国家利益追求的核心方面具有共同的身份认知。[⑦] 同时，其他国家也能够通过叙事对本国实现“认知框定”(Cognition Framing)，进而影响一国身份认知，构建共同身份认同。其他国家的叙事说服唤起听众想象力，改变被说服者既有信念体系的过程被称为“框定”(Framing)，即用特定表述方式重构被说服者对客观事物的理解。[⑧]

国家的身份认知并不是固定不变的。行为体的身份在形成过程中具有动态性和相互性，身份一旦形成并被其他行为体接受之后行为体的身份就具有相对稳定性。[⑨] 因此，身份认知对国家的外交政策具有驱动作用。国家自我身份认知取决于精英和民众的认知，而国家与他者享有的共同身份认知能够有效降低冲突。例如，国与国之间都视对方为“合作者”而非“竞争者”和“侵略者”，那么它们之间的关系就可能是和平的而非冲突的。

2.地位焦虑与外交政策

国家之间实力的此消彼长是国际政治中的正常现象。但国家基于实力对国家利益

---

① 参见柳思思：《身份认知与不对称冲突》，载《世界经济与政治》2011 年第 2 期。

② 对于认知转变的探讨，李少丹认为除了国际环境(主要是国际结构调整和国际进程改变)，国家尤其是大国具有能动性，使国家能根据权力和相互依存实现认知转变。参见李少丹：《国际政治中的认知转变——以美国对中国的“认知转变”为例》，载《国际政治科学》2013 年第 3 期。

③ 参见孙红：《试析国际关系中的逆向公众舆论》，载《外交评论》2006 年第 2 期。

④ 参见王俊生、田德荣：《论中美“关系危机”》，载《国际观察》2020 年第 4 期。

⑤ 参见[日]石泽义治、刘江永：《公共舆论对政府决策的影响——以冷战后日本主要政策为主》，载《国际政治科学》2017 年第 3 期。

⑥ David L. Rousseau and Rocio Garcia-Retamero, “Identity, Power, and Threat Perception: A Cross-National Experimental Study,” *The Journal of Conflict Resolution*, Vol.51, No.5, 2007, pp.744-771.

⑦ 参见李慧明：《国际关系中的国家身份》，载《学习论坛》2007 年第 12 期。

⑧ 参见许晋铭、曹德军：《国际关系中的战略叙事及其影响机制探讨》，载《太平洋学报》2022 年第 8 期。

⑨ 参见柳思思：《身份认知与不对称冲突》，载《世界经济与政治》2011 年第 2 期。

的追求,导致了国际关系出现复杂的合作、竞争与冲突。地位是理解国家外交政策和国与国之间关系的重要视角。① 国际地位是一项特殊的国家利益,它取决于一国被他国认可形象的总和,反映了一国在等级制上的声望排名。地位可以成为一种“软实力”资源:高地位国家可以通过其号召力吸引其他国家来帮助其实现利益,而不必要采取强制手段或压力外交。②

大国之间的竞争与冲突,使既有国际秩序出现不稳定,甚至进入变革期。③ 国家对国际秩序变革具有敏感性,大国和中小国的敏感性不同。与大国相比,中小国家对国际秩序变革更具有脆弱性。国家对国际秩序变革的脆弱性和敏感性会不同程度地反映在外交政策上。④ “人类总是受到追求荣誉和地位等自尊需求的驱动”⑤,国家也是如此。国际秩序变革期,国家对自身在秩序中的位置会产生焦虑,国家既要护持自身的国际地位不下滑,又要追求更高的国际地位。地位焦虑可以被解释为,国家对自身所处社会阶梯中位置的关切和担心。一般而言,它包括两种社会心理:一是担心失去已有的地位,表现为地位护持;二是迫切希望获得更高的地位,被称为“地位期待”。⑥ 国家失去国际地位的预期,会使国家产生地位焦虑。国家追求更高的国际地位,但因国际秩序变革而带来了不确定性,也会加深国家的地位焦虑。

理解国际地位,就不得不涉及其与实力的关系。实力并不等同于地位,一国的地位变化相对于客观实力的变化具有一定的滞后性。⑦ 因此,国家的实力与地位时常出现“脱节”的现象。一是国家的实力很强,却得不到其他国家的承认,国际地位较低;二是国家的实力与地位相匹配;三是国家的实力不强,但通过依附大国,受到大国支持,在其构建的国际秩序中获得了较高的国际地位;四是国家实力不强,国际地位也较低,国家会出现地位满足。因此,在国际格局变动期甚至国际秩序变革期,国家存在三种地位需求:地位满足、地位护持和地位期待。⑧

地位满足是指国家满足于现有的国际地位,地位护持是指国家积极维护现有国际地位,地位期待是指国家试图追求更高的国际地位。对于地位满足的国家来说,地位焦虑没有那么严重。但对于另外两种,国家的地位焦虑就较为严重。对地位期待的国家来

---

① T.V. Paul, Deborah Welch Larson, and William Wohlforth(eds.), *Status in World Politics*, Cambridge: Cambridge University Press, 2014.

② 参见王梓元:《国际政治中的地位与声望:一项研究议程》,载《国际政治研究》2021年第3期。

③ 国际格局、国际规则和共有理念是国际秩序的有机组成部分。国际格局是一定历史时期内国际关系主要行为体(主权国家)相互联系、相互作用而形成的一种力量对比结构和战略态势。但国际格局的变化并不一定导致国际秩序变革,只有国际格局、国际规则和共有理念同时变化,国际秩序才会出现变革。也有学者认为国际格局与国际秩序在内涵和外延上有区别。参见刘建飞:《国际格局演进与国际秩序重塑》,载《当代世界与社会主义》2015年第5期。

④ 敏感性指某种政策框架内作出反应的程度,脆弱性指弱势行为体因外部事件强加的代价而受损失的程度。参见[美]罗伯特·基欧汉、约瑟夫·奈:《权力与相互依赖》,门洪华译,北京大学出版社2012年版,第13页。

⑤ Deborah Welch Larson, et al., "Status and World Order," in T.V. Paul, et al.(eds.), *Status in World Politics*, Cambridge: Cambridge University Press, 2014, pp.17, 38.

⑥ 参见韦宗友:《地位焦虑与美国对华战略竞争》,载《国际观察》2022年第3期。

⑦ 参见王梓元:《地位政治与中国崛起的地位伸张》,载《外交评论》2021年第1期。

⑧ 实力强弱与地位高低是作为理性行为体的国家对自身的认知,国家实力强弱与国际地位高低的二分法虽然过于简化,却有利于分析。

说，其地位焦虑主要在于获取他国的承认，首先要求的是拥有与其实力相匹配的国际地位。[①] 对地位护持的国家来说，地位焦虑主要在于维持其国际地位。[②]

国际地位是影响国家外交政策的变量之一。既有研究显示，自 1648 年以来，94 场战争中的 62 场爆发的主要原因是国家为了地位。[③] 这也从侧面证明地位对国家的重要性。国际秩序变革期，国家的地位焦虑深刻影响外交政策的调整。一方面，对于处于竞争中的大国来说，尤其是体系主导国和崛起国，地位焦虑较为明显。主导国由于实力和地位相对来说都较高，面临崛起国对自身地位的威胁，因此主导国的地位焦虑在于地位护持，其政策就与地位护持相关。[④] 对于体系中的崛起国来说，随着实力的增长，带来了对国际地位的需求，因此，崛起国的地位焦虑在于地位期待，其政策就与地位期待相关。[⑤] 另一方面，对大国地位焦虑的重视，掩盖了夹在两个大国竞争中间的“中等强国”的地位焦虑。[⑥] 它们不仅面临着地位护持，同时也面临在竞争中寻求地位的地位期待的压力。因此，“中等强国”在秩序变革期会调整自身的外交政策，以适应自身的地位需求。

三、尹锡悦政府外交政策构建：“全球枢纽国家”

外交政策目标是推行外交政策的先导。尹锡悦政府在 2022 年 7 月 26 日的国务会议上最终敲定六大施政目标、23 项承诺和 120 个施政课题。六大施政目标之一就是让韩国“成为贡献于自由、和平与繁荣的‘全球枢纽国家’(Global Pivotal State)”。[⑦] 竞选时，尹锡悦曾在美国《外交事务》(*Foreign Affairs*)杂志上发表了《韩国需要腾飞》(South Korea Needs to Step Up)一文，阐明了自身的竞选纲领：“现在国际政治正处于变革时期，韩国应有明确、堂堂正正和坚守原则的立场。韩国不应该再受制于朝鲜半岛，要通过自由、民主价值观和实质性的合作，实现成为增进自由、和平与繁荣的‘全球枢纽国家’。”[⑧]尹锡悦当选后，新任外交部部长朴振(Park Jin)在会见美国第一副国务卿温迪·舍曼(Wendy

---

① 有关地位期待，可参见王梓元：《地位政治与中国崛起的地位伸张》，载《外交评论》2021 年第 1 期。

② 有关地位护持，可参见韦宗友：《中美战略竞争、美国“地位焦虑”与特朗普政府对华战略调整》，载《美国研究》2018 年底 4 期；韦宗友：《地位焦虑与美国对华战略竞争》，载《国际观察》2022 年第 3 期。

③ Richard Ned Lebow, *Why Nations Fight: Past and Future Motives for War*, Cambridge: Cambridge University Press, 2010, pp.171-172.

④ Tudor A. Onea, “Between Dominance and Decline: Status Anxiety and Great Power Rivalry,” *Review of International Studies*, Vol.40, No.1, 2014, pp.125-152.

⑤ 参见王梓元：《权力转移中的地位承认》，载《国际政治科学》2021 年第 4 期。

⑥ “中等强国”是指在国家实力、能力和影响力方面不强不弱，并表现出促进世界体系凝聚力和稳定倾向的国家。有关“中等强国”定义的讨论，可以参见 Eduard Jordaan, “The Concept of a Middle Power in International Relations: Distinguishing between Emerging and Traditional Middle Powers,” *Politikon: South African Journal of Political Studies*, Vol.30, No.1, 2003, pp.165-181.

⑦ 尹锡悦政府的六大施政目标具体包括：恢复良知的公正之国；搞活民间拉动、政府助推的经济；共建温暖同行、人人幸福社会；锐意开拓基于自律和创新的未来；成为贡献于自由、和平与繁荣的全球枢纽国家；打造处处宜居的地方城市。参见《韩政府最终敲定 6 大施政目标和 120 大课题》，韩联社，2022 年 7 月 26 日，https://cn.yna.co.kr/view/ACK20220726002600881? section=search。

⑧ Yoon Suk-yeol, “South Korea Needs to Step Up,” *Foreign Affairs*, February 8, 2022, https://www.foreignaffairs.com/articles/south-korea/2022-02-08/south-korea-needs-step.

Sherman)时，明确向美国传达了韩国将把构建“全球枢纽国家”作为本届政府的首要外交目标。①

尹锡悦政府外交政策深受身份认知和地位焦虑的影响。身份认知变化决定了韩国放弃基于“中等国家”身份开展的“四强协调外交”，而要成为“全球枢纽国家”；地位焦虑则驱动韩国追求地位护持和地位期待，这一诉求更多地需要依托韩美同盟及其深化。但也要认识到，韩国新政府的外交政策目标及其实现手段仍然要受到国际、国内因素的影响。

（一）韩国的身份认知

韩国一直认为自身是国际社会中的“中等强国”，其外交着重在于处理“四强外交”，并在同中俄美日的协调外交上追求在国际社会中发挥更大的影响力。② 可以说，韩国外交很大程度上受制于这一身份认知。但随着韩国实力的增强，韩国的身份认知也在发生变化。

1.自我身份认知

韩国自我身份认知的实力基础是韩国国内生产总值(GDP)进入全球前十，并表现为被确认为发达国家。韩国无论是人口、国土面积还是国家发展所需的自然资源与大国相比都有很大的不足，但韩国经济仍长期居于世界前列，主要是依靠对外贸易。2020 年，韩国的经济规模上升到世界第 10 位，人均国内生产总值也首次超过意大利。③ 韩国人对此感到自豪，迫切地期待韩国能在国际社会中发挥更大的作用和影响力。文在寅和尹锡悦在外交政策宣示中都强调韩国 GDP 进入世界前十对韩国的影响。

2021 年 7 月 2 日，联合国第 68 届贸易和发展会议正式将韩国列入发达国家。④ 时任总统文在寅认为，作为发达国家，韩国要承担相应的国际责任，积极发挥作用，沿着发达国家道路继续前进。实际上，从多个指标来看，韩国早已经迈入发达国家行列。⑤ 但韩国此时宣布成为发达国家，也与时任美国总统特朗普的施压有关。2019 年 7 月 26 日，特朗普在一份声明中表示，若 90 天内世界贸易组织(WTO)未对发达国家和发展中国家的“过时”二分法作出实质性改革，美方将不再承认任何一个发展中国家的特殊地位。⑥ 韩国也在其列。2019 年 10 月 25 日，韩国就作出反应，宣布决定放弃在世贸组织的发展中国家地位。⑦

---

① 参见《韩外长朴振会见美副国务卿舍曼》，韩联社，2022 年 6 月 7 日，https://cn.yna.co.kr/view/ACK20220607005800881? section=search。

② 有关韩国的“四强外交”，可以参见郭锐：《韩国周边外交变迁与文在寅政府“周边四强合作外交”评析》，载《学术探索》2020 年第 3 期。

③ 「지난해 한국경제 세계 10위…1인당 GDP 이탈리아 제쳐(종합)」，연합뉴스，https://www.yna.co.kr/view/AKR20210407055851002.

④ 대한민국징책브리핑，「유엔무역개발회의，한국 ‘개도국→선진국’ 변경…57년 역사상 처음」，외교부，https://www.korea.kr/news/policyNewsView.do? newsId=148889700.

⑤ 参见董向荣：《从发展中国家到发达国家：韩国的跃升之路》，载《世界知识》2021 年第 15 期。

⑥ 参见《特朗普“威胁”WTO：若 90 天内不改革，将不再承认发展中国家地位》，中华人民共和国商务部公共商务信息服务 WTO/FTA 咨询网，2021 年 7 月 29 日，http://chinawto.mofcom.gov.cn/article/ap/q/201907/20190702885666.shtml。

⑦ 参见《简讯：韩国决定放弃在世贸组织的发展中国家地位》，韩联社，2019 年 10 月 25 日，https://cn.yna.co.kr/view/ACK20191025000900881? section=search。

从民众角度来讲，韩国成为发达国家的象征意义大于实际意义。韩国发展中国家地位的丧失，也使韩国失去了部分最惠国待遇。一方面，韩国公众为国家的发展感到自豪；另一方面，韩国自然资源禀赋较差，跻身发达国家行列拼的主要是人力资源，社会竞争压力巨大。① 一些学者认为，韩国成为发达国家后，韩国民众会希望在国际社会发挥更大的影响力，新政府也会将此反映在对外政策上。② 尹锡悦更好地迎合了民众对韩国发挥更大国际影响力的期待。

一个国家的身份取决于该国对自己的认知、国家意愿以及该国外交决策精英的政治价值观。③ 因此，对韩国身份的认知，最重要的是外交决策精英的认知。韩国成为发达国家后，不能再享受世界贸易组织对发展中国家的最惠国待遇，这也要求韩国在国际社会中承担更大的国际责任。无论是被动还是主动，韩国的外交决策精英认为，韩国不应该再将目光聚焦在朝鲜半岛，而应该充分开展与自身经济实力匹配的外交。④

韩国精英对韩国身份认知的观点还表现在对文在寅政府“战略模糊性”政策的看法上。支持者认为，“战略模糊性”政策能够同时维持韩中关系和韩美关系，避免卷入中美战略竞争激烈且韩国又没有至关重要利益的议题领域，而“两面下注”和“一边倒”又缺乏灵活性。因此，通过“战略模糊性”政策，韩国能够在中美战略竞争中更好地维护、获取更大的利益。⑤ 批评者认为，随着美国对华战略竞争走深走实，中美战略竞争的强度会不断增加，韩国将会面临更大的外交压力，甚至有被美国抛弃的风险。因此，“战略模糊性”政策难以持续。⑥ 总之，韩国基于国家实力增强，主张构建超越“中等强国”身份的外交政策目标，期待在国际社会上发挥更大的影响力。尽管韩国从国家实力来看仍然是“中等强国”，但韩国外交政策过去受制于朝鲜半岛“冷战”格局和中美战略竞争在东北亚地区导致的二元结构的束缚，已经受到广泛批评。因此，韩国积极追求成为国际社会更重要的“全球枢纽国家”。然而，国家的自我身份认知离不开其他国家的认可，即国家身份的确定也是一个被他国建构和认同的过程。⑦ 韩国“全球枢纽国家”目标的构建当然也离不开中国的支持和帮助。

2.他者身份认知

从韩国外交政策调整角度看，他者身份认知并非是他国对韩国的身份认知，而是韩国对他国的身份认知。⑧ 中美战略竞争背景下，影响尹锡悦政府外交政策目标制定的他

---

① 参见董向荣：《从发展中国家到发达国家：韩国的跃升之路》，载《世界知识》2021 年第 15 期。

② 参见［韩］申锺浩：《韩国尹锡悦政府的对华政策展望》，载《现代国际关系》2022 年第 5 期。

③ Leif-Eric Easley and Kyuri Park, “South Korea's Mismatched Diplomacy in Asia: Middle Power Identity, Interests, and Foreign Policy,” *International Politics*, Vol.55, 2018, pp.242-263.

④ Yoon Suk-yeol, “South Korea Needs to Step Up,” *Foreign Affairs*, February 8, 2022, https://www.foreignaffairs.com/articles/south-korea/2022-02-08/south-korea-needs-step.

⑤ 「'미중 신냉전' 우리가 가야 할 길은?」, 연합뉴스 TV, https://www.yonhapnewstv.co.kr/news/MYH20210423024100038.

⑥ 「美 대중국 견제법 살펴보니…중립외교로 소외되는 한국」, 2021.04.13, https://www.news1.kr/articles/?4272035.

⑦ 参见荣正通：《身份认知差异与中美关系中的南海问题》，载《国际关系研究》2016 年第 2 期。

⑧ 基于韩国特殊的地缘环境，韩国的他者身份认知还表现在对待朝鲜的态度上，尹锡悦政府把朝鲜视为与自身有意识形态差别的共产主义国家，提倡通过自由国家的合作，解决朝鲜核问题。

者身份认知主要是对中国和美国的身份认知,尤其是对中国的身份认知。就韩国对美国的身份认知来说,韩国一直视美国为价值观伙伴,韩美关系不仅有韩美军事同盟作为物质依托,也有价值观的深度连接。韩国追求国际影响力的基础也一直被认为是美国的支持。[①] 实际上,尹锡悦政府"全球枢纽国家"外交政策目标构建的核心理念之一就在于价值观外交。尹锡悦作为代表保守势力的总统,其政策倾向本身就强调与美国拥有共享价值观,突出表现为其提出的价值观外交。

西太平洋到印度洋一线是中美两国地区方案高度重合地带,而中国周边的东部、东南部又是重合地带的核心,现阶段双方在此的竞争是对未来地区经济与安全秩序的争夺。[②] 拜登就任美国总统后,一改特朗普政府的单边主义政策,而重视与价值观盟友的合作。[③] 这也是拜登政府与特朗普政府的外交政策差异。韩国作为美国在东北亚的重要盟国,自然就成为拜登政府争取的重点。这也与美国在亚太地区大搞身份政治、强调价值观相呼应。在塑造共同身份认知方面,美国对中国的身份认知是国际秩序的"修正主义者"。[④] 尽管文在寅政府在"战略模糊性"政策指导下,尽量避免在话语上追随美国对中国的批评,但在文在寅政府执政后期,态度也逐渐松动。[⑤] 由此可见,韩国与美国的对华话语一致性逐渐增强,对华身份认知逐渐从"合作伙伴"演变为"近邻"。

韩国政府的外交政策也需要民意基础。皮尤研究中心(Pew Research Center)的调查数据显示,韩国对华好感度自 2017 年以来,尤其是新冠疫情暴发以来,一直呈现下降趋势,从 2019 年的 34%下降到 2020 年的 24%、2021 年的 22%。[⑥] 对华好感度的下降,成为尹锡悦政府外交政策目标构建的民意基础。这也表明韩国对中国的身份认知在民意的驱动下更趋不客观,中韩关系中不和谐的一面凸显出来。

总之,韩国在自我身份认知上主张超越"中等强国"身份,依托韩国的经济实力开展堂堂正正的外交,追求在国际社会中发挥更大作用和影响力,构建"全球枢纽国家"。在他者身份认知上,由于美国对韩国的共同身份建构,作为保守势力的尹锡悦政府更容易接受,加上韩国民意对华好感度下降,最终又表现为韩国整体"亲美疏华"。但韩国的他者身份认知不足以推动韩国向美国靠拢,主要原因在于摆在韩国面前的政策选择不仅仅只有打造韩美全球全面战略同盟。韩国国内曾讨论了三种政策选择,分别是"超越外交"、构建"中等强国联合体"和"一边倒"。[⑦] 其中,只有"一边倒"追求升级美韩同盟关系。

---

① Chung Min Lee, *Is South Korea Going Global? New Possibilities together with the Biden Administration*, Carnegie Endowment for International Peace, July 7, 2021, https://carnegieendowment.org/files/2021KSR_FINAL_Updated.pdf.

② 参见张洁:《动荡的周边:大国博弈与中小国家的自主性》,载《世界知识》2020 年第 3 期。

③ 参见宋国友:《从特朗普到拜登:中美经贸关系评估与展望》,载《复旦学报(社会科学版)》2021 年第 5 期。

④ The White House, *National Security Strategy of the United States of America*, December 18, 2017, http://nssarchive.us/national-security-strategy-2017/.

⑤ The White House, "U.S.-ROK Leaders' Joint Statement", May 21, 2021, https://www.whitehouse.gov/briefing-room/statements-releases/2021/05/21/u-s-rok-leaders-joint-statement/.

⑥ 参见皮尤数据中心网站,https://www.pewresearch.org。

⑦ 有关讨论,可以参见「한국은 미-중 대결을 '초월' 할 수 있을까요」, 한겨레TV, https://www.hani.co.kr/arti/politics/diplomacy/990656.html; 문정인,「문정인의 미래 시나리오: 코로나 19, 미중 신냉전」, 한국의 선택, pp.272-273。

(二)韩国的地位焦虑

基于实力变化的身份认知能够很好地解释韩国尹锡悦政府外交目标的制定。但是,尹锡悦政府提出实现这一外交政策目标的手段是依托于打造韩美全球全面战略同盟,存在前文所述的目标与手段错位问题,身份认知这一单一变量就并不能完全解释韩国实现外交政策目标的手段偏向问题。韩国并未像美国一样将中国视为国际秩序的修正主义者,定位为"战略竞争对手"。[①] 因此,本文引入地位焦虑来解释韩国外交偏向美国的这一倾向,主要原因有两个:其一,身份认知调整只能影响尹锡悦政府的外交政策目标,难以决定外交政策手段。其二,身份与地位是中美战略竞争背景下东北亚国家必然要考虑的问题。身份认知的基础是国家实力,而地位依托于一定的国际秩序,是通过在国际秩序中的位置表现出来的。因此,引入地位焦虑能够很好地解释尹锡悦外交政策手段的倾向性问题。

1.国际秩序变革

随着苏联解体,美国迎来了"单极时刻"。[②] 美国雄心勃勃地在世界上推行自由主义霸权,构建"自由主义国际秩序"。自由主义霸权是一项雄心勃勃的战略,采取这种战略的国家想要将尽可能多的国家转变成像自己一样的"民主国家",同时促进开放的国际经济,建立国际制度。从本质上讲,自由主义国家试图广泛传播自己的价值观。[③] "自由主义国际秩序"是以美国为核心的国际秩序,其渊源可以追溯到为应对所谓"苏联的威胁"而构建的资本主义阵营。而韩国就是在资本主义阵营中诞生、发展起来的。同时,韩国经济的发展也离不开美国提供的安全保护。可以说,韩国发展的重要依托之一就是美国构建的"自由主义国际秩序"。随着中国崛起,美国作为国际体系的主导国,将中国视为竞争者,对中国奉行战略竞争。尽管美国"自由主义国际秩序"面临深层次的内部矛盾,但中国仍被视为"自由主义国际秩序"的挑战者。在此背景下,中国崛起以及美国对中国的战略竞争增加了"自由主义国际秩序"成员的地位焦虑。它们不得不考虑在既有秩序中寻求地位护持和地位期待。一旦"自由主义国际秩序"崩溃,它们的国际地位就面临护持难题。

同时,随着中美战略竞争与俄乌冲突叠加影响,以联合国为基础的国际体系、以国际法为基础的国际秩序进入变革期。首先是国际力量格局产生变动,世界越来越分裂为两个对立阵营。[④] 其次是经济增长长期低迷。[⑤] 再次是全球治理遭遇挫折,无论是传统安全治理还是非传统安全治理都面临赤字。[⑥] 最后是意识形态冲突沉渣泛起。[⑦] 韩国作为以

---

① 参见《韩国当选总统尹锡悦:坚信韩中关系必将取得更大发展》,新华网,2022 年 3 月 17 日,http://m.news.cn/2022-03/17/c_1128480628.htm。

② Fareed Zakaria, "The Self-Destruction of American Power: Washington Squandered the Unipolar Moment," *Foreign Affairs*, Vol.98, No.4, 2019.

③ 参见[美]约翰·米尔斯海默:《大幻想:自由主义之梦与国际现实》,李泽译,上海人民出版社 2019 年版,第 1 页。

④ 参见胡伟星:《俄乌冲突、大国竞争与世界地缘政治格局的演变——以地缘政治学为研究视角》,载《亚太安全与海洋研究》2022 年第 4 期;倪峰等:《俄乌冲突对国际政治格局的影响》,载《国际经济评论》2022 年第 3 期。

⑤ 参见易小准等:《俄乌冲突对国际经贸格局的影响》,载《国际经济评论》2022 年第 3 期。

⑥ 参见王林聪:《从俄乌冲突看全球安全治理困境及出路》,载《西亚非洲》2022 年第 4 期。

⑦ Stephen Kotkin, "The Cold War Never Ended: Ukraine, the China Challenge, and the Revival of the West," *Foreign Affairs*, May/June 2022.

国际法为基础的国际秩序的一员,也作为美国构建的"自由主义国际秩序"中的一员,这两个秩序都面临着不稳定的现状。"中等强国"比大国对国际秩序的敏感性更强,国际秩序的变化影响"中等强国"的地位护持和地位期待。因此,韩国国内对国际秩序的不确定性感到越来越焦虑。尽管韩国认为中国对"自由主义国际秩序"的冲击以及中美战略竞争暂时没有损害韩国的地位护持,但显著地影响了韩国的地位期待。

2."被抛弃"与韩国地位焦虑

格林·斯奈德(Glenn H. Snyder)认为联盟起来的国家始终面临"被牵连"和"被抛弃"的风险。[①] 一方面,担心会被盟友牵连进自身不愿卷入的冲突中;另一方面,也担心盟友会单方面采取行动,将自身抛弃,从而损害自身的安全。韩美同盟也面临着这一困境。韩国既不愿意卷入愈发激烈的中美战略竞争,恶化自身的外交环境,但自身又很难阻止中美战略竞争对韩国外交空间的挤压。尤其是文在寅政府时期美国不断向韩国施压,试图拉拢韩国构建东北亚小多边外交,以同中国进行战略竞争。但文在寅政府在中美战略竞争中奉行"战略模糊性"政策,不愿意"被牵连"。尹锡悦政府并非像文在寅政府那样重点关注"被牵连",而是更关注"被抛弃"。

尹锡悦政府认为,韩国不可能不在中美战略竞争中选边站。韩国总统办公室(总统室)国家安保室长金圣翰曾认为,尽管韩中关系和韩美关系对韩国都很重要,但是如果韩国倾向于韩美合作,那么韩国可以确保多种外交选择,如果情况相反,选择余地必然会变小。中美战略竞争的加剧可能会使韩国的处境变得复杂,被迫作出选择的情况也会增加,但问题是在这种情况下坚持"均衡外交"等立场会给双方带来错误的信号,从而导致韩国的外交孤立。[②] 换句话说,韩国参与外交政策目标制定的精英认为,韩国提升国家地位的方式是加强韩美合作,而非维护韩中关系。即使韩中关系出现问题,韩国也能够依托韩美合作予以化解。

尹锡悦政府并非不担心韩国面临的"被牵连"风险,而是认为"被牵连"风险可以通过加强与美国联盟体系中其他国家的合作得到化解。例如,韩国加强了与北约的合作。在尹锡悦政府看来,韩国在韩美同盟中面临的"被抛弃"风险大于"被牵连"风险。为此,尹锡悦当选总统后,就在话语和行为上体现出这一政策倾向。一方面,在话语上,宣称要打造韩美全球全面战略同盟[③],与中国开展基于相互尊重的外交关系[④],并要同日本展开韩美日安全合作[⑤]。另一方面,在行动上,改变过去的传统,不再向中、美、俄、日四个国家派遣特使,而是仅向美国和日本派遣特使,协调政策。

---

① Glenn H. Snyder, "The Security Dilemma in Alliance Politics," *World Politics*, Vol.36, No.4, 1984, pp. 461-495.

② 김성한, 김민성, 「인도·태평양전략 대 일대일로의 충돌 동향과 한국의 외교안보전략」, 『전략연구』, 28 (2), 2021, pp. 7-44.

③ 参见《韩防长李钟燮会见美国国会代表团》,韩联社,2022 年 9 月 5 日,https://cn.yna.co.kr/view/ACK20220905005600881? section=search。

④ 参见《详讯:韩中今在首尔北京同步举办庆祝建交 30 周年活动》,韩联社,2022 年 8 月 24 日,https://cn.yna.co.kr/view/ACK20220824000800881? section=search。

⑤ 参见《韩副防长:遵守原则实现朝鲜无核化至关重要》,韩联社,2022 年 9 月 8 日,https://cn.yna.co.kr/view/ACK20220908004700881? section=search。

韩国尹锡悦政府试图摆脱由国际秩序变革而带来的地位焦虑，尤其是担心被美国“抛弃”的风险，转而加强美韩同盟。尽管尹锡悦政府的这一政策能够很好地缓解“被抛弃”带来的焦虑，但陷入“被牵连”的焦虑依然存在。

3.秩序构建与韩国地位焦虑

国际秩序处于变革期，也就意味着韩国要考虑在秩序变革中甚至在秩序变革后韩国将处于什么位置，而国际地位需要通过参与秩序构建获得。如果韩国加强韩美同盟，将自身绑定在“自由主义国际秩序”中，那么一旦美国在竞争中失败，“自由主义国际秩序”面临崩溃，韩国将可能失去既有国际地位。同时，韩国如果被排除在“自由主义国际秩序”之外，在韩美同盟中“被抛弃”，那韩国追求国际地位的努力也得不到美国及其盟友的支持。无论哪种预期，韩国都要解决秩序变革期带来的地位焦虑。

一方面，韩国关注在既有国际秩序中的地位护持。摆在韩国面前的只有两种秩序，一是以《联合国宪章》为基础的多边主义国际秩序，二是以美国为核心的“自由主义国际秩序”。第一种受到中美关系的影响，因此韩国的地位护持既需要依托国家实力，又要依托国际秩序，这就使韩国更倾向于“自由主义国际秩序”。

另一方面，韩国追求的是在既有国际秩序中的地位期待。韩国认为，如果说地位护持可以通过加强韩美同盟、留在“自由主义国际秩序”中得到，那么地位期待也可以通过加强与“自由主义国际秩序”中的其他国家的关系获得。解决长期束缚韩国发挥国际影响力的地区问题，尤其是朝鲜半岛和平问题和韩日矛盾，都需要美国的支持与合作。2022 年 4 月，韩国作为正式会员加入北约合作网络防御中心（CCDCOE）。[①] 6 月，尹锡悦总统参加了北约峰会。[②] 这也表现出，尹锡悦政府为解决地位焦虑问题而主动“借船出海”，通过广泛地与美国及其盟友合作，扩大韩国国际影响力，以寻求地位期待。

在尹锡悦政府看来，韩国在秩序变革期面临的地位焦虑，不能通过文在寅政府时期奉行的“战略模糊性”政策得到解决，只能通过加强韩美同盟、深度融入美国构建的“自由主义国际秩序”中得到解决。这也是尹锡悦政府所说的基于“价值观”的外交。

总之，韩国国内生产总值进入全球前十，并实现了从发展中国家向发达国家的转变，无论是精英还是民众都认为国家实力增强，已经不能根据“中等强国”身份展开外交，自我身份认知发生变化。同时，韩国对他者的身份认知也出现调整，尤其是对中国的认知越来越负面。自我身份认知导致韩国追求更大的国际影响力。但韩国对华身份认知，却不足以推动韩国向美国靠拢。即使告别文在寅政府时期的“战略模糊性”政策，摆在韩国面前的政策选择依然有很多。由于中美战略竞争和俄乌冲突的叠加影响，国际秩序进入变革期。在国际秩序变革期，既有国际秩序稳定性形成的安全感被打破，相对于大国来说，中小国家受到的秩序变革影响更大。韩国既要维护自身的国际地位，又要追求更高的国际地位，形成了韩国的地位焦虑。韩国的这一地位诉求，只能通过与自己安全、价值观联系更紧密的美国以及美国构建的“自由主义国际秩序”实现。可以说，韩国的身份认

① 参见《韩国加入北约网络防御中心：成首个亚洲会员国　已参加 2 次演习》，新华网，2022 年 5 月 5 日，http://www.news.cn/mil/2022-05/05/c_1211643912.htm。

② 参见《媒体：韩国参加北约峰会与对俄或对华政策无关》，俄罗斯卫星通讯社，2022 年 6 月 26 日，https://sputniknews.cn/20220626/1042144202.html。

知和地位焦虑是推动外交政策目标和手段整体转向的根本原因。同时,韩国也担心外交政策被美国"绑架",依托打造韩美全球全面战略同盟,加深了与美国联盟体系中的其他国家合作。

(三)尹锡悦政府构建"全球枢纽国家"的影响因素

尹锡悦政府提出的构建"全球枢纽国家",实际上并不能使韩国在国际社会中发挥超越"中等国家"实力的作用和影响力。具体而言,它目前仍是尹锡悦政府期待达到的目标,且提出的时间不长,其政策实践还面临着国内、国际因素的掣肘,进而影响到尹锡悦政府的认知,决定"全球枢纽国家"构建的成败。

1.国内进步势力的影响

首先是国内进步势力的影响。尽管国民力量党以微弱优势赢得了总统选举,但是韩国却面临着"朝小野大"的情况。2022 年 6 月,与第八届地方议员和地方政府各级领导选举(地选)同期进行的国会议员补选中,执政党国民力量党争取到了 7 个议席中的 5 个,获得大胜。但国民力量党在国会中的议席为 114 个,仍落后于共同民主党的 169 个。这也表明,尹锡悦总统在推行内政外交政策时将面临共同民主党的掣肘,面临执政困难。而在韩国,保守势力与进步势力的分歧很大。尽管文在寅政府执政后期加强了与美国的联系,但是在与美国合作的限度上,共同民主党主张"协调外交",而非"一边倒"。尹锡悦政府构建"全球枢纽国家"的外交政策目标,还要获得共同民主党的支持。

2.韩美利益不一致

美国构建与韩国的共同身份认知、对韩国施压的目的是整合盟友资源与中国进行战略竞争,而不是提升盟国的国际地位。而尹锡悦政府构建"全球枢纽国家"的目标是寻求在国际社会中更大的作用和影响力。韩美双方在目标上有一定的差距,甚至是根本性的矛盾。韩美同盟建立迄今已经将近 70 年,双方基于同盟在政治、经济、安全和人文交流等方面虽然有深度联系,但韩美同盟关系中唯一的变化是美国对华战略竞争方面。在这种情况下,尹锡悦政府可能面临的并不是通过价值观外交和韩美全球全面战略同盟"借船出海",实现自身身份的转变和国际地位提升,而是外交政策被美国挟裹和绑架,失去自身的外交自主性。

3.东北亚地区局势

韩国面临的东北亚地区局势依然严峻,依靠打造韩美全球全面战略同盟,不仅不会缓和当前的紧张局势,还会加剧地区局势紧张。其一,加强韩美关系尤其是安全关系,如尹锡悦强调再次引进萨德系统,加剧了朝鲜的不安全感。朝鲜多次进行弹道导弹试验,表明自身的立场。同时,朝鲜政府高调回击尹锡悦政府"先发制人"言论。[①] 朝鲜与韩国甚至有爆发冲突的可能。其二,韩日关系改善面临困难。一方面,韩国宣称韩美日安全合作不等同于韩美日军事同盟,为韩日关系改善设定了上限。另一方面,韩国和日本面临的领土纠纷、历史问题,都是阻碍韩日关系改善的因素。其三,中韩关系。中韩之间围

---

① 参见《朝鲜表示韩国官员"先发制人"言论将加剧半岛紧张局势》,新华网,2022 年 4 月 3 日,http://m.news.cn/2022-04/03/c_1128529398.htm;《朝鲜再次就韩国官员"先发制人"言论发出警告》,新华网,2022 年 4 月 5 日,http://www.news.cn/2022-04/05/c_1128532753.htm。

绕“萨德事件”的博弈，已经导致了中韩关系遇冷。韩国宣称再次部署萨德，也必然遭到中国的反制。没有中国的支持，韩国在国际上发挥更大作用和影响力难以实现。其四，俄乌冲突中，韩国通过支持乌克兰表达自身对俄罗斯的态度，韩俄关系遭遇波折，这也使东北亚局势更趋复杂。韩国虽然加强了同蒙古国的关系，但却不足以维持东北亚地区的稳定。

总之，韩国尹锡悦政府提出构建“全球枢纽国家”面临一系列困难，如果不能处理好韩美关系和与地区其他国家的关系，韩国也可能面临在国际上得分却在地区上失分的“一条腿走路”境地。尽管韩国在构建“全球枢纽国家”的目标上不会受到时间的影响，但是实现这一目标的手段即通过打造韩美全球全面战略同盟面临现实因素的制约。

四、结语

尹锡悦就任总统后，韩国逐渐放弃“战略模糊”，而走向“战略清晰”，这使中韩关系面临很大的不确定性。尹锡悦政府提出的外交政策目标是构建“全球枢纽国家”，手段则是依托打造韩美全球全面战略同盟。尹锡悦政府之所以追求构建“全球枢纽国家”，主要原因在于韩国已经是世界公认的世界十大经济强国之一和文化强国，韩国不能再受制于朝鲜半岛以及中美战略竞争在东北亚导致的二元结构，而要在国际社会中发挥更大的作用和影响力。韩国需要摆脱基于“中等强国”身份的“四强协调外交”，从这方面来说，“全球枢纽国家”则是韩国对自身身份的新定位。尹锡悦政府“全球枢纽国家”的构建，离不开作为世界大国的中国的支持，但韩国却选择依托于打造韩美全球全面战略同盟，使韩国外交政策面临目标与手段的错位，主要原因在于韩国的地位焦虑。地位焦虑使韩国坚持这一有缺陷的政策。韩国地位护持和地位期待过程中面临的“被抛弃”风险和秩序变革带来的不确定性，使其只能选择深度融入“自由主义国际秩序”，以韩美全球全面战略同盟为基础，以价值观外交为纽带，加强与美国联盟体系中的其他国家合作来缓解地位焦虑，同时对冲美国的影响，避免外交政策被美国“绑架”。在美国“拉韩制华”的压力下，在建构美韩共同身份下，韩国难以选择通过提升中韩合作水平缓解地位焦虑。

英国在布莱尔政府时期也曾提出过“枢纽国家”概念。布莱尔认为，英国终于找到了自己的位置——不是作为一个超级大国而是作为一个枢纽国家，作为一个位于将影响世界及其未来的联盟和国际政治核心的大国。[①] 韩国追求的“全球枢纽国家”与布莱尔的“枢纽国家”有相似之处，但目标不等于能力，韩国构建“全球枢纽国家”的手段将会面临国内进步势力、韩美利益不一致和东北亚地区局势等现实困境的掣肘，从而导致韩国难以追求在国际社会中发挥更大的作用和影响力，只能是追求有限的作用和影响力。

中国高度重视同韩国的关系，习近平主席在尹锡悦胜选当天就向他发去贺电。[②] 半个月后，习近平主席与尹锡悦通电话，首次与未就任国家领导人讨论地区安全问题。[③] 为

---

① 参见赵怀普：《“布莱尔外交”评析》，载《国际论坛》2008 年第 3 期。

② 参见《习近平向韩国当选总统尹锡悦致贺电》，新华网，2022 年 3 月 11 日，http://www.news.cn/2022-03/11/c_1128460570.htm。

③ 参见《习近平同韩国当选总统尹锡悦通电话》，新华网，2022 年 3 月 25 日，http://m.news.cn/2022-03/25/c_1128504239.htm。

了凸显中国对中韩关系的重视,受韩国邀请,国家副主席王岐山作为习近平主席的特别代表出席尹锡悦就职仪式,规格之高,绝无仅有。① 2022年是中韩建交30周年,习近平主席也与尹锡悦总统互致贺函。② 这表明,中国对于维护好与韩国本届政府的关系抱有很大的期待。面对韩国身份认知变化和地位焦虑,中国应在确保自身国家利益的背景下,从构建中韩共同身份认知和缓解韩国地位焦虑上下功夫,尤其是中国可以友好邻国身份构建为切入点,以"亲诚惠容"与正确义利观为指导,加强与韩国构建周边命运共同体,甚至构建中韩命运共同体。

Identity Cognition, Status Anxiety and Construction of "Global Pivotal State" by the Government of Yoon Seok-Youl

TIAN Derong

Abstract: With the inauguration of Yoon Seok-Youl as the 20th president of ROK, the country's diplomacy has entered a new round of adjustment. The Yoon Seok-Youl administration has proposed a new foreign policy goal of constructing a "Global Pivotal State", which seeks to transcend the dualistic structure in East Asia caused by Sino-US strategic competition and seeks a greater role for ROK in the international community. ROK believes that it has transformed itself from a developing country to an advanced country, so it will not conduct diplomacy as a "middle power", which means its sense of identity has changed. At the same time, there is also an adjustment in ROK's perception of the other's identity. The combination of strategic competition between China and the United States, the COVID-19 pandemic and the Russia-Ukraine conflict has brought the international order into a period of profound change. The change of the international order has a certain impact on ROK's status protection and status expectation, and the position of Korea in the change of the international order has caused ROK's status anxiety. ROK's identity cognition and status anxiety constitute the main motivation for Yoon Seok-Youl government to adjust its foreign policy. In this regard, under the background of ensuring its own national interests, China should make great efforts to build the common identity cognition between China and ROK and alleviate the status anxiety of ROK.

① 参见《王岐山出席韩国新任总统尹锡悦就职仪式》,新华网,2022年5月10日,http://www.news.cn/asia/2022-05/10/c_1128638020.htm。

② 参见《习近平同韩国总统尹锡悦就中韩建交30周年互致贺函》,新华网,2022年8月24日,http://m.news.cn/2022-08/24/c_1128943881.htm。

Chinese Citizens' Overseas Tourism Shopping Behaviors under Exogenous Event: Based on Personal Overseas Tourism Consumption Survey Data

WANG Jue*

1. Introduction

Chinese household consumption has emerged as a key driver of both domestic and global economic growth. In 2021, it accounted for 65.4% of China's GDP growth, alongside a notable surge in overseas tourism expenditure. This uptick in spending abroad may signal a potential imbalance between supply and demand in China's domestic markets, prompting a more in-depth investigation.

Utilizing 2015-2016 survey data from the Korea Cultural & Tourism Institute (KCTI), this study employs Propensity Score Matching (PSM) and the Random Forest model to explore the shopping behavior of Chinese tourists in South Korea amidst exogenous shocks. The findings reveal: (i) a sharp decline in the number of Chinese citizens traveling abroad following an exogenous event; (ii) an increase in spending on overseas tourism shopping by those who travel abroad despite such events; and (iii) a significant correlation between the motivation for overseas shopping and the choice of travel destination among Chinese tourists.

The paper is structured as follows: Section II provides background information and outlines the hypotheses; Section III details the data, variables, and methodology used in the analysis; Section IV presents the empirical framework and findings; Section V assesses the robustness of the primary empirical results; and Section VI offers concluding remarks.

2. Background and Research Hypothesis

Academic interest has grown around Chinese citizens' increasing preference for overseas travel. Wang and Davidson (2010) found that sociodemographic and psychological factors influence Chinese tourists' expenditure in Australia. Li et al. (2011) disclosed factors motivating Chinese female tourists' travel to Hong Kong. Lee et al. (2017) showed that Chinese tourists, particularly those with high disposable income, prefer group package tours, leading to significant shopping expenses. To highlight Chinese overseas consumer behaviors, our paper studies their shopping while traveling in South Korea during an exogenous event. We contend that such events, unlike an economic crisis, create expectations of short-term inaccessibility, thereby affecting consumption behaviors.

H1: Under the impact of an exogenous event, tourists who still go abroad spend more.

---

* 王珏，建国大学(韩国)经济学博士，中山大学自贸区综合研究院应用经济学博士后。

Overseas tourism consumption essentially constitutes resident consumption, a topic critical to economic and social development that has attracted extensive research interest. Economists have evolved consumption theory, formulating hypotheses based on absolute income, relative income, life cycles, and permanent income. Katona (1951), however, argued that subjective factors, like attitudes and emotions, could alter consumption behavior despite a stable income, hence developing the 'Consumer Sentiment Index'. Roos (2008) further validated this by incorporating purchase intention into the utility function. Solomon et al. (2013) described consumption behavior as a process that includes making purchasing decisions and implementing them. Franzen (2008) and others discovered that motivation is paramount in this process and changes dynamically with circumstances, exemplified in studies of tourism and artistic consumption patterns. Examining Chinese citizens' consumption behavior from a motivation perspective will shed light on evolving consumption patterns. Early aspirations focused on basic needs; however, as the economy developed, the quest for personalized and high-quality consumption arose, thus emphasizing subjective consumption motivations. This paper proposes the following hypotheses based on these insights.

H2: Shopping motivation has a positive impact on Chinese citizens' overseas tourism consumption.

3. Data, Variables and Measures

3.1 Data Sources and Description

This paper scrutinizes Chinese tourists' shopping habits during an exogenous event, relying on 2015 and 2016 data from the KCTI. The study includes demographic details, travel specifics, and consumption patterns. The MERS outbreak caused a significant dip in Chinese tourism to South Korea in 2015, prompting a comparison of data from June-July 2015 (experimental group) and June-August 2016 (control group).

3.2 Main Variables

Dependent variable

Chinese citizens spend significantly on shopping during their travels in South Korea. Consequently, this paper identifies shopping consumption as the dependent variable.

Independent variables

The motivation for overseas tourism is considered as the independent variable, encompassing two main motivations: shopping motivation (motivation_1) and scenic sightseeing motivation (motivation_2).

Control variables

The study incorporates a set of control variables to account for variations in the empirical analysis. These include basic demographic information such as gender and age, travel specifics like visit times and duration of stay, and travel satisfaction.

3.3 Measures

Propensity score matching

To explore the shopping behavior of Chinese citizens in South Korea during the MERS outbreak, this study employs Propensity Score Matching (PSM) due to the cross-sectional nature of the 2015 and 2016 data, which precludes direct observation of the same individuals' behavior across both periods.

PSM is utilized to approximate a controlled experiment by matching individuals from the treatment (during MERS) and control (non-MERS) periods based on similar characteristics. This method hinges on the independence assumption, ensuring the event's occurrence is unrelated to the pre-event conditions, and the overlap assumption, guaranteeing comparable propensity scores across groups. It can be expressed by the following formula:

$$(Y_i^T, Y_i^C) \perp D_i \mid X_i$$

The analysis divides samples into treatment and control, estimates propensity scores based on demographic and tourism-related variables, and then assesses the balance of matched samples. A well-balanced match is indicated by a standard deviation of less than 20% in matching variables. The study aims to quantify the MERS outbreak's effect on shopping consumption by calculating the Average Treatment Effect for the Treated (ATT). It can be expressed by the following formula:

$$\widehat{ATT} = \frac{1}{N_1}\sum_{i:D_i=1}(y_i - \hat{y}_{0i})$$

$N_1 = \sum_i D_i$ refers to the number of the treatment group.

One-to-one matching with replacement is employed given the study's limited sample size, preventing loss of approximately 49% of the samples.

Random forest

In addition to Propensity Score Matching (PSM), machine learning methods, particularly those involving the Random Forest algorithm, offer alternative approaches for estimating the impacts of policies or events. Wager and Athey (2018) introduce a "propensity tree" method, integrating Random Forest with causal inference to compute causal effects efficiently.

If the subsample is defined as(X_i, Y_i, D_i), the "leaf" obtained by the regression is L, at this point, the treatment effect of any $X_i \in L$ is:

$$\widehat{treatmenteffect}(x) = \frac{1}{|\{i: D_i = 1, X_i \in L\}|}\sum_{\{i:D_i=1, X_i \in L\}}^{Y_i} - \frac{1}{|\{i: D_i = 0, X_i \in L\}|}\sum_{\{i:D_i=0, X_i \in L\}}^{Y_i}$$

The method not only allows for the estimation of treatment effects but also facilitates the assessment of explanatory variables' importance, enhancing the understanding of factors influencing Chinese citizens' overseas travel consumption behaviors. This dual application of PSM and machine learning enriches the empirical analysis by providing comprehensive insights into the determinants of shopping behavior among Chinese tourists in South Korea.

4. Empirical Analysis

4.1 External events and the total amount of overseas shopping: PSM and random forest approach to H_1

The results of PSM

The PSM results validate the overlap hypothesis, ensuring a robust matching process. Subsequent tests confirm the sample's balance, indicating the suitability of selected variables and matching methods. The Average Treatment effect on the Treated (ATT) demonstrates a 2.65 significant difference at the 95% level between the treatment and control groups. The findings reveal a significant positive average treatment effect, suggesting an increase in spending during the MERS period.

The results of random forest

Wager and Athey's (2018) method was used to calculate the average treatment effect (ATE) using a random forest. Complementarily, the Random Forest analysis supports these results, showing a consistent increase in per capita shopping consumption among tourists during the MERS outbreak, aligning with the PSM findings. This indicates an increase of 6.5 USD in the per capitashopping expenditure of Chinese tourists during MERS, echoing the positive ATT values in PSM.

4.2 Influencing factors for overseas shopping consumption: Multiple regression and random forest approach to H_2

The results of multiple regression

After PSM, unpaired samples were excluded before executing pooled OLS, random-effects, and fixed-effects regressions on remaining pairs. The treatment variable's positive coefficients across models indicate higher spending during MERS, aligning with previous findings. It further examines the influence of shopping and sightseeing motivations on consumption, highlighting the significant positive effect of shopping motivation. Control variable analysis reveals gender and employment status differences in spending, contrasting with prior research regarding the age factor's significance.

The results of random forest

The results of the random forest model can report the importance of each explanatory variable in predicting the explained variable. The model measures the increase in prediction error (%IncMSE) when one variable is randomly disregarded, the larger %IncMSE, the more crucial the variable. Among all variables, shopping motivation (Motivation_1) notably impacts shopping consumption abroad. If shopping motivation is randomly assigned, the prediction error of Chinese citizens' overseas shopping consumption in Korea will increase by 17.95%.

As mentioned earlier, "forests" are composed of many "propensity trees." The "propensity tree" algorithm starts from the most important variable, begins at the root node with a recursive method, and decomposes the sample data into different subsamples layer by layer. A random forest, comprising numerous "propensity trees," initially designates the most impactful variable at the root node and recursively dissects sample data into diverse subsamples. We randomly selected a "propensity tree" from the "forest". Result shows that the propensity tree starts from the variable "Motivation_1" for classification, indicating that the variable "Motivation_1" is the most important variable in this study.

5.Robustness Checks

Robustness checks were conducted by selecting samples from Thailand and Malaysia to ensure the reliability of the conclusions. This was done because the average GDP per capita of Thailand and

Malaysia is similar to that of China. The value of the Average Treatment Effect on the Treated (ATT) for the treatment group and the control group, revealing a significant difference of 2.73, which is significant at the 99% level. Furthermore, pooled OLS, random-effects, and fixed-effects model regressions were performed on the matched samples of Thai and Malaysian citizens. This suggests that Thai and Malaysian citizens who visited Korea during the MERS outbreak spent more on shopping compared to non-MERS periods.

6.Conclusion

In recent years, the remarkable expansion of Chinese citizens' overseas tourism spending has garnered considerable attention. This study delves into the motivations driving Chinese citizens' overseas tourism and investigates the behavior and significant influencing factors affecting their shopping consumption in Korea amidst exogenous events, utilizing data from the 2015-2016 tourism surveys conducted by the Korea Culture and Tourism Research Institute.

Firstly, the study illustrates a notable decline in the number of Chinese citizens traveling abroad amid exogenous events. Secondly, empirical analysis underscores that during periods of heightened uncertainty, Chinese citizens who continue to travel abroad tend to allocate more expenditure towards overseas tourism shopping consumption. Thirdly, it identifies shopping motivation as the predominant factor shaping the overseas tourism shopping behavior of Chinese citizens.

By offering empirical insights into the factors influencing Chinese citizens' overseas tourism shopping behavior, the study underscores how exogenous events impact the propensity of Chinese citizens to travel abroad and their subsequent spending patterns.

References

Angrist, J. D., & Pischke, J. S. (2009), *Mostly Harmless Econometrics: An Empiricist's Companion*, Princeton University Press.

Imbens, G. W. (2015), "Matching methods in practice: Three examples", *Journal of Human Resources*, 50(2):373-419.

Katona, G. (1951), *Psychological Analysis of Economic Behavior*, McGraw-Hill Book Company.

Li, M., Wen, T., & Leung, A. (2011), "An exploratory study of the travel motivation of Chinese female outbound tourists", *Journal of China Tourism Research*, 7(4):411-424.

Roos, M. W. (2008), "Willingness to consume and ability to consume", *Journal of Economic Behavior & Organization*, 66(2):387-402.

Rosenbaum, P. R., & Rubin, D. B. (1985), "Constructing a control group using multivariate matched sampling methods that incorporate the propensity score", *The American Statistician*, 39(1):33-38.

Solomon, M., Russell-Bennett, R., & Previte, J. (2013), *Consumer Behavior: Buying, Having, and Being*, Pearson.

Varian, H. R. (2014), "Big data: New tricks for econometrics", *Journal of Economic Perspectives*, 28(2):3-28.

Wager, S., & Athey, S. (2018), "Estimation and inference of heterogeneous treatment effects using random forests", *Journal of the American Statistical Association*, 113:1228-1242.

Wang, Y., & Davidson, M. C. (2010), "Chinese holiday makers' expenditure: Implications for marketing and management", *Journal of Hospitality Marketing & Management*, 19(4): 373-396.

国家安全与经济发展的调试：以韩国参与 RCEP 为例

孙园园　李淑俊*

一、引言

2020 年伊始，全球暴发新冠肺炎疫情，各国经济放缓甚至衰退，贸易保护主义日益严重，但是，历经 8 年谈判的《区域全面经济伙伴关系协定》(RCEP)却于 2020 年 11 月 15 日成功签署。2012 年由东盟发起的 RCEP 原参与国共 16 个，除了印度外，中国、东盟、韩国、日本、澳大利亚及新西兰 15 国都在此超大区域贸易协定上签字，该贸易协定在全球影响巨大。该协定覆盖人口 22 亿，约占全球总人口的 30%；15 个成员 2019 年的国内生产总值达 25.6 万亿美元，占全球经济总量的 29.3%；区域内的贸易额达 10.4 万亿美元，占全球贸易总额的 27.4%。[①] 与其他自由贸易协定不同，该贸易协定是由发展中国家主导，发达国家参与的，相比于其他发达国家主导的贸易协定，该协定更能深切考虑到发展中国家的发展情况及诉求。那么，作为新晋发达国家的韩国签署 RCEP 的动机是什么?

在国家安全方面，短期内，韩国发展环境界定为和平环境，但东北亚地区是全球安全的热点地区之一，被称为“东亚的火药桶”。身处其中，韩国国家安全始终处于不确定之中。中国是韩国最为重要的商品市场，但韩国是美国盟友，中韩关系时因美国或其他原因处于摇摆状态。韩日关系因历史和领土问题，存在根本性的不可调和关系。作为域外国家，美国一直承诺为韩国国家安全提供帮助。但是，特朗普政府时期的美国优先政策，使韩国政府需时刻关注美国政府政策动向。总体而言，在国家安全上，韩国主要依赖于美国，而非仅靠自己力量保护韩国的生存、稳定和发展。从这个视角看，韩国政府认为其国家安全具有不确定性。

在经济方面，东亚地区是世界上经济发展最快的地区，韩国经济成就有目共睹。20 世纪 60～90 年代，韩国是“亚洲四小龙”之一，韩国经济发展被誉为“汉江奇迹”和“韩国模式”，韩国 1967 年就加入了 WTO 的前身“关税与贸易总协定”(GATT)，1995 年 WTO 取代 GATT，韩国以发展中国家身份成为 WTO 成员。1996 年，韩国加入经济合作与发展组织(OECD)。

但是，韩国对外经济政策发展也有自己的困境。由于国土狭小以及相应的人口数

---

* 孙园园，山东财经大学燕山学院助教，经济学硕士。李淑俊，山东财经大学国际经贸学院教授，法学博士。

① 参见赵春江、付兆刚：《RCEP 与深化中韩日贸易合作的机遇与挑战》，载《东北亚论坛》2021 年第 6 期。

量,韩国经济高度依赖外部市场。根据韩国数据,排名前面的国外市场主要是中国、美国、日本以及东盟等。但韩国政府经常面临外部市场的压力。2019年,感受到时任美国总统特朗普的压力,韩国主动放弃了其在WTO中的发展中国家身份,承认自己为发达国家。中韩两国也时因美国在韩国的军事存在引发贸易争端,且韩国对中国市场存在极不对称的依赖;此外,中美贸易争端背景下,韩国成为最大受害方。① 2019年,日本对韩国实施高科技产品贸易限制,韩日贸易摩擦开始。相较而言,东盟对韩贸易关系稳定。文在寅政府提出了新南向政策。

RCEP可以为韩国提供上述两方面的帮助,成为国家安全和经济发展的调试器。一是RCEP成员为韩国主要贸易对象国,可以促进韩国经济发展;二是作为国际机制,RCEP一定程度上也可以缓解韩国安全焦虑。

那么,对于韩国,RCEP为什么具有调试器作用?本文试图从经济学的经典理论即"黄油与大炮"和国际关系的国际机制论切入,为这一问题提供理论分析框架。

二、国家安全与经济发展:韩国关于"黄油与大炮"的两难选择

经济学者曼昆(N. Gregory Mankiw)1998年出版的久负盛名的《经济学原理》中总结了十条经济原理,第一条就是理性人(含理性国家)面临权衡取舍(trade-offs),第二条是得到A货物的成本是为了得到它而愿意放弃B货物的机会成本,而第八条则阐述了一个国家的生活水平与其生产商品和提供服务的能力有关,意即一个国家的富裕与否与它的生产率息息相关。②

这三条原则可以适用到一个国家面临国家安全(可视为一种产品如大炮)与经济发展(可视为一种产品如黄油)的抉择或平衡,也可以使用关于两种产品的生产可能性边界分析。③

在一国资源一定的情况下,如果只生产两种产品大炮和黄油,那么,生产大炮的成本与生产黄油的成本互为存在的机会成本。在其生产可能性曲线的点上或内部,既可生产大炮,也能生产黄油;在曲线以外,则超出该国所拥有的资源。一种产品的生产量的增加意味着另一种产品生产量的降低,一国决定生产多少代表民生经济的黄油和多少代表军事力量的大炮,这就是其经济发展与国家安全的取舍。韩国即处于这种经济发展与国家安全的两难困境。

但是,是否存在一种可能,在资源一定的情况下,使上述两种产品均扩大生产?

曼昆在其《经济学原理》中说明,生产可能性边界表明在某一特定时期内生产不同物品之间的权衡取舍,但随着时间的推移,这种权衡取舍可以改变。例如,大炮行业的技术进步使经济能够在生产任何一个既定黄油量的同时,可以生产更多大炮。结果,生产可能性边界向外移动,那么大炮和黄油的数量都会增加。④

因此,技术是使两种产品扩大生产量的关键。换言之,在资源一定的情况下,如果韩

① 参见刘荣荣、孙茹:《韩国对中美贸易摩擦的评估和应对》,载《国际问题研究》2020年第3期。

② 参见[美]曼昆:《经济学原理》,梁小民、梁砾译,北京大学出版社2012年版,第3页。

③ 参见[美]曼昆:《经济学原理》,梁小民、梁砾译,北京大学出版社2012年版,第27页。

④ 参见[美]曼昆:《经济学原理》,梁小民、梁砾译,北京大学出版社2012年版,第27页。

国取得技术突破或者长足发展，它既可以维护国家安全，也可以促进经济发展。那么，韩国真的能做到吗？

三、韩国关于国家安全设定的认知

1.韩国与周边国家及美国政治关系是国家安全的基础

在短期内，韩国界定为和平环境，而长期的国家安全依赖于其周边国家外加美国的权力博弈趋势，具有不确定性。

日本是韩国国家安全的最大未知数之一。韩日紧张关系体现在双边对历史问题的不同解读。日本历届政府对于其对韩国的殖民历史以及二战问题存在不同程度的美化和忽视，对于韩国高度关注的强征劳工与慰安妇问题，日本的解决方案总是会勾起韩国更深层次的认知与不满。在领土问题上，韩日也存在争端，如独岛问题。这种安全领域的问题已漫溢到经贸领域。2019 年 7 月，日本将政治摩擦转移到高新技术领域，日本以“国家安全”的名义将韩国从贸易“白色清单”中剔除，并且对半导体核心材料氟聚酰亚胺、抗蚀剂、高纯度氟化氢的出口加强管制，发起韩日贸易战，韩国予以反制措施，双边政治与经济关系降至低点。

中国是韩国最大贸易市场，但也约束了韩国国家安全政策。这既包括韩美关系下的中美关系，也包含着中韩关系。韩美属于军事同盟，朝鲜战争的结果是美国成为韩国国家安全的保障。2016 年萨德事件导致中韩双边关系急剧变化，韩国经此事件意识到中国经济对于韩国的影响。2017 年起，特朗普政府改变了美国传统对华战略，发动贸易战，相关数据表明，韩国成为双方博弈的最大受害方。韩国政府日渐意识到，在安全靠美国、经济靠中国的安全与经济困境下，韩国需要新的政策。

韩国与朝鲜的关系复杂但负面影响更加凸显。朝韩问题是二战以及冷战遗留问题。朝鲜为了自我生存，实质性推进核试验，不断触及韩国和美国底线。2018 年，朝鲜炸毁本国唯一的核试验场——丰溪里核试验场，作出朝鲜半岛无核承诺。[①] 但金正恩表示，为了自卫会继续强化战争遏制力，但不会滥用。[②] 朝鲜虽一再表态同民族不互相残杀，但朝韩双边关系一直徘徊不前，时有冲突事件发生。2019 年，朝鲜谴责韩国亲美政策及美韩联合军事演习等，拒绝参与在韩国举办的会议及体育赛事等，并以“脱北者”发反朝传单为由炸毁朝韩联络共同事务所，以防疫为由射杀韩国偷渡公务员等。因此，朝鲜也是韩国国家安全的一大威胁。

美国和韩国虽是同盟，但关系也并非和睦。2012 年韩美签订自贸协定后，美韩贸易不平衡却一直扩大，引起特朗普政府的不满，以废止《美韩自由贸易协定》威胁韩国重新磋商双边自由贸易协定。2018 年，新版《美韩自由贸易协定》出炉，韩国承诺购买更多美国汽车，并主动购买更多美国原油及液化天然气，同时承诺将在化妆品等领域有所让步以减少美韩贸易逆差。同时，美韩在驻韩美军防卫费方面也有争议，美国以撤军来威胁

---

① 参见“北 24 일 풍계리 핵실험장 폭파 현장 공개”，월간조선，2018 년 5 월 25 일，http://monthly.chosun.com/client/mdaily/daily_view.asp? Idx=4177&Newsnumb=2018054177。

② 参见《金正恩对韩表态引关注　称将继续强化战争遏制力但不会滥用》，央视网，http://news.cctv.com/2020/10/11/ARTIeVt51KetKiP21j0CfIW2201011.shtml。

韩国增加军费,而韩国更想拥有作战指挥权,但美国认为移交作战指挥权为时尚早。[①]

另外,2017年美国提出"印太战略",开展美、日、印、澳"四方会谈"时,韩国总统文在寅就称"没有必要参加"[②],虽然在2019年韩国又承诺将会用"新南方政策"与"印太战略"对接,但也可以明显看出韩国并不想出现与其第一大贸易伙伴中国对峙的局面。因而,美国在保障韩国国家安全的同时也构成了威胁。

2.技术是国家安全的保障

从曼昆的生产可能性边界的移动延伸可以得出,技术是国家安全的保障,而韩国面临技术困境。除了韩国自身的军事技术水平不高之外,韩国与其他国家还存在关于高新技术的摩擦。

韩国自身的军事技术发展水平难以实现自身安全。例如,2021年10月21日,韩国首枚国产火箭未能将卫星送入预定轨道。[③] 尽管这次任务只取得了部分成功,但韩国官员们仍认为这是朝着将国产卫星送入太空以监测来自朝鲜的威胁迈出的重要一步。目前韩国还不具备应对朝鲜核威胁的能力,只能继续依赖美国提供保护。

韩国的半导体产业也由于日本2019年实施的核心材料出口管制而受到一定影响,韩国位于半导体产业的供应链中下游,而日本位于供应链中上游,在韩日贸易战之前,韩国对日本"光刻胶""高纯度氟化氢"和"氟聚酰亚胺"三种原材料依赖度分别达到91.9%、46.3%和93.7%。[④] 半导体应用范围广泛,涉及计算机、工业制造业等众多行业,2019年韩国的GDP增速为2%,比2008年金融危机时还下降了0.7%,可见其负面影响。[⑤] 2021年10月,美国又以"提升供应链透明度"为由强行要求韩国三星电子、SK海力士、台积电等半导体企业提供订单等商业秘密,11月9日韩国三星和SK海力士向美国提交供应链资料。[⑥] 经历这次提交技术商业秘密,韩国政府更感知到韩国对美国的脆弱性。历史也说明这一事件的危害性。20世纪80～90年代美国对日本半导体行业的打压,导致全球前几大半导体企业中无日本的身影。

总之,贸易对经济增长和发展大有裨益,因为它可以引进多种多样的技术。[⑦] 而技术

---

① 参见《驻韩美军司令:2022年移交战权为时尚早》,韩联社首尔2020年11月20日韩文电,https://cn.yna.co.kr/view/ACK20201120006400881? section=search。

② Jiye Kim, Thomas Wilkins, "South Korea and America's Indo-Pacific Strategy: Yes, But Not Quite," https://fulcrum.sg/south-korea-and-americas indo-pacific-strategy-yes-but-not-quite/.

③ 参见《韩国首枚完全自主运载火箭未能将卫星送入预定轨道》,新华网,http://www.news.cn/photo/2021-10/22/c_1127982379.htm。

④ 参见"日本貿易振興機構、貿易量で見る韓国半導体産業の日本依存度",日本貿易振興機構東京2019年7月4日日文电。

⑤ 参见田正:《韩日贸易摩擦对韩日两国经济影响分析》,载《东北亚学刊》2021年第1期。

⑥ 参见《芯片巨头三星和SK向美国提交供应链资料》,韩联社首尔2021年11月9日韩文电,https://cn.yna.co.kr/view/MYH20211109011700881? section=search。

⑦ Jeffrey Frankel and David Romer, "Does Trade Cause Growth," *American Economic Review*, Vol.89, No.3, 1999, pp.379-399.

对于一国争夺国际经济主导权具有乘数作用,与维护国家安全也密切相关。[①]

四、韩国关于经济发展的认知

韩国经济在 20 世纪中后期发展迅猛,2020 年,韩国 GDP 总量达到 1.55 万亿美元,全世界排名第 10,而韩国人均 GDP 为 3.15 万美元,居世界第 26 名。[②]

1.自建国以来形成的外向型经济

韩国土地面积狭小、自然资源匮乏,这决定了韩国需要大量依靠国外的原材料,这也是韩国发展成为外向型经济的动因。根据国际货币基金组织(IMF)测算,全球关税每上升 1%,韩国 GDP 增长将下降 5%。[③] 其 2020 年外贸依存度为 60.35%,为近十年来除了 2016 年(60.11%)外的最低值,并且韩国的出口额明显大于进口额,属于出口导向型国家。[④]

2015～2016 年韩国的对外贸易额明显下降,分别同比下降 12%和 6%,GDP 也在 2015 年同比下滑 1%。一是由于国际环境导致的商品价格下降,二是由于韩国在 2016 年不顾中国反对坚持同美国部署萨德。2017～2018 年韩国对外贸易有所好转,进口及出口都有所增加,但到了 2019 年进出口都下降,进出口贸易总额下降 8%,GDP 也同比下降 5%,这大多是因为韩日贸易摩擦所引起。[⑤] 可见韩国经济发展受国际市场及贸易摩擦影响之大。

2004 年,韩国签订了首个自贸协定(Free Trade Agreement,FTA)——《韩国—智利自由贸易协定》,至今韩国已与全球 56 个国家及地区签订自贸协定,且韩国贸易协会发布报告称韩国与自贸协定伙伴的贸易额占比超过 77%。[⑥] 韩国—东盟 FTA、韩国—印度全面经济合作协定(CEPA)、韩国—欧盟 FTA、韩国—美国 FTA、韩国—中国 FTA、韩澳 FTA、韩国—新西兰 FTA、韩国—英国 FTA 等都已正式生效。韩国的自贸协定伙伴遍布全球,证明其经济对外依赖度大。

2.新南方政策

2017 年,韩国总统文在寅就职后为了加强与周边地区的经济合作,提出"新北方政策"(New Northern Policy)和"新南方政策"(New Southern Policy)。"新北方政策"指推进东北亚地区的合作,涉及国家有中国、俄罗斯、朝鲜、蒙古及中亚五国等。"新南方政策"指扩大韩国与东盟、印度等经贸关系。"新南方政策"的框架由三个关键支柱组成:人

---

① 冷战后新国际关系理论之一的地缘经济学认为,用来衡量一个国家实力的克莱因公式应该是:国家实力=(领土+工农业+军事+政府质量)×人的素质×科技水平。详细参见倪世雄等:《当代西方国际关系理论》,复旦大学出版社 2006 年版,第 398～409 页。

② 参见董向荣:《从发展中国家到发达国家:韩国的跃升之路》,载《世界知识》2021 年第 15 期。

③ "무역전쟁 최대 피해자 한국 첨단산업 '직격탄'", YONHAPMIDAS, Sep. 22, 2019, http://www.yonhapmidas.com/article/191004151106_337785.

④ 数据来源:韩国海关,https://unipass.customs.go.kr/ets/index_eng.do。

⑤ 数据来源:韩国海关,https://unipass.customs.go.kr/ets/index_eng.do。

⑥ 参见《报告:今年韩与 FTA 生效国间贸易占比将超 77%》,韩联社首尔 2021 年 1 月 4 日韩文电,https://cn.yna.co.kr/view/ACK20210104001100881? section=search。

民、繁荣与和平。[①] 该政策的提出即为了降低对于中美日俄的市场依赖,拓展更多贸易伙伴。"新南方政策"计划到2020年将韩国与东盟的贸易额提高到2000亿美元,而这一数字中韩在十年前就已经达到。2019年初之前,韩国将重心放在"新北方政策"上,后由于朝美河内峰会后谈判不理想,美国对朝制裁没有放松,中朝韩及俄朝韩合作只能暂时搁置。[②] 这也促使韩国将重心转移到"新南方政策"上。2019年,在韩国釜山举办了韩国—东盟特别首脑会议及第一届韩国—湄公河流域国家首脑会议,会后韩国总统文在寅和柬埔寨、老挝、缅甸、泰国、越南五国领导人共同签署了《汉江—湄公河宣言》,并且表示"新南方政策"将是未来三十年韩国与东盟国家的合作政策。[③]

2020年11月,韩国在韩国—东盟峰会上提出加强版"新南方政策"(NSP Plus),强调在继续深化经济合作伙伴关系外,列出包括后疫情时代全面公共卫生合作、教育和人力资源开发、气候变化等非传统安全问题以及数字化在内的七个关键议程。其中,"通过未来产业合作助力共同繁荣"的倡议勾勒出了韩国推动东盟和印度社会数字化转型的目标。该倡议还强调了合作开发人工智能、大数据和物联网的承诺。[④] 在文在寅之前的任何一届总统都没有将东盟和印度的合作放在如此关键的地位。[⑤]

3."新南方政策"的成果

韩国提出的"新南方政策"并没有取得良好的成绩,韩国对于东盟的出口及投资主要集中在越南,其他东盟成员国与韩国的合作并没有增加太多。东盟认为韩国在维护基于规则的秩序和维护国际法方面发挥领导作用的能力较低,仅为0.9%,韩国作为东盟在平衡美中战略竞争时所依赖的"第三方"的能力仅为3%,而在东盟国家的首选战略伙伴中韩国在地区排名仅为倒数第二。而且,尽管东盟赴韩游客人数有所增加,但韩国作为首选旅游地区仍落后于日本、欧盟国家、美国、英国、新西兰和澳大利亚等目的地,而且韩国也不是东盟的首选留学目的地。[⑥]

从经济方面看,自2009年韩国—东盟自由贸易区成立后,韩国与东盟的进出口总额从2010年的973亿美元增长到2020年的1438亿美元,增长了47.8%,其中进出口总额峰值为2018年的1597亿美元,而且韩国与东盟的贸易呈现韩国顺差。韩国对东盟的出口额从2010年的532亿美元增长到2020年的890亿美元,增长了67.3%,其中最为突出的是韩国和越南之间的贸易,越南已经成为韩国第三大出口国和第五大进口国,韩国

---

① Presidential Committee on New Southern Policy, *A People-Centered Community of Peace and Prosperity*, *publication year unspecified*, p.1, available at: www.nsp.go.kr.

② 参见李旻:《韩国"新南方政策"为何向美国"印太战略"靠拢》,载《世界知识》2019年第23期。

③ 参见《首届韩国—湄公河流域国家峰会在釜山举行 发表〈汉江—湄公河宣言〉》,国际在线,http://news.cri.cn/20191128/4f10646a-e0c6-4a66-473a-d97f7b6b9e2b.html。M. Thuzar, "The New Southern Policy Plus: What's New and What's Next?" *World Economy Brief*, 2021-03-19, p.2.

④ I. Choi, S. Kwak, J. Cheong, et al., *Exploring Convergence between the New Southern Policy and US Indo-Pacific Strategy: From Korea's Perspective*, Social Science Electronic Publishing, Aug. 31, 2021, p.4.

⑤ W. Choe, "New Southern Policy, Korea's Newfound Ambition in Search of Strategic Autonomy," *Asia Visions*, 2021, p.3.

⑥ M. Thuzar, "The New Southern Policy Plus: What's New and What's Next?" *World Economy Brief*, 2021-03-19, p.2.

成为越南的第二大进口国和第四大出口国。[①] 而且韩国—东盟贸易增长速度最快的年份为“新南方政策”刚提出的 2017 年和 2018 年，2019 年和 2020 年都有所下降。2010～2020 年东盟一直是韩国的第二大贸易伙伴，而 2019 年韩国仅为东盟的第五大贸易伙伴，韩国在东盟外商直接投资（FDI）收入的外部来源国中也仅排名第七，且韩国对东盟的投资 70％集中于越南、缅甸、老挝和柬埔寨。[②]

由此可知，至少文在寅 2020 年实现与东盟 2000 亿美元贸易额的“新南方政策”目标已经“破产”。因此，韩国需要将自己的对外经济政策扩大到更多国家，将国际市场蛋糕做大，而 RCEP 符合这个条件。RCEP 除了包括其已有“新南方政策”国家，还包含中国、日本、澳大利亚、新西兰，这些国家除了新西兰外也都是韩国的主要贸易伙伴，可谓“新南方政策的扩大版”。

4.中韩日的经济关系

虽然 RCEP 是“东盟＋”模式，但中韩日三国在 RCEP 的地位更加中心化，三国的贸易总额占亚太地区的 70％、全球的 20％，但中韩日三国经济贸易合作在 RCEP 中占比较低，2018 年仅为 19.8％，低于 RCEP 其他成员的 45.2％，更低于欧盟的 60.7％。[③] 2019 年，中国和日本分别是韩国的第一和第五大出口目的地、第一和第三大进口来源地。[④]

中韩日三国在全球价值链上互补性较强但又存在竞争，中国在日、韩全球价值链中初级产品和资源产品占比较高，其次是资本和知识密集型制造业，而韩、日在中国的全球价值链中知识密集型制造业占比较高，其次是资本密集型制造业和服务业，但中国知识密集型制造业、劳动密集型和知识密集型服务业与韩日的全球价值链互补性在增强。[⑤] 而从 RCEP 成员的制造业层面上看，中韩日三国和马来西亚都位于产业链上游，泰国、越南等位于产业链中游，柬埔寨和菲律宾等国位于产业链下游。[⑥] 随着中国科技进步，中韩日在计算机、电子电器设备及其他机械领域面临竞争[⑦]，日本在高科技领域制造摩擦和矛盾的行为更是加剧了中韩日之间技术竞争。

中国和韩国在 2015 年就签订了《中韩自贸协定》，中韩贸易在 RCEP 框架下获得的红利较小，据 IMF 测算，中国经济增长率每下降 1％，韩国 GDP 增长将减少 0.65％。[⑧] 韩日签署 RCEP 前没有自贸协定，签署 RCEP 后将对韩日的贸易有很大幅度的提高。

5.美国国家安全战略与韩国经济政策的相互协调：安全与经济调试

2017 年，特朗普政府发布《自由开放的印度太平洋》（A Free and Open Indo-Pacific：

---

① 作者根据韩国海关数据统计得到，https://unipass.customs.go.kr/ets/index_eng.do。

② M. Thuzar，“The New Southern Policy Plus：What's New and What's Next?”*World Economy Brief*，2021-03-19，p.3.

③ 参见刘文：《RCEP 框架下的中韩日产业合作》，载《亚太安全与海洋研究》2021 年第 3 期。

④ 参见 https://unipass.customs.go.kr/ets/index_eng.do；M. Thuzar，“The New Southern Policy Plus：What's New and What's Next?”*World Economy Brief*，2021-03-19，p.3。

⑤ 参见聂聆、匡蕾：《中国与日本、韩国的价值链互补性研究》，载《东北亚经济研究》2021 年第 5 期。

⑥ 参见王武青：《RCEP 成员国产业发展水平研究》，载《亚太经济》2021 年第 3 期。

⑦ 参见刘文、徐荣丽：《“双轮驱动”自贸区战略与中韩日贸易合作研究》，载《山东社会科学》2020 年第 10 期。

⑧ “무역전쟁 최대 피해자 한국 첨단산업 ‘직격탄’”，YONHAPMIDAS，Sep. 22，2019，http://www.yonhapmidas.com/article/191004151106_337785.

Advancing a Shared Vision),设想通过与澳大利亚、日本、印度及太平洋和印度洋地区国家建立更紧密的合作关系,对抗中国在该地区日益增长的影响力。

特朗普政府一直在鼓动韩国参加“印太战略”,但韩国最初的态度是拒绝加入,因为韩国对于“印太战略”的认识有四方面:(1)“印太战略”是日本首相安倍晋三早在2007年在印度国会演讲中就提到的印度洋和太平洋合作,反映了日本想要钳制中国并主导亚太地区的意图;(2)“印太战略”反映了美国对于亚太战略的转移,朝鲜半岛战略地位下降;(3)美国“印太战略”目的是围堵中国,而中国对韩国经济至关重要;(4)美国“印太战略”难以实施。[①]

而随着特朗普政府的压力步步紧逼,美国将印太地区置于美国国家安全战略地区之首以及韩国希望美国调解韩日矛盾,韩国的态度逐步从模棱两可转变为摸索对接甚至合作。[②] 2019年,特朗普政府提议“携手推进印太战略与新南方政策合作”,韩国寻找到均衡外交政策的方式即在经济和非传统安全等领域实现其“新南方政策”和美国“印太战略”的合作。2021年5月,韩美发表联合声明,商定携手推动韩国“新南方政策”与美国“印太战略”和谐对接,有望发挥协同效果[③],显示出拜登政府对特朗普政府在“印太战略”上的政治继承,但文在寅从未称“参加”或“加入”“印太战略”。

总体而言,韩国“新南方政策”与“印太战略”的合作是文在寅政府的均衡外交政策,并且合作领域聚焦于经济、治理及安全等非传统军事领域,避免在中美两大国之间选边站。

五、作为国际机制的 RCEP 对韩国安全与经济的支持

(一)作为国际机制的 RCEP 对韩国经济及安全的支持

奥伦·杨(Oran Reed Young)认为,国际机制是指国家之间的多边协定,旨在协调某一问题领域的国际行为。[④] 斯蒂芬·克拉斯纳(Stephen Krasner)认为,国际机制是指在某一特定问题领域里组织和协调国际关系的原则、准则、规则和决策程序。[⑤] 此外,在经济领域最易形成国际机制。根据奥伦·杨和斯蒂芬·克拉斯纳的界定,RCEP 属于经济领域协调国际关系的原则、准则、规则和决策程序的国际机制,而且 RCEP 是韩国“新南方政策”的实现工具。

一方面,根据韩国对外经济政策研究院报告,按照关税减免程度(85%和92%),协定生效后10年间将拉高韩国 GDP 增速0.41和0.51个百分点,如果印度也加入协定,增幅将达到0.5和0.62个百分点。[⑥] RCEP 能促进韩国的经济发展,根据“黄油与大炮”的理

① 参见詹德斌:《韩国对美国“印太战略”的认知与政策》,载《东北亚论坛》2021第2期。

② I. Choi, S. Kwak, J. Cheong, et al., *Exploring Convergence between the New Southern Policy and US Indo-Pacific Strategy: From Korea's Perspective*, Social Science Electronic Publishing, Aug. 31, 2021, p.1.

③ 《韩外交部:韩美首脑会谈深化同盟关系》,韩联社首尔2021年5月28韩日文电。https://cn.yna.co.kr/view/ACK20210528003300881? section=search(上网时间:2021年10月5日)

④ 参见倪世雄:《当代西方国际关系理论》,复旦大学出版社2001年版,第360页。

⑤ Stephen Krasner(ed.), *International Regimes*, Cornell University Press, 1983, p.1.

⑥ 参见《韩智库:RCEP生效至少拉高韩经济增速0.41个百分点》,韩联社首尔2019年11月19日韩文电,https://cn.yna.co.kr/view/ACK20191119003600881? section=search。

论及生产可能性边界移动理论,也相应能促进韩国在军事开支上的投入。另一方面,学者们也认为韩国在中美大国竞争的背景下加入 RCEP 不仅仅是为了经济利益,还有外交和安全因素。[①] 中国是朝鲜关系较好的国家且是其最大的贸易伙伴,与中国保持良好的合作关系对朝韩关系也是利好。[②]

国际机制最大的功能是“制约和调节国际社会角色的行为”,国际机制的要素是具有共同的利益——安全与发展和通过机制对参与者实施道义限制。[③] 国际机制的特点决定了 RCEP 可以协调韩国与其他成员之间的经济摩擦,例如韩日贸易摩擦。除了日本外,其余 RCEP 成员都与韩国有区域或双边的自由贸易协定,因此,本文将对 RCEP 的签署对于韩日贸易的影响进行展望。

(二)案例分析——RCEP 对韩日关系的影响

2020 年,日本是韩国第五大出口地(前四大出口地分别是中国、东盟、美国、中国香港),日本还是韩国的第四大进口来源地(前三大进口来源地分别是中国、美国和东盟),日本是韩国的第四大贸易伙伴。但追溯到十年前,日本是韩国第二大进口来源地(仅次于中国),且日本是韩国第三大贸易伙伴(仅次于中国和东盟)。[④] 对比十年前,日本在韩国的进出口贸易中所占比重下降 5%,可见韩日近些年的关系并不理想。

2019 年 7 月,日本以“国家安全”为名将韩国从贸易“白色清单”中剔除,并且对半导体核心材料氟聚酰亚胺、抗蚀剂、高纯度氟化氢的出口加强管制,韩国予以反制措施,两国经贸关系关系自此不断下降。

韩日之间的贸易摩擦源于两国的历史遗留问题,日本也是韩国少有的没有与之签订自贸协定的国家,但韩日贸易对于两国都很重要,两国互为主要贸易伙伴,签订 RCEP 相当于韩日之间签订了自贸协定。根据 RCEP 规定,韩国在 RCEP 生效后的第 1 年、第 11 年、第 16 年和第 21 年将协定内商品降至零关税,日本也在协定生效后的第 11 年、第 16 年和第 21 年将自韩国进口的协定内商品降至零关税。近期内,由于大多 RCEP 成员之间有双边自贸协定,所以各国 GDP 不会有太大变化,但长远来看,在各国大多数商品关税降为零、技术性贸易壁垒降低 10%的情况下,各国 GDP 明显上升,尤其是韩国 GDP 会明显上升。学者研究认为,韩国加入 RCEP 和日本加入 RCEP,贸易福利都会大幅增加,韩国若不加入 RCEP,韩国的贸易福利会减少,而日本的贸易福利增加程度下降。[⑤]

这能缓解韩日由于战争遗留问题及经济摩擦带来的负面影响,但是韩日矛盾不会因为签署 RCEP 就能彻底解决,加上韩日都是《瓦森纳协定》的协约国,韩日仍会在高新技术产业上有所保留和竞争,但像 2019 年日本实施芯片核心原材料出口管制的可能性会

---

① Lee Jaehyon, *Diplomatic and Security Implications of the Regional Comprehensive Economic Partnership*, The Asan Institute for Policy Studies, 2021, p.5.

② L. Maduz, “Japan and South Korea: Adapting to Asia's Changing Regional Order”, *Strategic Trends 2021: Key Developments in Global Affairs*, *Center for Security Studies* (*CSS*), 2021, p.113.

③ 参见倪世雄:《当代西方国际关系理论》,复旦大学出版社 2001 年版,第 368 页。

④ 作者根据韩国海关数据统计得到,https://unipass.customs.go.kr/ets/index_eng.do。

⑤ 参见叶宇辉:《韩国加入 RCEP 的动因与经济影响分析》,暨南大学硕士学位论文,2017 年,第 20 页。

由于 RCEP 的约束有所减小。[①] 蛋糕做大后,韩国的贸易福利水平上升,而高新技术产业的摩擦减小也相当于国家安全受到了 RCEP 的反哺。

六、总结

韩国积极参加 RCEP 既为经济发展也为国家安全。经典的生产可能性经济模型——“黄油与大炮”可以诠释韩国政府经济发展与国家安全的选择困境。韩国认为与周边国家及美国政治关系是国家安全的基础,而高新技术是国家安全的保障,但凭一己之力难以实现国家安全,因此经济发展成为其政策中心,但韩国是外向型经济,为了降低对中美日俄四国的市场依赖开始推行“新南方政策”,并逐渐与美国“印太战略”对接,但“新南方政策”的成果并不显著,再加上中韩日经济具有互补性和竞争性,韩国急需将市场蛋糕做大来发展经济,于是作为国际机制的 RCEP 成为实现“新南方政策”的工具。加入 RCEP 可以提升韩国的经济实力,且可以缓解韩日贸易摩擦,缓和周边关系即保障国家安全。因此,参加 RCEP 是韩国调节经济发展以及国家安全的有效选择。

Adjustment of National Security and Economic Development: Take South Korea's Participation in RCEP as an Example

SUN Yuanyuan LI Shujun

Abstract: South Korea's participation in RCEP considers the main factors— national security and economic development. The classic economic model "the production possibility boundary of cannon and butter" can interpret the dilemma of the South Korean government. As far as national security is concerned, the South Korean government cannot achieve it on its own; therefore, economic development has become the center of its policy, and its foreign policy manifests as New Southern Policy. As an international regime, RCEP has become a tool for its New Southern Policy. RCEP trade gains enhance South Korea's economic strength, and its system of rules and principles can resolve trade frictions between South Korea and Japan. On the other hand, the RCEP coordination function also enhances the common security interests of all member states and resolves hidden national security concerns. Therefore, RCEP can be described as a powerful tool for South Korea to deal with economic development and feed back national security.

---

① 参见刘文:《RCEP 框架下的中韩日产业合作》,载《亚太安全与海洋研究》2021 年第 3 期。

东南亚基础设施联通的案例探析及 RCEP 背景下的合作展望

王晓飞　张　锐*

“一带一路”倡议日益得到东南亚各国的深层次认可，中资企业在东南亚地区参与的基础设施项目投资明显增多。但东南亚各国政治制度复杂多元、经济发展差异较大、社会文化各有特色，在这一背景下，积极推动交通、能源等基础设施互联互通项目，既是难得的机遇，也面临较大风险。本文将以中国在东南亚地区主导的中泰铁路、雅万高铁和中缅油气管道三个重大基础设施互联互通项目为典型案例，结合东南亚经济社会实际，深入剖析项目在前期推动和实施过程中面临的主要困难及其原因，提供有参考价值的经验借鉴，并为 RCEP 背景下的跨国合作提出具体建议。

一、案例分析

1.中泰铁路项目

2012 年 4 月，时任泰国总理英拉首次访华。在体验了京津高铁的便捷和舒适后，英拉提出引进中国高铁的想法，中泰铁路概念也就此提出。当时，中国高铁也面临“走出去”的现实需求，因而项目得以顺利推动和实施。

2013 年 10 月，李克强总理在访问泰国期间，中泰双方签署了“高铁换大米”的协议，正式提出中泰铁路项目。2014 年 5 月，泰国政局发生变动，英拉下台，巴育接任总理，中泰高铁项目也搁置。2014 年 12 月 19 日，李克强总理与泰国总理巴育在曼谷共同见证了《中泰铁路合作谅解备忘录》的签署，中泰铁路合作取得实质性进展。2016 年 3 月 24 日，巴育又突然对外宣布，鉴于多方原因，中泰铁路规模比原方案缩减三分之二以上，原定 2017 年 5 月正式开工的中泰铁路建设项目再遇波折。2017 年 9 月 22 日，经历长时间的艰难谈判后，中泰两国终于就中泰高铁第一期工程的成本达成协议。2017 年 12 月 21 日下午，中泰铁路合作项目一期工程在泰国呵叻府举行开工仪式。

中泰高铁项目从提出到开工历时 5 年多，经历了多次的曲折与反复，目前仅开工一期工程曼谷到廊开段 3.5 公里线路①，进展远非预期中顺利。这其中除政府更迭的原因

* 王晓飞，全球能源互联网发展合作组织驻东南亚南亚办公室职员。张锐，全球能源互联网发展合作组织经济技术研究院研究员。

① 参见《中泰铁路正式开工，首段为何只修 3.5 公里》，观察者网，2017 年 12 月 31 日，https://www.guancha.cn/Neighbors/2017_12_31_441260.shtml? s=fwckhffhxw? web。

外,在推动和实施初期还受到来自政府高层、民间团体、竞争对手等多方压力和阻力。具体包括以下几个方面:第一,项目经济可行性受到泰国政界高层的质疑。泰国前总理、民主党领导人阿披实致信巴育,要求巴育政府对中泰铁路的修改方案进行重估,他认为新方案不具有经济可行性。泰国交通部此前预估这条铁路建成初期的年客运量可达到750万人次,长期将可达到2000万人次。阿披实认为,经过修改后的路线将只能到达呵叻,无法与中国铁路相连,原先的假设也将不成立,这条铁路的经济价值将严重缩水。第二,双方在成本分摊和商业模式上分歧巨大。在贷款利率上,泰方对中方提议的2.5%利率并不满意,希望中方给予低至2%的优惠利率;双方对成本的估算差异较大,中方预估的造价超过5000亿泰铢(约合142亿美元),泰方预估约4000亿泰铢(约合113.6亿美元);中方提出在铁路沿线开发地区拥有优先开发权,以分摊建设成本。① 但泰方未能接受这些要求。由于上述分歧,泰方最终决定自己筹集资金,不再寻求中方资金支持,原定路线也随之缩短。第三,中国和谐号与日本新干线两大技术标准竞争激烈。由于泰国现有铁路标准不能满足高速铁路要求,需要进行技术升级改造。选择中国和谐号还是其竞争对手日本新干线,决定了泰国高速铁路的技术发展路线。中日双方在此问题上的竞争十分激烈。对于技术标准选择的讨论,很大程度上拖慢了项目审批决策流程。最终泰国政府决定按中日各分一半的原则对高铁技术标准选择作出决策。中日分头开发泰国的高铁路线,日本新干线得到了泰国中部曼谷到北部清迈的铁路开发权。

2.雅加达—万隆高铁项目

2013年10月,习近平主席在出访印尼期间,提出打造“21世纪海上丝绸之路”的倡议。印尼是东盟最大的经济体与世界第四人口大国,是“一带一路”沿线重要的支点国家,并与中国在基础设施、互联互通、人文交流等方面开展了较为紧密的合作。雅加达—万隆高铁项目源自印尼本身的需求,被现任总统佐科·维多多(Joko Widodo)列为其竞选总统时的主要承诺,也是当选后“大兴基础建设,提高人民生活水平”的实际举措。

2015年,中日企业先后在雅加达举办高铁成就展,双方针锋相对地就雅万高铁开展了一系列项目争夺战。日资企业在印尼经营多年,与当地社会有着千丝万缕的关系,对项目建设规划等具有一定影响力和话语权。在这种情况下,中国高铁要打入印尼市场面临很多困难。

中国原计划采用EPC模式,通过提供中方融资的方式对雅万高铁实施工程总承包建设。但面对与日资企业日趋白热化的激烈竞争,在国家发改委等相关部委的大力支持下,中国铁路总公司牵头的中资企业联合体提出了更具市场竞争力的项目建设方案,充分展示中国高铁的自信和中国方案的诚意,即采用B2B合作模式,无需政府担保,中资企业联合体投资参与项目的建设以及未来50年的运营和维护。最终,中国方案被印尼政府接受。2015年10月,中国铁路总公司牵头的中资企业联合体在与日资企业的竞争中胜出,赢得了雅万高铁项目开发建设权。这是中国高铁第一次全系统、全要素、全产业链走出国门、走向世界。

① 此处数据引自《中泰铁路项目泰国政府“变卦”》,新华网,2016年3月30日,http://www.xinhuanet.com/world/2016-03/30/c_128846484.htm。

从 2015 年 12 月 21 日雅万高铁开工仪式举行至今，项目实施困难重重。截至 2021 年 5 月，项目仅完工 73%，佐科称希望其在 2022 年底具备开通运营条件。① 进展不顺的矛盾主要集中在征地和用工两个方面，导致工程严重超支。一是征地拆迁工作进展缓慢，征地拆迁补偿标准一再调高甚至接近雅加达市内拆迁补偿标准，却依然无法完成征地拆迁。征地拆迁的滞后导致中方贷款一直无法到位。二是参与雅万高铁建设的中方劳工进入印尼持续被媒体误读、负面新闻不断，导致项目在用工问题上处处谨小慎微，极大地阻碍了项目正常的建设进度。三是项目超支现象严重。据估计，截至 2021 年 9 月，雅万高铁已经超支 19 亿美元②，比原定的 60 亿美元投资增长超过 30%。

项目的盈利预期降低，严重影响项目建设在经济上的可持续性，同时削弱了建设各方积极性。雅万高铁是典型的"两国政府搭台，双方企业合作"的商业项目，却被印尼媒体误读为"国家项目"甚至"援助项目"，既不需要使用印尼政府预算，也无须印尼政府对国家贷款的担保。这与中方通过雅万高铁进入印尼高铁市场的初衷不符，项目经济可持续性和各方积极性的降低也成为影响项目进展的重要因素。

3.中缅油气管道项目

中缅油气管道建设计划早在 2004 年提出。按照规划，中缅原油管道的起点位于缅甸西海岸皎漂港东南方的微型小岛马德岛，天然气管道起点在皎漂港，终点在中国云南省会昆明，全长约 2380 公里。油管的年设计输送能力为 2000 万吨，大约相当于每天 40 万桶。中缅油气管道是继中亚油气管道、中俄原油管道、海上通道之后的第四大能源进口通道。它包括原油管道和天然气管道，可以使原油运输不经过马六甲海峡，从西南地区输送到中国。中缅双方经过三十多轮商务谈判，2009 年 12 月，中国石油天然气集团公司与缅甸能源部签署了中缅原油管道权利与义务协议。2010 年 6 月 3 日，中缅油气管道境外段正式开工建设，同年 9 月 10 日，境内段正式开工建设。2013 年 5 月 30 日，中缅油气管道全线贯通。

中缅油气管道项目在前期与缅方由于关注点不同，谈判进程艰难。在项目推动阶段，始终受到来自民间和媒体的质疑与反对。到项目实施阶段，施工方遇到各非政府组织牵头组织的强力阻挠，导致工期延误和造价超支。具体包括以下方面：第一，利益关注点的不同导致谈判艰难。缅方主要希望把近海开采的天然气卖出去。缅甸盛产天然气，但石油产量不高。中方则希望在天然气管道之外再建设一条石油管道，把从中东进口的原油从缅甸输送到国内。油、气两条管道同时铺设也更为经济。中缅天然气管道是一条生产运输路线，而中缅原油管道则是一条单纯的过境管道。在这一利益关切点上的分歧导致中缅原油管道延宕两年才开通。第二，项目因补偿和环保问题受到在野党和民间反对。在若开邦，议会第一大党缅甸民族民主党联盟要求对中缅油气管道项目进行重新评审。理由是中缅石油天然气管道设施通过缅甸境内时，对当地自然资源的负面影响和缅方获得的利益不匹配，并认为缅方所得利益不够补偿其损失。掸邦北部民众自发组织

① 参见《雅万高铁工程进度达 73%　印尼方希望 2022 年底开通》，2021 年 5 月 19 日，https://companies.caixin.com/2021-05-19/101714939.html。

② 参见《雅万高铁建设超支 19 多亿美元，对征地拆迁成本估计严重不足》，载《印尼国际日报》2021 年 9 月 5 日。

的机构向缅甸政府提出,全长800公里的中缅油气管道有三分之一横穿掸邦北部,并穿过近2000英亩的森林和良田。自2011年以来,大面积的稻田和果园被推土机推平。[①]

二、中国参与东南亚基础设施建设的经验反思

回顾中泰铁路、雅万高铁和中缅油气管道建设过程中的经验教训,可以总结出中国参与东南亚基础设施投资的一些基本经验,体现在以下四个具有共性的方面:

第一,项目定位的政治属性太强,对经济利益和当地民意诉求的重视不够。在雅万高铁项目推动过程中,印尼部分群体刻意将项目从经济合作上升为中国欲"重塑全球秩序"的政治目的,"威胁印尼国家安全",不少印尼学者也据此将"一带一路"倡议解读为"中国版的马歇尔计划",有意无意将雅万高铁项目政治化,严重削弱了雅万高铁项目的民意基础。在推动中泰铁路项目中,过度强调了"高铁外交"的提法。这一提法过多强调了国家利益、执行外交战略等地缘政治和非经济因素,导致经贸问题政治化,甚至将高铁项目"国家安全化"。在中缅油气管道项目谈判过程中,过多强调了管道项目在开辟西南油气新通道的战略意义,使中方在双方利益分配的关键条款谈判中始终处于被动,回旋余地较小。在推动项目中,应优先考虑项目的商业利益,充分了解并回应当地民众对项目的实际诉求,淡化非商业因素,减少对象国不必要的质疑和猜忌,筑牢项目的民意基础。

第二,忽视非政府组织等民间力量,盲目依赖"上层路线"。东南亚地区非政府组织十分活跃,在经济社会事务中有广泛的影响力,始终发挥着不可替代的独特作用。日本自二战以来长期深耕东南亚市场,无论在官方还是民间均有良好的信誉和密切的联系。日本无疑是中国进入东南亚市场面临的最大竞争对手。从三个案例中不难看出,日资企业十分擅长利用非政府组织在民间游说、宣传和政府斡旋方面的软实力,大幅抵消了中国的竞争优势。相比之下,中资企业在利用非政府组织进行理念传播在先、项目跟进在后的策略方面明显重视不足。例如,在中泰铁路项目中,日本利用其长期资助的多个非政府组织为新干线技术标准争夺战争取政府和民间支持。再如,日本政府在印尼建立了以非政府组织为主、企业为辅的全方位联络沟通体系,大量招揽曾经在日本或日企工作过的印尼中高层人员,或具有较强社会关系网络的印尼知名人士担任非政府组织要职。在中国与日本共同竞争雅万高铁时,日本非政府组织的积极活动迫使中方放弃了以印尼国家做担保贷款的条件,从而使项目风险系数大增。而中资企业极少与非政府组织往来,大多按照国内思维惯性认为"搞定政府就搞定一切",对非政府组织提出的项目推进策略有关意见建议置之不理,对非政府组织提出的反对声音更当耳旁风,甚至可能将本来可能是统一战线的"朋友"变成"敌人"。

第三,项目合作模式创新不足,未能充分调动各利益相关方积极性。东南亚地区政治商业环境极为复杂,推动项目耗时甚久,大型基础设施投资项目鲜有成功的案例。以泰国为例,20世纪90年代的"曼谷高架公路及轨道交通"项目至少经历了14年之久,充分体现了泰国复杂而曲折的政商文化环境。而中资企业在东南亚扎根不深,对东南亚各

① 参见《中缅油气管道出于安全考虑或延期启用》,载《21世纪经济报道》2013年5月17日。

国的政治商业文化研究不透，沟通渠道覆盖不全面，在这种情况下实施大型基础设施项目，要在短时间内获得政府和民众一致支持，必须在商业合作模式创新上多下功夫，通过合理的资本结构和利益分配机制设计，使项目各利益相关方从项目中实际获益，这样才能调动各相关方的积极性。在中缅油气管道建设和运营中，由于只考虑了中央政府层面的利益，管线所经的地方政府和社区在项目规划和协同层面处于缺位状态。2010 年 6 月项目开工时，根据协议，缅甸政府通过中缅油气管道项目每年将获得 1300 多万美元的过境费①，而承担了环境成本的地方政府、沿线社区和居民却很难从中直接获益。在当地人看来，中资企业与缅甸政府联手攫取了巨大利益。

第四，忽视舆情分析与应对工作，不善用媒体引导舆论。基础设施建设项目由于牵涉面广，往往容易引起媒体关注。在项目实施过程中，中方未能有效争取舆论话语权和主动权，没有及时正面回应媒体对项目的误读甚至歪曲，这对民间形成抵制力量也起到了推波助澜的作用。在中泰铁路项目中，泰国部分媒体向民众渲染："中国迫切需要修建这条铁路，中方有钱、有技术，给予最优惠的利率天经地义。"这些误读通过社交媒体持续传播发酵，给泰国政府施加了无形的压力。在雅万高铁项目中，中资企业较少与印尼当地媒体联络，更没有定期召开新闻发布会，以提高项目建设期间的信息透明度。对抹黑"一带一路"倡议与中国高铁的不实言论，也没有及时联合当地主流媒体共同辟谣。在中缅油气管道项目中，美国之音、路透社等媒体相继报道过中缅油气管道对环境破坏的"新闻"，借反对项目实施来打压中国在当地的影响。

三、RCEP 背景下中国与东南亚的合作展望

在 RCEP 背景下，中国与东南亚国家的经贸联系有望更加密切，以自由贸易的振兴带动设施联动的新水平，激发双方的互补性需求，推动传统基础设施更新升级。结合本文的案例分析和经验反思，笔者提出，中国在新时期应谨慎处理如下"三对关系"。

一是要处理好项目的政治性和经济性的关系。项目首先应以互惠互利、经济可行为基本评判原则。不具备经济可行性的项目，是难以推进的。要淡化项目的政治属性，强化对项目对象国政治局势的研判分析，动员一切积极力量争取对象国政府的认可与支持。以对象国诉求为出发点，以适应当地政治、经济、社会发展阶段的方式从多个渠道传播理念、形成共识。

二是要处理好政府和非政府组织的关系。必须充分认识到政府与非政府组织在项目推动实施的过程中具有不同却同样重要的角色定位。要利用好非政府组织作为政府与公众间"减压阀"和"稳定器"的独特作用，重视非政府组织所扮演的"公民社会代表"角色，从构建人类命运共同体的高度培育与各类非政府组织的理念契合点，将各类非政府组织凝聚为共同推动项目建设的同盟军。

三是要处理好政府和企业的关系。项目推动建设不应仅仅是"自上而下"的高层路线，还应该有"自下而上"的回路渠道。这就需要一方面做好项目对象国政府的沟通工

① 参见《纽约时报称中缅油气管道每年需下载 200 万吨原油给缅甸》，观察者网，https://www.guancha.cn/industry/2013_07_11_157449.shtml。

作,依据当地法律法规和政策要求,促使政府发挥其政策制定和社会组织功能给予项目支持。另一方面,要强化企业在项目建设实施中的主体地位。企业主要以经济可行性为出发点,以合规、合法和符合各方利益诉求为准则,通过有效的商业模式设计调动各方积极性。

同时,中国对东南亚的合作应充分动员行业协会、智库、研究机构、企业联盟等非政府组织的力量,开拓"一带一路"。这里提出发挥非政府组织优势的三点建议:第一,充分发挥中立优势,做好项目发起的策划和利益协调方。非政府组织不直接参与投资和运营,在项目发起阶段属对各方无商业利益诉求的中立者。以理念传播、扩大共识为先导,积极向政府层面提出项目建议,并通过民间援助、学术研讨、商业交流、项目推介等多种方式,成为协调政界、学术界、企业界、媒体界和普通民众等各方利益的平衡协调者。第二,充分发挥平台优势,做好项目推动的资源整合方。在项目推动方面,可多参考日本国际协力机构(JICA)等类似非政府组织的项目运作经验。JICA在日本与其他国家的经济交往中扮演着"引水"的角色,即通过搭建平台改善当地投资环境,并有针对性地引导日资企业进入对象国投资。JICA通过"引水"整合资源、促成合作的做法现已成为日本国家战略的重要一环,是日本政府开辟"第二投资战线"的重要依托力量。第三,充分发挥专业优势,做好项目实施的咨询服务方,为各国政府、企业支持基础设施项目建设提供不可替代的专业性技术支持。

Case Study on Infrastructure Connectivity in Southeast Asia and Cooperation Prospect under the Background of RCEP

WANG Xiaofei　ZAHNG Rui

Abstract: Southeast Asia is a key cooperation area for the implementation of the "Belt and Road" initiative. For more than ten years, Chinese-funded enterprises have invested in large-scale infrastructure interconnection projects in Southeast Asia, and there are many lessons to learn from in the process. This study selects three typical projects for case studies, including the China-Thailand Railway, the Jakarta-Bandung High-speed Railway and the China-Myanmar Oil and Gas Pipeline. It analyzes the difficulties faced in the process of promotion and implementation and their deep-seated reasons. Combining the enlightenment drawn from them, this paper discusses how to enhance the role of non-governmental organizations and third-party research institutions, and it ends by putting forward some suggestions for assisting in the infrastructure cooperation between China and ASEAN under the background of RCEP.

Southeast Asia is a key cooperation region in the implementation of the Belt and Road Initiative. Over the past decade or so, Chinese companies have invested in large-scale infrastructure connectivity projects in Southeast Asia, and there are many lessons to learn from the process. In this study, three typical projects, namely China-Thailand Railway, Jakarta-Bandong high-speed Railway and China-Myanmar oil and gas pipeline, are selected as cases to analyze the difficulties faced in the process of promotion and implementation and the underlying reasons, and combined with the inspirations obtained from the above, how to better leverage the advantages of NGOs and third-party research institutions, Under the background of RCEP, some suggestions are put forward to carry out infrastructure cooperation between China and ASEAN.

后冷战以来日本海权防卫战略的转型动因、特征及对东亚安全格局的影响

杨鲁慧　陈祥军*

战后日本由战败国重新崛起并成为亚太地区的海权国家，其海权战略的演变也是日本不断崛起的历史发展过程。尤其是冷战结束后日本选择了渐进式海权扩张战略，目标是由战后“防卫性”的海权战略逐步转变为具有扩张性的海权战略，其海权战略的进攻特性愈来愈明显。日本海权战略转型对东亚地区的国际政治格局产生重大影响，打破了原有的海上政治力量平衡格局，加剧了东亚国家间的海洋军备竞赛，使中国面临的海洋争端复杂化。在日本海权战略转型的背景下，注重培养海洋意识，拓展海洋外交和繁荣海洋经济，建设具有远洋作战能力的强大海军是中国对外战略的必然抉择。因此，日本海权战略转型的研究对于中国海权战略的布局谋划以及维护亚太地区安全与稳定意义重大。

特别是 2022 年 12 月 16 日，日本政府在内阁会议上通过了修订后的《国家安全保障战略》《国家防卫战略》《防卫力整备计划》三份安全保障文件，标志着日本今后就拥有了对海外敌对国家进行反击能力的合法性，其不仅增强了日本的自身防卫能力，而且加强了日本对敌基地的攻击能力。我们可以看出，通过三份安全保障文件的修订，日本自卫队在拥有对敌基地反击能力问题上已达成实质性共识和举措。这意味着二战后日本奉行的“专守防卫”战略正在发生实质性的重大转型，开始由“守”向“攻”方向转变。从长远战略来看，日本此举背后蕴含着一系列重大战略图谋，步步为营。其意图不仅可以突破和平宪法束缚，实现海权军力和战略逐步向海外扩张；而且通过此举提升日本在国际地区事务中的影响力和主导地位，为最终实现日本的军事政治大国目标扫清障碍及铺平道路。

一、后冷战时期日本海权战略的转型动因

日本是一个四面环海的海岛型国家，处于亚欧大陆边缘地带的第一岛链北端，海洋安全环境对日本的国家安全与战略利益至关重要。日本是近代以来亚洲地区唯一获得过地区性海权的国家，其海权战略的演变也是日本不断崛起的历史发展进程。战后日本所固有的地缘经济的脆弱性及国内政治保守化发展趋向驱动着日本海权对外扩张的欲望。2015 年 9 月，安倍政府强行通过了系列新安保法案，其规定日本可随时根据需要向海外派兵并向其他国家军队提供支援。新安保法的本质属性是赋予日本“海外派兵合法

* 杨鲁慧，山东大学亚太研究所所长、教授。陈祥军，山东大学亚太研究所博士研究生。

化”的地位,这就意味着日本战后以专守防卫为主的安保政策将产生重大的战略转型,具有明显外向扩张型“先发制人”的趋向。日本不仅实现了“走出战后体制”的第一步,而且也说明日本政坛的右倾化进入一个新的发展阶段。日本政府推出新安保法是战后日本海权战略由防卫型走向扩张进攻型的必然产物。追本溯源,冷战结束后日本就选择了渐进式海权扩张战略,目标是由战后“防卫性”的海权战略逐步转变为具有扩张性的海权战略,其海权战略的外向扩张性愈来愈凸显。经过战后70多年的发展,日本重新崛起,成为亚太地区性海权国家,并与美国这一全球海权国家结成紧密型的军事联盟,形成强强联合。日本海权战略转型对东亚地区的国际政治格局产生重大影响,打破了原有海上军事力量配置的平衡,加剧了国家间的海洋军备竞赛,并对亚洲乃至全球未来的安全环境带来潜在威胁。

20世纪90年代以来,海洋问题开始成为国家战略议程的焦点和热点。1994年,《联合国海洋法公约》生效,各沿海和岛屿国家纷纷加强了对海洋的管理,设立海洋专门管理机构,制定和实施国家海洋战略。日本政界越来越意识到日本要全盘重新思考国家大战略的前提和基础,日本应该成为更为积极进取的国家,把海洋战略作为国家战略的呼声逐渐得到国内的一致认同。1996年4月,日美共同发布了《日美安全保障联合宣言》。1997年9月23日,两国又公布了《日美防务合作指针》,并在该文件中提出了“周边事态”概念,这种观念性极强的概念将日本海上自卫队的作战半径扩展到整个亚太地区。[①]

近十多年来日本在现代海权战略方面有条不紊地向前推进,外向扩张型现代海权战略逐步成熟、成型、趋稳。相关的海洋法律陆续出台,海洋管理部门进一步整合发展,海洋军事手段的运用企图愈加明显。2001年,日本开始着手制定海权发展的基本框架,并把海洋的开发利用作为维持国家生存基础的优先开拓领域。2004年出台的第一部《海洋白皮书》提出要实现对海洋的综合管理。2005年,日本海洋政策研究财团制定了《日本与海洋:21世纪海洋政策建议书》,报告中把与邻国有争议的海洋领土和不具备岛屿资格的“冲之鸟礁”都纳入了日本的管辖范围。同年,日本政府把这一海域管辖范围列入了《防卫白皮书》,日本已把拓展海洋空间和争夺海洋资源作为基本国策。[②] 2006年,日本制定了《日本海洋政策大纲》,成为日本制定海洋综合政策的基础。2007年又先后颁布了《海洋基本法》和《海洋基本计划建议》。《海洋基本法》对于维护海洋秩序和海上交通安全的具体内容作了详细的规定,并指出要设立海洋综合管理机构“综合海洋政策本部”。《海洋基本法》为日本新世纪海权战略设定了大的框架,超出了日本传统的“专守防卫”原则,为日本军事方向的海洋扩张提供了国内立法的依据。

日本通过人工构建和维护的方式把“冲之鸟礁”打造成自己所谓的“岛屿”,并由此申请周边的200海里专属经济区。在与邻国海洋领土争端问题上,日本政策趋于强硬,作出北征、西夺、南控的三面出击姿态,而且还频频暗中插手南海问题和台湾问题。[③] 在军事战略取向上,日本确立了“海空优先,由防到攻”的策略。在小泉政府时期日本就谋求

---

① 参见鞠海龙:《中国海权战略》,时事出版社2010年版,第158页。

② 参见段廷志:《冷战后的日本防卫战略:基本取向及其对西太平洋和中国海上安全的影响》,载《世界政治与经济论坛》2006年第5期。

③ 参见鞠海龙:《中国海权战略》,时事出版社2010年版,第167页。

建立"多功能弹性防卫力量",确保自卫队拥有控制本国周边岛屿、海外干预以及反导的多项功能。日本自卫队正以信息化为导向,具备海外干预能力为目标,海空自卫队的实力尤其是远洋作战能力在迅速增强。[①] 由此可见,日本在后冷战时期逐渐放弃了战后近半个世纪的"专守防卫战略",其海洋扩张战略实施的步伐加快。冷战时期的防御型海权战略已经不能满足日本自身发展的需求,调整海权战略从而采取扩张型海权战略已成为大势所趋。可以说,日本的这种海洋战略"大转身"是存在深层次原因的,且是不同层次的原因共同作用的结果。

第一是体系层次:后冷战时期新的国际海洋政治格局使日本周边地缘政治压力增大。伴随冷战结束的还有国际海洋旧秩序的终结,超级大国之间全球性的海权争夺不复存在。尤其是 1994 年生效的《联合国海洋法公约》(简称《公约》)标志着人类社会"海洋世纪"的到来和新的海洋秩序的形成。它对国际关系的发展带来重大影响。《公约》的生效引发了世界性的"海洋土地革命"[②],各国对海洋岛屿、大陆架等的争夺日趋激烈。海洋的巨大资源容量使得沿海国家加入了海洋资源的开发进程,积极发展海洋经济。传统的海洋渔业、盐业和运输业焕发了新的生机,海洋旅游、海洋油气和矿产的开发以及海水养殖业成为新兴产业蓬勃发展,海洋经济成为各国经济的支柱。为了更好地维护国家的海洋权益,沿海国家纷纷调整了海洋政策。冷战后的亚太海上安全格局发生了巨大的变化。沿海各国纷纷制定海军建设的现代化方案。国家间的海洋领土纠纷以及海洋经济利益比重的增加使亚太沿海国家把发展海上军事力量放在显著位置,从而维护海上权益和海上安全。《公约》生效后,日本援引《公约》条例提出了本国的海洋管辖范围。但是日本的海洋权利主张与邻国存在诸多重叠部分,加上历史遗留的一些海洋领土问题悬而未决,使日本与邻国的海洋权益纠纷不断。日本与邻国的海洋争议主要包括日俄"北方四岛"(俄罗斯称之为"南千岛群岛")问题、日韩独(竹)岛之争和日本海命名问题、中日钓鱼岛归属和东海划界之争。海洋领土和权益争端的存在是日本强化海权战略的主要诱因之一。

第二是国家层次:日本地缘政治现实的特殊性。在战略考量中,地缘政治本身代表着一种把政治权势和地理空间联系到一起的思想传统。[③] 日本是一个典型的海洋国家,这一地缘特性造成了日本对海洋的极大依赖。日本近代以来的海洋战略实施以及成败与否,都与日本的地缘特性有着直接的关联性。日本在历史上曾分享到了地缘上的安全性,但是近代以来日本的地缘属性表现为极大的脆弱性。日本狭窄的地理空间、自然资源的短缺、自然灾害频发的地缘特性培育出了日本独特的岛国"忧患意识",日本对外部的威胁异常的敏感,并时常为此保持高度的警觉。日本所恐惧的是海上运输线被阻断和能源的短缺。全球能源市场的轻微动荡就会对日本整个国民经济造成重大的冲击。地缘环境塑造了日本的忧患意识,这种"不安全感"在国家综合实力达到一定程度时往往又转化为对外扩张的欲望和冲动。近些年日本的综合安全保障战略军事成分越来越浓烈,日本自卫队已经走出国门,并且自卫队军事装备在亚洲首屈一指。日本开始向以军事能

---

① 参见段廷志:《冷战后的日本防卫战略:基本取向及其对西太平洋和中国海上安全的影响》,载《世界经济与政治论坛》2006 年第 5 期。

② 参见慕亚平、郑艳:《〈海洋法公约〉生效后的新形势和我国面临的问题与挑战》,载《法学评论》1999 年第 3 期。

③ Oyvind Osterud, "The Uses and Abuses of Geopolitic," *Journal of Peace Research*, Vol.25, No.2, 1988, p.192.

力为核心的对外综合性扩张的方向转化。

第三是社会层次:国内政治和社会基础发生重大改变,原有的社会政治结构基础薄弱,呈现出"总体保守化"的特征。海权的非军事层面因素不仅包括对海洋的开发利用,而且与国家的战略文化、政治文化和政治系统等密切相关。① 冷战结束后,日本随着"总体保守化"进程的不断发展,日本的政治右倾化也在不断加深,两者是一个互动发展的过程。② 小泉执政以后,日本"新生代政治家"开始取代居于权力核心的主流保守政治家。这些"新生代政治家"信仰新保守主义和国家利益至上理论。在新的政治势力的领导下,日本不断强化安全政策,在修改和平宪法和行使自卫权问题上出现松动。同时,新保守势力控制下的国会对防卫法规的修改和军事立法的进程明显加快,为自卫队的现代化发展和"出海"提供了法律保障。20世纪90年代以来,日本社会政治倾向的另一个显著特征是"海洋日本论"思潮泛起,"文明的海洋史观""海洋亚洲论""海洋国家日本论"等观点预示着日本致力于变成一个类似英国的海洋国家。日本所追求的海洋国家更是一种态度,一种在开放的过程中和在参与建立世界新秩序的过程中追求日本国家利益的志向。③ "海洋日本论"的提出强化了国民的海洋国家意识,为日本扩张性海洋政策提供了理论基础和重要的舆论准备。

二、后冷战时期日本海权战略转型的基本特征

综合以上对日本海权战略的分析我们可看出,日本现代海权战略是把政治军事大国和海洋大国作为根本的国家利益的目标,以维护和拓展海洋战略空间以及保护海上航线为直接目的,以遏制中国海洋势力的崛起和走向"深蓝"为重大着力点,以强化日本海上军事力量的发展和运用为重点,以日美同盟大框架下的国家海权的合作作为基点。④ 日本现代海权战略的基本特征表现为:

其一,海洋扩张意图明显。日本近代在军国主义"催化"下海洋扩张的胃口急剧膨胀,范围不但囊括太平洋还拓展至印度洋。二战后,日本在和平宪法束缚下发展海权谨小慎微。但到后冷战时期日本的新民族主义和国家主义高涨,这二者与"海洋日本论"思潮的结合使日本又产生了强烈的海洋扩张冲动。日本现代海权战略的实施范围不再仅仅局限于日本国土周边海域,其战略视野已经随着日美海权同盟扩展至全球范围。尤其是日本近年来为配合美军行动在印太地区动作频频,不但为美军提供后勤保障,更在"打击索马里海盗"的借口下建立了海外军事基地,这意味着日本在"走出去"的远洋战略中实现了质的突破。⑤ 日本在与邻国的海洋争夺中态度越来越强硬,行动亦愈加咄咄逼人。日本不仅加大对大陆架的勘探力度以便扩大大陆架防卫,还通过人工措施将不享有专属经济区和大陆架权利的礁石打造成岛屿。日本的海洋扩展欲望大增,不满足于已有的有

① Ilias Iliopoulos, "Strategy and Geopolitics of Sea Power throughout History," *Baltic Security & Defence Review*, Vol.11, Issue 2, 2009, pp.5-6.

② 参见吕耀东:《冷战后日本的总体保守化》,中国社会科学出版社2004年版,第270页。

③ 参见修斌:《日本海洋战略研究动向》,载《日本学刊》2005年第2期。

④ 参见段廷志、冯梁:《日本海上安全战略:历史演变与现实影响》,载《世界经济与政治论坛》2011年第1期。

⑤ 参见陆海英:《日本建立海外军事基地的海洋战略分析》,载《重庆科技学院学报(社会科学版)》2010年第8期。

限范围，还把触手伸到邻国海域，不时挑起与俄罗斯、韩国特别是与中国的领土争端。这就充分表明，日本在海洋扩张方面军事进攻意图越来越明显。

其二，海洋战略具有强烈的对抗性。后冷战时期日本海权战略的主要竞争和防范对象由苏联转化为不断崛起的中国，意图通过多种手段遏制中国走向海洋。[①] 为实现这一目的，日本首选是强化及巩固日美同盟，这样可以用较低的成本获得本国的利益和安全，从而达到势力均衡。[②] 日美同盟成为日本实施现代海权战略的核心举措之一，两国通过海洋领域的密切合作构建了一个强大的"海权同盟"，日本在其中的作用将会更加积极。美日构建的"海权同盟"形成了两国合霸西太平洋的形势，更加容易地对中国实施"岛链封锁"，成为中国发展远洋海军最大的障碍。在坚持日美同盟这一基轴的前提下日本还积极拉拢澳、印和东南亚国家，加强与这些国家在海洋安全领域的合作，谋求建立针对中国的"海洋民主国家联盟"，以最终孤立并遏制中国的发展。

其三，海洋战略目标的多元性和手段的综合性。后冷战时期，日本重新修订了国家海权战略目标，使其呈现多元化。第一，日本信奉的逻辑是：海军力量越强，战略防卫纵深范围越大，将敌人挡在本土以外的可能性就越大，日本本土安全受到的威胁就越小。[③] 第二，谋求成为政治军事大国目标。日本现代海权战略带有浓厚的大国化色彩，其策略是积极拓展"海洋生存空间"。军事实力是政治大国地位的支撑，日本在竭尽全力发展本国的海空军力量，以增强在亚洲乃至世界的影响力和威慑力。第三，在岛屿和海域争端中获取优势。日本与邻国的岛屿和海域争端背后无不隐藏着对海底资源无限的渴求，并且坚持一种"寸海必争"的姿态，积极开展争夺海洋权益的攻势。[④] 为了实现这些目标，日本采取了政治、经济、军事等多种综合手段：政治上，日本发展与东盟、印度和澳大利亚等海上通道沿岸国家的关系，加强在海上安全领域的合作，开展海上安全对话和联合军事演习；经济上，发展海洋经济和技术，开发海洋资源，采取"据岛圈海"的策略扩大海洋管辖范围；军事上，适时把自卫队派到海外，实现海上自卫队的现代化和远洋化，不断深化日美海权同盟，建成全球范围的"民主国家海权大联盟"。

三、日本海权战略转型对中国周边安全格局的影响

冷战结束后，日本历经 20 多年完成了国家海权战略的转型，这种战略转型不仅关系到日本未来的发展趋向，而且日本作为亚太地区大国，其在海洋领域的扩张趋势必将打破东亚地区的政治平衡格局，并将引发周边地区国家的军备竞赛，且给东亚地区安全和稳定带来新的不确定性。日本扩张型海权战略的实施必将对周边国家乃至亚太地区产生深刻影响。

第一，日本海权战略转型积极进取的态势，构成亚太地区安全与稳定的最大变数。冷战后东亚地区总体上保持了较稳定的安全格局，而日本现代海权战略的转型将打破这

---

① Kentaro Nakajima, "Is Japanese Maritime Strategy Changing?" USJP Occasional Paper 07-08, Program on U.S.-Japan Relations, Harvard University, 2007, p.24.

② 参见甘峰：《"亲美入亚"与冷战后日本的亚太战略选择》，载《浙江大学学报（人文社会科学版）》2001 年第 4 期。

③ 参见鞠海龙：《中国海权战略》，时事出版社 2010 年版，第 196～197 页。

④ 参见江新凤：《日本的海洋国家战略》，载《外国军事学术》2008 年第 5 期。

种秩序平衡,对亚太地区的和平稳定与安全结构带来巨大的冲击。日本强化日美同盟打造“海权同盟”的部署使双方的安全边界从日本本土扩大到整个亚太地区,《新日美安全合作指针》签订后意味着双边同盟的进攻色彩更为浓重。而且日本国会通过的《周边事态法案》《反恐特别措施法案》等修正了日本专守防卫战略的法案,使日本海上自卫队的对外干预有了法律依据。从近年看,日本的扩张性举动使日本与周边邻国的海洋争端愈演愈烈,摩擦越来越多。从长远来看,日本海权战略的持续膨胀可能会冲破同盟体制对其施加的约束,对亚太大国关系带来新的挑战。现今日本海权战略的重要目标指向是改变现有的国际海洋秩序,并且构建日本主导下的多边海洋秩序。日本现在参与的东南亚地区多边的反海盗机制就是为了能够扎根东南亚,提升军事影响力为未来主导该地区的安全事务做好准备。日本获得打击索马里海盗的海外军事基地展现了日本海外出击的力度和强度,形成和强化了海外武力的威慑。日本海洋经济和军事实力的提升在打造新海洋秩序中将扮演更加活跃的角色。

第二,日本军事海权战略的转型将会引发亚太地区新的军备竞赛。冷战结束后,日美同盟在重新定义后成为世界上最强大的双边军事同盟力量。近年来,日美联合在海上进行海空一体化作战演习已常态化、机制化,其军演的频率、规模以及演习的敏感海域迫使其他东亚大国不得不采取相应的反制措施,使东亚地区的紧张关系在持续升级,由此进入日美引发的新一轮海上军备竞赛。日本实现海权扩张战略的另一个手段是扩充武力军备,由此拉开亚太国家海洋军备竞赛的帷幕。如韩国为实现“远洋防御”的目标购买了大量的先进潜艇和驱逐舰,并自建了战力颇强的“独岛号”大型驱逐舰;印度的海洋战略更为宏伟,意图打造3个航母战斗群,并自建了国产航母和核潜艇;俄罗斯对太平洋舰队进行了瘦身并引进了更为先进的装备,未来太平洋舰队将会部署两艘法国建造的“西北风”级两栖攻击舰,作战实力大幅提升;东盟国家努力加强海空军建设,泰国装备了轻型航母,越南采购了俄罗斯的“基洛级”潜艇和苏-30MK2战机,印尼和马来西亚也向欧洲国家订购了潜艇和护卫舰。由此可见,在日本海权扩张战略的导向下亚太国家纷纷进入海军力量建设的新阶段。其预示着这样一个发展趋势,即东亚地区以更高的频率举行更大规模的军演并推出更现代化的舰艇装备。此外,不同国家或联盟举行军演的时间日益交叉重叠。这种令人担忧的态势,除了传递政治信号和军事强硬外,还表明这些国家正在加强海上备战,进入新一轮军备竞赛中。

第三,日本海权战略转型对中国海洋安全的影响。中国与日本是一衣带水的邻邦,日本海权战略转型与中国的安全稳定密切相关,日本也是对中国海上安全产生重大影响的主要国家。首先,日本海权战略转型导致中国海上安全压力加大。中国崛起后成为日本海上防卫的主要假想敌和主要威胁来源,为实现遏制中国走向远洋的目的,日本实施的“抑陆向海”战略大大压缩了中国海洋战略空间。日本主要采用“岛链封锁”的手段对中国进行战略空间的压制。中国通往太平洋的通道被日美控制的各种岛链所阻隔,中国海上力量的动向受到日美严密监控,中国不得不面临美日的“双遏制”局面。[①] 中国半封

① 参见段廷志:《冷战后日本防卫战略基本取向及其对西太平洋和中国海上安全的影响》,载《世界经济与政治论坛》2006年第5期。

闭的陆海复合型的地缘特征造成了走向远洋的天然障碍。日本海权战略的触角伸向南中国海地区,日本不断加强与周边东盟国家在防务领域的合作,还把印度作为战略领域的合作对象,打着建立"自由与繁荣之弧"的旗号为构建日美澳印"四国联盟"而奔走呼号。印度的战略位置极为重要且控制着印度洋上的运输航线,如果这条海洋战略通道被封锁或切断,中国的经济命脉必将面临极为严峻的局面。因此,日本海上军事能力和用兵范围的扩大,将严重威胁中国海上生命线的安全。① 其次,日本海权战略转型导致中国面临的海洋争端更加复杂化。中日之间存在着16万平方公里海域的争议和钓鱼岛归属的争端,日本在这两大争议中动作频频态度强硬。在东海划界问题上日本继续顽固坚持"中间线"原则,通过国内立法的形式使本国石油公司具备在存有争议地区的开采权。在钓鱼岛问题上,日本更是采取"恃强凌弱"的态势,一方面通过对钓鱼岛的"国有化"控制,另一方面拉美国参与中日争端中。2010年10月,美国国务卿希拉里·克林顿向日本承诺钓鱼岛问题适用于《日美安保条约》第五条规定。② 美国对钓鱼岛问题的介入以及对日本明显的偏袒激发了日本更加强硬的态度,使钓鱼岛问题的解决错综复杂且任重道远。

综上所述,日本海权战略转型已使日本在迈向"全球性海洋强国"目标中迈出了坚实的步伐,并成为名副其实的地区性海洋强国。为了确保自身海权的优势地位,在未来的发展中日本会继续采取"结盟"加"自助"的双重方式。日美军事同盟将进一步深化且功能趋向多样化,构建以日美同盟为核心的海上联盟体系将成为日美两国共同的战略目标。日本将会更加注重自身海洋综合实力的发展,保持海洋经济、科技的领先地位,谋求海上自卫队向"自卫军"方向发展,采取综合手段维护和扩大海洋权益。

The Transformation of Japan's Maritime Defense Strategy Since the End of the Cold War: Motivations, Characteristics, and Implications for the East Asian Security Landscape

YANG Luhui　CHEN Xiangjun

Abstract: After the end of the Cold War, Japan opted for a "progressive" maritime expansion strategy, aiming to gradually transform its post-war "defensive" maritime strategy into a more "expansive" one, with increasingly evident offensive characteristics. To ensure its advantageous position in maritime affairs, Japan will continue to pursue a dual approach of "alliance" and "self-help" in future developments. The Japan-U. S. military alliance will deepen and diversify its functions, and the establishment of a maritime alliance system centered around the Japan-U.S. alliance will become a shared strategic goal for both countries. Japan will pay more attention to the development of its comprehensive maritime strength, maintaining a leading position in maritime economy and technology. It will seek the development of the Maritime Self-Defense Force towards a "self-defense military" direction and employ comprehensive measures to safeguard and expand its maritime interests.

① 参见鞠海龙:《中国海权战略》,时事出版社2010年版,第205页。

② 参见束必铨:《日本海洋战略与日美同盟发展趋势的研究》,载《太平洋学报》2011年第1期。

东北亚数字经济合作的现状和挑战

赵玙佳*

布鲁金斯学会2016年的一份报告指出，随着中国的不断崛起，美国面临着三个选择：或者顺应中国的崛起，接受美国失去在亚太地区的霸权；或者强力遏制中国的崛起，与中国展开全面的战略角逐；或者选取一个中间路线，在特定议题上对华采取遏制政策。① 2017年以后中美之间在贸易、安全、南海问题、人权问题、科技等特定领域和议题上的摩擦不断增多，呈现出高频率低烈度的特点。② 2021年3月3日，美国国务卿布林肯指出处理中美关系是美国21世纪最大的地缘政治考验，中美之间"该竞争的时候是竞争关系，可以合作的时候是合作关系，必须对抗的时候是敌对关系"③。这一系列事件证明，美国对华政策选择的是第三条路线。

相较于传统经济，数字经济更具政治重要性，属于美国认为需要与中国积极竞争的领域。阎学通教授2021年的文章指出，中美竞争与冷战时期的美苏两极竞争不同；其主要动力不再是意识形态竞争，而是数字领域的战略竞争。④ 数字技术被认为是未来世界发展的基础和动力，在数字技术基础上蓬勃发展的数字经济也正在成为世界经济不可忽视甚至可能将是最重要的组成部分。数字竞争就是对未来世界秩序和权力分配的竞争。

东北亚数字经济向好的合作愿景正在遭受数字竞争压力的破坏。俄乌军事冲突更是加速了世界政治的分裂，加剧了数字领域的竞争。一个以美国为首的数字经济联盟正在形成，日本和韩国都是这个联盟的重要发展对象，而中国则被设定为这个联盟的竞争对手。政治因素是当前东北亚地区数字经济合作发展的重要障碍，对该地区其负面影响主要呈现在数字产业链和数字贸易规则这两个层面，很大程度上阻碍了地区数字经济的繁荣，更是不利于中国经济的健康可持续发展。

一、数字产业链合作受到政治干扰

一般认为，数字经济产业包含以下四个领域：半导体产品与设备、信息与通信技术、

---

* 赵玙佳，山东大学亚太研究所副教授。

① 参见杰佛里·贝德：《美国对华政策框架》，布鲁金斯学会外交政策项目"在混乱中寻求秩序"，2016年5月，https://www.brookings.edu/wp-content/uploads/2016/03/us-china-policy-chinese.pdf。

② 参见王俣嘉遇、赵玙佳：《中美双边合作空间进一步缩小》，载《国际政治科学》2021年第4期。

③ Lara Jakes, Michael Crowley，《美国务卿：处理美中关系是21世纪最大地缘政治考验》，《纽约时报》中文网，2021年3月4日，https://cn.nytimes.com/usa/20210304/biden-blinken-foreign-policy/。

④ 参见阎学通：《数字时代初期的中美竞争》，载《国际政治科学》2021年第1期。

互联网平台以及传统行业赋能。其中，半导体产品与设备相关的子行业包括芯片设计、芯片制造、芯片封测、半导体设备与材料等，信息与通信技术相关的子行业包括智能终端（如智能手机、智能电视、智能手表等）、服务器、5G 通信、云存储、光模块等，互联网平台如人工智能、大数据、区块链、电商网购、云计算等。传统行业赋能涉及的子行业更为广泛，并直观地体现在传统三大产业利用数字科技形成的新增产出上，如智慧农业、工业互联网、智能制造、智能医疗、线上教育等。目前数字竞争对东北亚数字产业链的压力主要体现在半导体产品与设备、信息与通信技术这两个基础性领域，但未来受到数字竞争压力的领域可能向全产业链扩张。

1.区域芯片产业链合作

芯片，即集成电路载体，被称为"数字技术的心脏"，是智能设备运算和存储的关键部件，广泛运用于航天航空、网络通信、汽车、服务器、个人电脑、智能电视、手机、智能穿戴设备，甚至空调、音响等所有电子设备，影响数字产业的各个领域及其子行业。由于制造业的高度发展，中国目前是芯片需求的第一大国，拉动全球 1/3 的芯片市场需求。然而中国的芯片研发和制造能力远不能满足本国的需求，2017 年 90%以上的芯片需要依赖进口，2020 年我国加大对芯片产业的投入后，芯片的自给率也不到 30%。① 更重要的是，高端芯片对人工智能、5G、超级计算机和机器人技术等领域的进步至关重要，能影响国家间高科技领域的竞争，被赋予了地缘政治的战略意义。

2020 年，中国大陆进口的尖端芯片和半导体设备总价值达到 3800 亿美元，占当年中国总进口额的 18%，主要来源地包括中国台湾、韩国、日本、美国、马来西亚、菲律宾、越南等 7 个国家和地区。其中来自中国台湾的芯片总量最多，约占总数的 37%；从韩国和日本进口的芯片分别占 17%和 11%左右。② 日韩对中国市场的依赖程度也很高，中国占韩国半导体出口总和的 43.2%，中国香港占 18.3%，主要是通过三星电子与 SK 海力士的韩国和中国子公司之间的大量公司内部贸易。韩国对中国出口的存储半导体依赖度也很高，大约有 78%的存储半导体需要从中国大陆和中国香港进口。③ 可以说东北亚地区的芯片合作对中日韩三国数字经济产业的发展起到了极为重要的支撑作用。

然而，愈演愈烈的美国对华数字竞争可能正在阻碍甚至破坏本地区芯片领域的合作。中兴和华为是中国最具代表性和生产实力的通信技术和智能设备制造商，在国际市场也具有相当的竞争力。2016 年 3 月，美国商务部以涉嫌违反美国对伊朗出口管制为由，对中兴通讯施行出口限制，禁止美国元器件供应商向中兴通讯出口元器件、软件、设备等技术产品。虽然中兴通讯与美国财政部、商务部和司法部在一年后达成了和解协议，但很快美方又恢复了对中兴的禁售政策。2020 年，美国对华芯片禁售政策再次升级。5 月 15 日，美国商务部发布禁令，芯片制造商将含有美国技术的半导体产品出售给华为之前，必须首先获得美国政府的许可；这里的"制造商"包括中国台湾、韩国、日本芯片制

---

① 参见袁于飞：《从理论到实践：芯片人才培养提速刻不容缓》（原载于《光明日报》），新华网，2020 年 10 月 15 日，http://www.xinhuanet.com/politics/2020-10/15/c_1126612610.htm。

② 数据来源：中华人民共和国海关总署，http://www.customs.gov.cn/。

③ Hyung-Gon Jeong, "Technology and Supply Chain Resilience: Opportunities for U.S.-Korea Cooperation", Wilson Center, May 20, 2022, https://www.wilsoncenter.org/article/technology-and-supply-chainresilience-opportunities-us-korea-cooperation.

造商在内的所有相关企业。8月17日,美国政策进一步扩大了禁令范围,只要华为公司参与交易的任何一个阶段,世界上的任何公司都不得未经美国政府许可出售用美国软件或者设备制造的半导体。这意味着,该禁令在9月15日生效后,华为无法从任何商业途径获得进口芯片。[①]

针对中国的芯片禁运政策在短时间内扰乱了正常的经济活动;在长期来看其意图在于拖慢中国在高新技术领域的发展速度。2015年,美国曾经针对中国超级计算机的开发实行过一次制裁措施,禁止英特尔公司向中国研发“天河二号”超级计算机计划有关的公司和组织出口芯片。然而中国通过海外代工等途径绕过了当时的芯片禁运制裁,最后成功开发出“神威·太湖之光”超级计算机,一举夺得世界第一的地位。2019年以来,中美两国继续就最新一代E级超级计算机的研发展开竞争。2021年,美国政府“故技重施”,宣布制裁七个与中国超级计算机研发计划有关的公司或组织。[②] 这一轮制裁与之前针对中兴和华为公司的制裁叠加可能会使新一代超级计算机的研发遇到更严峻的阻碍。

2022年,东北亚芯片产业链的合作受到进一步的威胁。3月,美国政府提议与韩国、日本和台湾地区组建“芯片四方联盟”,将中国大陆排除在地区甚至全球半导体供应链以外。[③] 日本参与该联盟的态度相对积极。日经新闻5月报道称,日本将与美国在高精尖芯片特别是2纳米芯片的研发和制造领域加深合作,目的是与中国展开竞争。IBM于2021年完成了模型机的设计,日美将联合台湾芯片制造商TSMC一起完成这一型号芯片的商业化生产。报道同时称,两国将同时致力于一个防技术泄漏的安全框架,其假想敌正是中国。[④]

韩国对参与“芯片四方联盟”的态度尚不明确。此前有消息认为韩国半导体企业如三星电子、SK海力士等在华业务比重较大,恐怕难以接受这个提议。[⑤] 甚至有消息称韩国政府已经拒绝了这一提议,但这一消息后来被证明不符合实际情况。截至2022年5月,韩国政府尚未表明将采取何种立场;但从韩国方面之前拒绝与中国进行技术合作,3月还与美国举行了半导体伙伴关系对话、共建可信赖的价值链等一系列事件来看,韩国与美国的合作关系可能还会获得进一步的发展。[⑥]

数字竞争压力下,美国在芯片领域的一系列对华遏制政策明显导致了中日韩三国之间的芯片产业链合作环境的恶化,未来三国在高端芯片领域的合作前景也不乐观。如果“芯

---

① 参见BBC新闻《华为:美国最严禁令生效,中国电讯业巨头“断芯”后能否继续生存》,BBC中文网,2020年9月15日,https://www.bbc.com/zhongwen/simp/business-54151243。

② 参见李翰飞:《超级计算机:美国新一轮制裁能否卡死中国腾飞梦》,BBC中文网,2021年4月14日,https://www.bbc.com/zhongwen/simp/science-56729791。

③ 参见张静:《美欲组“芯片四方联盟”围堵中国?韩媒:韩政府和企业难以接受美提议》(原载于《环球时报》),新浪科技,2022年3月29日,https://finance.sina.com.cn/tech/2022-03-29/doc-imcwipii1133194.shtml。

④ Nikkei, "Japan, U.S. to deepen cooperation in cutting-edge chips: Eyeing China, allies aim to push beyond 2-nanometer technology," *Nikkei Asia*, May 2, 2022, https://asia.nikkei.com/Business/Tech/Semiconductors/Japan-U.S.-to-deepen-cooperation-in-cutting-edge-chips.

⑤ 参见张静:《美欲组“芯片四方联盟”围堵中国?韩媒:韩政府和企业难以接受美提议》(原载于《环球时报》),新浪科技,2022年3月29日,https://finance.sina.com.cn/tech/2022-03-29/doc-imcwipii1133194.shtml。

⑥ 参见葛静怡:《传韩国拒绝美国芯片同盟提议　韩学者:韩政府目前并未下结论》,美国之音中文网站,2022年5月12日,https://www.voachinese.com/a/south-koreas-attitude-toward-chip4-20220408/6521926.html。

片四方联盟"最终形成并得以实施，中国的高端数字制造领域发展将受到明显的限制。

2.区域通信技术与市场

华为公司为代表的中国技术团队研发并首先投入商业使用的5G网络通信技术可以是推动东北亚地区数字经济继续快速发展的重要因素。然而，数字竞争的背景下，中日韩5G技术的合作和网络建设的讨论从经济和商业的层面上升到了政治与安全的领域，地区合作遇到重大阻碍。本节梳理了东北亚5G技术与合作发展的重要事件，并重点指出，美国对华数字竞争的强硬态度在很大程度上影响了中日韩在5G技术和市场应用方面的合作，但是面对中国成熟的5G技术以及中日韩之间已有的通信产业链合作基础，日韩两国对美提出的"与中国全面脱钩"的呼吁心存疑虑，甚至表现出无法接受的态度。

数字技术和数字经济的发展对通信技术提出了更高的要求，要求数据的传输更快、延迟更短、泄露风险更小。新一代通信技术将成为工业互联网、物联网、车联网等领域的支柱。2013年2月，中国工信部、国家发改委和科技部联合成立中国IMT-2020(5G)推进小组，推动5G技术的国际交流、合作和研究进程，其成员包括中国的主要运营商、供应商、高校和研究机构。2019年6月，中国工信部向中国电信、中国移动、中国联通、中国广电发放5G商用牌照。① 2019年10月，中国5G市场宣布正式投入商用。上市4个月，华为公司作为主要的供应商已经拥有了超过1000万5G用户，并在全球超过34个国家和地区实现商用。②

下面是2018～2021年华为5G在日韩市场的发展历程(根据相关新闻整理)。

2018年8月13日，美国总统特朗普签署了"2019财年国防授权法案"，以国家安全为由明确禁止任何美国政府部门使用中国华为和中兴两家公司的产品。

2018年11月，韩国政府表示拒绝与中国5G企业合作。韩国三大运营商中LG U+选择与华为合作。

2018年12月，日本政府发布了指导方针，禁止日本各部委和军方使用被判定为不安全的通信和计算设备。当时正在申请许可证的日本电信运营商——NTT、KDDI、软银(Softbank)和乐天(Rakuten)迅速跟进。中国公司虽没有被点名，但华为和其他公司实际上被禁止进入日本政府和5G电信市场。

2019年3月，日本政府宣布不会禁止华为。日本政府表示，他们对于运营商采购5G设备上没有强制干预，而上述决定是四大运营商自己决定的。4月，日本四大运营商NTT、KDDI、软银和乐天已经决定，不会向华为采购5G设备，而相应的订单将会留给诺基亚、爱立信等。10月，日本运营商宣布5G名单，无华为和中兴。

2020年8月，美国推行"清洁网络"措施。

2020年11月，菅义伟称日本不会要求将特定国家和企业排除在下一代通信规范的5G技术之外。

2020年11月，韩国政府也明确表示，不会参与"清洁网络"计划，不会干预运营商做

① 参见宿泱韫:《中国工信部向四企业发5G商用牌照并欢迎外资参与 华为称全力支持5G》，路透社，2019年6月6日，https://www.reuters.com/article/cctv-china-miit-5g-license-0606-idCNKCS1T704S。

② 参见杨涛:《5G加速，创造新价值》，华为集团网站，2020年2月，https://www.huawei.com/cn/technology-insights/publications/winwin/36/creating-new-value。

出的选择。韩国的三大电信运营巨头相继表态欢迎华为参与韩国5G网络建设。

2021年3月,拜登政府以威胁国家安全为由,将华为加入华盛顿监管的中国企业"黑名单"中。

2021年4月,美国总统拜登和日本首相菅义伟在华盛顿举行会晤并于会后发表联合声明,其中提到美日双方将共同推进所谓"安全和开放的5G网络",美日承诺共投入45亿美元,以加强数字领域的竞争力。

从时间线上来看,尽管美国保持对华为5G的强硬态度,日韩政府及其运营商与华为合作的态度经历了一系列变化,然而美国将中国相关数字技术及其供应商排除在本国和盟国市场外的进一步呼吁遭到了日本和韩国的拒绝。2020年8月,美国国务院发布建立"清洁网络"的进一步措施,以安全为由在电信运营商、移动应用程序、应用程序商店、网络云服务和海底电缆五大领域全面清除"不受信任的"中国设备和技术产品,并敦促这些国家在本国的5G网络建设中不使用华为等中国公司提供的设备和技术。[①] 10月,美国国务卿蓬佩奥访问日本,与日本外相茂木敏充会晤时也提及了"清洁网络"计划。据"德国之声"引用日本《读卖新闻》称,多方消息证实日本明确表示不能加入一个排除特定国家的框架。[②] 10月27日,韩国也表示拒绝加入"清洁网络"计划。布鲁金斯学会一份工作报告指出,日韩对美国"清洁网络"计划的态度体现两国对数字价值链断裂的担忧。报告称,尽管日本与美国在中国通信网络技术的安全风险上有共识,但两国都缺乏成熟的5G技术供应商;尽管日本在许多通信领域的软硬件方面具备竞争优势,但美日之间缺乏数字产业链上下游的一体化合作机制。[③]

这一报告发布不久,美国政府作出政策调整,改变原本单一的对华为和其他中国通信与互联网企业打击的做法,改为加强与日韩5G通信技术和市场的合作,以提高数字领域的竞争力。2021年4月16日,美国总统拜登在白宫会见日本首相菅义伟,双方发表的联合声明中提到,美国与日本将共同推出一项5G网络建设计划,美国承诺投入25亿美元,日本承诺投入20亿美元,共同推进包括5G和6G的研发、测试和部署。这一项计划被认为旨在对抗华为等中国企业在5G领域的主导地位。拜登在发表联合声明的当天表示,"日本和美国都在创新和展望未来方面投入了大量资金","这包括确保我们投资和保护那些能保持和增强我们竞争优势的技术"。[④] 美国也同样向韩国提出5G建设合作的建议,但韩国尚未给出明确答复。2021年12月,美国国务院主管经济、能源和环境事务的副国务卿何塞·费尔南德斯在首尔举行的第五届韩美联合私营经济论坛上发表讲话,其

---

① 参见黎堡:《40余国已加入清洁网络 美国务卿宣布5G安全劣势逆转》,美国之音中文网,2020年10月15日,https://www.voachinese.com/a/pompeo-5g-clean-network-20201015/5622321.html。

② 参见张筠青、王凡:《日媒:日本不会参加美国"清网"行动》,"德国之声"中文网,2020年10月17日,https://www.dw.com/zh/%E6%97%A5%E5%AA%92%E6%97%A5%E6%9C%AC%E4%B8%8D%E4%BC%9A%E5%8F%82%E5%8A%A0%E7%BE%8E%E5%9B%BD%E6%B8%85%E7%BD%91%E8%A1%8C%E5%8A%A8/a-55308517。

③ Mireya Solís, "Toward a US-Japan digital alliance", The Brookings Institution, November 2021, https://www.brookings.edu/wp-content/uploads/2021/10/US-Japan-Digital-Alliance-Mireya-Solis.pdf.

④ 张晨静:《美日要共同拿出45亿美元,研究5G、6G技术》,观察者网,2021年4月18日,https://www.guancha.cn/internation/2021_04_17_587831.shtml。

中提及韩国和美国正在讨论在5G网络设施上合作建立"可信"网络的方式。① 不过,韩国并未就美方这一提议给出明确的答复。2022年3月,华为企业沟通部副总裁宋凯在华为2021年年度报告座谈会上表示,华为在过去几年里参与了韩国5G基建,并因此受到了很多关注和担忧。相关担忧已在公司取得各种安全相关认证后得以消除。华为将继续与韩国电信公司合作推出相关业务。②

日韩对中国5G技术和供应商的不确定态度在很大程度上来源于美国的政治压力,而非所谓的"安全考虑"。中国的5G技术研发项目一直与欧盟进行着深度的合作。2015年,欧盟和中国就已经签署了关于5G的重要合作伙伴关系协议,双方探索在5G领域合作和实施联合研究行动的可能性,并促进企业双边参与中国和欧盟的5G研究项目。③ 英国前商务大臣凯布尔曾表示,英国并不认为华为的技术和设备可能对国家安全造成威胁,英国禁用华为是出于美国的政治压力。④

中美5G事件的核心是技术标准之争,而其本质是对未来数字经济发展优势的争夺。共同推动5G相关标准的制定是欧盟寻求与中国共同研发5G技术的原因之一。中欧双方联合声明特别提出,欧盟和中国将就5G的概念、基本功能、关键技术和时间规划达成全球共识,共同推动5G的全球标准化,以支持第三代合作伙伴计划(3GPP)和国际电信联盟(ITU)等相关组织正在进行的标准化工作。⑤ 有一篇网安智库报告指出,5G政策和标准的制定是保障未来5G通信基础设施的基础,包括开放标准和控制选项。开放标准规定了技术和设备的可信任标准,不符合要求的技术和设备将失去市场的竞争能力;且由于专利技术之间不具备互操作性,不被认可的5G技术和设备难以被更新、修复和更换。控制选项则与移动通信协议相关。⑥ 由于中国的5G技术首先成功实现商业化,且很快在全球范围内得以应用,这意味着全球5G技术的标准和与5G相关的移动通信协议标准将在很大程度上由中国制定。更重要的是,这些标准将成为数字经济领域未来发展基础之一。

美国以强大的政治影响力要求其盟国禁用华为,一方面是尽量拖延中国5G技术标准成为国际通用标准。如果多国下一代数字技术与产品的研发建立在中国5G标准的基础上,中国标准必然成为国际通用标准。禁用中国5G的要求给行业的发展带来巨大的不确定性,使数字产业链上的研发和生产更多采取观望的态度,这为替代技术的研发争

---

① Hong Yoo, "Discussion under way for 'trusted' 5G network between S. Korea, US: US diplomat", *The Korea Herald*, Dec. 16, 2021, https://www.koreaherald.com/view.php? ud=20211216000678.

② 参见《华为:将继续同韩企开展5G合作》,中华人民共和国商务部网站,http://kr.mofcom.gov.cn/article/jmxw/202204/20220403301541.shtml。

③ European Commission, "The EU and China signed a key partnership on 5G, our tomorrow's communication networks", European Commission website, September 28, 2015, https://ec.europa.eu/commission/presscorner/detail/es/IP_15_5715.

④ 参见张卉:《前商务大臣表示英国政府禁止华为5G设备是迫于美国压力,汪文斌回应》,环球网,2022年1月13日,https://world.huanqiu.com/article/46NxHPx5YPV。

⑤ European Commission, "The EU and China signed a key partnership on 5G, our tomorrow's communication networks", European Commission website, September 28, 2015, https://ec.europa.eu/commission/presscorner/detail/es/IP_15_5715.

⑥ 参见《从美发布5G基础设施威胁要素报告看5G安全》,安全内参网,2022年2月13日,https://www.secrss.com/articles/39185。

取了时间。另一方面,高精尖技术的研发需要大量的资金,阻止中国5G技术和设备的国际市场开拓可以干扰其研发资金回笼,从而阻碍下一代技术的研发。

3.科技竞争与产业链技术脱钩

美国自特朗普政府以来一直寻求与日本、韩国加深排他性的合作,降低对中国制造业的依赖,对华“脱钩”。新冠疫情暴发以来各国采取的防疫措施,包括限制人员和货物往来、港口物流中断等,使全球产业链遇到危机,各国普遍开始考虑重新构建产业链以保证生产安全。

与传统产业相比,数字产业链的相互依赖度和脆弱性更高。一方面,数字技术的突破需要大量的资金和技术投入,且技术的更新换代频率高,单个国家无法具备足够的尖端技术以支持完整的产业链。另一方面,特定技术和制造商大多集中于少数国家和地区。以芯片为例,全球芯片制造商主要集中在包括美国、韩国和中国台湾这三个国家和地区,2021年生产值分别占全球总值的49%、25%和15%;其他如日本、德国、意大利、法国和荷兰等也有半导体制造商,但规模较小,总共占了全球总值的10%左右。芯片生产能力的高度集中意味着数字设备的生产高度依赖于有限的几个芯片制造提供商,当美国向中国中兴和华为禁售芯片时中国数字制造企业受到严重的负面影响;当台积电受疫情影响无法提供足够的生产能力时全球汽车制造业经历了大范围的芯片断供,造成全球汽车成品供应的短缺。因此,各国建设安全、可靠的数字产业链的需求很明确。

美国以保障全球供应链安全为由,提出了一系列经济倡议和合作框架,并得到了广泛的响应。2021年2月24日美国总统签署的行动命令中特别强调“有弹性、多样化和安全的供应链”以及“具有共同价值观的盟友和合作伙伴在有弹性的供应链上密切合作”。2021年5月,美国和日本建立全球数字连接伙伴关系,进一步促进安全链接和充满活力的全球数字经济;寻求加速创新和创业合作以增强竞争力;共同努力推进关键商品的弹性供应链,以尽量减少供应中断和通胀问题;共同努力加强美日合作,对包括微电子和网络监视系统在内的关键技术进行更有效和灵活的出口管制,以解决恶意行为者滥用关键技术和通过不当方式转让新兴技术的问题。2022年5月21日,美国商务部宣布,美国和韩国已经就在关键的贸易和供应链问题上更紧密的合作达成协议。美方声明中提到,两国认识到在“半导体、电动汽车和电动汽车电池、燃料电池和太阳能技术以及数字经济等领域加强合作,将继续改变我们的社会,推动我们共同的经济繁荣”,因此建立美韩供应链和商业对话对两国的产业竞争力具有重要作用。

2022年5月,美国宣布与澳大利亚、文莱、印度、印度尼西亚、日本、韩国、马来西亚、新西兰、菲律宾、新加坡、泰国、越南等12个初始合作伙伴启动了印度—太平洋经济繁荣框架(IPEF)。这一框架可以帮助美国及其伙伴国通过建立长期且更具弹性的供应链来降低成本,应对通货膨胀;寻求首创的供应链承诺机制,建立预警系统、绘制关键矿产供应链、提高关键部门的可追溯性以及协调多样化努力,更好地预测和防止供应链中断。国际战略研究中心评论指出,IPEF被认为是美国加入类似《全面与进步跨太平洋伙伴关系协定》(CPTPP)这类全面、高标准区域贸易协定的次优选择或者是第一步,但目前IPEF的功能和形式尚不确定,有地区合作伙伴担心这一框架只是一项对抗中国的政治努力。

从整体上看,美国及其盟友对华产业链脱钩的政策方向不会发生明显改变,但脱钩的程度并不完全取决于国家意志。产业链的脱钩会对商业和经济造成明显的负面影响,因而必然受到来自市场的抵抗；即便市场服从了国家的政策要求，选择对华脱钩，国家也需要考虑其经济后果是否能够承受。因此，美国在推行“硬脱钩”政策被日韩明确拒绝后，转而寻求提供替代方案，引导日韩产业寻求其他产业网络，从而弱化对华产业链的依赖。这一政策得到了日韩的支持，但这也意味着日韩与中国的产业链脱钩必然是有限的，将更多地基于经济规律而非政治需求。

二、数字贸易规则尚存重要分歧

东北亚数字经济发展的另一个挑战是规则分歧。中日韩三国在数字贸易领域的规则主要由两个重要协定确定。一个是由日本主导的 CPTPP，中国和韩国不是 CPTPP 的缔约方。另一个是以东盟“10＋6”框架为基础、历时八年谈判达成的《区域全面经济伙伴关系协定》(RCEP)，中国、日本和韩国都是 RCEP 协定的缔约国。CPTPP 和 RCEP 作为亚太地区两个最新的区域自贸协定，其覆盖国家也在很大程度上有重叠，但各自包含的数字条款却有明显差异，这个现象与中国、日本、韩国三国在数字规则制定上的立场差异有很大关系。

1.CPTPP 与 RCEP 数字条款的主要差异

CPTPP 与 RCEP 数字条款在许多细节条目上存在差异，但两份协议的重大差异主要体现在以下四个方面。

其一，CPTPP 和 RCEP 对“电子商务”的定义就有明显分歧。虽然两个协定都规定“电子商务”章节的相关规定不包含金融机构和金融服务提供商，但 CPTPP 强调“跨境”金融服务提供商，缩小了不适用范围。RCEP 还在“不包含金融机构和金融服务提供商”基础上规定“电子商务”条款也不适用于公共部门。此外，CPTPP 对电子产品、电子传输、个人信息、贸易管理文件都有明确定义。CPTPP 协议 14.1 条定义数字产品是指计算机程序、文本、视频、图像、录音或其他经过数字编码、为商业销售或分销而生产、可以电子传输的产品；电子传输是指使用任何电磁手段(包括通过光子手段)进行的传输；个人信息是指有关已识别或可识别自然人的任何信息，包括数据；贸易管理文件是指一缔约方签发或控制的表格，必须由进口商或出口商或为进口商或出口商填写与货物进出口有关的表格。而 RCEP 并没有相应概念的明确定义。这意味着 RCEP 协议国暂时不能接受日本对电子产品、电子传输、个人信息、贸易管理文件的定义。

其二，两份协定中电子商务条款所遵循的原则也有差别。CPTPP 的原则(Article 14.10)强调互联网的接入性包括：(a)在合理的网络范围内，访问和使用消费者在互联网上选择的服务和应用程序管理；(b)将消费者选择的最终用户设备连接到互联网，前提是此类设备不会损害网络；(c)获取有关消费者互联网接入服务供应商的网络管理实践的信息。RCEP 的原则更强调促进经济增长和机会、促进消费者信心等(第十二章第 2 条)，内容包括：(a)促进缔约双方之间的电子商务和全球电子商务的更广泛使用；(b)有助于创造一种信任和信心使用电子商务的环境；(c)加强缔约双方在发展电子商务方面的合作。

其三，在个人信息保护问题上，CPTPP 更强调“非歧视性”和“兼容性”。CPTPP 规定：“各缔约方应努力采取非歧视性做法，保护电子商务用户免受其管辖范围内发生的个人信息保护违规行为的影响……认识到双方可能采取不同的法律方法来保护个人信息，各方应鼓励建立机制以促进这些不同制度之间的兼容性。这些机制可包括承认监管结果,无论是自主给予的还是通过相互安排给予的,或更广泛的国际框架。为此,缔约双方应努力就在其管辖范围内适用的任何此类机制交换信息,并探讨如何扩大这些机制或其他适当安排,以促进它们之间的兼容性。"(Article 14.14)RCEP 则更多强调个人信息的保护能力,"缔约双方应鼓励法人公布(包括在互联网上)与个人信息保护相关的政策和程序。双方应尽可能合作保护缔约方转移来的个人信息"(第十二章第八条)。

其四,虽然 CPTPP 和 RCEP 在"计算设施位置"和"通过电子方式跨境传输信息"条款上相似度较高,但 RCEP 协定通过对几处细节的修改增加了对数据跨境流动的限制程度。CPTPP 在"计算设施位置"一节中规定,缔约方不得对计算设施的使用或位置施加超过实现目标所需的限制(Article 14.13)。RCEP 协定中的相应条款(第十二章第十四条)则要求"该缔约方认为对保护其基本安全利益所必要的任何措施。其他缔约方不得对此类措施提出异议"。CPTPP"通过电子方式跨境传输信息"条款规定,"不对信息传输施加超过实现目标所需的限制"(Article 14.11)。RCEP 的相应条款规定,"该缔约方认为对保护其基本安全利益所必需的任何措施。其他缔约方不得对此类措施提出异议"。

相比 CPTPP 和 RCEP 协定在其他贸易条款上的明显差异,两者的数字条款内容相似性相对较高,但以上四条差异体现了中国、日本、韩国三国在数字规则特别是数据保护和数据跨境流动的立场上的重大差异,且很难在未来的谈判中弥合。

2.数据保护、数据跨境流动与中日韩立场差异

数据保护与数据跨境自由流动是一对相互矛盾的概念。在数据完全不流动的情况下(如不接入互联网),数据可以得到的保护性是最高的;但数据作为一种生产资料,在自由流动的情况下能最大效率地推动数字经济的发展。在安全和经济发展的平衡问题上,不同的国家采取了不同的立场。

中国对数据滥用、数据泄露和数据流失带来的威胁有比较深刻的认识,对数据安全和数据的跨境流动采取了相对保守的保护性立场。2010 年,因为内容审查规定分歧,谷歌退出中国市场;而后又通过"大防火墙"的设置限制访问境外的部分网站和服务。2016 年以来,先后出台了《个人信息保护法》《数据安全法》等一系列法律法规,对数据的使用、存储和流动管理作了一系列相应的规定。要求包括个人数据、金融支付数据、医疗数据和重要数据必须本地化存储,向境外流动必须经过有关职能部门的审批。从法律文本以及实际操作来看,我国对数据跨境流动的限制措施相对严格,可以有效减少我国境内产生的数据向境外流动所带来的安全风险和经济损失。

与中国的保护性立场不同,日本更多强调互联网接入性、流通性和兼容性。日本的《个人信息保护法》(2003 年第 57 号法)在 2015 年进行了大幅修订,并在 2020 年进一步进行了实质性修订,这些修订于 2022 年 4 月正式生效。[①] 与中国相关规定的主要差异体现在以下三个方面。

第一,需要保护的数据类型定义狭窄:仅针对敏感个人信息。在修正案生效前,日本并未根据数据的敏感性质区分个人信息的类型。修正案则将敏感个人信息定义为数据

① Daniel Hounslow & Ryuichi Nozaki, "Japan—Data Protection Overview", One Trust Data Guidance, October, 2021, https://www.dataguidance.com/notes/japan-data-protection-overview.

主体的种族、信仰、社会地位、病史、犯罪记录以及数据主体是否是犯罪受害者等信息，实际应用于如个人金融信息、医疗信息、就业信息、电信信息等领域。修正案规定，信息处理者原则上必须获得数据主体的事先同意才能获取敏感的个人信息。将数据传输给第三方的选择退出豁免不适用于提供敏感的个人数据。

第二，保护的强度和监管力度不高。根据《个人信息保护法》，日本设立“个人信息保护委员会”(APPI)，负责监督对相关规定的遵守情况；这些规定应当被视为义务而非建议，因此要求强制执行。然而与中国的相关规定相比，日本对于商业行为中的个人信息保护，仅要求服务提供商给予告知和使用承诺。根据修正案一般规则规定，信息处理者必须：(1)尽可能指定处理个人信息的目的(“使用目的”)；(2)不改变使用目的，使其与原使用目的不再具有合理关系；(3)未经数据主体事先同意，除非达到使用目的所需的范围内，否则不得处理个人信息。另外，虽然修正案规定未经数据主体事先同意，信息处理者不得将个人信息转让给第三方，但信息处理者可以在未经数据主体事先同意的情况下将匿名处理信息转让给第三方，条件是必须公开公告并向第三方接收者说明所提供的数据属于匿名处理信息。日本与欧盟的合作属于特殊情况，遵循欧盟《通用数据保护条例》(GDPR)和《日欧经济伙伴关系协定》的相关规定。

第三，不要求任何数据在本地计算设施存储，数据跨境传输限制相对宽松。2015 年修订版未对数据的跨境传输进行限制。2020 年修正案生效后，信息处理者必须事先使用标准合同征得数据主体的同意，才能将个人数据传输给外国的接收者，但无需向监管机构作出任何通知或者获得任何批准。如果 APPI 认为该国的数据保护系统提供与日本相同的保护水平或当接收者为第三国时甲方建立了充分的数据保护制度，则个人信息的跨境传输不需要获得数据主体的同意。截至目前，只有欧盟和英国被认为是数据保护水平与日本相同或更严格的地区。

与中国和日本相比，韩国在数据保护和跨境数据传输方面采取了中间路线，希望能够更好地平衡数据保护和数据自由流动之间的关系。韩国的 2011 年《个人信息保护法(PIPA)》在个人数据处理的整个生命周期中都提供了非常规范的具体要求，并且由于法律规定的事先通知和选择同意的要求以及相对较重的制裁，它们被称为世界上最严格的数据保护法之一。韩国也被列为具有重要数据本地化要求的国家之一。隐私或数据保护无疑是韩国控制跨境数据流动的主要驱动力。

根据 PIPA，控制者在向境外第三方提供数据主体的个人信息时，必须事先征得该数据主体的同意，包括告知数据主体其个人数据向第三方转移的方式、目的、具体内容、使用和保留期限、第三方身份等，数据主体有权拒绝同意。2017 年 6 月，韩国加入了亚太经济合作组织(APEC)的跨境隐私规则(CBPR)系统，致力于加强隐私保护并减少加入 CBPR 的 APEC 经济体之间的数据流动障碍。2020 年的修正案引入了数据可移植性的权利和被排除在自动决策之外的权利，使个人数据向海外传输的方式多样化。[①]

除了个人信息的相关数据，韩国还针对基于位置的数据出口进行了限制。韩国《空间数据法》等法规定了陆地和水路测量、地籍记录以及综合不动产的准备、管理、记录等

---

① Kwang Bae Park & Minchae Kang, “South Korea—Data Protection Overview”, OneTrust DataGuidance, September 2021, https://www.dataguidance.com/notes/south-korea-data-protection-overview.

相关内容的标准和程序,其中有一项条款规定,任何人都不能将可能损害国家安全(或者其他重要的国家利益)或者需要按照其他法规的规定保密的基本土地调查的结果带到国外。① 尽管这一条款没有要求所有地理位置数据都不允许出境,但事实上韩国出于国家安全考虑从未批准过基于位置的数据出口。包括谷歌在内的49家美国公司一直在寻求批准这类数据,以便提供有竞争力的地图和导航服务,但韩国目前只是表示考虑批准个别公司在其全球地图服务网站上使用模糊的韩国卫星图像。

目前来看,中日韩三国在数据保护和数据流动问题上的立场已经明确,特别是中国的保护性立场和日本的流动性立场相对坚定,在这个问题上达成一致的难度较大。幸而中日韩在RCEP协定关于数据本地化和数据流动的问题上达成了最大妥协,有利于东北亚地区的数字经济合作前景。

三、小结

总体上来看,2020年以来中日韩三国之间的技术和产业链合作受到政治的严重干扰,经济环境出现恶化的迹象。然而,中国、日本、韩国在数字经济领域各具优势和特色,存在巨大的合作空间。从上文的分析也可以看到,日韩与中国的产业链脱钩必然是有限的,将更多地基于经济规律而非政治需求;RCEP协定的生效又在一定程度弥合了三个国家在数字经济领域的立场差异。此外,新冠疫情正在甚至已经改变了国内国际经济秩序。其一,人员流动受到阻碍,原本随着人员流动带来的信息流大量地在互联网上产生。其二,大规模劳动力聚集的产业承受着更高的疫情风险,因此数字化、智能化产业转型的竞争力愈加得以凸显。这些都能成为数字经济发展的重要推动力。

Digital Economy Cooperation in Northeast Asia

ZHAO Yujia

Abstract: China, Japan and South Korea have their own advantages and characteristics in the field of digital economy, and there is huge room for cooperation. However, since 2020, the positive vision of Northeast Asia's digital economy cooperation has been undermined by the pressure of digital competition, and the military conflict between Russia and Ukraine that has accelerated the division of world politics intensifies competition in the digital field. A digital economic alliance headed by the United States is being formed. Japan and South Korea are important development targets of this alliance, while China is set as a competitor of this alliance. Political factors are currently an important obstacle to the development of digital economy cooperation in Northeast Asia. The negative impacts of world politics on the regional digital economy are mainly at the two levels including the digital industry chain and digital trade rules. These new trends largely hinder the prosperity of the regional digital economy.

① Spatial Data Act, Art. 16(2). See also Art. 14(3).

RCEP生效背景下的东亚区域共同体构建：从历史文化视角看

钟　诚[*]

在遭受新冠疫情冲击、全球政治经济格局发生剧变、逆全球化与单边主义抬头的今天，开展多方位、高质量的区域合作成为破解当前人类社会困境的关键路径之一。《区域全面经济伙伴关系协定》(Regional Comprehensive Economic Partnership，RCEP)的落地生效使当今世界最大的自贸区形成，对于全球、东亚和中国都具有非同寻常的意义。首先，RCEP协议及合作框架可以为中国经济的稳定增长和社会的对外开放注入持续动力；其次，可以为以外向型经济为主的日本和韩国提供经济复苏发展的新契机[①]，进而为东亚地区的和平稳定与合作共赢创造一个有利的经济基础；最后，还可以为全球其他区域提供如何避免零和博弈思维、走向深层次互利互信提供良好的示范，助推多边主义和自由贸易体制走向促进全球经济复苏的正常轨道。

当前，中日韩三国关系受历史问题、领土争端、国内政治和民族主义情绪等诸多因素的影响，复杂性和不确定性增加，在域外势力的挑拨下竞争常常演变为冲突，政治与安全议题仍然是中日韩三国合作的不可忽视的短板。另外，我们也可以看到，中日韩三国为核心的东亚区域经贸往来日益成熟，在经济相互依存方面，已经达到相当的高度。当然，理论启示和历史事实都提醒我们，不能简单就经济论经济、就政治论政治，而是需要把二者放到一个更为整全和辩证的思维框架中予以审视才能避免冲突和决策失误。现实中的个体、群体乃至国家，从观念到具体的行为，无不受到历史和文化这些因素的深层影响。因此，仔细检视中日韩三国近现代以来的历史，辨析三国间文化的异同，在很大程度上可以帮助我们形成更为理性和全面的思维，从而助力我们更好地实现国家发展和民族复兴的战略与政策目标，进而为维护地区和平稳定和繁荣共生贡献大国智慧。

在人类几大文明的比较研究中作出重要学术贡献的德国思想家马克斯·韦伯指出，目的理性是所有理性中最为基础的部分，即行动者有意识地去实现一个或一束给定的目标。[②] 而目的正是在一定的历史环境中理念的外显，因此人类的实践活动无一不是受到集体记忆和理念的驱使，这种理念既包括精英层面也囊括世俗层面，是一个国家、民族、

---

* 钟诚，山东大学亚太研究所研究员。

① 参见赵春江、付兆刚：《RCEP与深化中日韩贸易合作的机遇与挑战》，载《东北亚论坛》2021年第6期。

② Arnold Eisen, "The Meanings and Confusions of Weberian 'Rationality'," *The British Journal of Sociology*, Volume 29, Mar. 1978, pp.57-70.

文明在历史文化层面的内核与特点。可以说,历史文化因素是人类实践的深层解释因素。并且,从历史与文化的角度入手分析东亚,有助于发挥区域文化作为区域共同体“软实力”的作用,有效纾解由数字时代与疫情叠加所引发的原子化个体的孤独、迷茫、焦虑等消极情绪[①],满足区域内公众对人文关怀与文化认同不断攀升的群体性需求,进而为RCEP协议与合作框架的顺利全面推进提供前置条件。人类现代以来的历史一再证明,制定与区域政治经济环境相匹配的文化治理政策并付诸实施,在很大程度上能纠正全球范围内出现的“文化治理迟滞”现象[②],推动区域政治、经济、文化三位一体平衡有序发展。

鉴于东亚历史文化的研究对于区域合作发展尤其是对当前利用RCEP全面推进区域合作具有极其重要的意义,本研究将重点回答如下问题:首先,从利用RCEP全面推进区域合作的视角看,是否存在影响中日韩三国全面经济合作的关键性历史问题和文化问题?如果有,积极因素有哪些,消极因素有哪些?其次,如何更好发挥积极因素的正面效应,并消除负面因素的影响或将其降至最低程度?

一、构建高质量、深层次互信的区域合作是中国国家发展、东亚区域形势演进的必然选择

东亚地区作为世界经济增长的重要一极,其发展不仅关乎地区的和平、稳定与繁荣,更关乎世界的未来走向。面对处在变迁之中、前景并不明朗的世界政治经济格局,唯有以合作共赢而非冲突对抗的思维处理国与国之间的关系,才能寻找到一条有效的解决之道。

从中日韩发展的历程看,三国经济与社会的发展无一不是利用了相对稳定和友好的国际空间,有效发挥了自身的比较优势,成功落实了“发展型政府”所制定的赶超战略。随着全球化的进一步扩展,国与国之间相互依存度的增强,先前国与国之间形成的某些互动均衡很可能会被打破,一些既有的互动模式可能会逐步失去效力,而一些潜伏的因素可能会浮出并产生影响,如何寻求新形势下的互利合作共赢方式也成为一个重大的问题。

对中国而言,自特朗普政府对中国发动大规模贸易战以来,美国对华采取关税战、进出口管制、企业技术制裁等各类手段,意图遏制中国经济和科技发展、维持自身全球政治经济霸权地位。[③] 面对复杂且长期的中美摩擦,寻求东亚区域合作是中国实现国家发展的有效路径,甚至是关键性突破口。对日韩而言,构建高质量、深层次互信的东亚区域合作来提供稳定的周边环境是国家发展的必要条件。

但正如前文所述,当前东亚区域合作处于较为严峻的瓶颈期,一边是经济合作不断扩大,中日韩三国贸易依存度持续上升,产业结构的互嵌达到了新的阶段;另一边则是历史问题与现实疫情叠加,使区域政治安全互信遭受严重冲击,日韩国内“悲情民族主义”

---

① 参见冯正直、柳雪荣、陈志毅:《新冠肺炎疫情期间公众心理问题特点分析》,载《西南大学学报(社会科学版)》2020年第4期。

② 参见郭树勇:《区域文化治理与世界文化秩序》,载《教学与研究》2016年第11期。

③ 参见郭克莎、李琍:《中美贸易摩擦的动因、趋势和影响分析》,载《天津社会科学》2021年第5期。

与“受害者情绪”愈演愈烈[①],导致三国外交关系出现严重波动,一度跌入多年来的冰点。因此,从历史与文化这个相对去意识形态化、温和、柔性的角度切入东亚区域合作,是缓解甚至解决由经济全球化带来的区域依存度增强与区域冲突引发的互信危机之间的张力的最佳方案之一。

近年来,表面褒扬东方的历史与现实,实则凸显东西异质、标榜西式现代性的“东方主义”卷土重来,并且披上了一层现代科技的外衣。[②] 在这种“科技东方主义”的话语体系中,西方通过投射一幅非人性化的、技术泛滥的东方(主要是 20 世纪后期的日本和 21 世纪的中国)图景来维持其文化和道德上的霸权地位。[③] 然而,作为“东方主义”矛头所指的东亚儒家文化圈却始终缺乏回应能力,这背后原因之一即中日韩在历史与文化层面没有形成基础性共识,因而无法组成一个互尊互信的人文共同体,这不光使东亚三国在回应西方文化霸权方面缺乏合力,更重要的是,这将可能会直接影响到东亚区域内全面经贸合作的展开,在 RCEP 全面落地的历史时刻,这一问题尤其值得我们关注。

二、利用 RCEP 合作框架推进区域全面合作的积极因素:从历史文化视角看

在 RCEP 生效背景下,利用 RCEP 协议与合作框架推进区域全面合作是一个艰巨且重要的任务。从历史文化视角看,东亚地区具有悠久的历史,且中日韩三国之间有相当长时间的文化交流史,所以,以中日韩东亚三国为主导,在某些有利因素的促进下形成一个在历史传统、价值理念、现代意识上共识大于分歧的人文共同体并推进区域全面合作是完全可能的。这些有利因素包括如下几类:

其一,全球化背景下中日韩三国之间日益密切的经贸往来为东亚人文交流和历史互信提供了现实的经济基础。特别是以 RCEP 为代表的一系列区域经贸合作协定的签署和落地,将为中日韩全方位、多层次的合作提供丰富的物质条件,在经济基础上的文化交流会更加频繁且充分。

其二,中日韩三国人文交流的历史源远流长。从古代历史看,东亚地区各国之间很早就有文化和经济层面的交往。广为人知的是,日本在中国唐朝时期曾经派出遣唐使赴中国学习当时较为先进的文化,以文化的输出和借鉴为纽带,这促成了相当长时期中日两国的官方和民间保持友好关系。中韩之间更是在历史上有着极为密切的文化交流。可以说,东亚文化交流无论在内容、形式还是在意义、影响等方面,均有别于偏重经贸往来、通向西域的“丝绸之路”,而更像是通向朝鲜半岛和日本的“书籍之路”。[④] 一个典型的例子是日本的遣隋唐使均以购求书籍为重任,这便是中日两国虽然人员往来数量并不庞大,但日本继承中国文化甚多之原因所在。由是观之,中日韩三国人文交流历史悠久,具

---

① 参见钟准:《中、日、韩近代民族主义历史认识的形成探析》,载《世界民族》2010 年第 3 期。

② 参见姜永琳、普利娅 · 查柯、张旭鹏、西亚瓦什 · 萨法里、谢晓啸:《萨义德的〈东方主义〉及其当代价值》,载《史学理论研究》2019 年第 2 期。

③ Ken McLeod, "Afro-Samurai: Techno-Orientalism and Contemporary Hip Hop," *Popular Music*, Volume 32, Issue 2, May 2013, pp.259-275.

④ 参见王勇:《“丝绸之路”与“书籍之路”——试论东亚文化交流的独特模式》,载《浙江大学学报(人文社会科学版)》2003 年第 5 期。

有深厚的文化合作传统。

其三,中日韩三国的近现代史有诸多相似之处,由此产生的东亚意识及其背后的和合精神是人文共同体的重要观念资源。由于种种原因,朝贡体制下东亚地区的主要国家在近代之前都走上了闭关锁国的道路,这和西方世界的兴起形成鲜明对比。几百年间,西方在物质上完成了工业革命,形成了民族国家,文化上文艺复兴、宗教改革和启蒙运动接续不断,最终迈向全球扩张。在西方的入侵下,历史悠久的东亚各国国门洞开,陷入困境:一方面,东亚的近现代史是反抗殖民和帝国主义的历史;另一方面,也是转变传统、接受现代的历史。各国为了摆脱困境,开始寻求不同的追赶西方的道路。中国在鸦片战争时期开始认识到西方的"船坚炮利",后来逐步走向"自强""求富"的洋务运动,但由于内部制度改革的不彻底以及当时地区和当时国际环境的局限,这场运动以甲午中日战争的失败为标志走向没落。[①] 其后中国开始尝试制度改革,戊戌变法和清末新政是标志性的改革运动,但最终也并未帮助中国真正走出困境。辛亥革命的不彻底促使先进的中国知识分子开始寻求从文化层面变革中国,试图用以西方文化为代表的现代文化来改造中国的传统。而日本在面对西方列强时,通过明治维新和中央集权,步入了近代国家的行列。中国作为地区性强国地位的衰落刺激了通过改革逐步强大起来的日本在东亚地区乃至东南亚地区扩张的野心,并最终使日本走向军国主义的道路。可以说,即使在二战后的东亚社会,仍然在某种意义上存在前面提及的困境:传统的规范在现代化的冲击下迅速瓦解和失效,而从西方引进的新规范却由于无法在东亚这些后发展国家内部找到支撑,因而同样无法有效运作。[②] 但随着历史发展,东亚意识逐步成熟,成为解决东亚地区现代化困境的一剂良药。所谓"东亚意识"指的是东亚地区人民在内忧外患、复杂多变的近现代历史当中形成的自我觉醒的意识,包括主体意识(独立自主意识)、忧患意识、危机意识、经世意识、批判意识和反省意识。其实质是一种根植于儒释道传统的东亚地区独有的"和合意识"。"和是和平、和谐、祥和,合是融合、合作、结合。和合是指自然社会、人际、人的心灵及文明中诸多元素、要素的相互冲突、融合,与在冲突、融合的动态过程中各元素、要素和合为新生命、新事物的总和。"[③]东亚现代传统孕育出这种独特的区域意识,对中日韩三国的社会发展、制度建构、文化传承乃至民族性格都产生了深远影响,在今日全面推进区域合作的过程中将起到关键作用。

其四,中日韩三国共享儒家文化,在社会结构、生活习俗、价值观念上具有明显共性。人类互利合作的扩展秩序从最初的族群到国家到区域,是一个总的趋势,尽管在这一大趋势的中间会有非常多的曲折。在此过程中,文化并非扮演一种被动的角色,而是常常作为前置性的力量发挥其功能。在讨论战后东亚经济的快速发展时,很多学者都曾注意到"儒家文化圈"这一现象。东亚地区曾经在相当长的历史时期内受到儒家思想的熏陶,尽管中日韩对于儒家思想的吸收都有其特殊性,但"义利兼顾"、重视教育、以和为贵、强调节俭、勤劳诚信等文化因子的确是各国共享的理念[④],且这些理念与现代经济发展并不

① 参见李德征:《中外学者对洋务运动与中国近代化关系的几点看法》,载《文史哲》1990年第1期。

② 参见萧功秦:《东亚权威政治与现代化》,载《战略与管理》1994年第2期。

③ 张立文:《东亚意识与和合精神》,载《学术月刊》1998年第1期。

④ 参杜维明:《现代精神与儒家传统》,生活·读书·新知三联书店2013年版。

矛盾甚至有极强的助推作用,一方面推动本国经济社会的腾飞,另一方面容易促成同处“儒家文化圈”的各国开展多维合作。此外,儒家文化还促成了东亚价值观的关系导向,即认为适当的人际关系和良好的秩序是社会的基础。如果能够在新的历史环境下实现儒家优良传统的现代转化,就可以丰富曾经由西方世界界定的单一的现代性内涵,回应“东方主义”的曲解,在某种意义上为构建东亚人文共同体提供重要理论资源。韦伯在《新教伦理与资本主义精神》中曾经指出西方的资本主义发展起来后已经逐渐遗忘了其最初的宗教动机,成为一架没有目的、空转的铁笼(iron cage)。[①] 马克思也对现代资本主义社会中所产生的拜物教有过深度的剖析。[②] 总之,缺乏有效的文化体系作为支撑,即文化与自身历史传统相割裂,则任何人类的互动制度与合作模式都将处于不能持久的境地,并且可能带来能预见或不可预知的负面后果。而现实中的儒学正是东亚社会制度构建与价值观念互动产生出的历史文化传统,理应在当代受到重视。

其五,源自民间的以鲁迅文学为代表的现代文学传统,对东亚产生了重大社会影响,成为促进东亚人文交流的有效质素。在中日韩三国的近现代历史中,除儒学知识形态外,鲁迅文学作为一种并非悬浮的观念形态在中日韩三国的社会中起到了不可忽视的作用。鲁迅文学产生于中国或者说源自鲁迅对于东亚遭受帝国主义压迫而落后的现状的观察与剖析。在自己独特的文学中,鲁迅强调“改造国民性”,主张发扬人的主体性,反抗各种形式的权力压迫,追求人与人之间的包含各种维度的平等。更重要的是,鲁迅拒绝照搬外来输入的各种意识形态,他主张只有经过一种艰难的“抵抗”的过程我们才能获取真正有效的能融入本土的知识和思想。这种文学可以看作是植根于东亚土壤的知识思想形态。早在二战前,在日本的左翼进步知识界以及朝鲜的知识界,鲁迅文学就已经产生了重要的影响,两国的知识分子通过对鲁迅文学的接受展开了对不平等现实和权力压迫的批判,这种源自民间的思想在 20 世纪曾经产生了非常重大的社会影响,至今在日韩两国鲁迅仍是家喻户晓的文学家和思想家。韩国著名社会活动家李泳禧曾经被称为“韩国鲁迅”,日本更是涌现出如竹内好、伊藤虎丸、丸山升、藤井省三等一大批致力于研究和传播鲁迅思想和文学的著名学者,日本的著名作家、诺贝尔文学奖获得者大江健三郎和当代有影响力的作家村上春树都曾受到鲁迅的深刻影响。这些常常被忽略的民间思想交流的事实在某种意义上为中日韩三国的文化情感交流乃至平等互利的经贸合作提供了观念上的重要支撑。因此,以鲁迅文学为代表的现代文学对于全面推进东亚人文交流和民间交流具有的特殊意义,不可忽视。

三、利用 RCEP 合作框架推进区域全面合作的阻碍因素:从历史文化视角看

通过上面的分析,我们可以看到,使东亚人文共同体成为可能的历史传统和人文精神资源十分丰富。但近代以来日本对中韩两国的侵略历史,也造成了许多阻碍东亚人文共同体形成的文化质素。

日本作为东亚地区最早的崛起国,在处理东亚国家间关系的问题上出现了重大战略

---

① 参见[德]韦伯:《新教伦理与资本主义精神》,简惠美、康乐译,广西师范大学出版社 2010 年版。

② 参见马克思:《资本论》第 1 卷,人民出版社 2004 年版。

和决策错误,是值得总结的历史教训。率先发展起来的日本不但没有帮助周边国家和地区实现共同繁荣,反而发动侵略战争给亚洲多国人民带来了巨大的创伤。这种历史教训和日本近代以来所形成的文化特质是密切相关的。日本思想家竹内好曾将近代日本的文化概括为“优等生文化”[①],意即将自身定位为一种亚洲后发国家学习西方的“优等生”,单向地吸收源自西方世界的现代事物及其背后的精神质素,在这个过程中,缺乏对于外来文化自觉抵抗的思路,进而形成一种缺少反省色彩和有深度主体性色彩的近现代文化。正是这种文化,导致日本精英阶层和民间社会无法对不断走向激进的军国主义道路有充足的全面的批评。更值得注意的是,在侵略战争期间,日本思想界还提出“近代的超克”口号[②],意即对于以西方为代表的近代(日语中,“近代”一词也含有现代之意)文明实现克服和超越,构建一种新的普遍性(其实质是日本对其他亚洲各国的奴役)。臭名昭著的“大东亚共荣圈”便与此多有关联。建立在武力侵略而非互利共赢基础上的普遍性既缺乏道义上的正当性,也缺乏持续的有效性[③],日本军国主义的失败早已证明了这一点。

时至今日,日本对于近代以来自己侵略亚洲其他各国的历史反思并不彻底,进而日本侵略战争的评价问题还经常成为其国内各种政治势力获取政治利益的工具。这种现状客观上造成了日韩和中日之间经常出现关系紧张,为三国之间正常顺畅的经贸合作和政治安全互信增添了诸多障碍,对于构建东亚人文共同体更是具有严重的负面影响。

前面已经强调,同处儒家文化圈影响的东亚各国在相互合作方面具有天然的便利性,但对于面临新挑战和新机遇的时代,我们观察的重点更应该是中、日、韩三国间历史和文化的差异,在基本的合作格局和合作框架产生后,差异常常会发生关键性作用。差异又可以进一步分为古代的和近现代的两个阶段,尤以近现代为重要。从古代的角度来看,日韩两国与中国既有过一些局部的军事冲突,但更多的还是文化社会方面的合作,在相当长一段时期,传统的朝贡体制成为维系中国和朝鲜半岛合作的重要制度安排。日韩两国在近代之前,于吸收中国儒家文化的同时也发展出具有本土化特色的文化形态和制度安排,但总体来讲,在基本文化特质方面,趋同大于分殊,这是东亚既作为一个地理区域也是一个文化区域的关键所在。

但近代以来,这种局面发生了变化。日本首先在近代采取了“脱亚入欧”的国策,全面吸收西方文化,儒家文化的影响在正式建制层面的影响力逐步下降,更多保留在社会生活和人际交往层面;而朝鲜半岛因为在近代被日本侵略,先是长时期受到近代以来日本文化的影响,二战后韩国又大量受到美国文化的影响,更重要的是,他们全面废除了已经使用了相当长历史时期的汉字,这在某种意义上也造成了本国历史文化的断层现象。另外,源自西方的近代“民族主义”(nationalism)观念也在很大程度上重新塑造了亚洲各国对于自身历史和文化的认识,这里面自然包含很多建构的成分。我们必须清醒地认识

---

① 参见[日]竹内好:《近代的超克》,李冬木、赵京华、孙歌等译,生活·读书·新知三联书店2005年版。

② 参见段世磊:《京都学派的遗产——世界史的立场与近代的超克》,载《北京社会科学》2018年第4期。

③ 参见阎学通:《道义现实主义的国际关系理论》,载《国际问题研究》2014年第5期。

到,这种建构性若不受理性的制约很可能会走向极端,进而忽略真实客观的历史,人为地制造国与国之间的对立。更值得注意的是,表面上作为对这种民族主义及其自然延伸出的帝国主义之反思的某些思潮,其实质上乃是这种建构性民族主义的膨胀或扩大,比如前面提到的“大东亚共荣圈”或“近代的超克”。这再次从一个侧面印证了文化观念在历史建构和现实判断方面所具有的作用是绝不可忽视的。对于这种客观存在,我们理性的选择就是促使观念发挥正向的积极的作用而限制乃至防止其产生消极负面的效应。另外,晚清时期开始,日本有所谓反思“脱亚入欧”的“亚细亚主义”思潮,但在客观上,这股思潮最终却与“近代的超克”产生了关联,而并未促成东亚各种基于平等互利的合作,究其原因,很大程度上还是在于观念的模糊性,缺乏基于世俗人性的微观基础,进而悬浮在真实社会之上无法落实,成为政客和野心家的工具。

因此,今天我们要利用 RCEP 合作框架推进区域全面合作,需要厘清东亚各国的文化传统,明晰其内核,求同存异,包容互鉴,发挥东亚意识、儒家文化、鲁迅文学传统等诸多文化资源的作用,特别是要防止所主张的文化观念流于空泛或过于理想化而没有深入到社会中的群体和个体。

四、利用 RCEP 合作框架推进区域全面合作的有效路径:基于历史文化视角的建议

基于东亚的传统与现实,尤其是前文对有利因素和阻滞因素的全面研判,本研究认为,利用 RCEP 合作框架推进区域全面合作,不能忽视历史文化的作用。本研究提出以下几条政策建议:

第一,应当同时重视官方的文化对话与民间自发的文化交流。一方面,官方的文化外交应当更注重从民间交流的成果中吸取各种有益因素,例如发挥以鲁迅文学为代表的现代文学的作用(比如在适当的时候举办关于鲁迅思想与文学的学术研讨会或民间交流会),提升中日韩三国学术界和社会公众对于反抗西方霸权的东亚意识的理解与认同。另一方面,民间自发的文化思想交流要与时俱进,根据时代的变迁和国际格局地区形势的变化创生出更多良性的符合东亚各国长期友好合作的思想和观念形态,以开放包容的姿态促进综合性的东亚共同体的产生。

第二,坚持和平崛起战略,致力于以“创新”和“诚信”的理念构建人类命运共同体和区域共同体。中国文明传统素来强调“天行健,君子以自强不息;地势坤,君子以厚德载物”的精神,在大国外交和创建新型区域关系的背景下尤其需要提倡这种精神。近代以来,大国崛起的过程往往伴随着战争与暴力,利益纷争和观念冲突曾经带给全球民众太多的创伤记忆。中国文明长久以来都坚持内向而非扩张的路径,有着悠久文明史的中国有信心也有能力走出“历史的循环”,以开放诚信的心态同东亚邻国建立友好关系,避免“修昔底德陷阱”;同时,依托自身的文明传统优势,挖掘传统理念的潜力,积极发挥大国作用,构建一种公平正义、互利互信的区域全面合作新秩序。

第三,在对外交往中坚守“大道之行,天下为公”的价值理念。就中国文明传统中固有的“天下”观念而言,它不同于近代以来由西方主导形成的弱肉强食的国际体系规则,并在某种意义上超越了西方狭隘的民族国家观念以及美国经常推行的单边主义战略,强

调构建以仁爱为核心的普遍性制度去维护世界的多样性,建构相互依存的良性互动关系,反对帝国主义和霸权秩序,维护和发展世界的共同利益。只有坚守了这个终极理想,我们才能在对外交往和区域经贸合作中既坚决维护中国的国家利益,同时,也避免陷入狭隘的民族主义或民粹主义。

第四,从教育层面入手,推动三国学术界以严谨负责的态度合作完成东亚"跨国史"的写作,以促进中日韩三国民众的东亚区域认同感。跨国史的理念和方法不仅应该被用于研究历史,而且可以渗透到历史教学中。民众对于历史的理解大部分来自历史教科书,利用"东亚史"课程教育来培育东亚共同体意识和"东亚人"观念,塑造东亚共同的文化认同和身份认同,是构建东亚人文共同体的有效途径。① 当然,必须再次强调,这样的东亚史是建立在日本正视并深刻反省其侵略历史基础之上的。

第五,尊重东亚文化的异质性。各方在深入了解彼此历史的基础上,比较中日韩文化内核的异同,求同存异、促进互信。对中国而言,尤其需警惕"汉文化圈""中华中心论"等易引发日韩强烈民族主义情绪的观点。如果还是以传统朝贡体制的等级观念对待邻国,断不可能构建起真正的东亚人文共同体以促成区域在经贸和政治层面的全方位合作。东亚跨文化认同应该建立在不同文化彼此的相互理解而不是简单的文化输出的基础之上。

On the Construction of East Asian Humanistic Community: Based on the Taking Effect of RCEP

ZHONG Cheng

Abstract: As RCEP has taking effect, to deal with the impact caused by the COVID-19 and the drastic changes in the world political and economic situation becomes an important task. Therefore, building the East Asian Humanistic Community has turned into an inevitable choice for the national development of China, regional cooperation in East Asia and mutual learning between Eastern and Western civilizations. Judging from the history of the rise and fall of the ancient East Asian Humanistic Community and the modern history of East Asian Area, China, Japan and South Korea share important cultural elements for the construction of the Asian Humanistic Community, including the profound cultural exchange tradition, the long-shared Confucian knowledge, the "East Asian Consciousness", the inherent "Spirit of Harmony" brought about by similar modernization histories, the modern intellectual tradition represented by "Lu Xun's Literature" and "East Asian Lu Xun". However, the aggression war launched by Japan form the end of 19th century to the first half of 20th century, coupled with Japan's lack of historical reflection after the Second World War have caused many cultural obstacles preventing the formation of the East Asian Humanistic Community. Although there are more similarities than differences among China, Japan and South Korea in terms of basic cultural characteristics, we still need to pay attention to the cultural differences among the three nations in the process of building contemporary East Asian Humanistic Community, and the fact that "America is inherent in East Asia"

① 参见刘宝全:《跨国史视野下的东亚史书撰写与韩国东亚史教育》,载《历史与文化》2020年第1期。

should also be taken into consideration. On the basis of prudently handling the three basic relationships of "Confucian culture vs. local culture", "Oriental civilization vs. Western civilization" and "Elites-masses", we can take the following realistic paths to build the East Asian Humanistic Community: first, the joint development of official cultural dialogue and spontaneous non-governmental cultural exchanges, secondly, rebuilding cultural leadership and respecting cultural heterogeneity; thirdly, reforming the teaching system and emphasizing cultural heritage; fourthly, facilitating the internalization of norms and seeking original intellectual products.

RCEP 背景下推进中日韩清洁能源合作研究

李昕蕾*

作为东北亚地区的核心大国，中日韩 GDP 分居世界第 2、第 3、第 11 位，三国 GDP 总量占世界的 20%、亚洲的 70%，快速的经济发展与高比例的化石能源消费结构使三国均是位列世界前十的碳排放大国。基于此，中日韩清洁能源发展与区域合作对于推进全球低碳转型以及绿色发展具有举足轻重的意义。2020 年 9～10 月，中日韩分别提出了到本世纪中叶实现碳中和的目标，并提出了配套的能源转型战略与雄心勃勃的清洁能源发展路线图。以风能、光伏、潮汐能、绿色氢能、智慧储能、绿色电力和清洁交通为代表的清洁能源被视为应对气候危机、保障能源安全、促进绿色产业发展的关键一环。与此同时，2020 年 11 月 15 日，中国、日本、韩国等与东盟签署了《区域全面经济伙伴关系协定》(RCEP)，作为亚洲首个最大的自贸协定，RCEP 构建起了区域自贸协定的基本框架，开始实现对区域现有经贸规则、资源平台的整合与升级。面对碳迫紧态势下中日韩之间仍存在的清洁能源合作多重挑战，可以借助 RCEP 所构建的制度保障和规则体系来推进东北亚自贸区发展，营造中日韩三国良好的清洁能源投资环境并提升绿色能源区域合作的便利化，从而抓住建构区域清洁能源产业链的重要契机。

一、中日韩清洁能源区域合作的既有路径

中日韩清洁能源合作可以追溯到 20 世纪 90 年代，从合作层次而言，可以分为中日、中韩双边合作，中日韩小三边合作，中日韩在亚太区域以及全球层面的大多边合作等多个层次；从合作参与行为体而言，可以分为政府间合作、政府与民间协调、民间组织和企业间合作等多个维度。目前的中日韩清洁能源合作领域的区域协定多为以双边为主的原则性协议，仍处于初步合作阶段或浅层合作阶段，尚未形成综合性清洁能源合作平台和长效性互动机制。值得注意的是，尽管国家层面的顶层战略推动至关重要，但清洁能源合作项目同时也靠地方层面实践创新来推动，"自下而上"更具韧性的跨国网络合作路径已经成为"自上而下"官方合作路径的重要补充，并展示出越来越多的活力。

1.中日与中韩双边清洁能源合作

就中日双边合作而言，1993 年中日签订《关于能源利用与环境保护对策的合作议定

---

* 李昕蕾，山东大学亚太研究所教授。

书》,使“中日绿色援助计划”得以顺利推进,有助于中国节能环保与可持续发展战略推进。2006 年,中国继续与日本新能源产业技术综合开发机构(NEDO)合作,引进日本先进的节能、洁净煤技术和清洁能源管理经验。另外,自 2001 年柏林气候谈判会议中国改变对清洁发展机制(CDM)的排斥态度后,中日清洁能源合作在 CDM 框架下加速推进。中国国家气候变化对策协调小组 2021 年 9 月的数据显示,两国已达成的 CDM 合作项目共 219 项,其中可再生能源项目最多。① 自 2006 年以来,每年举办的中日节能环保综合论坛为两国企业、研究机构以及政府部门在绿色发展和节能环保领域搭建了重要的合作平台,累计签署合作项目 402 个。② 与此同时,中日城市间和企业间的合作也不断增多,如 2020 年 5 月,中国发改委设立 6 个中日地方发展合作示范区,包括日本三菱重工与成都高投集团在成都高新区打造的中日数字低碳城市科技创新中心。③

就中韩双边合作而言,自 20 世纪 90 年代以来,清华大学和韩国能源研究院(KIER)就开始推进每两年一次的中韩清洁能源研讨会,至今已经举办 12 届。④ 自 2009 年以来,由中国国际贸易促进委员会和韩国大韩商工会议每年共同主办的中国—韩国绿色经济合作论坛成为两国经贸界在清洁能源、节能环保和绿色产业领域探寻合作契机的重要平台。在政府层面,相较于日本,韩国寻求与中国加强综合性气候能源合作的意愿更强。⑤ 2013 年,时任韩国总统的朴槿惠来华访问,两国政府发表《中韩面向未来联合声明》,其中气候能源合作被列为中韩未来进一步加强合作的重点领域之一。在“一带一路”倡议对接韩国“新北方政策”战略背景下,2019 年以来,中国多地推进中韩产业园建设(烟台、盐城、惠州等),以调动两国私营部门资本与技术加强绿色低碳合作。如韩国 C&M 株式会社投资 2000 万美元在中韩(烟台)产业园建立新能源汽车电子生产基地。⑥ 在“碳中和”与“绿色新政”背景下,中韩企业在新能源汽车(电动汽车和氢燃料汽车)产业上的合作加强,如 2021 年 6 月,中国贸促会机械行业分会与大韩贸易振兴公社等机构以“绿色新政及新能源汽车”为主题在北京举办中韩新能源汽车产业合作论坛。⑦

2.中日韩三边合作和亚太区域性多边合作

在中日韩三边合作中,清洁能源议题的重要性也在逐步上升。自 1999 年以来,在联合国可持续发展委员会(UNCSD)的推动下,中日韩三国环境部长会议(TEMM)正式建

① 参见中华人民共和国生态环境部网站,https://www.mee.gov.cn/ywgz/ydqhbh/qhbhlf/。

② 参见《第十五届中日节能环保综合论坛成功举行》,国家发展和改革委员会网站,https://www.ndrc.gov.cn/fzggw/wld/cl/lddt/202112/t20211226_1309783.html。

③ 参见《日本三菱重工携手成都高新区,建设中日数字低碳城市科技创新中心》,中国新闻网,https://baijiahao.baidu.com/s? id=1705267406718286097&wfr=spider&for=pc,2021-07-14。

④ 会议聚集两国顶尖的能源领域专家参与,讨论清洁能源利用、多污染物控制过程以及废物转化能源技术等议题。20 年来参与双方包括韩国能源研究院、国立釜山大学、延世大学、亚洲大学、水原大学等以及中国的清华大学、东南大学、浙江大学、华中科技大学、山东大学、中南大学、南京师范大学,太原理工大学、江苏大学等。

⑤ 参见余建华:《韩国能源安全战略与中韩能源合作探析》,载《国际关系研究》2014 年第 2 期。

⑥ 参见《加速崛起! 中韩烟台产业园一年新引进 45 个韩资项目》,烟台市人民政府网,http://www.yantai.gov.cn/art/2019/12/30/art_11748_2617257.html,2019-12-30。

⑦ 参见《中韩新能源汽车产业合作论坛暨企业对接会在京召开》,第一电动网,https://www.d1ev.com/news/shichang/148649。

立,每年由三国轮流主办,至今已有21年。自2014年第16次TEMM之后,绿色经济转型成为会议主要议题之一,清洁能源转型被视为应对环境污染的根本性举措。除了官方合作,中日韩作为一衣带水的邻国,民间交往合作一直不断。2017年以来,东北亚清洁能源产业博览会每年召开,侧重清洁电热技术、太阳能光伏设备、生物质能、工业节能、新能源车等领域的企业洽谈与合作。2018年成立的中日韩低碳城市研讨会是由三国应对气候变化领域国家级研究机构共同组织先锋城市参与的区域性交流合作平台,旨在促进三国低碳可持续发展的最优实践交流。①

在ASEAN和APEC地区性合作框架下,中日韩也有在清洁能源议题上的直接或间接合作。在2007年1月第二届东亚峰会上,"10+6"成员国领导人签署《东亚能源安全宿务宣言》,其中包括技术研发、创新融资等维度在内的东亚地区清洁能源合作具体措施。同年11月举办的第三届东亚峰会签署了《气候变化、能源和环境新加坡宣言》,进一步明确了清洁能源在东亚应对气候变化、能源安全以及环境保护中的核心作用。中国与东盟能源中心共同创办了东亚峰会清洁能源论坛,旨在加强东亚清洁能源技术交流与项目合作。2014年,在北京召开的第11届APEC能源部长会议上,中国借助主场外交优势倡导建立了"APEC可持续能源中心"(APSEC),着力促进清洁能源领域的政策交流、信息共享、联合研发、技术合作等。②

3.中日韩在全球层面的间接性网络合作

全球清洁能源治理中,国际可再生能源机构(IRENA)、全球清洁能源部长级会议(CEM)、"创新使命"(MI)、二十国集团(G20)这些政府间组织和全球会议进程等均发挥着重要影响。中日韩均为上述国际机制的会员,特别是中国和日本在这些全球清洁机制平台上具有重要影响力。与此同时,三国也是21世纪可再生能源政策网络(REN 21)、可再生能源及能效伙伴关系(REEEP)等全球包容性合作伙伴关系网络的成员。③ 全球层面的间接性网络合作也为中日韩清洁能源合作提供不可或缺的动力。如CEM由美国奥巴马政府于2009年哥本哈根会议上推动成立,旨在加快全球清洁能源技术的推广与全球能源经济的转型。④ MI创设于2015年的巴黎气候大会,旨在提升全球清洁能源技术研发和创新的投入,并与CEM并轨同时召开。2017年6月,第八届CEM和第二届MI在北京召开,此次会议就加速全球与区域清洁能源创新和转型、提升清洁能源全球共享领导力、建立公私合作机制等多项重要议题达成共识。其中,中国与IEA作为合作伙伴牵头领导新的电动汽车30@30倡议,目标是到2030年至少有30%的新车销售为电动汽

① 参见《镇江代表赴日本出席中日韩低碳城市研讨会》,金山网,https://www.jsw.com.cn/2019/0809/1503440.shtml,2019-08-09。

② 参见《APSEC中心简介》,APEC可持续能源中心,http://apsec.tju.edu.cn/index.php/Home/About/index/id/6.html,2021-08-10。

③ 包容性合作伙伴关系网络意味着将公共部门、私营部门和社会部门的力量结合在一起,使各方优势资源与影响能力彼此嵌构和相互强化,从而全面带动清洁能源治理新格局的发展。

④ CEM成员包括美国、中国、德国、法国、日本、韩国、俄罗斯、印度、英国等24个国家和欧盟。它们占全球清洁能源投资的90%,占全球温室气体排放量的75%,对世界能源体系转型的影响至关重要。

车,日本与韩国均已加入。[1] 目前 MI 在第二阶段(2020～2030 年)工作规划中,重点在高比例可再生能源电力系统、绿色氢能、低碳交通运输等方向推进成员之间的务实合作,突破制约清洁能源大规模发展的关键技术瓶颈。[2] 在 MI 2.0 阶段,中国将牵头高比例可再生能源电力系统的技术攻关,也有助于中日韩区域电网合作以及推动清洁能源技术的区域市场化应用。

同时,非国家行为体在全球清洁能源合作中发挥日益重要作用,这突出体现为跨国城市网络和跨国企业网络的涌现。就跨国城市网络而言,成立于 1990 年的倡导地区可持续发展国际理事会(ICLEI)规模最大,这是一个由全球 2500 多个地方政府共同组成的合作网络,旨在推动城市迈向低碳的可持续发展方向。2012 年,ICLEI 在韩国首尔市建立其东亚秘书处。[3] 目前,中国 17 个城市及城区、日本 21 个城市、韩国 47 个城市加入。[4] 如 ICLEI 所建立的 100%可再生能源城市和地区网络(The 100% Renewables Cities and Regions Network),通过信息共享、技术支持、最优实践扩散等推进全球与区域的能源转型。[5] 就跨国企业网络而言,RE 100 是由气候组织(The Climate Group)与碳排放披露项目(CDP)于 2014 年共同发起的一项全球企业可再生能源倡议网络,旨在汇聚全球最具影响力的企业,加快向零碳电网目标的过渡。[6] 截至 2021 年 9 月,全球已经有 323 家企业加入 RE 100:中国包括远景能源(上海)、晶科能源(上海)、隆基绿能(西安)、阳光电源(合肥)等在内的 17 家企业,日本包括富士通、日清食品控股、爱德万测试在内的 59 家企业,韩国包括 LG 能源、SK 海力士、SK 电讯在内的 9 家企业加入网络。[7] 加入企业必须公开承诺在 2020～2050 年使用的太阳光、风力等可再生能源达到 100%,并每年就推进状况提出书面报告。[8]

中日韩国家间清洁能源合作情况,详见表 1。

---

① 参见《第八届清洁能源部长级会议主席总结:共享全球清洁能源领导》,中华人民共和国科学技术部,http://www.most.gov.cn/kjbgz/201706/W020170620644493284432.doc,2017-06-08。

② Mission-Innovation,"Private Sector Engagement",http://www.mission-innovation.net/our-work/private-sector-engagement/,2021-08-15.

③ ICLEI,"Enhance Urban Resilience for Sustainable Cities",http://unpog.org/file/download.asp? sn=552,2020-11.

④ 中国大陆目前有长春、成都、贵阳、上海长宁区、深圳光明新区、石家庄裕华区 6 个城市及城区加入 ICLEI,台湾有台北市、新北市、桃园市、新竹市等 11 个城市加入;日本有京都市、东京都板桥区、札幌市、广岛市、北九州市、东京市等 21 个城市加入;韩国有首尔市、大田市、唐津市、始兴市等 47 个城市加入。参见 ICLEI,"Members",https://iclei.org/en/members-search.html? order_by=1&page=6,2021-08-15。

⑤ ICLEI,"The 100% Renewables Cities and Regions Network",https://iclei.org/en/100RE.html,2021-08-15.

⑥ RE 100,"Going 100% Renewable: How Companies are Demanding a Faster Market Response",https://www.there100.org/sites/re100/files/2020-09/RE100ProgressandInsightsAnnualReport2019.pdf, 2019-12.

⑦ RE 100,"RE 100 Members",https://www.there100.org/re100-members, 2021-08-15.

⑧ RE 100 从技术信息沟通、技术规范、标准推广等方面为企业使用 100%可再生能源技术提供了重要的合作平台。

表1　中日韩国家间清洁能源合作情况

		政府间合作	政府与民间协调性合作	民间组织、企业间合作
双边合作	中日	·中日绿色援助计划 ·中日 CDM 项目 ·中日友好环境保护中心 ·中日政府间科技合作联合委员会	·中日节能环保综合论坛 ·中日环境合作综合论坛 ·中日第三方市场合作论坛	·中日民间绿化合作委员会 ·中日氢能产业发展研究中心 ·中日氢能产业联盟
	中韩	·《中韩气候变化合作协议》(2015) ·中韩气候变化合作联合委员会 ·《中韩环境合作规划(2018～2022)》	·中韩绿色经济合作论坛 ·中韩绿色能源环保合作论坛	·中韩清洁能源研讨会 ·中韩新能源汽车产业合作论坛
多边合作	中日韩三边区域性	·中日韩三国环境部长会议(TEMM) ·中日韩合作事务局(TCS) ·中日韩核安全监管负责人会议(TRM)	·中日韩低碳城市研讨会 ·中日韩友好城市大会 ·东亚经济交流推进机构(OEAED)	·东北亚清洁能源产业博览会 ·中日韩工商大会
	亚太区域	·东盟"10＋3"能源部长会议 ·东亚峰会(EAS)清洁能源论坛 ·APEC 能源部长会议 ·APEC 可持续能源中心(APSEC)	·北九州倡议网络(KI) ·亚洲开发银行亚洲清洁能源论坛 ·亚太清洁发展和气候伙伴计划	·亚洲清洁空气中心 ·亚洲清洁空气倡议网络(CAI Asia)
	全球性	·全球清洁能源部长会议(CEM) ·创新使命(MI) ·国际可再生能源机构(IRENA) ·二十国集团(G20)	·环境与可再生能源国际会议(ICERE) ·21 世纪可再生能源政策网络(REN 21) ·可再生能源及能效伙伴关系(REEEP)	·倡导地方可持续发展国际理事会(ICLEI) ·C40 城市集团 ·RE 100

资料来源:作者自制。

二、全球碳中和态势下中日韩清洁能源合作的多重挑战

截至 2021 年 11 月,全球已有 137 个国家/地区作出碳净零排放承诺,这种碳约束迫紧的态势加速了清洁能源对化石能源的历史性替代。在此背景下,面对各自国内的高比例化石能源及其大量碳排放,中日韩均于近两年密集制定出了各种能源转型、清洁能源发展与绿色产业经济振兴的相关战略,且更加需要区域绿色协同发展。但在迫紧的地区能源转型态势下,三国清洁能源合作仍面临多重挑战。

1.传统能源合作机制缺失提升了清洁能源合作的难度

相比于欧盟和东盟，东北亚地区仍然缺乏一个有力的区域综合性能源合作框架平台来进行多边磋商与协作，也不利于清洁能源合作的推进。中日韩所处的东北亚地区具有错综复杂的地缘政治环境，导致三国之间政治互信的严重缺失。不仅东北亚国家的区域认同感较弱，而且美国作为域外国家不断介入并阻碍东北亚区域能源合作。另外，中日韩三国同为能源消费大国，在能源领域存在众多共同利益且面临诸多相似问题，但三国始终未能在能源领域达成有效合作。围绕化石能源进口地和海外能源资产收购和开发而展开激烈的竞争，加剧了东北亚地区的不信任感和能源安全困境。在中东地区和中亚及俄罗斯地区，三国围绕石油进口权和油田开采权展开竞争。这种竞争态势无助于中日韩在能源领域取得良好的安全与经济效益，反而加剧了油气市场的“亚洲溢价”并带来额外经济损失。

2.中日韩能源转型阻力大且区域清洁电力合作难以落地

传统化石能源，特别是煤电在中日韩能源系统中的地位一时间难以“撼动”，三国能源结构特点都是化石能源在初级能源供应总量中占 80%以上。虽然三国清洁能源特别是光伏和风电发展迅速，但在整体能源结构中仍占比较小。疫情复工复产背景下全球电力需求的增长超过了清洁电力的增长，这导致了亚太地区 2021 年上半年煤电反弹，中日韩的煤炭进口量持续上涨。根据 2021 年国际可再生能源机构(IRENA)报告，碳中和目标的实现离不开高比例清洁能源电力的开发和区域电力网络的相互协调，这意味着 2030 年东北亚地区清洁电力总占比需要达到 60%，清洁电源超过化石能源发电成为主导电源，到 2050 年区域清洁电力占比需要达到 90%。尽管以中日韩为核心的东北亚区域清洁能源电网合作是实现区域碳中和目标的重中之重，但中日韩之间战略互信与区域协同的推进需要多维机制的助力。

3.近年来中日韩清洁能源领域的绿色竞争态势上升

随着中日韩清洁能源区域贸易量的发展，双边或者多边贸易摩擦很难避免，相关产品的反倾销与反补贴调查等是贸易争端的主要表现形式。如中韩间关于光伏产品的倾销与反倾销争端持续多年。另外，由于中国在清洁能源技术领域向中高端发展，中日韩之间的互补性合作会向竞争性合作转移。如中日韩在电动汽车和燃料电池汽车上的竞争日益激烈。为了取得碳中和背景下能源创新技术的主动权从而获得在全球能源低碳转型中的优势地位，中日韩在其他脱碳技术如电力储存和氢能、核电、分布式能源系统等领域的竞争也在加剧，从而恶化了中日韩清洁能源合作的大环境。这就需要推进三国在东北亚清洁能源区域协调中的积极作用，依靠区域各种平台强化区域清洁能源的标准规则建构，从而推进各国之间的良性竞争。

三、以 RCEP 为契机来推进中日韩清洁能源合作的方略建议

为了克服中日韩清洁能源合作进程中的多重阻力，有必要以“大多边”促“小多边”的方式，更为灵活地推动中日韩之间多轨合作及其在东盟的第三边和第四边合作等。中日韩同时参与的《区域全面经济伙伴关系协定》(RCEP)生效将为低碳转型和碳中和目标下东北亚区域内新型绿色贸易格局和清洁能源产业链的塑造提供重要契机。

1.以 RCEP 为契机推进中日韩长效性清洁能源合作的机制创新

不可否认的是,目前东亚区域内部分成员对于中国的经济实力和影响力仍抱有不信任感,成员间政治利益关切差异交织着领土争端,使区域内部政治生态复杂化。而对于 RCEP 缔约各方来说,维持东盟的中心地位维护了区域内权力平衡。这在客观上进一步强化了区域制度安排的凝聚力。中日韩长效性合作机制创新可以以绿色与数字双重转型为契机,推进"中日韩＋清洁能源"的第四方合作,为中日韩绿色资源、产品、技术、服务合作与东盟各国的绿色发展提供契机。尽管中日和中韩在第三方绿色市场合作进展较为迅速,但从推进东北亚整体性清洁能源合作的维度而言,以中日韩为核心的清洁能源治理机制在东亚地区的整体性推进离不开东盟第四方市场合作的长效性机制化建设。在绿色与数字化双重转型态势下,中日韩三国应发挥各自的比较优势,将清洁能源绿色技术与基础设施建设有效地结合起来。第四方合作侧重点议题可以拓展为"清洁能源＋5G""清洁能源＋数据中心""清洁能源＋智能制造",以及新能源汽车、绿色氢能、"光伏＋充电桩"、新兴环保材料等领域,共同开拓第四方市场,为中日韩绿色资源、产品、技术、服务合作与东道国绿色发展提供契机。鉴于中国已经明确宣布不再建立海外煤电项目,这为中日韩在"一带一路"沿线国家开展清洁能源合作以及可持续性基础设施建设提供了新的动力,同时需要推动亚洲基础设施投资银行和"丝路基金"以及国外第三方投资基金提供有效的融资支持,以实现长期持续合作。

2.利用 RCEP 促进中日韩之间清洁能源良性竞争与标准规则建构

RCEP 有助于规范中日韩在区域清洁能源竞合中的互动行为,在推进良性竞争与协调性合作的同时能够更加有效地遏制各类清洁能源贸易摩擦。中日韩在知识产权的交流与合作中常常处于一种非平衡的状态。如日韩在中国的清洁技术知识产权申请数量远远超过中国在日韩两国的申请量,这与日韩对中国设置较高的绿色贸易壁垒有关。RCEP 关于知识产权的章节全面提升了区域内知识产权的整体保护水平,为清洁能源技术的发展和使用提供了平衡和包容的方案。碳中和下清洁能源革命的推进对信息和技术的流动提出了要求,知识产权保护的缺乏始终成为各经济体在清洁能源技术上开展有效合作的关键制约因素。此次 RCEP 自贸区协定中关于知识产权保护的相关规定在一定程度上有助于中日韩促进清洁能源合作内容的规范化以及合作领域的优化升级。从长远看,同绿色技术捆绑紧密的清洁能源发展离不开知识产权合作的有序化,RCEP 为碳中和背景下的中日韩三国在东亚区域内的绿色创新合作和可持续发展提供保障,也更加符合绿色能源新基建和能源数字转型等各类技术约定。在此基础上,一方面,中日韩可以基于 RCEP 基础框架进一步细化清洁能源贸易争端处理与绿色技术合作的具体细则;另一方面也可以此为契机加速推进区域清洁电力网络的战略共识与项目落地。

3.借助 RCEP 推进以中日韩为主导的区域清洁产业链建构

RCEP 不仅推进了欧美亚"三足鼎立"的全球制造业生产网络的形成,还有助于增强区域低碳价值链内向化发展和合作共识达成。中日韩三国 GDP 占 RCEP 整体的81.5%,具有结构性优势。中日韩三国在亚洲地区的清洁能源产业链中具有一定的引领能力,且三国在碳中和目标上均推出了提升绿色经济产业的中长期发展战略,无论是中国的"绿色低碳循环发展经济体系",还是日本的"能源技术革命创新行动"以及韩国的

"绿色新政"，都不约而同地致力于提升自身清洁能源和绿色经济产业发展水平与国际竞争力。日本和韩国属于能源资源匮乏的国家，但资本和技术水平领先，特别是在电子、汽车、储能等领域优势突出，是高端全球价值链的主要参与国。日韩企业在技术研发、金融投资、跨国公司管理、市场协调运营等方面具有比较优势。中国既是清洁能源生产大国，又是绿色投资大国，人力资源丰富且具有完整的工业体系和产业链，资本和技术禀赋也不断攀升，在全球价值链中从中低端的位置正向中高端迈进。三国可以通过发挥各自的比较优势，在三方绿色经济发展战略互补的同时，逐步实现与东盟"绿色发展""数字发展战略"的对接，加强在高质量基础设施建设特别是数字能源领域的可持续基础设施建设，并培育新的绿色经济发展模式。中日韩在清洁能源产业链的升级与深化合作中将为东亚地区提供较为高端的技术支撑和更为完整的产业集群。

Advancing China-Japan-South Korea Clean Energy Cooperation in the Context of RCEP

LI Xinlei

Abstract: Carbon neutrality has become a global development trend. As the major countries in Northeast Asia, China, Japan and South Korea have each proposed the goal of achieving carbon neutrality by the middle of this century. The development trend of high proportion of clean energy in Northeast Asia has raised new demands for clean energy cooperation among China, Japan and South Korea and good regional energy governance. However, the lack of traditional energy cooperation mechanisms in Northeast Asia has raised the difficulty of clean energy cooperation, regional clean electricity cooperation is difficult to be implemented, and the green competition in the field of clean energy between China, Japan and South Korea has risen in recent years. In the face of these multiple challenges, the RCEP, in which China, Japan and South Korea are involved, will provide an important opportunity to shape a new green trade pattern and clean energy industry chain in Northeast Asia under the carbon neutrality trend. It is necessary to promote the institutional innovation of long-term clean energy cooperation between China, Japan and South Korea through the RCEP in the way of "big multilateral" promoting "small multilateral". The RCEP can also be used to promote the benign competition and standard rule construction for clean energy between China, Japan and South Korea, and it will promote the construction of a regional clean industrial chain led by China, Japan and South Korea.

美国亚太联盟外交的调整及其趋势*

王鹏权**

自奥巴马政府调整美国外交战略、决定“重返亚太”之后，亚太地区取代欧洲和中东，成为美国关注的优先地缘政治区域，以“亚太再平衡”之名维护亚太地区的优势地位成为美国政府的重要战略目标。特朗普在2017年11月正式提出美国印太战略之后，“印太”作为扩大版的亚太成为美国进行全球战略布局的首要地区。拜登上台后，修正了特朗普时期忽视联盟体系的单边主义思想，强化与亚太盟国的双边关系，并在多边主义指导下加紧修补强化联盟关系，发挥联盟多边机制的联动效应。从长时段来看，美国亚太联盟外交已经呈现出明显的深度印太化、复杂网络化、多域复合化和意识形态化的趋势，其根本目的是依靠联盟体系赢得对华战略竞争，维护美国在亚太地区的主导地位，进而在21世纪延续美国的全球霸权。

一、在指导思想上大力提升盟友与合作伙伴的战略地位

拜登政府以重振国内民主、强化民主联盟的名义统筹内政外交政策，高度重视联盟体系在维护国家利益和国际地位中的作用，从意识形态和价值观层面强调“志同道合”的合作基础，为加强与盟国和伙伴的关系提供合法性与合理性基础。

2020年美国总统竞选时期，拜登就在《外交事务》双月刊上发表文章，阐述其参与总统竞选和未来执政的理念。在这篇名为《为什么美国必须再次领导世界》的文章中，拜登指出，如果当选总统，将分两步重振美国的超级大国地位，让美国再次领导世界：第一步，振兴国内民主，在世界范围内强化民主联盟；第二步，施行有利于中产阶级的外交政策，恢复建制派外交思路，寻求更多合作，扛起捍卫自由民主的大旗。拜登在文中重点提到中国，将中国视为美国最主要的竞争对手，声称要以“美国及其盟国的统一战线”对中国实施强硬政策。①

2021年1月20日，拜登在就职典礼上强调，美国为了应对挑战，“将修复联盟关系，

---

* 基金项目：国家社科基金重大研究专项（21VGQ026）。

** 王鹏权，山东大学亚太研究所亚太大国关系与地区安全研究中心主任，山东大学当代社会主义研究所助理研究员、博士。

① Joseph R. Biden, Jr., “Why America Must Lead Again? Rescuing U.S. Foreign Policy After Trump,” *Foreign Affairs*, March/April, 2020, pp.64-76.

再次与世界接触"[1]。2 月 4 日,拜登进行首次外交政策演讲时强调,盟友关系是"美国最大的资产","以外交手段领先"就是要"再次与盟友和主要伙伴并肩作战"。[2] 3 月,美国白宫国家安全委员会发布的《临时国家安全战略方针》全面阐释了拜登政府的联盟战略。该报告指出,全球形势已经发生了变化,新的危机需要美国的关注;中国和俄罗斯都投入了大量精力来遏制美国实力,阻止美国维护在世界各地的利益和盟国;像伊朗和朝鲜这样的国家,继续追求改变游戏规则的能力和技术,威胁美国的盟友和伙伴,挑战地区稳定。该报告强调,联盟和伙伴关系是"美国最大的战略资产",是"美国力量的巨大源泉,也是美国独特的优势,帮助承担起维护国家安全和人民繁荣的责任";"只有美国与最亲密的盟友和伙伴共同努力,更新国家力量的持久源泉,才能成功地维护美国的利益和普世价值";"当加强联盟关系时,我们就扩大了力量和能力,在威胁到达美国海岸之前就能消除之";"我们将加强和支持我们的盟友,与志趣相投的伙伴合作,发挥集体力量推进共同利益,遏制共同威胁"。其目的不仅是"重振美国的联盟和伙伴关系网络",更是要"在国外重振美国的领导地位"。[3]

此后,拜登在美国国会、联合国大会、出访期间不断重申美国履行对联盟和伙伴的保护义务,不断强调重振联盟和伙伴体系,以应对时代挑战、维护"以规则为基础的国际秩序"。2022 年 10 月 12 日,拜登政府发布任内首份《国际安全战略报告》,进一步强调"无与伦比"的联盟和伙伴关系体系是美国"最重要的战略资产与促进国际和平与稳定不可或缺的因素",它保护和促进了美国的全球利益,这一点令美国的对手感到"羡慕";美国与其他民主国家的条约联盟是"美国战略的基础,也是美国为使世界更加和平与繁荣所做的几乎一切工作的核心",在美国国家安全政策中"扮演了关键角色","北约盟国和双边盟国绝不应怀疑美国与他们站在一起反对侵略和恐吓的意愿和能力"。值得注意的是,该报告试图推进欧洲和印太地区的联盟和伙伴关系体系的交叉融合,以维护美国的"全球利益"、支撑其"全球霸权"。[4]

总之,拜登政府已经显著地改变了特朗普时期对待盟国的"粗鲁做法",将联盟体系融入其大战略布局当中,作为重要手段和资源支撑其应对全球挑战、实现美国利益、维护全球霸权的大战略目标。与之相应,联盟和伙伴关系网络的地位在美国战略中得到了极大的提升。

二、在双边层面极力强化与亚太盟国的关系

2021 年 1 月拜登政府上台后,与日本政府保持了密切交流,推进军事同盟、印太地

---

① Inaugural Address by President Joseph R. Biden, Jr., January 20, 2021, https://www.whitehouse.gov/briefing-room/speeches-remarks/2021/01/20/inaugural-address-by-president-joseph-r-biden-jr/.

② The White House, "Remarks by President Biden on America's Place in the World," February 4, 2021, https://www. whitehouse. gov/briefing-room/speeches-remarks/2021/02/04/remarks-by-president-biden-on-americas-place-in-the-world/.

③ The White House, *Interim National Security Strategic Guidance*, March 3, 2021, https://www.whitehouse.gov/wp-content/uploads/2021/03/NSC-1v2.pdf.

④ The White House, *National Security Strategy*, October 12, 2022, https://www. whitehouse. gov/wp-content/uploads/2022/11/8-November-Combined-PDF-for-Upload.pdf.

区、多边机制等多个领域的合作。2021 年 10 月,岸田文雄接任日本首相之后,美日关系更加密切,尤其是在印太战略和针对中国、朝鲜的战略行动方面,越来越注重凝聚共识、协调行动。在巩固与日本联盟的同时,美国也不断推动日本改善与韩国、澳大利亚的关系,努力使双边联盟对象国之间的关系改善转化成为美国构筑新的多边联盟的基础和动力。2021 年 3 月,美日时隔 7 年半再度在日本举行外长与防长“2+2”会谈,日方表示提高自身防卫能力,美国强调保卫日本,双方强化网络、太空等新领域的合作;同时大肆污蔑中国,干涉中国内政。[①] 同年 4 月 16 日,美日首脑会晤联合声明自 1969 年之后首次写入有关台湾的内容,并干涉中国香港和新疆事务。[②] 2022 年,美日共举行三次首脑会谈。美国重申支持日本强化防卫能力、修改国家安全战略、提高防卫经费,强化网络空间合作,攻击中国“改变东海和南海现状”,以所谓“和平稳定论”干涉台湾事务,以新疆和香港问题污蔑指责中国,重申美日《共同安全条约》第五条适用于钓鱼岛[③];强调坚固的美日联盟是“印太地区和平稳定的基石”,双方将密切合作应对安全挑战,包括朝鲜的核试验和导弹项目、中国“违背国际法的胁迫行为”,强化先进技术、供应链安全和清洁能源领域的合作[④];拜登对日本在 2023 年发挥多边领导作用表示全力支持,包括作为联合国安理会非常任成员国和 G7 东道主。[⑤]

澳大利亚在美国主导的美日印澳四边安全对话机制与美英澳安全伙伴关系中发挥了关键性作用。2022 年 5 月,安东尼·阿尔巴尼斯接替斯科特·莫里森担任澳总理后,一方面重视澳美同盟、澳美日印四边安全对话机制和澳美英三方安全合作伙伴关系,另一方面尝试推动澳中关系缓和。他刚上任就到东京参加美日印澳四边安全对话机制首脑会议,并与拜登进行了会谈,承诺进一步加强美澳联盟。[⑥] 2022 年 11 月,双方再次会晤,强调“维护台海和平稳定的必要性”和“蓝色太平洋新伙伴”的重要性,以帮助应对气候变化等太平洋挑战,并加强海洋领域安全、流行病防备和经济韧性。拜登对澳大利亚

---

① Ministry of Foreign Affairs of Japan,“Joint Statement of the U.S.-Japan Security Consultative Committee (2+2),” https://www.mofa.go.jp/files/100161035.pdf.

② The White House, “U.S.-Japan Global Partnership for a New Era,” https://www.whitehouse.gov/briefing-room/statements-releases/2021/04/16/u-s-japan-joint-leaders-statement-u-s-japan-global-partnership-for-a-new-era/.

③ The White House, “Readout of President Biden's Meeting with Prime Minister Kishida of Japan,” January 21, 2022, https://www.whitehouse.gov/briefing-room/statements-releases/2022/01/21/readout-of-president-bidens-meeting-with-prime-minister-kishida-of-japan/.

④ The White House, “Readout of President Biden's Meeting with Prime Minister Kishida of Japan,” May 23, 2022, https://www. whitehouse. gov/briefing-room/statements-releases/2022/05/23/readout-of-president-bidens-meeting-with-prime-minister-kishida-of-japan-2/.

⑤ The White House, “Readout of President Joe Biden's Meeting with Prime Minister Kishida Fumio of Japan,” November 13, 2022, https://www. whitehouse. gov/briefing-room/statements-releases/2022/11/13/readout-of-president-joe-bidens-meeting-with-prime-minister-kishida-fumio-of-japan/.

⑥ The White House, “Readout of President Biden's Meeting with Prime Minister Albanese of Australia,” May 24, 2022, https://www.whitehouse.gov/briefing-room/statements-releases/2022/05/24/readout-of-president-bidens-meeting-with-prime-minister-albanese-of-australia/.

2023 年成功主办四国领导人峰会表示支持。[1] 在美国的资助和怂恿之下，澳大利亚部分智库和媒体成为反华"打手"和制造虚假信息的大本营。此外，拜登政府将太平洋岛国作为围堵遏制中国的重要场域，澳大利亚在其中发挥着越来越显著的作用。

与日本、澳大利亚这两个从开始就特别配合美国"印太战略"的国家有所不同，韩国在文在寅执政时期总体上采取平衡外交的做法，避免在中美之间选边站队。尹锡悦上台后，在对外政策和地区主张上有所转变，为美国整合亚太联盟体系提供了便利，但仍未完全站到美国一边制衡中国。2022 年 5 月，拜登将韩国作为访问亚洲的第一个国家。韩美两国从军事安全、经济安全方面进一步加强同盟关系，试图将传统安全同盟提升为"全球全面战略同盟"。拜登将首个参访地点定在三星电子半导体工厂，试图在中美技术博弈中拉拢韩国联手加强高端技术合作，使其进一步搭上美国的"战略同盟车"。《韩美首脑会谈联合声明》指出，两国首脑认识到印太自由、繁荣、开放的重要性，为此基于开放、透明、包容的原则，通过"印太经济框架"紧密合作，尤其是在数字经济、韧性供应链、清洁能源、可持续经济发展等领域加强合作；韩美将构筑"技术联盟"，联手制定供应链、数字经济及技术等方面的标准，从而加强两国安全同盟。[2] 拜登希望，美韩联盟超越安全，成为尖端技术联盟和全球全面战略联盟。[3] 2022 年 11 月，拜登与尹锡悦会谈时重申利用全部防御能力向韩国扩展威慑承诺，进一步加强对朝鲜核威胁的威慑。[4] 朝鲜半岛浮现的核威胁和导弹竞争趋势，为拜登加速将韩国绑上"印太战车"提供了更多借口。

三、构建复杂交织的小多边机制

在多边层面，拜登政府一方面强化美日印澳四国机制（QUAD），另一方面构筑以美英澳安全伙伴关系为代表的小多边机制，使亚太地区出现更加复杂的安全格局。

2022 年 2 月，拜登政府公布了专门的印太战略文件，对推进印太战略作出了系统部署。[5] 首先，印太战略报告详述了美国决心加强其印太地区长期立场和承诺的原因。一是印太地区的重要战略地位及其对美国安全和繁荣的影响力日渐上升。二是印太地区面对越来越多的"挑战"，来源于中国对印太国家的"胁迫"和"侵略"、南极冰川融化、太平洋岛屿与海平面的上升、气候变化、朝鲜核试验和导弹计划、自然灾害、资源匮乏、内部冲

---

① The White House, "Readout of President Joe Biden's Meeting with Prime Minister Anthony Albanese of Australia," November 13, 2022, https://www.whitehouse.gov/briefing-room/statements-releases/2022/11/13/readout-of-president-joe-bidens-meeting-with-prime-minister-anthony-albanese-of-australia/.

② The White House, "Remarks by President Biden and President Yoon Suk Yeol of the Republic of Korea in Joint Press Conference," May 21, 2022, https://www.whitehouse.gov/briefing-room/speeches-remarks/2022/05/21/remarks-by-president-biden-and-president-yoon-suk-yeol-of-the-republic-of-korea-in-joint-press-conference/.

③ The White House, "Remarks by President Biden and President Yoon Suk Yeol of the Republic of Korea at Official Dinne," May 21, 2022, https://www.whitehouse.gov/briefing-room/speeches-remarks/2022/05/21/remarks-by-president-biden-and-president-yoon-suk-yeol-of-the-republic-of-korea-at-official-dinner/.

④ The White House, "Readout of President Joe Biden's Meeting with President Yoon Suk Yeol of the Republic of Korea," https://www.whitehouse.gov/briefing-room/speeches-remarks/2022/11/13/readout-of-president-joe-bidens-meeting-with-president-yoon-suk-yeol-of-the-republic-of-korea-2/.

⑤ The White House, *Indo-Pacific Strategy*, February, 2022, https://www.whitehouse.gov/wp-content/uploads/2022/02/U.S.-Indo-Pacific-Strategy.pdf.

突、治理挑战等。报告浓墨重彩地煽动"中国威胁论"。其次,印太战略报告确立了美国与盟国、伙伴及区域组织在印太地区要实现的五个目标,包括:维护美国及其盟国和伙伴的关键利益;在区域内外建立连接;推动印太繁荣;加强印太国家安全;建立面对跨国威胁的地区韧性。最后,印太战略报告提出了十项印太行动方案。①

拜登政府不断丰富美日印澳四边安全对话机制的内容,强化领导人交流的频次和等级。从2021年3月至2022年12月,美日印澳四边安全对话机制举行了四次领导人峰会。其中线上两次,线下分别在美国华盛顿和日本东京各举办一次。2021年3月,拜登发起并主持印太四国首脑线上峰会,这是他上台后发起的首场多边外交活动,也是印太四国安全对话机制形成之后首次提升到领导人层级。2021年9月,印太四国首次举行线下首脑会晤,围绕着应对疫情、气候变化、关键技术、基础设施、海洋规则、半岛无核化等具体议题展开探讨,取得了一系列共识,并进一步推动首脑会晤和外交关系机制化。2022年3月,四国领导人举行线上峰会,重申他们对自由开放的印太地区的承诺,印太地区国家主权和领土完整将得到尊重,免受军事、经济和政治胁迫,重申致力于将该机制建成促进区域稳定与繁荣的机制。② 2022年5月,四国领导人举行东京峰会,在和平与安全、疫情应对、基础设施、网络安全、新兴技术、太空开发等领域达成一系列共识。③ 在领导人峰会引领下,四国在安全、技术、基础设施等领域的合作机制日渐成熟,在国际法和国际规则、地区热点问题上的话语权逐渐显现。

2021年9月,美英澳三国成立三边安全伙伴关系(AUKUS)并计划开展核潜艇合作。除了由美英协助澳建造至少8艘核潜艇外,美英澳三国还将与伙伴国深化在印太地区的外交、安全和防务合作,包括信息和技术共享、安全和国防相关科学技术、工业基地和供应链的深度整合,强化三国联合能力、互操作性、通用性和互利性;聚焦网络能力、人工智能、量子技术和其他水下能力合作等。④ 如果说美国希望运用印太四国机制构筑一个较为宽泛的战略框架,那么它肯定希望将AUKUS这样一个由盎格鲁—撒克逊民族所组成的军事集团塑造成为撬动整个印太地区的"杠杆",为美国从安全、经济、治理、价值观等各个领域主导印太地区提供军事保障,维护美国的国际威望。

近两年,美国以应对全球性挑战为由,不断推动北约战略转型。一方面,美国推动北约跨越地理区域,向印太地区延伸,强化与美国印太盟国的机制化联系,由此推动美国主导的全球联盟体系的深度印太化、复杂网络化。另一方面,美国推动北约跨越军事和安全范围,在深深嵌入意识形态因素的基础上,介入外交、科技、网络等领域,并在这些领域与美国印太盟国密集互动,推动美国主导的全球联盟体系的意识形态化、多域复合化。其目的就是在亚太勃兴的时代背景下,为北约实现地理区位和功能定位的"双重跨越"制

① The White House, "National Security Strategy," October 12, 2022, https://www.whitehouse.gov/wp-content/uploads/2022/11/8-November-Combined-PDF-for-Upload.pdf, pp.37-38.

② The White House, "Joint Readout of Quad Leaders Call," March 3, 2022, https://www.whitehouse.gov/briefing-room/statements-releases/2022/03/03/joint-readout-of-quad-leaders-call/.

③ The White House, "Quad Joint Leaders' Statement," May 24, 2022, https://www.whitehouse.gov/briefing-room/statements-releases/2022/05/24/quad-joint-leaders-statement/.

④ The White House, "Joint Leaders Statement on AUKUS," September 15, 2021.

造借口，使其成为遏制中国崛起、维护全球霸权的重要工具。同时，以北约转型为契机，推动北约盟国与印太盟国的深入融合和复杂交织，强化联盟国家对美国和联盟组织的依赖程度进而优化联盟国家之间关系，提高联盟管理效能，整合全球联盟体系。

四、拜登政府亚太联盟外交调整的趋势

从奥巴马时期的“重返亚太”到“亚太再平衡”，从特朗普提出“印太战略”到拜登升级“印太战略”，美国在亚太地区的战略投入逐渐增加，创新战略框架整合关键盟友的力度不断强化，从多个方面遏制中国的战略意图越来越鲜明。在既有历史演进的基础上，拜登政府亚太联盟外交调整日渐呈现出深度印太化、复杂网络化、多域复合化、意识形态化的四个趋势。

第一，深度印太化。2017 年 11 月，特朗普正式提出构建“自由和开放的印太”战略，随即出台的美国国家安全战略报告历史性地将印太作为美国全球战略布局的首要地区。拜登政府为便于协调内部资源更好处理印太事务，在白宫国安委新设“印太事务协调员”一职，由资深亚太问题专家库尔特·坎贝尔担任。与之相比，“亚太”有关的表述在美国的战略文件中几乎销声匿迹。2022 年 2 月俄乌冲突爆发之后，美国虽然大力支持乌克兰，但它不仅没有将战略重心转向欧洲，而且旗帜鲜明地表示俄乌冲突不会改变印太地区在美国地缘战略中的首要位置，它可以兼顾欧洲与印太两地的事态发展。[①] 可见，拜登政府仍将贯彻战略集中原则，在其他地区收缩战线的同时，将印太作为其全球战略布局首要地区，使战略资源和战略手段向印太地区聚集，持续推动“亚太联盟”向“印太联盟和伙伴关系”过渡，以此为框架推进联盟关系机制化，强化全球联盟体系。

第二，复杂网络化。拜登认为“联盟”是美国“最大的力量来源”，也是美国应对威胁的最关键手段。受制于亚太地区复杂的地缘政治格局和国家间关系，传统意义上的美国亚太联盟长期维持在双边为主的状态。这种传统意义上的亚太联盟关系难以适应美国制衡中国、维护地区主导地位的战略需要。为此，美国首先通过重启美日印澳四边安全对话机制塑造新的盟友和伙伴关系，其次通过丰富印太机制、扩充印太联盟成员、组建美英澳新联盟等方式，推动联盟和伙伴的网络化，形成了“大国＋中等强国”“域内国家＋域外国家”“提升部分传统盟国＋发展新型盟国”的新关系模式。[②] 在调整联盟关系、拓展伙伴关系的基础上，拜登政府正在以凝聚亚太联盟和伙伴国力量为目标，推动印太地区盟友关系的多边化，同时构筑类似于美英澳的新联盟形态，通过关键议题加速亚太联盟的网络化进程。2022 年 10 月 12 日美国发布的《国家安全战略》强调，美国要通过包括印太四国安全对话机制、美欧贸易和技术委员会、美英澳合作机制等多边机制，“创造一个强大、有弹性和相互加强的关系的网格，证明民主能够为人民和世界带来福祉”[③]。总之，美国正从传统的双边联盟体系向一个以联盟、新伙伴和创造性联系为特征的亚太联盟网络

① Global Times,“Forget about two wars, US is reluctant to fight even one”, March 1, 2022, https://www.globaltimes.cn/page/202203/1253665.shtml.

② 参见聂文娟:《美国印太战略的新场域与菲律宾的“静默退出”》，载《南洋问题研究》2020 年第 2 期。

③ The White House, *National Security Strategy*, October 12, 2022, https://www.whitehouse.gov/wp-content/uploads/2022/11/8-November-Combined-PDF-for-Upload.pdf, p.12.

发展,这个网络致力于打造一个以中国为共同战略指涉对象、以美日印澳四边机制为核心杠杆、以美国为主导的印太安全新架构。①

第三,多域复合化。“多域”具有双重内涵。就地理区域而言,美国在整合亚太和印度洋地区的基础上形成了“印太”地区的概念,在此基础上美国又试图兼顾美国在印太与欧洲的利益诉求,整合这两个地区的盟国和伙伴关系,形成一个跨越地理区域的新的全球地缘战略格局。就功能领域而言,美国重构同盟关系的另一个理念,即将同盟关系拓展到军事安全之外的其他领域,包括科学技术、工业基础、供应链、新兴领域以及外交和价值观等领域,美国试图建构一个包含军事、安全、经济、政治和意识形态的联盟,包括AUKUS、QUAD以及所谓“民主国家联盟”、科技或者供应链联盟,其中条约盟国是核心,其他国家则在特定议题上发挥各自作用。② 地理区域和功能领域交叉叠加,进一步形成了多域复合化的态势。2022年5月拜登推出的“印太经济框架”无疑是这种多域复合化的重要体现。美国希望加强与盟国和伙伴的合作,强力实施“小院高墙”战略,迫使相关国家和美国一起对华“脱钩断链”,以阻止先进技术和先进产品流向中国,阻碍中国经济结构转型与高质量发展,束缚中国高科技产业的发展步伐,满足西方国家的特别利益和特权思维,彰显和延续西方在世界格局和国际秩序中的主导地位。

第四,意识形态化。意识形态本来就是影响美国外交政策的重要因素。③ “印太战略”的概念从日本政府首先提出到美国承袭并放大,都带有明显的意识形态背景和价值观诉求。④ 拜登本来就倚重价值观外交和以美国为中心的多边主义,维护美国在意识形态和国际格局中的双重主导地位。2021年2月4日,拜登在上台后首场外交政策演讲中明确指出:“美国要将外交深植于民主价值观,重建民主联盟,在全球范围内捍卫民主和自由。”⑤这种意识形态化的话语风格和行为特征,深刻地体现在印太战略当中。拜登公开承诺,要确保印太地区“受国际法管辖,致力于维护普世价值,不受胁迫”⑥。包括美国国务卿安东尼·布林肯、国家安全事务助理沙利文、国安委中国事务高级主任劳拉·罗森博格在内的拜登政府高官都宣称:“民主国家和威权国家的竞争不仅仅是一场权力斗争,价值观是民主国家的主要竞争优势。”⑦为此,美国不仅从自由、民主、人权等角度维护美国在印太地区的话语权优势,炒作香港、新疆等议题削弱中国的软实力和国家形象,还将价值观和意识形态渗透于印太地区的组织机制、经济项目和国际标准中,凸显价值观

① 参见刘雨辰:《美国印太联盟的网络化:结构—关系的视角》,载《世界经济与政治论坛》2021年第4期。

② 参见樊吉社:《美英澳三国新防务合作探析》,载《现代国际关系》2021年第11期。

③ 参见王立新:《意识形态与美国外交政策》,北京大学出版社2007年版,第32页。

④ 参见黄大慧:《冷战后日本的“价值观外交”与中国》,载《现代国际关系》2007年第5期。

⑤ The White House, "Remarks by President Biden on America's Place in the World," February 4, 2021, https://www.whitehouse.gov/briefing-room/speeches-remarks/2021/02/04/remarks-by-president-biden-on-americas-place-in-the-world/.

⑥ The White House, "Remarks by President Biden, Prime Minister Modi of India, Prime Minister Morrison of Australia, and Prime Minister Suga of Japan in the Virtual Quad Leaders Summit," March 12, 2021, https://www.whitehouse.gov/briefing-room/speeches-remarks/2021/03/12/remarks-by-president-biden-prime-minister-modi-of-india-prime-minister-morrison-of-australia-and-prime-minister-suga-of-japan-in-virtual-meeting-of-the-quad/.

⑦ Laura Rosenberger, "Democratic Values Are a Competitive Advantage," December 12, 2020, https://www.foreignaffairs.com/articles/united-states/2020-12-22/democratic-values-are-competitive-advantage.

和意识形态的整合力。可以预料，未来美国将进一步把意识形态和制度相近性作为重要的战略工具，以民主与专制竞争的范式炒作“中国威胁论”，以发挥价值观和制度层面的所谓“优势”，增强其亚太盟国和伙伴国团结起来遏制中国的可能性。

Asia Pacific Alliance Diplomacy of the United States: Adjustment and Trends

WANG Pengquan

Abstract: U.S. President Joe Biden have strengthened his strategic awareness of containing China, which happened in the context of the unprecedented changes in the world in a century and the remarkable changes in the comparison of national strength between China and the United States. In order to gain an advantage in strategic competition with China, the Biden administration vigorously enhanced the strategic position of allies and partners. At the bilateral level, Biden selectively strengthened alliance relations with Japan, Australia, and South Korea. At the multilateral level, Biden strengthened the QUAD, constructs the AUKUS, and attempts to expand the Five Eyes Alliance in the Asia Pacific region and leverage NATO's power. Biden's Asia Pacific alliance diplomacy has shown a trend of deep Indo-Pacific, complex networking, multi-regional compounding, and ideological transformation, which increased the turbulence factors in the Asia Pacific region.

“21 世纪海上丝绸之路”基础设施互联互通建设中的发展机遇

金　澄*

一、“海上丝绸之路”:伙伴经济体的选择

对我国而言,加快与海上丝绸之路国家的互联互通建设,可以从软件和硬件上促进和提高与“海上丝绸之路”国家进一步加深经贸往来,并将扩大与南亚、东南亚和西亚国家在政治、经济和文化等方面的交往与合作,为我国在更大范围内参与国际经济大循环创造条件。通过加快互联互通建设,可以便利中国与“海上丝绸之路”国家“人”和“物”的资源交流,充分利用包括我国在内的“海上丝绸之路”国家的资源。在帮助“海上丝绸之路”国家合理开发利用经济资源、加快“海上丝绸之路”国家经济发展的同时,不仅可以带动我国的资本、技术和产品走向这一区域,而且可以更好地实现“海上丝绸之路”国家和我国资源在多个市场中的优化配置,也是我国承担起亚洲范围内区域性大国国际责任的一种体现。

从这个意义上说,我国参与“海上丝绸之路”国家的互联互通建设,既可提升我国的经济结构,也可以使我国在制度空间上有所突破,再一次为中国模式本身的升华转型作出贡献,使世界看到“中国模式”的韧性和可塑性。从中长期看,“一带一路”中的实践可以为我国在 21 世纪中叶步入高收入经济体行列进行相关全球布局,并探索与之相关的社会经济制度基础。

提出“一带一路”倡议,其主要目的是帮助中国实现一系列的政治与经济目标。“一带一路”倡议在起初就提出要支持其他亚洲新兴经济体,包括帮助参与基础设施建设、改善资本投资率不足等。我国的舆论和社会各界都认为,“一带一路”的主要目的是改善合作伙伴国的基础设施建设,通过我国的投资提升伙伴国的国内需求和生产,从而为我国开拓新的国外市场、剩余产能出口和为能源原材料进口提供保障。“一带一路”确实产生于我国在经济上的一些迫切需求,但这些需求并不单起源于当前的经济形势,而是出于我国经济发展模式根本性范式改变的需求。

尽管中国已经成为世界第二、亚洲第一大经济体,但人均 GDP 低于 1 万美元,总体上仍是一个发展中国家。因此,“一带一路”也面临着有限的经济资源这一限制。在“一带一路”的实施过程中,必须要服从一定的选择标准,充分利用有限的资源,达到最大的

* 金澄,山东大学公共治理研究院、山东大学亚太研究所研究员。

效果。所以,在选择与合适的合作伙伴国家、推进适当水平的经济合作上,我国的参与也应当从三个主要的选择基准来判断:(1)合作伙伴国的相对经济发展水平;(2)合作伙伴国吸收我国资本的能力及对基础设施建设的需求程度;(3)合作伙伴国与我国现有的经济、政治合作关系。以巴基斯坦为例,中巴的长期性合作关系始于冷战初期,因此虽然巴基斯坦经济发展水平和对基础设施的需求都符合目前阶段参与“一带一路”的条件,但从我国与巴基斯坦的现有合作框架来看,这种框架显然要比单纯的“一带一路”更加全面、深入。因此,“一带一路”就应该融入中巴既有的经贸合作体系,而目前我国在巴基斯坦的投资与建设也要服从这一大局。在此基础之上,我们还要重新考量我国现有的对外投资结构、对外援助体系和我国对各种全球性经济合作与发展组织的参与度,使这些活动能够与我国在“一带一路”中新的国际角色相适应。

1.经济发展水平

尽管“一带一路”倡议的资金来源有亚投行的支持,但作为 57 个创始成员中最大的出资者,中国要负担作为主要大国的巨大代价。与所有海外投资一样,即使中国在亚洲经济领先,其资本投资总量很大程度上也会受到自身的经济能力制约。

目前,中国认为基础设施的互联互通在“一带一路”倡议中占据首要地位,这在官方发布的《行动计划》中有所说明。基础设施非常重要,是因为它能推动经济增长;然而,一个国家现有的基础设施水平很大程度上取决于它的工业水平。因此,中国在基础设施领域的投资,应当很大程度上优先投向那些经济水平比自己落后的亚洲国家。

当中国成为亚洲最大的经济体时,其人均 GDP 水平仍然不高。根据最近的世界银行报告,中国在所有的亚洲国家中仍然处于一个中等发展中国家的水平。[①] 在这类发展限制下,中国以基础设施为主导的起始投资将投向那些经济发展水平落后于中国的国家。

2.人口因素

然而,就算是这样的投资也存在着许多风险。因为大量的人口会制约人均投资的提高,因而要求加快追加投资的步伐。因此,如果被投资的国家人口众多,那么它们就需要中国投入更大量的资金以弥补其人均基础设施需求的缺口。由于“一带一路”倡议中沿线发展中国家有好几个属于超级人口大国,而中国不可能将大量投资集中于这些国家;而如果资金投入不足,由于被巨大的人口所摊薄,则又很难取得明显效果。很显然,即使中国有能力向东南亚和南亚的四个人口大国——孟加拉国、巴基斯坦、印尼和印度——提供充足的资金,“一带一路”在这些国家投资的效果将是有限的。

人口较少的亚洲发展中国家总体上比人口众多的国家人均资本增长有优势。这些发展中国家会成为“一带一路”理想的初始目标,即中国应当首先帮助进行基础设施建设的国家。“一带一路”倡议覆盖中亚、南亚、东南亚和西亚的大多数国家。考虑到这 20 多个潜在伙伴国的经济因素——发展水平与人口状况,这些低收入和中等收入的亚洲发展

① 参见世界银行网站,“中国综览”(China Overview)。

中国家[①]很有可能是起始阶段的合作伙伴[②]。然而,如果伊朗、伊拉克和叙利亚的危机仍然持续,不稳定因素将可能会扩散至约旦。消去不符合条件的国家后,还剩下“一带一路”倡议中的18个国家。

二、与伙伴经济体之间存在的问题和挑战

我国对“一带一路”国家的投资主要通过经贸往来、直接对外投资和政府间援助这三个传统的且为大部分发展中国家所接受的方式进行。而对于“海上丝绸之路”基础建设互连互通而言,其成功与否将高度取决于中国资本在相关国家特别是亚洲发展中国家的份额大小,所以我们将通过考察我国在“一带一路”相关国家特别是亚洲国家的投资状况,来分析我国在“海上丝绸之路”基础建设互连互通中的现状和所面临的问题。

近年来中国对外直接投资呈现波动增长,反映了中国有能力提供充足的资金引领“一带一路”倡议的投资计划。21世纪初,中国政府鼓励大型国企进行海外投资,中国的对外直接投资从2004年的55亿美元上升至2015年的1456.7亿美元。2012年起,中国在世界对外直接投资排名中位居第三大投资来源国。然而,我们所重点关注的12个“海上丝绸之路”目标国在中国对外直接投资中的重要性不能被高估。根据中国对外直接投资数据简报,2015年中国对12个“海上丝绸之路”对象国的投资总额为21.99亿美元,仅占中国对外直接投资的1.51%。即使在东盟——亚洲之内与中国经济合作最密切的集团,在“一带一路”倡议宣布以后,中国的对外直接投资(输出)从2013年至2014年也仅仅上升了7.5%,这比中国在美国、澳大利亚和欧洲的80.8%的对外直接投资增长低得多。[③]

从亚洲范围来看,我国对“海上丝绸之路”12国的直接投资也没有达到理想的增长状态。首先,亚洲本身吸引FDI的能力事实上在增长。根据联合国贸发会议的数据,2014年亚洲继续成为吸纳世界对外直接投资最多的地区,占全球对外直接投资的37.9%。2014年亚洲发展中国家外资净流入总额达到465亿美元,比2013年高8.6%。[④] 可见,2012年前后全球对外直接投资的急剧减少似乎并没有影响亚洲投资市场的吸引力。[⑤]

事实上,我国对亚洲的投资力度也在不断增长。21世纪初,中国政府鼓励中资企业扩大对外投资,此后对外直接投资迅速上升。2008年金融危机期间全球资产价格的急剧下降进一步鼓励了中国的对外直接投资。根据《中国对外直接投资统计年报》,2015年中国对亚洲其他国家非金融性直接投资约为1083.7亿美元,占我国对外直接投资总额的74.4%。然而最大的问题在于,我国对亚洲的对外直接投资仍集中于香港地区,单是香

① 这些“一带一路”国家有22个:尼泊尔、也门、菲律宾、斯里兰卡、老挝、泰国、乌兹别克斯坦、越南、伊朗、吉尔吉斯斯坦、叙利亚、塔吉克斯坦、格鲁吉亚、约旦、柬埔寨、不丹、缅甸、亚美尼亚、蒙古、马尔代夫、阿富汗和伊拉克。

② 考虑到人口增长的因素,这些国家将不包括孟加拉国、巴基斯坦、印度尼西亚和印度。然而,由于巴基斯坦已经是中国的长期合作伙伴,“一带一路”倡议对这一特殊伙伴关系影响不会太大。因此除了巴基斯坦以外,如果中国要通过“一带一路”改变这些国家的基础设施水平的话,孟加拉国、印尼和印度的人口增长率将会对中国的投资增长构成巨大的挑战。因此,为更好地对“一带一路”倡议作出准确的预估,那些人口大国将会不被纳入统计。

③ 参见商务部、国家统计局网站。

④ 参见联合国贸发会议:《2015年世界投资报告:改革国际投资治理》,2014年6月。

⑤ 全球对外直接投资从2011年的1500亿美元下降到2012年的1350亿美元,降幅达18%。

港地区就吸纳了我国对外直接投资中的897.9亿美元。如果排除香港地区，亚洲占中国2015年对外直接投资的份额就会从74.4%急剧下降至49.8%。在中国对亚洲(香港地区除外)的投资中，超过70%投向极少数发达经济体，如新加坡(104.5亿美元)、韩国(13.2亿美元)和日本(2.4亿美元)。在2015年中国对外直接投资中，亚洲中低收入国家所占的比重为1.64%。如果将其中人均GDP与中国类似或略高于中国的那些中等高收入发展中国家(如伊朗和马来西亚)排除，中国在亚洲中低收入发展中国家的投资仅为15亿美元左右，占2015年中国对外直接投资总额的1%。①

总体来说，从2010年到2015年，尽管我国的对外直接投资增长超过一倍，但中国在12个中低收入"海上丝绸之路"国家的投资占我国总对外投资的1.5%。这表明我国对于"一带一路"国家的投资机制尚未成熟，还有不少改进余地。我国在老挝和柬埔寨的投资量一直非常多，这两国是中国通向东南亚的交通线，其海上航道等连接了中国和西亚地区。但我国在其他"海上丝绸之路"国家的数据变化表明，我国仍然面对巨大的竞争压力，仍然有很长的路要走。

三、"海上丝绸之路"国家基础设施建设与互联互通:行业和企业机遇

(一)基础设施建设与互联互通现状

正如2010年《东盟互联互通总体规划》所指出的，这一区域的互联互通可以分为物理联通(基础设施)、制度联通(机制)和人的联通(劳动力市场)这三大内容，而基础设施的物理联通则又是其中最为基本的部分。这一划分也适用于中国与"海上丝绸之路"沿线国家:在"一带一路"倡议中，我国提出的政策沟通、设施联通、贸易畅通、资金融通和民心相通与上述互联互通一致，设施联通也占了极为重要的地位。我国在"海上丝绸之路"国家互联互通中的参与，基础设施建设是一个重要的切入点。

由于亚洲"一带一路"国家大部分是发展中国家，它们对于基础设施建设具有极高的需求。如普华永道在2017年初的总结性报告中称，2016年"一带一路"倡议下66国的七项核心基础设施领域(公用事业、交通、电信、社会、建设、能源和环境)项目交易总额达4940亿美元(其中，中国占总量的1/3，"一带一路"区域其他国家和地区占2/3)。报告还指出，2016年经济呈活跃景象，基础设施项目总量和平均金额均有提升。

但另一个事实是，亚洲是基础设施投资缺乏的地区。亚洲开发银行的研究表明，2014年亚洲的基础设施资金缺口为800亿美元。② 然而，亚洲的资本吸纳水平并未呈现平均分布的态势，而是集中于包括中国在内的少数几个经济体(除中国外，越南和泰国在吸纳基础设施投资流入的国家中名列前茅)。除了吸引外资能力，亚洲各经济体的贸易需求也存在着巨大的差异。

从总体上说，亚洲及环太平洋地区对于基础设施建设具有刚性的需求。亚洲开发银行的数据显示，这一地区约有6亿人得不到电力供应，3.6亿人缺乏可饮用的淡水供应，

---

① 参见商务部、国家统计局网站。

② Asian Developmental Bank, *Establishment of the Asian Pacific Project Preparation Facility*, October 2014, Section II.

17亿人没有基本的医疗保障。而亚洲的主要人口密集地区又集中在东亚、南亚及东南亚,除东亚及部分东南亚国家经济发展水平较高、基础设施较完备外,主要的基础设施建设需求都与"一带一路"中的"海上丝绸之路"区域重合。"海上丝绸之路"国家有非常丰富的水资源和能源矿产资源以及大量的劳动力,只要能建设足够的基础设施,就可以激活本土经济。

在很多中低收入"海上丝绸之路"国家中,由于缺乏有准备、有计划的基础设施建设项目,不仅使所在国的相当大一部分资源被浪费掉了,而且使该地区缺乏足够的互联互通,使这些地区之间及其与周边地区和国家之间不能实现有效的社会经济资源交流,极大地阻碍了这些国家的发展。正如亚洲开发银行的报告所指出的,这些地区目前的基础设施建设水平与增量远远没有达到最优水平,需要将相当于其国内生产总值5%～6%的资源投入基础设施建设,才能满足经济更快速发展的需要。

(二)我国在"海上丝绸之路"国家基础设施建设和互联互通中的切入行业

我国在"海上丝绸之路"国家的基础设施建设和互联互通中有较好的切入点。在过去40多年的高速增长中,我国积累起了丰富的从初级产业向工业化社会发展的经验,对于尚处于发展早期阶段的"海上丝绸之路"国家来说,我国现有的经济条件和建设经验能提供给它们巨大的发展助力。

从基础设施建设和互联互通的条件来说,我国具有两大优势:第一,我国是制造业大国,电子和通信制造行业处于领先地位,并在建筑、电力及水利建设行业占有优势,这些都是"海上丝绸之路"国家十分迫切需要的基础建设领域。第二,我国在40多年的发展中积累起巨量的资本,且拥有高度成熟的多个证券交易中心,同时联结着国际资本市场,这对于缺少资本投入的许多"海上丝绸之路"国家也具有重要的意义。

1.公路交通

从公路里程及高速公路通车里程来看,亚洲国家基本上符合"国土面积和人口基数越大,公路里程数就越多"这一基本规律。比如,亚洲公路及高速公路通车里程最大的两个国家是印度和中国,而其他"海上丝绸之路"国家也大致遵循这一规律。① 但是,公路里程数并不完全代表公路的建造质量、承运能力和与经济发展的适应水平。以缅甸为例,虽然截至2011年缅甸公路总里程已经达到37784公里,但其中具有混凝土结构的铺面道路只有46%。②

从公路的使用情况来看,则更能说明部分"海上丝绸之路"沿线国家的实际公路建设水平。由已有的数据来看(部分国家尚未建立公路使用统计机制),越南的公路使用密度最高,2011年旅客周转量为700亿人公里。但是,这一数据不仅远远低于中国和印度等周边大国,也低于巴基斯坦的3200亿人公里。这说明,"海上丝绸之路"沿线12国的实际公路建设、维护水平与其试图要融入亚洲工业化浪潮的努力之间尚有较大差距。从公路的实际建设情况来看,以斯里兰卡为例,内战结束后斯里兰卡虽然接受了大量国际援助,重新翻建了国内的公路交通系统,但是该国基本的道路交通还是以英国殖民时期为

---

① 参见世界银行网站。

② 参见亚洲开发银行网站。

蓝本，不仅铺面道路较少(截至2010年尚不足15%)，而且即使是主干道也以两车道为主，四车道已经属于高规格道路，在该国相当罕见。[①]

在这种情况下，我国参与"海上丝绸之路"沿线国家的公路运输体系互联互通建设，事实上有两个有重叠但不完全相同的切入点。

第一个切入点是参加国际间现有的公路网络合作框架，并在建设过程中相互协同。"海上丝绸之路"沿线国家最主要的合作框架有两个，分别是2004年联合国亚太经社会(UNESCAP)组织的《亚洲公路网政府间协定》、由东盟国家主导的《东盟互联互通总体规划》。

在《亚洲公路网政府间协定》框架下，亚洲及周边国家将组成亚洲公路网。其中，有3条公路经过中国连接"海上丝绸之路"沿线国家：亚洲公路1号线(AH1)自丹东进入中国，南下从友谊关进入越南，然后依次经过柬埔寨、泰国、缅甸等国；亚洲公路3号线(AH3)自蒙古经二连浩特进入中国，从磨憨进入老挝，最终通往泰国；亚洲公路14号线(AH14)从老街进入中国，再从瑞丽进入缅甸，终于曼德勒。[②] 在《东盟互联互通总体规划》下，东盟公路网作为亚洲公路网的一部分，将主要承担起东盟内部以及东盟和中国、印度间的公路交通运输。但是，亚洲公路网和东盟公路网的建设都远远落后于预期。亚洲公路网从规划至今已经超过10年，但是，在东南亚和南亚的许多地区，特别是上述"海上丝绸之路"12国，道路的运载能力和维护状态与本区域内较发达的地区相比，还不足以承载互联互通这一使命。造成这一后果的，主要还在于沿线的部分国家在财政和建设能力上较弱。正是出于需要公路建设但资源不足的现实，缅甸、柬埔寨、老挝、斯里兰卡等国都相继搭建寻求国际合作或援助建设公路的平台，如孟中印缅项目，等等。

第二个切入点是，可以由我国经由国际合作机制或投标，来进行公路建设或合作。由于部分亚洲国家财政能力、建设能力都存在严重不足。其中，之前较为成功也较为关注公路建设的援助国家是日本。以老挝为例，日本就全资帮助翻建了老挝9号国家公路(联通泰国和越南)，还以低息贷款方式帮助建造了跨湄公河大桥。我国有大量公司具有营运高速公路的经验，但是，由于我国境内高速公路的建设已经接近饱和，而且面临公路保养成本升高、特许权到期等问题，一些企业已经开始逐步退出这一市场。东南亚的"海上丝绸之路"国家，不仅需求旺盛，而且人力和土地获取成本都较低，可以成为这些资本较好的投资地点。

2.铁路交通

与公路建设不同，铁路交通在不同的国家有其适用性。比如，在不丹、马尔代夫和也门，目前还不存在铁路运输系统，就其地理位置及国土构成而言，未来很长时间内也不会有铁路运输的需求。除此之外，铁路运输事实上也与公路类似，与国家的大小和人口密度成正比。但是，由于铁路系统的建设、运营和维护都比公路系统要严密得多，所以部分长期处于动荡或摆脱动荡状态不久的东南亚、南亚国家铁路建设相对落后，且铁路运输效率不高。但是从另一个层面而言，一旦建成通车，铁路运输的成本要远

---

① 参见世界银行网站。

② 参见联合国亚太经社会(UNESCAP)网站。

远低于公路。

从上述12国中拥有铁路运输系统的8国(泰国、缅甸、越南、斯里兰卡、菲律宾、柬埔寨、尼泊尔、老挝)来看,泰国的铁路通车里程数最长,且乘客和货物周转量都高于其他几个国家,这与泰国长期较为安定的政治和社会经济条件是相关的。但这一对比是相对的,泰国的0.75亿人公里要远远低于中国的12亿人公里,更不用提印度的116亿人公里了。① 从总体上说,这8个东南亚和南亚国家铁路周转率相对都不高,说明其铁路运输体系需要扩大规模或设备更新,才能取得更高的效率。

与公路运输类似,“海上丝绸之路”沿线国家的铁路运输体系的主要需求,也以区域性铁路网络和个别国家铁路这两种形式体现出来。

在区域性铁路网络方面,最主要的合作框架是联合国亚太经社会(UNESCAP)组织的《泛亚洲铁路网协定》(2006年)以及相应的泛亚洲铁路网。② 泛亚洲铁路网的构想最早产生于战后连接新加坡至土耳其的尝试,这一构想现在包含四个部分:主要经过朝鲜半岛、蒙古、中国、中亚并通过俄罗斯到达欧洲的北方通道;从中国云南出发,经过东南亚、南亚、中亚到达土耳其的南部通道;以昆明—新加坡铁路为主体的东南亚通道;从北欧经过俄罗斯到达波斯湾的北南通道。在这四个通道中,南部通道和东南亚通道都直接或毗邻经过中国和大部分“海上丝绸之路”沿线国家。

由于铁路运输在成本和时间上相对公路具有不可比拟的优势,而同时“海上丝绸之路”沿线的新兴国家对于成本又相对敏感,故而几乎所有具备铁路运输条件的国家都试图迅速建立国内铁路体系。但是,由于铁路建设特别是电气化或高速铁路建设需要一系列完整的工业和产业链条,因此“海上丝绸之路”沿线国家的铁路需求事实上只能由极少数几个国家供给(其中包括中国)。东南亚部分国家(如泰国)已有的铁路通车里程和覆盖密度都不算低,但其米轨体系和电气化程度都不高,我国的参与可以帮助它们提高现有铁路体系的效能。

我国相对而言在铁路投资上具有资金和经验优势。因此,将我国现有富余的铁路投资、建设能力转移一部分到“海上丝绸之路”沿线国家,不仅可以帮助开展当地的铁路互联互通建设,而且可以有效提高这一产业的资金利用率和国际化运营水平。

3.空运交通和水运

“海上丝绸之路”12国的机场数量不少,但除了泰国、菲律宾等少数国家外,机场规模普遍偏小,且民用机场比例较低。从机场货运及旅客周转量来说,效率最高的泰国也只达到中国约53%的水平,其他国家则更低。③ 这主要是因为机场基础设施老旧,尤其是航站楼及跑道数量少,跑道规格低。由于跑道和航站楼数量不足,所以起降航班数受到限制,而跑道规格低则使大中型飞机无法起降,降低了机场客货流量。

相对而言,我国在大陆部分就拥有以北京大兴、北京首都、上海浦东、上海虹桥、广州白云、深圳宝安等大型国际机场为骨干,以大量高等级的地方性机场为支点的民用运输

① 参见世界银行、新加坡统计局网站。

② 参见联合国亚太经社会(UNESCAP)网站。

③ 参见世界银行网站。

机场体系，拥有大批航空产业核心集聚区。这些产业优势和产业资本都可以直接参与到对"海上丝绸之路"的投资中，特别是利用我国在机场建设、机场运营管理、航空运输安全保障、人力资源培育等方面的合作，可以进一步帮助搭建我国与东盟及南亚地区的空中桥梁。

"海上丝绸之路"12国中除极少数国家外，大部分有优良的海运条件。它们大部分处于亚洲工业化浪潮中，衡量其工业化水平的一个重要指标就是集装箱吞吐量。由于在国际间贸易中绝大部分工业化制品都必须以集装箱的形式运输，集装箱吞吐量的数量也反映出一国大致的工业化水平和经济的对外开放性程度。

"海上丝绸之路"国家因其地理位置有着较多的天然良港。其中，泰国有122个码头，包括8个国际深水港，分别位于曼谷、廉差邦、马达普、宋卡、沙敦、陶公、普吉和拉农；缅甸有9个主要港口，其中最重要的是仰光；越南有73个海港，其中最大的是海防港、西贡港和岘港港；菲律宾作为一个群岛国家，有70多个主要海港，其中最大的四个港口是马尼拉港、宿务港、达沃港和伊洛伊洛港。① 但是，随着这些国家快速的工业化发展以及贸易量的迅速上升，这些港口中的大部分不能满足所在国国际海运贸易的需求，需要改建或扩容，以容纳吃水较深的集装箱船，并配置更多的泊位和码头装卸设备。

我国在40多年的改革开放实践中已经建成世界最大的干散货和集装箱进出口基地，在港口建设、运营方面积累下了丰富的经验。我国不仅是航运资本和产业最密集的地区，还有中远、中集等航运业巨头，在香港地区则有和记黄埔等具有国际声誉的运营商。因此，在"海上丝绸之路"国家的海运建设中，我国的参与是必不可少的。

4.通信

从总体上看，我们所关注的"海上丝绸之路"国家的移动电话普及率远远高于固定电话普及率，如越南每百人拥有移动电话数是固定电话数的20倍，菲律宾为39倍，泰国亦为16倍。架设固定电话网络的时间长、投资大，所以在电信基础设施较为薄弱的国家，移动网络具有更大的优势，例如在长期战乱的阿富汗，固定电话数只有11万，而移动电话数则接近2000万。②

但是，与不同类型电话线路相对应的是不同类型的互联网数据接入业务。由于基础设施建设相对落后，"海上丝绸之路"12国中大部分固定宽带接入量都偏低。相对的，移动互联网接入数较大，但由于移动互联网3G数据传输速率有限，而4G数据业务不仅费用较高，对基础通信设施的要求也相对较高，从而造成总体宽带接入数量偏低、数据传输速率不如亚洲其他国家如韩国、马来西亚等。其中，宽带业务普及度较高的是越南和泰国。

就外部因素而言，12国中很多国家和地区曾经在近20年中经历过社会动荡、缺乏稳定政治环境，这些都使其对电信基础设施尤其是互联网设备的投资不确定性加大。但是，这些国家和地区在政治稳定后（如缅甸、柬埔寨、斯里兰卡）电信和互联网用户的潜力出现了爆发性上涨，是目前世界上互联网和移动电话用户增长最快的地区，也是对电信基础设施投资需求最旺盛的地区。我国是全球最重要的电子通信设备生产、设计和销售

---

① 参见世界银行、美洲港务协会网站。

② 参见世界银行网站。

国,也是全球通信、电子产业的制造基地,进入这一地区并参与其通信基础设施建设的空间非常大。

事实上,我国的通信企业已经积极在"海上丝绸之路"国家进行布局,并积累起一定的经验和商业网络。中兴通讯2011年向越南最大的电信网络服务供应商提供大规模商用的大容量40G平台的M6000 BMSG设备及解决方案,不仅能够解决其当期的带宽瓶颈,还能为越南的网络向IPv6的发展提供平滑过渡;中兴通讯亦向斯里兰卡电信(Sri Lanka Telecom)提供实现按需部署的方案,实现斯里兰卡电信的"roll and pay"策略①。华为为泰国现代电信公司、泰国电话电信有限公司和泰国电信机构提供解决方案,有约一半的手机用户是使用基于华为公司的预付费解决方案技术的。

5.能源和水利

在火力发电方面,"海上丝绸之路"12国因煤炭储量水平一般,潜力不大,但在水力发电方面具有巨大潜力。12国中东南亚、南亚国家要么处于雨量较多的热带、亚热带次大陆,要么处于水资源丰富的湄公河流域,因此,水力发电比例相对较高。以潜在装机容量来说,缅甸、柬埔寨、老挝等国有非常大的空间发展水电。如老挝不仅水电资源丰富,而且水能较为集中,具有易开发、开发成本低等特点;老挝现有电力供应中约90%为水电,且老挝电力还出口国外,如未来能够进一步开发水电资源,则对其经济成长将起到巨大的推动作用。

我国在水电、热力生产及相关设备上有相对优势。大量能源企业都具有完整的发电、输配电设计施工和运营能力,特别是对于"海上丝绸之路"国家普遍存在的设备和网络老化问题,都可基于中国经验,提供特长化的解决方案。例如,南方电网就深度参与了老挝的水电合作开发,曾负责开发柬埔寨上丁省塞山水电站项目——事实上柬埔寨几乎所有水电站项目均为中国企业以BOT方式投资建设。

同时,我国的核电供应和装备能力也居于世界前列。中国广核集团(中广核)拥有丰富的大型商用核电站建设、运营经验,曾在哈萨克斯坦等国进行过合作开发。从"海上丝绸之路"国家的实际需要而言,中广核也具有提供风电、水电等清洁能源产品的能力。

四、政策建议

通过对我国及相关"海上丝绸之路"国家经济、社会和自然资源的分析,我们认为,在现阶段我国要实现从"资本走进来"到"资本走出去"的转变。全方位对外开放的经济体系本身就是一个可逆的和可反馈的双向循环系统,就资本的国际流动而言,真正意义上的开放经济体系除了要根据实际需要和条件引进外来资金以外,还应遵循生产力诸要素优化组合的原则,适时地积极开展对外投资。这一转变如果成功,则将是我国经济增长模式发生转折性变化的机会窗口,也将是对"中国模式"经济发展所作出的新的历史性选择。在这个过程中,我国需要找准切入的国家和适合的基础建设行业。

"一带一路"倡议是中国经过30多年的升级转型后,其资本和产业规模已经达到一定水平,可以部分地承担起亚洲发展重任的前提下提出的。从这个意义上说,"一带一

① "roll and pay"策略是指不先建立全国性网络,而是针对热点地区先部署,获得收入后再部署另一块区域的网络。

路”倡议以及中国对亚洲其他发展中国家基础设施建设的主动介入，是中国承担起区域和历史责任的一种体现。我国本身的资源条件虽然丰富，但也有其不足，因此，更需要创造出灵活而有效的“海上丝绸之路”国家基础设施互联互通建设机制，最大限度地发挥现有资源的作用。

第一，依托我国的经济总体规模和综合实力，发挥产业优势，加快与“海上丝绸之路”国家在基础设施互联互通领域的合作。在实体性产业方面，我国能够给“海上丝绸之路”国家的基础设施互联互通建设提供物理层面的支持。我国的产业结构比较全面，从劳动密集型初级加工业到高精尖产业，几乎囊括了所有制造产业。同时，从对相关产业的辐射作用来说，由于产业内垂直贸易量与产业关联的深度和广度呈正相关关系，在对外直接投资产业选择上，应优先考虑与经济发展相适应的产业链较长并与国内产业内贸易量较大的基础设施产业。因此，从鼓励和扶持的角度而言，促进建筑、能源、制造、交通运输及相关的仓储和邮政业的对外投资，不仅能转移部分国内过剩产能，还能有效地促进国内相关产业的结构升级，实现通过带动产业内贸易改善产业结构的预期目标。

第二，建立制度性保障，减少民间企业投资的风险，拓展对“海上丝绸之路”国家的投资、建设渠道。可以积极发挥政府职能，为参加“一带一路”的企业创造具有保护性的国内制度环境。一些“海上丝绸之路”国家的政治和经济形势不太稳定，政局时常处于变动之中，特别是缅甸的政治转型以及转型后的武装力量去留问题、泰国的政府稳定性问题、也门的胡塞武装分子叛乱以及柬埔寨的政治转型。这些问题的存在，使我国与这些国家基础设施互联互通的前景存在不确定性。对于民间投资而言，不确定性带来的伤害极大，这已经被缅甸转型后的多个例子证明。因此，如果我国希望进一步发挥民间企业的作用，鼓励民间企业参与“海上丝绸之路”国家基础设施建设，就应该更广泛地发挥政府的制度创造功能，如设立应急基金，对于响应政府号召进入“一带一路”伙伴国基建领域，为基建企业配套的民间企业提供应急保障，当对象国政治经济局势动荡时，给民间企业提供撤离手段。政府亦可以代表民间企业与保险、再保险公司磋商，为民间企业提供特殊保险服务，降低不确定性，等等。

第三，善用海外华人华侨资源，发掘东南亚华人华侨的社会资本资源。我国部分地区特有的人文历史结构形成了它们极其繁密的海内外宗族、同乡网络，特别是在东南亚地区，海外华人众多、分布广泛、实力雄厚，如新加坡总理李显龙就是广东梅州籍华人。作为经济精英的华人移民大多数来自闽粤浙三省，而且与故土的联系十分紧密。“一带一路”建设任务艰难，需要多方协作，“海上丝绸之路”沿线国家的众多华人华侨是可以发挥独特作用的重要力量，在“一带一路”的建设中将是我国最重要的一笔社会资本。鉴于“海上丝绸之路”国家华人华侨在所在国处于经济上较为灵活的地位，不妨主动对“海上丝绸之路”国家合作伙伴的华人华侨企业给予相关优惠，一方面可以鼓励他们继续与我国企业合作，另一方面也可以促使他们在我国投资，加强与“海上丝绸之路”国家间的经济纽带。

海外华人华侨联系广泛、通道宽阔，在所在国有着特殊的资源优势，同时了解祖国和住在国的国情，是“一带一路”建设重要的资源。应重新认识海外华人华侨对我国外交战略的意义，充分挖掘其保有的信息资源，发挥其积极的作用。要全面掌握华人华侨的情况，建立完善华人华侨数据库，包括华人华侨个人的基本情况、分布于哪些国家、主要从事哪些经济活动、家庭情况等。同时,要加强和外交部门的合作,促进驻外使领馆的保侨护侨功能,给予华人华侨必要的支持,帮助他们取得更好的生存发展机会。

第四,以边境省份广西、云南等为基地,开展与邻国的互联互通建设。我国与"海上丝绸之路"国家的物理联通项目以及与相关国家的合作项目如中新、中马合作园区等,有很大一部分位于西南边境省份。但是,这些省份经济基础比较薄弱,如果能扶持它们与邻国展开制度化的合作,不仅能加快互联互通建设进度,而且可以帮助中国企业更好地通过已经搭建好的"一带一路"平台进入"海上丝绸之路"国家。

广西在"一带一路"特别是"海上丝绸之路"上处于关键性区位,是东盟合作高地,也是面向东盟的国际大通道。广西是中国—新加坡经济走廊上的必经之道,也是中国通往大湄公河次区域(GMS)的陆路和海上节点。但是,相对于其区位优势,广西经济发展水平仍有待提高。广西对外直接投资也比较分散,投资主体主要是中小企业,有实力的大型企业集团少,抵御市场波动的能力差。

云南具有与缅甸、越南和老挝三国接壤的地理优势,可以通过云南主动介入GMS经济走廊的交通、通信和金融互联互通。云南是我国重要的边疆省份和多民族聚居区,是衔接GMS经济走廊和多个"海上丝绸之路"国家的重要门户,具有向西南开放的独特优势。但是,在"一带一路"中云南存在国际通道建设迟缓、产业支撑乏力、跨境经济金融合作水平难以提升等问题。

我国可以在广西和中南半岛设立跨国甚至多国的产业园,内部形成完整的生产、消费产业链,共同开拓中国"两岸四地"以及其他海外销售市场。让广西发挥土地、运输渠道等优势,越、老、缅、柬、泰主要发挥劳工、土地和资源优势,发展"飞地经济"。在云南,可以引入战略性投资者,加速云南与中南半岛"海上丝绸之路"国家的互联互通建设。更重要的是,基于金融市场的基础设施战略投资者具有市场化的管理、运营经验,它们的参与对于基础设施建设的盈利和可持续性也能提供帮助。

Opportunities in the Construction of Infrastructure Connectivity for the 21st Century Maritime Silk Road

JIN Cheng

Abstract: This essay emphasizes the importance of both country criterion and industry criterion on the selection of partner countries of China's Maritime Silk Road initiative. When choosing economic partner countries, the actual economic position of target countries should be considered, as the cost-benefit principle and existing international political-economic relation also be taken into account. This paper suggests that 12 economies along the Maritime Silk Road should be included in China's outward direct investment target countries pool, as they were seriously underinvested. Therefore, it is necessary to find suitable infrastructure sector to enter, where improvements in investment mechanisms are required. Through comparative analysis of relevant country's economic conditions, transportation (including highways, railways, aviation and shipping), energy, water conservancy and communications are suitable for Chinese capital's entry, plus the fact that a few Chinese enterprises and industries have started their initial or pioneering investment in these economies.

朱舜水的政治思想与东亚文化交流

法　帅*

朱舜水(1600～1682),名之瑜,字楚屿(在海外改为"鲁屿"),号舜水,浙江余姚人。"舜水"是他到日本之后,67岁时自称的号,这是流经其故乡余姚的姚江的别称。据朱舜水自己讲,这是源光国尊敬他,不敢称其字,欲得其号称之。"三次致言,今将舜水为号。舜水者,敝邑之水名。"①朱舜水出生于官僚地主家庭。其父朱正累迁总督漕运军门,1607年卒后诰赠光禄大夫、上柱国。大哥朱之琦,天启五年武进士,官南京神武营总兵,以忤阉削职。此后家庭没落。朱舜水20岁时,见世道日坏,国是日非,慨然绝进仕之怀。明亡后,他在浙江、福建沿海以及长江下游一带参加抗清斗争,曾多次去日本和安南。1659年冬,抗清失败后,来到日本长崎,当时日本禁止外国人久留日本,经日本朋友安东守约等联名请求,才得到准许。1665年,日本水户侯源光国即德川光国聘请他为宾师,到江户讲学。在与日本学界的交往中受到了广泛的尊敬。他在日本居住22年,最后安葬于日本。他生前一直穿着明代的服装,尝说希望死后他的棺材能有一天遣回故土。朱舜水对日本社会的教育、思想文化发展及中日文化交流等方面作出了杰出的贡献。

朱舜水的政治思想产生于明清鼎革之际,是对当时历史巨变的深刻反映。社会存在决定社会意识,朱舜水的思想是对明朝灭亡的沉痛反思与总结。对于明朝的败亡,他认为虽然有农民起义和清军入关的重要因素,但是最主要的原因在于明朝的统治阶层自身,"木必朽而后蛀生之",是政治腐败导致的民心丧失、朝廷倾覆。统治阶级的肆意搜刮盘剥,令下层百姓痛入骨髓,喊出了"时日曷丧,及汝偕亡"之声。于是,朱舜水对明末封建专制政治的黑暗进行了揭露和批判。

朱舜水意识到君主专制政治的弊端在于把整个国家当作皇帝一人的私产,这是造成封建专制政治腐败的首要因素。朱舜水认为,"劳天下"以养民才应是国君的唯一使命,如果将皇权解读为"以天下奉一人",那就是政治理论的极大错谬。对此,朱舜水提出"以一人劳天下,不以天下奉一人"的反对君主专制独裁统治的主张。他说:"然君子之一身,上以承天之明命,下以做民之父母。是故以一人劳天下,不以天下奉一人。独行其道,非平治之规也;泽不下究,非容民蓄众之理也。故曰:'德惟善政,政在养民。'"②而明朝的统

* 法帅,山东大学政治学与公共管理学院副教授。

① (明)朱舜水著、朱谦之整理:《朱舜水集·与安东守约书》,中华书局1981年版,第161页。

② (明)朱舜水著、朱谦之整理:《朱舜水集·伯养说》,中华书局1981年版,第451页。

治者却忘记“天生民而立之君，将使其忧劳百姓也”的古训，“肆志于臣民之上”[①]，以天下奉一人是谓君不君，其政治理念的正负倒置，政治身份的名实不符，这才导致政纲失序和国家混乱。君权作为专制政治的权力之源，必然影响及于整个统治集团，上行下效，造成统治阶层贪污腐化、卖官鬻爵、盘剥百姓的政治风气。朱舜水说：“奔竞门开，廉耻道丧；官以钱得、政以贿成，岂复识忠君爱国！出临治民，坐沐猴于堂上，听赋租于吏胥，豪右之侵渔不闻，百姓之颠连无告。乡绅受赂，操有司狱讼之权，役隶为奸，广暮夜苞直之路。……水旱灾荒，天时任其丰歉，租庸丝布，令长按册征收。影占虚悬，巨猾食无粮之土；收除飞洒，善柔赔无土之粮。敲骨剥肤，谁怜易子；羡余加派，岂顾医疮！……此见任官害民之病也。……鱼肉小民，侵牟万姓；闾左吞声而莫诉，上官心识矣谁何。饶财则白丁延誉，寒素则贾、董沉沦，荐剡猥多，贤路自塞。此乡官害民之病也。”[②]

朱舜水身处晚明社会，深识国家治理的黑暗现状：朝廷官员丧失廉耻，买官贿政，在其位不谋其政，任由下层官吏、豪右乡绅剥削百姓，种种惨状，数之不尽。当时历史情势已发展到濒临政权崩溃的前夜。民不聊生，唯有奋起反抗。明末农民起义的大爆发，以及清军趁机夺取中原，实为腐败的统治阶级自遗其咎。“中国之有逆虏之难，贻羞万世；固逆虏之负恩，亦中国士大夫之自取之也。语曰：‘木必朽而后蛀生之。’未有不朽之木，蛀能生之者也。……崇祯末年，缙绅罪恶贯盈，百姓痛入骨髓，莫不有‘时日曷丧，及汝偕亡’之心。故流贼至而内外响应，逆虏入而迎刃破竹……一旦土崩瓦解，不可收拾耳。……总之，莫大之罪，尽在士大夫……”[③]士大夫指当政的官僚，缙绅即土豪劣绅，合而言之即从上到下的官僚集团。朱舜水认为，士大夫与缙绅沆瀣一气，鱼肉百姓，百姓不堪忍受，从而发动农民起义，一呼百应，终于摧毁了腐朽暴虐的明王朝。朱舜水的这种分析显然有着合理的因素，他看到了百姓是历史发展的主体力量，而为官失政残害百姓则会导致“官逼民反”这一事实。“今日士子问中国何以遂沦于虏，答曰：失其民也。居官者不知治理，惟知掊克。一有变故，遂至土崩瓦解。所以有家有国者，但当悉心抚字，民心若固，何忧外患？”[④]在朱舜水看来，政权存亡与民心关系巨大，官员不知养民唯有压迫，就会丧失民心，民心既失败亡已定。清朝军力并不强大，但因其宣扬“均田”“均役”之说，结果导致民心转变，根本无法抵御。执政者应当爱民善抚，民心稳固，就不会担忧任何外患。历史再次证明，为政以德才是政治的合理性所在，以民为本才是政治的力量源泉。“百姓者，分而听之则愚，合而听之则神。其心既变，川决山崩。”[⑤]朱舜水认识到，百姓从个人来看并没有多少智慧，但合为一体就蕴藏着改天换地的力量，如果失去他们的支持，最后的结果就是毁灭。但是，现实中明朝统治集团不思长养之方，独工掊克之术，“既被其害，无从表白申诉，而又愁苦无聊，安得不愤懑切齿，为盗为乱，思欲得当，以为出尔反尔之计？”[⑥]总之，明朝统治阶级自身失德，以致德不配位，肆无忌惮地盘剥百姓，酿成失民

① (明)朱舜水著、朱谦之整理:《朱舜水集·高枕亭志》,中华书局 1981 年版,490 页。

② (明)朱舜水著、朱谦之整理:《朱舜水集·中原阳九述略》,中华书局 1981 年版,第 1～2 页。

③ (明)朱舜水著、朱谦之整理:《朱舜水集·中原阳九述略》,中华书局 1981 年版,第 1 页。

④ (明)朱舜水著、朱谦之整理:《朱舜水集·答小宅生顺书十九首》,中华书局 1981 年版,314 页。

⑤ (明)朱舜水著、朱谦之整理:《朱舜水集·中原阳九述略》,中华书局 1981 年版,第 3 页。

⑥ (明)朱舜水著、朱谦之整理:《朱舜水集·中原阳九述略》,中华书局 1981 年版,第 3 页。

之政,终至不可救药导致覆亡。朱舜水的这些见解,虽然远未达到“江山就是人民,人民就是江山”的思想高度,但在当时的历史条件下能够认识到百姓是推动历史发展的决定性力量,以及执政应当爱民养民,是难能可贵的。

对于明朝政治腐败的原因,朱舜水认为是统治阶级德政理念集体缺失,即“圣教之隳废”的结果,而八股之害是“圣教之隳废”的重要制度性原因。他说:“明朝之失,非鞑虏能取之也,诸进士驱之也。进士之能举天下而倾之者,八股害之也。”①朱舜水认为明朝以形式僵化的八股文进行科举取士,必然导致图慕形式而遗失内容,志在利禄而圣教隳废的结果。“中国以制义取士,后来大失太祖高皇帝设科之意。以八股为文章,非文章也。志在利禄,不过藉此干进。彼尚知仁义礼智为何物?不过钩深棘远,图中试官已耳,非真学问也。”②在朱舜水看来,明朝的八股取士并没有达到真正的预期效果,即从教育的本质和目的出发,以为国家选拔德才兼备的人才。相反,突出强调形式导致的是本质被掩盖,可谓差之毫厘,谬以千里。“明朝以制义举士,初时功令犹严。后来数十年间,大失祖宗设科本旨。主司以时文得官,典试以时文取士,竞标新艳取渊源。父之训子、师之教弟,猎采词华,埋头呫哔。其名亦曰文章,其功亦穷年皓首;惟以剽窃为工、掇取青紫为志,谁复知读书之义哉!”③朱舜水认为,这样的科举制度已经背离其宗旨,它驱动着广大学子以猎采词华为工夫,忽略了经书中的做人之道,而没有仁义道德的价值观必然降格,以剽窃文采求取官职为志向。其为官也,必然走的是追求利益而毫无节制的路。“其居乡也,一登科第,志切馈遗;欲广侵渔,多收投靠。妻宗姻娅,四出行凶;子弟豪奴,专攻罗致。女子稔色,则多方委禽;田园遂心,则百计垂饵。缓急人所时有,事会因尔无穷;攘夺图谋,终期必济。钉田封屋,管业高标者某府其衙;诉屈声冤,公事至偃者,何科何院。曲直挠乱,白黑苍黄;庇远亲为宦户,挤重役于贫民。事事贴赔,产已卖而役仍在;年年拖累,人已毙而名未除。官司比较未完,满堂欢喜;隶役牌勾欠户,阖室栖遑。士夫循习故常,糊心民瘼;被害胥谗,眀慝没齿。官邪鱼肉小民,侵牟万姓……”④朱舜水将其所见闻之事,种种状状,列举无遗,这样的乡官毫无读书人的理念,反像是为追求利益无所不作的歹毒之人,令人心寒。可见,科举制度一旦失灵,造成的政治后果不堪想象。“凡属一榜科甲,命曰同年同门;由其决择取中,是曰门生座师;辗转亲临辖属,是曰通家故吏。又有文社甄拔之亲,东林西北之党;插足其中,丝纷胶结。其间岂遂无仁贤廉洁之士?总之,一壶之醪,不能味一河之水;一杯之水,不能熄车薪之火。而且憸壬机巧,竞赏圆通;持重端方,咸嗤古执。圆通者涂附,古执者群离。必使一气呵成,牢不可破,则小民安得不被其害?”⑤不仅如此,这些科举士子还以同年、同门,门生、座师,通家、故吏等名义相互胶结成党,可谓君子喻于义,小人喻于利,君子和而不同,小人同则结党,使其毒烟瘴气以更大的功率向外释放,使整个社会蒙受其害。因此,朱舜水对于明朝之失,认为并“非鞑虏能取之也”,是“诸进士驱之也”,进而言之是“八股害之也”。这样的教育对于修身治国根本没

① (明)朱舜水著、朱谦之整理:《朱舜水集·答野节问三十一条》,中华书局1981年版,第390页。
② (明)朱舜水著、朱谦之整理:《朱舜水集·答安东守约书三十首》,中华书局1981年版,第173页。
③ (明)朱舜水著、朱谦之整理:《朱舜水集·中原阳九述略》,中华书局1981年版,第1页。
④ (明)朱舜水著、朱谦之整理:《朱舜水集·中原阳九述略》,中华书局1981年版,第2页。
⑤ (明)朱舜水著、朱谦之整理:《朱舜水集·中原阳九述略》,中华书局1981年版,第2～3页。

有实质性的帮助，只不过培养出了一大批不懂读书之义的无真才实学、醉心功名、道德败坏的伪儒生。其结果必然导致学风萎靡，人心日非，国破家亡。对此，朱舜水大力抨击迂腐的科举制度，强调教育必须从社会实际出发，"为学当有实功，有实用"[①]，所学知识必须能够有益于国家和社会的发展，而不是仅为攫取功名的一己之私。他明确指出："为学之道，在于近里著己，有益天下国家，不在乎纯弄虚脾，捕风捉影。"[②]"为学之道，外修其名者，无益也。必须身体力行，方为有得。"[③]他深刻指出："建学立师，乃所以习长幼上下之礼，申孝弟之义，忠君爱国而移风易俗也。"[④]总之，朱舜水对明朝亡于八股的认识是相当深刻的，明朝八股选出了一大批道德败坏的官员，他们鱼肉百姓罪恶难罄，终于引起农民起义的浪潮，而清朝贵族顺手摘取了果实。

程朱理学的繁芜习气与陆王心学的清谈误国，在朱舜水看来是"圣教之隳废"的深层学术性原因。朱舜水认为，明朝的道学，主要指此时的程朱理学和陆王心学，它们在流传中产生许多弊端，是导致圣教衰落国家丧败的文化因素。"痛愤明室道学之祸，丧败国家。"[⑤]对此，朱舜水痛思宋明理学繁芜之习气、空谈之学风，看似精微之妙理，实则迂腐至极、无裨实用。他说："自朱子言之，俨然泥塑木雕，岂复可行于世!"[⑥]又接着说："宋儒辨析毫厘，终不曾做得一事。"[⑦]这就好比"能于棘端刻沐猴"的良工，"工虽巧，无益于世用也"[⑧]。朱舜水对程朱理学的评价是："宋儒之学可为也，宋儒之习气不可师也。"[⑨]朱舜水认为程朱理学的基本学问是可以接受的，而他们所倡导的那套烦琐刻板的方法则必须摒弃。他说："然世之学圣人者，视圣人太高，而求圣人太精。谓圣人之道，一皆出于自然，而毫无勉强。故论议臻于寥廓，析理入于牛毛，而究竟于圣人之道去之不知其几千万里已！几千万里而已也，容有至之之时；卒之马牛其风，愈趋而愈远，是皆好高喜新之病害之也。"[⑩]朱舜水认为那种"析理入于牛毛"的做法，实际上于圣人之道已经相去不知几千万里了。

对于陆王心学，朱舜水采取了全盘否定的态度。"王文成为仆里人，燃灯相炤，鸣鸡相闻。其擒宸濠，平峒蛮，功烈诚有可嘉，官大司马，封新建伯。后厄于张璁、桂萼、方献夫，牢骚不平之气，故托之于讲学。若不立异，不足以表见于世。故专主良知，不得不与朱子相水火，孰知其反以伪学为累耶？愚故曰：'文成多此讲学一事耳。'"[⑪]朱舜水认为，王阳明功勋卓著有高才，但其思想主张沿袭象山、杂染佛氏，批评朱熹的格物穷理之义，实属儒学发展之错误方向。"王阳明先事之谋，使国家危而复安，至其先时击刘瑾，堪为

① (明)朱舜水著、朱谦之整理：《朱舜水集·答小宅生顺问六十一条》，中华书局1981年版，第406页。
② (明)朱舜水著、朱谦之整理：《朱舜水集·答奥村庸礼书十二首》，中华书局1981年版，第274～275页。
③ (明)朱舜水著、朱谦之整理：《朱舜水集·舜水先生行实》，中华书局1981年版，第624页。
④ (明)朱舜水著、朱谦之整理：《朱舜水集·答加藤明友书二首》，中华书局1981年版，第74页。
⑤ (明)朱舜水著、朱谦之整理：《朱舜水集·答某书》，中华书局1981年版，第111页。
⑥ (明)朱舜水著、朱谦之整理：《朱舜水集·答安东守约书三十首》，中华书局1981年版，第190页。
⑦ (明)朱舜水著、朱谦之整理：《朱舜水集·答安东守约书三十首》，中华书局1981年版，第160页。
⑧ (明)朱舜水著、朱谦之整理：《朱舜水集·答安东守约书三十首》，中华书局1981年版，第160页。
⑨ (明)朱舜水著、朱谦之整理：《朱舜水集·答加藤明友问八条》，中华书局1981年版，第382页。
⑩ (明)朱舜水著、朱谦之整理：《朱舜水集·答小宅生顺问六十一条》，中华书局1981年版，第484页。
⑪ (明)朱舜水著、朱谦之整理：《朱舜水集·答佐野回翁书》，中华书局1981年版，第85页。

直臣；惜其后多坐讲学一节，使天下多无限饶舌。”[①]在朱舜水看来，王阳明有功也有过，其功就是在政治上曾平叛诛乱建功立业，尽士大夫之责，是个英雄人物。其过则是“讲良知，创书院，天下翕然有道学之名高视阔步，优孟衣冠”，特别是其良知之说，与朱熹针锋相对。朱舜水在与日本友人交往时，就曾拒绝与推崇陆王心学的学者见面。日本著名哲学家伊藤仁斋知道朱舜水住长崎时，曾通过安东省庵请求向舜水问学，朱舜水虽然对伊藤仁斋很推重，但因学术观点的不同，他表示不愿同伊藤仁斋见面。他说：“伊藤诚修学识文品，为贵国之百眉，然所学与不佞有异。不佞之学，木豆、瓦登、布、帛、菽、粟而已；伊藤之学，则雕文、刻镂、锦绣、纂组也。未必相合……”[②]然后他进一步讲出了拒绝见面的原因：“陆象山、王阳明之非，自然可见矣。不论中国与贵国，皆不当以之为法也。伊藤诚修止之为妙。”[③]当伊藤仁斋转变思想立场后，朱舜水又说：“伊藤诚修兄策问甚佳，较之旧年诸作，遂若天渊。倘由此而进之，竟成名笔，岂逊中国人才也。敬服敬服！”[④]可见，朱舜水对待哲学思想的态度是十分严肃的。

不仅如此，朱舜水还发现，当时士人在掇取宋明理学之余绪时，严分门户，势同水火，儒学真精神没有得到阐发，各种道学伪学充斥社会。“嘉、隆、万历年间，聚徒讲学，各创书院，名为道学，分门别户，各是其师。圣贤精一之旨未阐，而玄黄水火之战日烦。高者求胜于德性良知，下者徒袭夫峨冠广袖，优孟抵掌，世以为笑。是以中国问学真种子几乎绝息。”[⑤]概言之，在朱舜水看来，无论是朱学还是王学，均不是理想的学问，或失之方法繁复，或失之内容空泛，不但无补于国计民生，而且有害于社会风化。理学家们各创书院，分别门户，论战不已，“空谈性命”，“天理横流”，却不过是镜花水月、雾里云端，纵然高深玄妙，却无补实际，最终只能危害社稷、误国殃民。

针对无裨实用的晚明学风，朱舜水主张弘扬实理、实学、实用、实功为核心的“圣人之学”，并把恢复“圣人之道”作为自己的政治理想，以“敬教劝学”来改善社会风气，振奋民族精神。“近者，中国之所以亡，亡于圣教之隳废。圣教隳废，则奔竞功利之路开，而礼义廉耻之风息，欲不亡得乎？知中国之所以亡，则知圣教之所以兴矣。”[⑥]在朱舜水看来，“圣教隳废”，士人学子就会走向“奔竞功利之路”，是故世风日下，人心不古，国家兴亡，系颈于此。他深知儒学教化与国家兴衰之间的关系。“庠序学校诚为天下国家之命脉，不可一日废也。非庠序之足重，庠序立而庠序之教兴焉，斯足重尔。虞、夏、商、周以至于今，未之有改也。是故兴道致治之世，君相贤明，其学校之制，必厘然具举，焕乎可观。于是人才辈出，民风淳茂，而运祚亦以灵长。至若衰世末俗，不念经国大猷，事事废弛，以致贤才郁淹，民风偷薄，弱肉强食，奸宄沸腾，而国运亦以随之矣。”[⑦]朱舜水认为，治乱的根本在于人心风俗，而移风易俗又在于用儒家的伦理道德来进行教育。他在考察夏、商、周以

① （明）朱舜水著、朱谦之整理：《朱舜水集·答小宅生顺问六十一条》，中华书局 1981 年版，第 405 页。
② （明）朱舜水著、朱谦之整理：《朱舜水集·与安东守约书》，中华书局 1981 年版，第 162 页。
③ （明）朱舜水著、朱谦之整理：《朱舜水集·与安东守约书》，中华书局 1981 年版，第 166～167 页。
④ （明）朱舜水著、朱谦之整理：《朱舜水集·答安东守约书》，中华书局 1981 年版，第 194 页。
⑤ （明）朱舜水著、朱谦之整理：《朱舜水集·答安东守约书》，中华书局 1981 年版，第 173～174 页。
⑥ （明）朱舜水著、朱谦之整理：《朱舜水集·答安东守约书》，中华书局 1981 年版，第 183 页。
⑦ （明）朱舜水著、朱谦之整理：《朱舜水集·学校议》，中华书局 1981 年版，第 461～462 页。

来的历史后，总结出儒学教化与国家兴废之间的密切关系：只有重视道德教化，才能培育贤才、民风淳朴、国祚昌盛；反之，轻视学校教育，则必然导致道德沦丧、民风彪悍、国运衰微。“圣贤之学，行之则必至，为之则必成；譬之农夫然，称耕易耨，则坚好颖粟，卤莽而布之，则灭裂而报之矣。”[1]在他看来，圣贤之学就如农夫种地，不需要什么深奥玄妙的道理，只要遵循规律就能收获。朱舜水强调的实学，主要是指以孔子和孟子为代表的元典儒学，即孔孟所谓的“下学功夫”。朱舜水把这种对国计民生有益的下学功夫，称为“实学”。朱舜水理解的所谓“圣人之道”是“即事以求理”的真正的学问，他说：“古今之称至圣者莫盛于孔子，而聪明睿知莫过于颜渊。及其问仁也，夫子宜告之以精微之妙理，入于言思俱断之路，超越于‘惟精惟一’之命，方为圣贤传心之秘；何独曰：‘非礼勿视，非礼勿听，非礼勿言，非礼勿动’……岂夫子不能说玄说妙，言高言远哉？抑颜渊之才不能为玄为妙，骛高骛远哉？夫以振古聪明睿知之颜渊，而遇生民未有之孔子，其所以授受者，止于日用之能事，下学之功夫；其少有不及于颜渊者，从可知矣。”[2]朱舜水借儒家圣人孔子讲教育不在于“说玄说妙，言高言远”，而是由玄虚高远之言，返之于实事，这样的教育才能真正有益于国家社稷。“学问之道，贵在实行……圣贤之学，俱在践履。”[3]他反对宋明理学家的高谈阔论，“重知轻行”“先知后行”是将“知”与“行”割裂开来，朱舜水强调二者应辩证统一。朱舜水反对宋明理学家高谈性命、徒尚空言，认为这些人唯知穷经诵典，却不懂国政、不识民情，根本不可能成为国之栋梁。朱舜水推崇的“实理”，就是实在的、具体的事物之理。他以“实理实学”同理学家的“说玄说妙”“骛远骛高”针锋相对。他认为孔子的学说毫无高深莫测、诡怪离奇之处，如同布帛菽粟、家常便饭，虽说是“下学功夫”，但使人明白易懂，且在实际生活中须臾不可或缺，而唯有从根本上改变那种皓首穷经、空议高论、离事以言理的风气，施行兴贤育才、弘扬教化之实学，才能安邦利民、兴道致治。

为了挽救“圣教隳废”的危机局面，朱舜水开始了对儒学原理的探求，找到了儒学的核心“仲尼之道”，建立起反思理学的理论基础。“圣人之道，未有不一者也，一则未有不贯者也，二、三则非道矣。尧舜之‘惟精惟一’、孔子之‘一以贯之’，正乃相传之意。彼歧途错出，岂得谓之道哉？”[4]朱舜水认为，圣人之道是一以贯之的，能够世世代代传承不已。尧舜、孔子所承就是圣人之道，而明末纷扰的派别之争则非正道无疑。正道者，唯有一个，其他的只是歧出而已。朱舜水还说：“圣人之所以治天下，与天下之所以望治者，宜无古今异宜，中外殊俗已。……圣人未生，道在天地；圣人既生，道在圣人；圣人已往，道在六经，则先王之道尚矣。”[5]朱舜水认为，圣人之道无论古今中外都是天下所期冀的，此道最初存在于天地之间，圣人诞生后就在圣人身上，圣人逝去后就在六经之中，宜从这样的逻辑中寻找圣人之道。“儒者之道，振古由今，极天际地。仲尼日月，无得而逾。……仲尼之道如布帛菽粟，诚无诡怪离奇……虽有下愚，亦明白而易晓矣。”[6]朱舜水认为，儒家

① 许啸天整理：《清初五大师集》卷四《朱舜水集·答木下贞干》，知识产权出版社2012年版，第127页。

② (明)朱舜水著、朱谦之整理：《朱舜水集·勿斋记为加藤明友作》，中华书局1981年版，484～485页。

③ (明)朱舜水著、朱谦之整理：《朱舜水集·答安东守约问八条》，中华书局1981年版，第369页。

④ (明)朱舜水著、朱谦之整理：《朱舜水集·一贯》，中华书局1981年版，第504页。

⑤ (明)朱舜水著、朱谦之整理：《朱舜水集·策问四首》，中华书局1981年版，第343页。

⑥ (明)朱舜水著、朱谦之整理：《朱舜水集·谕安东守约规》，中华书局1981年版，第578～579页。

圣人之道贯通古今、盈满天地，所以孔子就像日月一样无法逾越。然而孔子之道却不像空谈玄妙、骛远骛高之言，它落实于生活实际中的布帛菽粟上，即使普通人也容易明白。“夫子之道，必由家庭日用，君臣父子，达道达德，身体力行，铢积寸累，善信美大，而后几于圣神，则顿与渐相万万也。……而夫子之道，必曰人心道心，兢兢业业，不敢逸豫，不敢怠荒，于是乎有诤臣、诤子、严师、益友，补其阙遗，掖之大道，而后臻于粹美。”①在朱舜水看来，孔子的圣人之道在逻辑上是由家庭日用、君臣父子逐步达到至高的道德，明白了孔子之道的这种逻辑层次，就能理解在现实中强调夫子之道讲的就是人心道心，而保持敬意不敢怠慢，这才造就了诤臣、诤子、严师、益友。

而在生活中如何践履圣人之道，朱舜水进行了深入的阐述：“圣贤之道止是中庸，当求之于心性气志之微，体之于家庭日用之际。不但索之迹象之粗者，总是糟粕，即过于推敲刻核者，亦不足以引掖后生。迹象摹拟，既足使人厌弃，而理穷渺忽，亦易令人沮丧。既已厌弃，又复沮丧，最易入于异端邪说。一入于异端邪说，岂尚复有出头日子！故不若君臣、父子、夫妇、昆弟、朋友之间，平平常常做去，自有一段油然发生，手舞足蹈之妙。”②朱舜水认为，圣人之道就是中庸至德，要在生活中平平常常地做，贯通于君臣、父子、夫妇、昆弟、朋友之间，但若不能把握心性气志之微，则容易走向偏颇，或索之过粗，或推敲过刻。“儒教得行，其居则安富尊荣，子弟则孝悌忠信，通国之君臣士庶，并受其福；不行则邪道浸淫，将来无所底止。”③如果圣人之道能够兴盛，则国家就能安定和谐，善善恶恶，政治修明，社会实现善治。“若果士大夫专意兴圣人之学，此诚天下国家莫大之福，莫重之典，莫良之务……上公、元侯、大夫、君子，果能知先王之道之为美，修而明之，力而行之，作而兴之，威而惩之，则政治自善，而风物聿新。洪水平而鸟兽之害人者消，圣教明而异端之害民者亦消，又何待于除之而后去哉？”④在圣人之道的指引下，朱舜水对有关社会经济、民生日用的知识无不关心，对农业生产和科学技术非常重视且研究颇深。“格物穷理，志虑精纯，古今礼义而下，虽农圃梓匠之事，衣冠器用之制，皆审其法度，穷其工巧。”⑤朱舜水还将中国当时先进的农业、医药、工程建筑、手工工艺，从图样到制法，亲自加以指导和实践，传授给日本民众，给中日文化的交流增添了丰富的内容。

朱舜水的政治思想是他在日本担任宾师期间，与日本学界友人交流时阐述的。他的渊博学识、务实学风对当时日本的文化思想和政治产生了深远影响，培养造就了日本一代人才，日本人誉其为“朱夫子”。著名学者梁启超评论说：“舜水以极光明俊伟的人格，极平实渊贯的学问，极诚挚和蔼的感情，给日本全国人以莫大感化。德川二百年，日本整个变成儒教的国民，最大的动力实在舜水。……舜水不特是德川朝的恩人，也是日本维新致强最有力的导师。”⑥后来日本形成以“舜水学”为宗旨的水户学派，一直影响到明治维新，推动日本社会的不断进步。朱舜水培养了德川光国和安积觉这样两位杰出政治家

---

① (明)朱舜水著、朱谦之整理：《朱舜水集·圣象赞五首》，中华书局 1981 年版，第 559 页。

② (明)朱舜水著、朱谦之整理：《朱舜水集·答某书》，中华书局 1981 年版，第 110 页。

③ (明)朱舜水著、朱谦之整理：《朱舜水集·与佐藤弥四郎书》，中华书局 1981 年版，第 98 页。

④ (明)朱舜水著、朱谦之整理：《朱舜水集·答小宅生顺书十九首》，中华书局 1981 年版，第 311～312 页。

⑤ (明)朱舜水著、朱谦之整理：《朱舜水集·附录一》，中华书局 1981 年版，第 624 页。

⑥ 梁启超：《中国近三百年学术史》，东方出版社 1996 年版，第 101 页。

和汉学人才,为水户学的产生奠定了重要基础。1672年,德川光国设置彰考馆,由朱舜水门生安积觉任主编,聘请朱舜水指导,编纂蕴含"尊王一统"之说的《大日本史》,其影响直至二百年后的明治维新。而水户学形成的重要标志就是《大日本史》的撰修完成。在日本近世多元文化中,水户学的地位和作用是举足轻重的。后来日本学者对朱舜水的功绩有过极高的评价:"天佑以还,儒学以经世治民为要道,不务空理虚论,皆舜水所赐也。是朱子学之在日本由空想以及于实用,实先生启之。不惟后来明治维新受此良好之影响,即于朱子学说本身发挥而光大之,其功亦伟矣。"[①]正因为朱舜水为日本近世文化的形成作出了卓越贡献,梁启超才从中日文化交流史的高度指出:"舜水之学不行于中国,是中国的不幸,然而行于日本,也算人类之幸了。"[②]

Zhu Shunshui's Political Thoughts and East Asian Cultural Communication

FA Shuai

Abstract: Zhu Shunshui's political thoughts were born in the Ming Dynasty and the Qing Dynasty, they were exposed and criticized for feudal autocratic politics in the late Ming Dynasty. Regarding the reasons for the political corruption of the Ming Dynasty, Zhu Shunshui believed that it was a collective loss of the ruling class morality, that is, the result of the damage of the education of the sage. The harm of the eight -strand text is an important institutional reason for the damage of the sage's education, and Cheng Zhuxue's fierce habit and the light atmosphere of Lu Wang's heart learning are the deep academic reasons for the destruction of the sage's education to Zhu Shunshui. In order to save the damaged education of the saints, Zhu Shunshui began to explore the principles of Confucianism, found the core of Confucianism, "the way of Zhongni", and established the theoretical basis for reflecting on science. Zhu Shunshui's political ideas had an important impact on Japanese society.

① 郭垣:《朱舜水》,正中书局1937年版,第347页。

② 梁启超:《中国近三百年学术史:两畸儒》,东方出版社1996年版,第103页。

城市公共场所人群踩踏事故的防范处置研究

——韩国梨泰院踩踏事故的反思与启示*

程小花**

国家公共安全治理体系和治理能力现代化，是国家治理体系和治理能力现代化的重要组成部分。[①] 党的二十大报告指出，要“提高公共安全治理水平。坚持安全第一、预防为主……完善公共安全体系……提高防灾减灾救灾和重大突发公共事件处置保障能力”[②]。随着经济发展和生活水平的提高，在有限的公共空间内人群流动的频率和密度大幅增加，群体性拥挤踩踏事故成为大型公共聚集场所的主要人为事故灾害之一。整体来看，群体性踩踏事件具有突发性、复杂性、连锁性和叠加性等特征[③]，直接威胁到人民群众的生命财产安全，如果应对处置不当，还会衍生出舆论事件，造成极大的负面影响。本文从应急预案、监测预警、应急响应和救援的角度，系统地梳理韩国梨泰院踩踏事故及其处置过程暴露出的问题，并在此基础上提出防范和管控踩踏事故的对策建议。此外，梨泰院踩踏事故恰逢韩国疫情管控措施调整后的首个“狂欢日”，总结该事故的经验教训，对我国防范和应对后疫情时代类似的安全事故、提升公共安全应急水平、完善公共安全治理体系具有较为重要的意义。

一、事故背景

2022 年上半年，韩国政府基于疫情发展的态势，对防疫政策作出了一系列调整。4 月 18 日宣布全面取消各项社交距离限制措施，相应地，公共场所的营业限时、集会限员、社交距离等要求全面解除。4 月 25 日，韩国政府将新冠传染病等级从 1 级调整为 2 级，进一步解除了公民感染后的自我隔离法律义务。一系列政策调整，意味着在时隔两年多的严格防控后韩国民众开始重返正常生活。

对于追求西方时尚和潮流的韩国年轻人来说，万圣节是防控政策解除、疫情形势趋

---

* 基金项目：教育部人文社科规划基金项目“危机管理中符号和仪式的作用机制研究”（21YJA630070）、“胶州湾第二隧道黄岛端施工社会风险治理课题研究”（SK210471）。

** 程小花，山东大学亚太研究所、山东大学公共安全研究院（公共安全战略研究中心）研究员。

① 参见范维澄：《推进国家公共安全治理体系和治理能力现代化》，载《人民论坛》2020 年第 33 期。

② 习近平：《高举中国特色社会主义伟大旗帜 为全面建设社会主义现代化国家而团结奋斗——在中国共产党第二十次全国代表大会上的报告》，人民出版社 2022 年版，第 54 页。

③ 参见王玲玲、周利敏：《公共安全、风险预防及治理策略选择——以“12·31”上海外滩踩踏事件为例》，载《广州大学学报（社会科学版）》2016 年第 2 期。

缓后的第一个狂欢节。梨泰院紧邻驻韩美军原总部所在地,是很多外国使馆的驻在地,大量的娱乐设施和美食餐厅汇集于此,万圣节去梨泰院狂欢无疑成为年轻人的惯例。2022年10月29日晚,约10万民众聚集在梨泰院一带参加万圣节派对,人流密度远远超过往年。当日22时许,在汉密尔顿酒店西北侧三岔口狭窄的小巷内,20分钟内有大量的人流快速涌入,现场人山人海。因小巷狭窄且地势陡峭,自上而下的人流遭遇下方地铁口横向穿行的人群,行进速度趋慢,此时在后方人流持续涌入、挤压的情况下,前方人群陆续倒下,最终酿成踩踏惨剧。事故发生后,韩国警方和消防部门共派出了500多名消防员和1100多名警察,并调集了首尔及周边地区的消防车、救护车参与救援。据悉,此次踩踏事故共造成300多人死伤。目前,韩国警方将事故原因初步归结为人流过密、警方缺乏人流疏散方案、行政当局存在安全管理漏洞等方面,详细的事故原因还在进一步调查中。

二、事故处置过程

第一,应急预案方面。公开信息表明,首尔警察厅和管辖梨泰院的龙山警察署在万圣节前夕均拟定了以梨泰院为中心的治安状况分析与应对报告,报告中预测万圣节期间梨泰院将存在人流量大、各类事故大幅增加的风险。然而相关报告只简单提及了治安与交通方面的应对方向,并未预判到拥挤踩踏事故的发生,也未制定相关的应急预案。事发当日,绝大部分警力被分配至集会示威现场、毒品稽查等工作中,只有极少部分警员负责维持秩序。对此,韩国警察厅警备局局长洪起铉10月31日在记者会上回应称,虽然警方预料当晚会有大规模人群聚集,但未能料到会发生大规模伤亡事故。洪起铉承认,梨泰院万圣节活动没有具体的主办方,而如何处理和应对此类活动,警方确实没有针对性的预案。

第二,监测预警方面。据统计,在踩踏事故发生前,警方共接到11起紧急报警电话,呼吁警方增派警力维持秩序,其中6起提及了踩踏风险,9起提及踩踏事故发生的小巷。然而遗憾的是,接到报警后,警方并未积极出警或采取紧急措施开展人员疏散。事发前4分钟,报警电话中已经能够听到现场的惨叫声,但警方仍未增派警力到现场组织人员疏散。[①] 根据韩国的"112"报警电话处理指南,在大型灾难或灾害存在多发报警时,接线员需要即时将情况上报值班组长,组长有义务向所有值班人员共享相关信息。而此次踩踏灾难发生前,虽然多通报警电话提及了相关风险,但值班组长并未准确把握情况。直到报警中心相继收到了87通求救电话后,值班组长在23点才最终认识到了事故的发生,并于23点39分向上级报告。此外,根据韩国中央灾难安全对策本部新闻发布会的通报内容,消防当局在22点15分接到首次报警后,于22点48分上报至行政安全部中央灾难安全综合状况室,并于22点53分上报至总统府国政状况室,尹锡悦总统于当晚23点1分接到了事故的相关汇报。而韩国行政安全部长官李相民(音译)在当晚23点19分才收到事故发生的短信。

① 参见林纯贤(音译):《"112"报警处理不当,指挥部报告延迟铸成大错(韩文)》,载《联合新闻》2022年11月2日,https://www.yna.co.kr/view/AKR20221102136800004。

第三，应急响应与救援方面。踩踏事故一旦发生，短时间内会造成大规模人员伤亡，因此响应及救援速度至关重要。但在此次救援中，因警方未能有序疏导现场，急救车通行受到很大限制，未能快速到达事故核心现场。首尔综合防灾中心（“119”）接到踩踏事故报警后，第一辆从梨泰院“119”中心出发的急救车（距离事发现场 140 米）用了 13 分钟才抵达现场。事发后消防当局多次向韩国警察厅、首尔警察厅、龙山警察署提出车辆、人流、交通管制的请求，但警方并未即时响应。警方负责应急处置的机动队在事发 85 分钟后才首次抵达现场①，在此之前，只有从事毒品稽查的警察们就地投入到秩序管控工作中，现场秩序一度混乱。

此外，灾难应对的另一个核心体系——协同应急系统也未能正常运行。行政安全部灾难状况室在接到报警后联系中央急救医疗中心，要求各医院出动医疗支援组（DMAT）。然而由于行政安全部未能及时发挥应急指挥塔②的作用，医疗支援组的投入时间一再延迟。根据韩国保健福祉部提交的《灾难医疗支援组出动状况》资料，事发当天共出动了 15 个医疗支援组，而零点前抵达现场的只有 1 组，这意味着在事发后一个多小时内只有 4～5 名医护人员在现场救援。在投入医疗支援组的同时，需要组建由辖区保健所所长领导的现场急救医疗所，根据伤重程度对患者进行分类救治。然而龙山保健所所长在事发次日凌晨 0 点 9 分才到达现场，现场急救医疗所在事发近 3 小时后才开始投入运行。在这之前，中央急救医疗中心、消防、医护人员等在缺乏统一指挥调度的情况下负责伤员转运，导致大量死伤人员聚集在离事发现场最近的顺天乡大学首尔医院。后续的重伤救治和遗体处理工作也同样缺乏协同调度，大部分死者被放在医院太平间走廊及体育馆。

三、事故反思

通过对事故发生及处置过程的梳理，可以发现，无论是在事故发生前的应急预案、危机预警阶段，还是在事故发生后的应急响应与救援阶段，都暴露出了韩国公共安全治理领域存在的应急预案编制不周、信息报送延误失序、指挥部门主体责任缺位、应急处置协调不畅等深层次的问题。

第一，应急预案编制不周。根据韩国现行《灾难与安全管理基本法》的规定，中央行政机关或地方自治团体的负责人在举办地区庆典活动时必须制定相关的预案，并采取必要的安全管理措施。但是对于梨泰院万圣节这类没有具体主办主体的活动，《灾难与安全管理基本法》并没有相关的规定。此外，在韩国第四版《国家安全管理基本计划（2020～2024）》中也没有涉及此类自发性聚集事故的管理规定，在报警处理指南中也没有针对此类事故的应对措施。事故发生前首尔警察厅和龙山警察署制定的预案只考虑到了治安与交通方面的应对策略，应急预案的缺位导致在发生踩踏事故时各责任机构无章可循，应急响应与救援都受到了很大程度的制约。

---

① 参见文尚贤（音译）：《梨泰院踩踏事故发生前后国家应急管理体系是如何运作的（韩文）》，载《时事 IN》2022 年 11 月 21 日，https://www.sisain.co.kr/news/articleView.html? idxno=49012。

② 文在寅政府通过政府组织改革，将国民安全处的相关职能与行政自治部整合为行政安全部。行政安全部下设立中央灾难安全管理本部，发挥重大灾难的指挥塔作用，由行政安全部长官担任本部长，综合协调与大规模灾难响应、恢复相关的事项。

第二,信息报送延误失序。事故发生当晚,接到多通报警电话后,值班组长并未按照规定向所有值班人员共享相关信息。后来在最终意识到事故发生后,又过了近40分钟才向上级报告,而这距首尔综合防灾中心接到人员伤亡报警的时间已经过了将近一个半小时。更为滑稽的是,扮演"安全指挥塔"角色的行政安全部长官李相民甚至总统尹锡悦接到事故的相关汇报近20分钟后,才收到事故发生的短信。这一连串的信息报送延误与失序,严重影响了预警的及时发布以及初期应对的有效性。

第三,主管部门主体责任缺位。韩国《灾难与安全管理基本法》规定,在行政安全部设立中央灾难安全管理本部,由行政安全部长官担任本部长,负责全面统筹协调大规模灾难的预防、准备、响应与恢复有关的事宜。然而,在此次事故处置中,中央灾难安全管理本部的本部长在踩踏事故发生一小时后才收到事故消息,导致其在机动队伍和医疗支援组的调度、伤员送治等方面都没有发挥出应有的协调指挥职能。

第四,应急处置协调不畅。在前述的应急响应及救援过程中,韩国警方、消防、龙山区、首尔市、行政安全部等各自为战,或孤军奋战或手足无措,反映出韩国应急管理体系中控制塔缺位、机构间信息壁垒严重、协调不畅的痼疾,直接影响了此次踩踏事故的响应及救援速度。本次事故中,韩国斥巨资建立的灾难安全通信网在事故发生一个半小时后才首次启动,而且在通信网启动后警察和消防仍然分别通过各自的网络进行信息传输和沟通,消防和警察之间、警察与地方政府之间的信息互通非常有限。此外,韩国警察与消防部门在救援过程中步调不一、各自为战。2014年"世越"号沉船事故发生后,韩国警察与消防部门共同搭建了"紧急报警综合系统",任一部门接到报警后,如判断需合作应对,则可以按下"请求共同应对"按钮。然而当晚事故发生前消防部门并未回应警方发起的共同应对请求,事故发生后警方同样也未能有效回应消防部门发起的请求,结果导致现场秩序维护力量不足,消防救援车辆通行困难,救援工作一再延误。

四、启示

拥挤踩踏事故事发突然、后果严重,直接关系生命安全,是公共安全的重中之重。随着我国经济社会的发展和城镇化比率的提高,人群流动的频率和密度也大幅增加,如何做好人群密集活动的事前预防、事中监测、事后监督工作,保障社会公共安全,成为公共安全体系建设中需要深思的议题。目前我国的疫情防控逐步迈入过渡期,民众的出行意愿叠加元旦、春节等假期因素可能会有较大反弹,在此形势下,吸取韩国的前车之鉴,可以为我国防范和应对后疫情时代类似的安全事故、提升公共安全应急水平、完善公共安全治理体系提供借鉴。

第一,突破条块藩篱,构建上下左右联动的应急机制。虽然我国的《突发事件应对法》明确了属地为主的管理机制,但是具体到突发事件的应急处置中,条块关系仍然是影响协同效力和处置效率的关键因素。条块协同不畅,容易导致应急预案顾此失彼或沦为摆设,风险感知迟滞或掩盖,应急体系碎片化,救援工作群龙无首或多头管理、各环节工作衔接不力等问题。踩踏事故事发突然,急需公安、消防、卫生、民政等各部门和各层级政府在短时间内迅速响应处置,如何突破条块间在组织结构、管理目标、业务流程、信息传递等方面的差异,是现实工作中需要深入思考的问题。除了设立协调机构或机构改革与职能整合外，还可以积极探索试点单元化应急、事业部式架构等新型组织形式。[①]

第二，做好前瞻性预案，评估预测活动风险。虽然大部分人群拥挤踩踏事故是突发性的，但也是可预见的。大型公共场所尤其是密闭场所具有人流密度高、人员不易疏散的特点，对此类事故多发场所必须加强管理，定期进行全面的风险评估。尤其是对于没有明确举办主体的聚集活动，相关部门一定要健全安全责任体系，提前制定好应急预案，使群体踩踏事故的应急处置有据可依、有章可循。此外，考虑到人群拥挤踩踏事故中人员疏散是一个复杂的过程，易受外部环境和人员心理、生理等内部因素影响[②]，因此在制定具体集会活动预案时，要充分考虑到参加人群的构成、人群活动特点、容易聚集的点位等因素，确保预案的科学性、合理性。在预案制定后，加强突发事件下人员疏散场景的演练，使疏散过程更为科学，也是应急准备过程中必不可少的一环。

第三，建立健全预警机制，实现快速响应与人群疏散。控制人群聚集密度是降低踩踏事故风险和加快人群安全疏散的重要措施[③]，人群拥挤踩踏事故的发生分为人群自由移动、滞留、拥挤和踩踏四个阶段，自由移动和滞留阶段是参与人数积聚的量变过程。当参与人数达到一定规模时就达到了量变到质变的临界点。在临界点之前，如果管理得当、措施到位，在第一时间有效疏散人群，就可以避免大面积拥挤踩踏事故发生。因此，对踩踏事故风险防控的重点应该放在滞留和拥挤阶段[④]，为此可以对相关场所事先设定相应的人流容量值，如宽松人流容量值、安全人流容量值、警戒人流容量值等，严密监控场所内高风险点位的人群流量和密度，在超出安全阀值时立刻发出预警。在预警发出后，立即启动应急预案，快速响应，及时有效地调整人群动线，达到快速疏散的目的。

第四，利用大数据、物联网等新兴技术，构建智能动态感知、研判预警系统。公共场所的人流量监测目前主要是基于现场人员反馈、视频监控等方式进行人工研判或智能计算。然而在实际工作中，人员部署和摄像头分布并不能覆盖所有场所，管理部门也没有权限调看所有监控摄像头，再加上光线、天气、遮挡物的影响，视频监控的可用性和准确率都将发生波动。而大数据技术对大型聚集性活动中潜在危险信息挖掘与分析、快速预测事态发展趋势及提供解决方案等方面具有优势。[⑤] 通过移动运营商、导航和位置服务提供商等提供的 LBS(Location-based Service，基于地理位置的服务)数据或在重要场所安装的数据采集器，可以更加准确、清晰地识别人流、车流、网络舆情等特征信息。通过对人流的总量、密度、分布、速度，人群的年龄、性别结构，车流、客流等指标的监测，构建拥挤踩踏事件研判预警系统，并在所设指标超过一定阈值时及时发出预警信号。[⑥] 常规监测手段与新兴技术的“联姻”，既可以提高风险预警的灵敏度和系统鲁棒性，还可以规避因为后台指挥人员的错误主观判断而贻误战机。

---

① 参见陶振：《单元化应急管理：公共安全治理中条块冲突协调的新机制——以上海虹桥综合交通枢纽为例》，载《湖湘论坛》2022 年第 5 期。

② 参见胡晓辉等：《大型公共场所突发事件下人员疏散仿真研究》，载《计算机工程与应用》2012 年第 29 期。

③ 参见任常兴等：《城市公共场所人群拥挤踩踏事故分析》，载《中国安全科学学报》2005 年第 2 期。

④ 参见陈耿：《防范城市公共场所人群拥挤踩踏事故的措施》，载《城市与减灾》2015 年第 3 期。

⑤ 参见曾范敬、张鹤飞：《大数据在预防踩踏事故中的应用》，载《中国人民公安大学学报(社会科学版)》2015 年第 3 期。

⑥ 参见张冬冬：《LBS 大数据在拥挤踩踏事件中的情报分析应用》，载《情报杂志》2020 年第 7 期。

Research on The Prevention and Handling of Crowd Trampling Accidents in Urban Public Places: Reflection and Enlightenment on the Itaewon Stampede Accident in South Korea

CHENG Xiaohua

Abstract: On October 29, 2022, the Itaewon stampede occurred at the first carnival after the Korean epidemic prevention and control policy was lifted. Underlying problems such as improper emergency preplan, delays and disorder of communication, lack of accountability of the commanding department, and poor coordination between agencies. Under the current situation, we can learn from South Korea's lessons from the aspects of institutional mechanism, emergency preplan, monitoring and early warning, and adoption of state-of-art technologies to improve the public security governance system, improve the level of public security emergency response, and effectively prevent and respond to similar security accidents in the post-epidemic era.